二十一世纪普通高等院校实用规划教材　经济管理系列

市场营销学

王便芳　主　编

王兴明　王晓展　闫艳玲　副主编

清华大学出版社
北京

内 容 简 介

本书共 11 章，系统介绍了市场营销学的基本概念、基本原理、基本规律和应用工具等，充分吸收和借鉴了国内外学术界的科研成果以及实业界的实战案例，引导读者在营销 1.0 和营销 2.0 的基础上树立当代营销 3.0 的观念，运用整合营销的思维进行营销环境扫描和对消费者进行分析，在准确制订营销战略的情况下，科学运用 4PS 进行营销运营和管理。

本书体系完整、内容充实、实践性强、适应面广，既可作为大学本、专科的专业教材，也可用作非专业选修读物。

本书封面贴有清华大学出版社防伪标签，无标签者不得销售。
版权所有，侵权必究。举报：010-62782989，beiqinquan@tup.tsinghua.edu.cn。

图书在版编目(CIP)数据

市场营销学/王便芳主编. —北京：清华大学出版社，2018 (2022.1 重印)
(二十一世纪普通高等院校实用规划教材　经济管理系列)
ISBN 978-7-302-50528-0

Ⅰ. ①市… Ⅱ. ①王… Ⅲ. ①市场营销学—高等学校—教材 Ⅳ. ①F713.50

中国版本图书馆 CIP 数据核字(2018)第 139424 号

责任编辑：陈冬梅
封面设计：刘孝琼
责任校对：王明明
责任印制：丛怀宇

出版发行：清华大学出版社
  网　　址：http://www.tup.com.cn, http://www.wqbook.com
  地　　址：北京清华大学学研大厦 A 座　　邮　编：100084
  社 总 机：010-62770175　　邮　购：010-62786544
  投稿与读者服务：010-62776969, c-service@tup.tsinghua.edu.cn
  质量反馈：010-62772015, zhiliang@tup.tsinghua.edu.cn
  课件下载：http://www.tup.com.cn, 010-62791865

印 装 者：三河市龙大印装有限公司
经　　销：全国新华书店
开　　本：185mm×260mm　　印　张：18.75　　字　数：450 千字
版　　次：2018 年 8 月第 1 版　　印　次：2022 年 1 月第 8 次印刷
定　　价：39.80 元

产品编号：080109-01

前　言

　　本书是作为普通高等教育"二十一世纪普通高等院校实用规划教材"出版的，也是根据教育部"高等教育面向 21 世纪教学内容和课程体系改革计划"精神，结合清华大学的"21 世纪应用型高等院校经管核心课程规划教材"工程设计总体要求而推出的。

　　值本书出版之际，我们不妨回忆一下市场营销在中国的传播和应用片段，这能够帮助我们回顾和反思得与失，以便明确市场营销学教材未来的努力方向。20 世纪 70 年代末 80 年代初，是市场营销学在中国内地再引进和启蒙阶段。1979 年起，国内部分大专院校和外贸部等多次聘请海外营销专家来华设坛讲学；1981 年中国人民大学和山西财经学院举办市场营销学师资班，为综合性大学和财经类院校培训了第一批师资，这为更多国内高校开设市场营销学课程和专业奠定了重要基础。1994 年中国高等院校市场学研究会成立 10 周年时，中国高等院校普遍开设了市场营销学课程，教材版本众多，传播面广大，市场营销学在中国迎来了新的发展高峰。与此同时，市场营销学教材的引进也在进行，许多影印本教材和译著纷纷出现。然而由于中西市场情况悬殊，这些教材不能满足和适应中国经济发展的要求，于是国内的专家和学者开始根据国内的实际情况编写教材，逐渐开始了理论本土化进程，极大满足了对本地化教材的需求，也为市场营销学理论的传播以及企业的营销实践作出了巨大贡献。

　　时至今日，国内的学者对于市场营销学的教材仍在孜孜不倦地完善和再版，力图修订出版更加契合国内大专院校和企业营销工作的教材，可嘉可许。综观国内的教材，普遍以菲利普·科特勒的 11PS 为核心改编，重复居多，这一方面表明科特勒教材之经典难以撼动，另一方面也说明我们在营销教材方面还有很长的路要走。实际上，中国学界一直在思考关于营销学教材的"原文照搬"和"本土化"两大基本问题，而本土化又是问题的重中之重，因为它关乎着中国对营销学的借鉴、消化和创新。中西文化的差异，原文照搬会使营销实践水土不服，显然此路不通。理论与实践本土化则实现更难，因为本土化过程是一个循序渐进的过程，国内学者认为，本土化要经过以下阶段：①理论本土化；②案例本土化；③中国原创；④工具方法本土化；⑤本土理论化及国际化。

　　这本《市场营销学》以 11PS 为中心，遵照本土化步调进行改进与完善。每一章都设有"内容提要"和"本章小结"，以备学员有针对性地学习和课后及时总结关键学习内容；案例基本实现了本土化；为方便消费者对营销的理解，加入了一些消费心理等方面的内容；为深化理解知识和促进应用，也加入了中外专家学者对营销的评论，还融入了编者多年的研究成果和教学心得；课后的案例来自近年来实战精编，讨论题的设置尽量能够引导读者主动思考、分析并得出一些有意义的结论，使每一章的知识能够及时沉淀下来；等等。我们相信，随着中国理论研究与实践的不断深入开展，市场营销学教材今后肯定还会有巨大的发展。

　　本教材编写内容分工是：郑州轻工业学院王便芳教授任主编并统稿、审定，负责编写

第4～6章，郑州轻工业学院王兴明、王晓展、闫艳玲任副主编，其中王兴明负责编写第7～9章，王晓展负责编写第1～3章，闫艳玲负责编写第10～11章。

  本书在编写过程中参阅了大量国内外有关文献资料，并借鉴、吸收了其中的某些研究成果，在此向有关作者致以深切的谢意。本书若有疏漏之处，敬请批评指正。

编　者

目 录

第一章 市场营销概述 ... 1

第一节 市场营销的基本概念 ... 2
一、市场的含义 ... 2
二、市场营销的界定 ... 3
三、市场营销的核心概念 ... 5

第二节 市场营销观念的演变 ... 8
一、生产观念 ... 9
二、产品观念 ... 9
三、推销观念 ... 9
四、市场营销观念 ... 10
五、社会市场营销观念 ... 11
六、全方位营销观念 ... 11

第三节 市场营销学的发展历程 ... 12
一、形成时期 ... 12
二、应用时期 ... 13
三、革命时期 ... 13
四、新变革时期 ... 14
五、营销 3.0 时期 ... 14

第四节 市场营销学的研究内容与研究方法 ... 16
一、市场营销学的性质与特点 ... 16
二、市场营销学的研究内容 ... 16
三、市场营销学的研究方法 ... 18

本章小结 ... 19
关键词 ... 20
综合练习 ... 20

第二章 市场营销环境分析 ... 23

第一节 市场营销环境概述 ... 24
一、市场营销环境的概念及内容 ... 24
二、市场营销环境的特点 ... 25
三、分析市场营销环境的现实意义 ... 25

第二节 间接环境分析 ... 26
一、人口环境 ... 26
二、经济环境 ... 28
三、自然环境 ... 31
四、科技环境 ... 32
五、政治与法律环境 ... 34
六、社会文化环境 ... 35

第三节 直接营销环境 ... 37
一、企业内部环境 ... 37
二、供应商 ... 37
三、营销中介 ... 38
四、顾客 ... 39
五、竞争者 ... 39
六、公众 ... 39

第四节 环境分析与营销对策 ... 41
一、SWOT 分析方法 ... 41
二、市场机会和威胁分析 ... 42

本章小结 ... 44
关键词 ... 45
综合练习 ... 45

第三章 购买者行为分析 ... 49

第一节 消费者市场购买行为分析 ... 50
一、消费者市场的含义及特点 ... 50
二、消费者市场的购买对象 ... 51
三、消费者购买行为模式 ... 53
四、影响消费者购买行为的主要因素 ... 54
五、消费者购买决策过程 ... 60
六、互联网时代下消费者行为 ... 65

第二节 组织者市场购买行为分析 ... 67
一、生产者市场购买行为分析 ... 67
二、中间商购买行为分析 ... 71
三、政府市场的购买行为分析 ... 72

本章小结 ... 74
关键词 ... 75
综合练习 ... 75

第四章 市场营销调研与预测 ... 77

第一节 市场营销调研概述 ... 78
- 一、市场营销调研的概念 ... 78
- 二、市场营销调研的类型 ... 78
- 三、市场营销调研的主要内容 ... 80
- 四、市场调查的程序 ... 81

第二节 市场营销调研的基本方法 ... 81
- 一、案头调研 ... 81
- 二、实地调研 ... 83
- 三、调查方法的选择 ... 85

第三节 问卷调查的设计 ... 86
- 一、调查问卷的设计原则 ... 86
- 二、问卷的提问方法与技巧 ... 86

第四节 市场数据处理 ... 89
- 一、市场数据整理过程 ... 89
- 二、市场数据调整 ... 90
- 三、市场调研报告的撰写 ... 91

第五节 市场预测 ... 92
- 一、市场预测的含义和作用 ... 93
- 二、市场营销预测的类型 ... 93
- 三、市场营销预测的主要方法 ... 93

本章小结 ... 103
综合练习 ... 103

第五章 市场细分与市场定位 ... 108

第一节 市场细分 ... 110
- 一、市场细分的概念及其作用 ... 110
- 二、市场细分的原则及应该注意的问题 ... 115
- 三、市场细分的程序 ... 117

第二节 目标市场选择 ... 118
- 一、目标市场的含义 ... 118
- 二、评估细分市场 ... 118
- 三、目标市场的选择模式 ... 120
- 四、目标市场营销战略 ... 121
- 五、影响企业选择目标市场战略的因素 ... 124

第三节 市场定位 ... 125
- 一、市场定位的含义及心理特征 ... 125
- 二、市场定位战略 ... 127
- 三、市场定位策略 ... 128
- 四、市场定位的步骤 ... 130
- 五、市场定位时应注意的问题 ... 132

本章小结 ... 132
关键词 ... 133
综合练习 ... 133

第六章 市场竞争策略 ... 136

第一节 识别竞争者及其战略目标 ... 136
- 一、分析行业竞争结构 ... 136
- 二、识别竞争者 ... 138
- 三、判定竞争者的战略与目标 ... 139

第二节 评估竞争者 ... 140
- 一、竞争者优劣势分析的内容 ... 140
- 二、评估竞争者的优势与劣势 ... 141

第三节 选择竞争者 ... 142
- 一、竞争者类型 ... 142
- 二、企业的一般竞争战略 ... 143

第四节 确定市场竞争地位 ... 147
- 一、市场领导者战略 ... 147
- 二、市场挑战者战略 ... 148
- 三、市场追随者战略 ... 150
- 四、市场补缺者战略 ... 151

本章小结 ... 151
关键词 ... 152
综合练习 ... 152

第七章 产品策略 ... 156

第一节 产品的整体概念与分类 ... 158
- 一、产品的整体概念 ... 158
- 二、产品的分类 ... 160

第二节 产品组合 ... 162
- 一、产品组合及其相关概念 ... 162
- 二、产品组合的分析 ... 163
- 三、产品组合策略 ... 166

第三节 品牌 ... 168
- 一、品牌的含义 ... 169
- 二、品牌的作用 ... 170
- 三、品牌设计原则 ... 171

目录

　　四、品牌策略.................................172
第四节　产品包装及标签.................174
　　一、包装分类.................................175
　　二、包装的作用.............................175
　　三、包装设计.................................176
　　四、包装策略.................................177
　　五、标签管理.................................178
第五节　产品生命周期理论及其应用.....180
　　一、产品生命周期阶段.................180
　　二、产品生命周期的非典型形态.....181
　　三、产品生命周期策略.................183
本章小结...185
关键词...186
综合练习...186

第八章　定价策略.................................188

第一节　影响价格决策的主要因素.....189
　　一、企业定价目标.........................189
　　二、产品成本.................................191
　　三、营销策略的一致性.................192
　　四、供求关系.................................193
　　五、市场竞争状况.........................196
　　六、法律政策因素.........................197
第二节　定价方法.................................198
　　一、成本导向定价法(Cost-based
　　　　Pricing).................................198
　　二、需求导向定价法(Buyer-based
　　　　Pricing).................................200
　　三、竞争导向定价法(Competition-
　　　　based Pricing).....................200
第三节　定价策略.................................201
　　一、心理定价策略.........................201
　　二、新产品定价策略.....................203
　　三、产品组合定价策略.................204
　　四、折扣与折让策略.....................204
　　五、地理价格策略.........................205
第四节　价格变动与企业对策.............206
　　一、企业降价与提价.....................206
　　二、顾客对价格变动的反应.........208
　　三、竞争者对价格变动的反应.....208

　　四、企业对竞争者价格变动的
　　　　反应...209
　　五、中国企业的价格战.................211
本章小结...212
关键词...213
综合练习...213

第九章　促销策略.................................215

第一节　促销组合.................................216
　　一、信息沟通过程.........................217
　　二、促销组合决策过程.................218
　　三、制订促销组合时应考虑的
　　　　因素...220
　　四、促销效果及层次.....................222
第二节　广告策略.................................223
　　一、广告的含义.............................223
　　二、确定广告目标.........................223
　　三、确定广告预算.........................224
　　四、广告制作.................................224
　　五、广告媒体选择与效果评估.....225
第三节　人员推销.................................227
　　一、人员推销的作用与任务.........227
　　二、推销队伍的组织.....................228
　　三、推销人员的选拔与培训.........229
　　四、对推销员工作的监督、激励
　　　　与评估.....................................231
第四节　公共关系.................................233
　　一、公共关系的含义和作用.........233
　　二、企业公共关系策略.................233
第五节　营业推广.................................235
　　一、营业推广方式.........................236
　　二、营业推广方案的制订.............237
　　三、营业推广活动中应注意的
　　　　问题...237
本章小结...238
关键词...238
综合练习...239

第十章　分销渠道策略.........................242

第一节　分销渠道概念及类型.............243

一、分销渠道概念 243
　　二、分销渠道的类型 244
　　三、分销渠道系统的发展 245
　　四、渠道的构成 246
第二节　渠道绩效评估 248
　　一、渠道绩效评估的概念 248
　　二、渠道绩效评估的内容 248
　　三、渠道绩效评估的财务指标 250
　　四、渠道评估的标准 252
　　五、渠道绩效评估的方法 252
第三节　分销渠道管理 253
　　一、影响分销渠道选择的因素 253
　　二、厂商与渠道成员的双向选择 255
　　三、厂商对渠道成员的激励 257
　　四、分销渠道之间的冲突 259
　　五、分销渠道中的物流管理 261
本章小结 263
关键词 263

综合练习 263

第十一章　市场营销计划、组织与控制 268

第一节　市场营销计划 270
　　一、市场营销计划的内容 270
　　二、市场营销预算的制订 273
第二节　市场营销的组织 276
　　一、市场营销部门组织结构的演变 276
　　二、市场营销部门的组织形式 278
第三节　市场营销的控制 282
　　一、年度计划控制 282
　　二、盈利控制 284
　　三、效率控制 285
本章小结 287
综合练习 287

参考文献 291

第一章　市场营销概述

【内容提要】

1. 市场营销的含义与相关概念
2. 市场营销观念的演变
3. 市场营销的发展历程
4. 市场营销的研究内容与研究方法

【导入案例】

Sitecore与蒙牛达成战略合作，挖掘数字化营销潜能

2017年6月27日，全球客户体验管理领先企业Sitecore与中国领先乳制品供应商蒙牛达成战略合作。双方将全方位开展合作，并重点拓展消费者洞察、个性化营销等领域的深入协作。

随着信息技术的发展、消费者购买行为的多元变化以及市场沟通渠道的变更，企业的营销手段迎来了质的改变。在传统的营销模式下，企业无法第一时间聆听到消费者的真实心声，也就无法快速响应市场变化，抓住市场机遇。作为行业先驱，蒙牛始终坚持以消费者为中心的经营理念，强调以消费者为核心的数字化营销转型，着力于协同线上线下渠道构建立体渠道新模式，并利用社交媒体的信息数据达成真正意义上的消费者洞察，建立基于大数据的战略来支撑营销决策，在产品和服务生命周期的各个阶段增加消费者个性互动体验，从而更加精准地贴近消费者。

同时，蒙牛也关注到随着消费者购物习惯及媒介渠道的不断发展，消费者洞察变得日益复杂。Sitecore在创建一致的消费者体验领域拥有强大的技术支持及丰富经验，善于打造情境营销，贴近并满足消费者需求。蒙牛将借助Sitecore的技术平台与经验，拉近与消费者的距离，重新定义牛奶，成为真正以消费者为中心，创新引领的百年营养健康食品公司。

通过此次战略合作，蒙牛将基于Sitecore的数字化营销解决方案覆盖其所有线上渠道，包括集团及各品牌的网站、近百个微信公众号的统一管理发布与洞察、品牌活动配合等，并在创新方案如云部署、机器学习等领域深入协作。其中包括蒙牛联合Sitecore的技术平台，通过精选牧场纯牛奶实现与消费者一包一码的数字化连接。双方在消费者行为追踪上的合作将助力蒙牛开展更有针对性的营销，并将在创新的营销方案、食品安全及品质保证方面给终端用户带来更优质的体验。

作为蒙牛首款数字化产品，精选牧场可从牧场到餐桌对消费者进行全程的数字化连接。消费者通过扫描包装上的二维码，不仅可进行产品一包一码的在线生产追溯，还可参观云端工厂、牧场的实时动态，随时随地进行积分换礼。与此同时，蒙牛的后台还将通过消费者扫码行为，即时获取目标人群属性，并给予标签化定位，从而有效抢占数字化营销市场的先机，实现精准投放，让大数据的成果不只停留在"云端"，更在市场端实现有效"落

地"。市场和渠道日益多元，每个消费者均具有鲜活而复杂的个性化体现，每个访客也具有各自独特的关注点。感知用户关注点，实现用户的 360 度画像，了解用户的兴趣倾向和消费需求成为难点。通过所有营销渠道为用户提供动态、有吸引力的内容，则将帮助企业使潜在用户转化为真正的用户，进而完成个性化营销。

(资料来源：http://www.emkt.com.cn/article/659/65939.html.)

通过开篇案例我们应该思考，我们的市场在哪里？消费者是谁？他们如何看待和使用我们的产品？企业如何去营销？

人类的经济活动自从有了剩余产品，就出现了交换，从而也就产生了对于自己所难以控制的交换对象及影响因素的研究。研究的核心在于如何能按自己的理想实现潜在交换，使自己的劳动价值得到社会的承认，从而使交换双方的需求也能得以满足。市场营销的理论和实践就是这种研究工作的延续。特别是随着竞争的加剧和交换活动的环境日益复杂，市场营销的研究和管理工作也在不断地深化，以迎合新时代的需要。作为市场营销的研究人员，首先需要了解什么是市场，什么是市场营销，市场营销是如何起作用的，市场营销的内容是什么？

第一节　市场营销的基本概念

一、市场的含义

(一)市场的概念

传统观念认为，市场是买主和卖主聚集在一起进行商品交易的场所。这一定义是从实体交易的地点考虑的。

经济学的观念认为，市场是买者和卖者相互作用，并共同决定商品或劳务的价格和交易数量的机制。这一定义是从商品供求关系的角度提出来的。当商品供给大于需求时，买方占据主导地位，在交易中拥有更多的主动权；当商品的需求量大于供给量时，卖方在交易中占主导地位，拥有更多的主动权。

营销学的观念认为，市场是由那些具有特定需要或欲望，并愿意和能够通过交换来满足这种需要或欲望的全部现实和潜在顾客的集合。市场和消费者成为等同的概念。营销学角度的市场分为需求市场(如有送礼需求的市场)，产品市场(如手机市场)，人口特征市场(如 90 后市场)、地理特征市场(如中国市场)等。

所有的买主构成市场，所有的卖主构成了行业。图 1-1 表示买方和卖方如何关联在一起。卖方向市场传递产品、服务和营销传播信息(广告、促销等)，同时收取消费者的款项和反馈的信息。

(二)市场的构成要素

从卖方角度研究买方市场，市场构成有三个主要因素，一是人口；二是购买力(收入)；三是购买动机。因此，从市场营销的角度来看，我们可把市场表述为人口、购买力和购买

动机的函数,即:

市场=人口+购买力+购买欲望和动机

图1-1 市场与行业关系图

1. 人口

人口因素是构成市场的基本因素,人口越多,现实的和潜在的消费需求就越大。有需求就存在市场。

2. 购买力

购买力因素是指人们支付货币购买商品或劳务的能力,购买力水平的高低是决定市场容量大小的重要指标之一。例如,一个国家(或地区)虽然人口众多,但收入水平很低,购买力有限,则市场狭窄;反之,尽管一个国家或地区收入水平很高,但人口很少,市场同样十分有限。而有的国家或地区,既人口众多,又有一定的收入水平,这就属于有潜力的市场。中国是一个人口众多的国家,改革开放以来,人民尤其是农民的生活水平逐年得到大幅度提高,因此形成了一个庞大的农村市场。但如果商品货不对路,激发不了农村消费者的购买欲望,购买力不能转化为购买行为,则对卖方而言仍不能形成现实的市场。

3. 购买动机

购买动机是指导消费者产生购买行为的驱动力,是消费者消费意愿的体现。它也是消费者将潜在购买力变为现实购买行为的重要条件。人口数量再多,购买力水平再高,如果消费者对商品没有需求的动机和欲望,那么这个商品的市场就不可能存在。从某种意义上讲,购买动机是决定市场容量最具影响力的因素。

人口、购买力和购买动机这三因素相互制约,缺一不可。只有将这三者结合起来才能构成有效的市场,并决定市场的规模和容量。实际上,对于市场营销的研究,就是从上述三方面进行定性和定量的研究,从而建立起整个学科体系的有关理论框架。

二、市场营销的界定

市场营销(Marketing)是人们与社会需要的识别与满足。当宜家发现人们想要价格低廉的好家具时,就创造了可拆装式家具。当凉茶品牌王老吉发现人们都有害怕上火的需求时,就将传统的凉茶产品奉献给消费者,并使之走进千家万户。这两个例子说明了营销工作的本质，即把个人或社会的需求转变为有利的商业机会。

市场营销一词是由西方引进的，西方的学者从各种角度对市场营销的解释不下几十种。最有代表性的市场营销定义，是美国市场营销协会(AMA，The American Marketing Association)分别于 1960 年和 1985 年所下的两个经典定义。

定义 1(AMA，1960)："市场营销是引导货物和劳务从生产者流向消费者或用户所进行的一切企业活动。"这一定义将市场营销界定为商品流通过程中的企业活动。在此定义下，"营销"等同于"销售"，它只是企业在产品生产出来以后，为产品的销售而作出的各种努力。

定义 2(AMA，1985)："市场营销是计划和执行关于产品、服务和创意的观念、定价、促销和分销的过程，目的是完成交换并实现个人及组织的目标。"根据这一定义，市场营销活动已经超越了流通过程，是一个包含了分析、计划、执行与控制等活动的管理过程。

从以上两个定义可以看出营销概念的演进及营销内涵的扩展。①营销主体由"企业"发展为"一切面向市场的个人和组织"。传统市场营销活动的主体限定为企业。现代市场营销则认为"营销活动中主动的一方就是营销者"，其主体包括一切面向市场的个人和组织，既包括企业等营利组织，又包括学校、医院、公共事业单位等面向市场的非营利组织，还包括通过交换获取所需所欲之物的个人。②营销客体由"货物和劳务"发展到"产品、服务和创意"，提出了创意也是营销的产物。③营销内容由单纯的"销售"活动发展到"观念、定价、促销和分销的过程"，指出营销不只是强调结果，更强调营销过程。

除美国市场营销协会(AMA)的两个经典定义以外，营销管理学派的代表人物——美国西北大学教授菲利普·科特勒、欧洲关系营销学派的代表人物——格隆罗斯于 20 世纪 90 年代对市场营销所下的定义也被世界各国市场营销界广泛引用，成为两个学术流派的权威定义。

定义 3(菲利普·科特勒，1994)："市场营销是个人和集体通过创造并同他人交换产品和价值以满足需求和欲望的一种社会和管理过程。"这个定义告诉人们，有效的市场营销包括三个方面的问题：①通过市场营销要达成满足个人和群体需求和欲望的目标；②交换是市场营销的核心；③交换是以产品和价值为基础的。

定义 4(格隆罗斯，1990)："市场营销是在一种利益之后，通过相互交换和承诺，建立、维持、巩固与消费者及其他参与者的关系，实现各方的目的。"这一定义强调营销的目的是在共同的利益前提下，建立、维持、巩固"关系"，实现双赢或多赢。

2004 年美国市场营销协会(AMA)给市场营销下了新的定义。

定义 5(AMA，2004)："市场营销是一项有组织的活动，它包括创造'价值'，将'价值'沟通输送(Communication & Delivery)给顾客，以及维系管理公司与顾客间的关系，从而使公司及顾客受益的过程。"这一新定义肯定了近年来市场营销研究及企业市场营销实践越来越将顾客、顾客价值、顾客满意、顾客忠诚与客户关系管理视作营销的核心。现代管理学认为，管理的目标是让顾客、股东和雇员三方面满意，而营销职能的任务是让顾客满意。新定义的表达完全是围绕顾客展开的，换句话说，顾客在今天的市场营销中占据着中心的地位，是顾客价值在驱动着市场。

第一章 市场营销概述

【营销小知识】

菲利普·科特勒

菲利普·科特勒(Philip Kotler)1931年出生于美国,作为现代营销学之父,具有芝加哥大学经济学硕士和麻省理工学院经济学博士、哈佛大学博士后及苏黎世大学等其他8所大学的荣誉博士学位。同时也是许多美国和外国大公司在营销战略和计划、营销组织、整合营销上的顾问。这些企业包括IBM、通用电气(General Electric)、AT&T、默克(Merck)、霍尼韦尔(Honeywell)、美洲银行(Bank of America)、北欧航空(SAS Airline)、米其林(Michelin)、环球市场集团(GMC)等。

科特勒博士出版了许多成功的著作,主要有《营销管理》《市场营销学原理》《非盈利机构营销学》《新战略营销》《营销专业服务》《医疗保健营销学》《高视野》《社会营销学》《国家营销》《营销模型》《水平营销》等。此外,他还曾担任美国管理学院主席、美国营销协会董事长和项目主席以及彼得·德鲁克基金会顾问。同时他还是将近20本著作的作者,为《哈佛商业评论》《加州管理杂志》《管理科学》等第一流杂志撰写了100多篇论文。他的许多作品被世界营销行业奉为圣经,作品被翻译成20多种语言出版。

英国权威媒体《金融时报》总结出菲利普·科特勒对营销与管理的贡献主要体现在三个方面。

(1) 在宣传市场营销的重要性上,他比任何一位学者或者商业作者做得都多,从而把市场营销从一种边缘性的企业活动,提升成为生产经营过程中的重要工作。

(2) 他沿着现代管理之父彼得·德鲁克提出的一种趋势继续前进,把企业关注的重点从价格和分销转移到满足顾客需求上来。

(3) 他拓宽了市场营销的概念,从过去仅仅限于销售工作,扩大到更加全面的沟通和交换流程。全球大部分产业产品过剩,实际上,问题不是出在供给层面,而是需求层面。过多的产品在追求过少客户的青睐。与此同时,全球化、资讯科技以及网络也带来了巨大的市场变化,对企业生存环境产生了革命性的冲击,这些都要求企业进行转型。只有摆脱传统的营销局限,转而由营销来打造企业战略,才能对市场容量及企业自身定位作出更明确的界定,才能在此次转型中蜕变成功。

(资料来源: 360百科资料整理, https://baike.so.com/doc/1283184-1356840.html。)

三、市场营销的核心概念

所谓核心概念,是指贯穿市场营销全学科的理论导向与主要线索。市场营销的核心概念主要有:需要、欲望与需求、交换与交易、价值与满足、产品、营销者与营销管理等。

(一)需要(Need)、欲望(Want)与需求(Demand)

需要(Need)是人类与生俱来的本性,是指"人们未被满足的一种心理状态"。人类有许多复杂的需要,这既包括对食物、衣物、取暖和安全等物质层面的需要,也包括归属感、自尊感的社会需要以及人们对知识的需要和自我表达的需要。这些需要不是被人为创造出来的，它是人们自发产生的。当一项需要未被满足之时，人们要么寻求目标来满足，要么主动抑制这种需要。人类的需要是市场营销活动的出发点。

【营销小知识】

马斯洛需要层次理论

马斯洛需要层次理论是行为科学的理论之一，由美国心理学家亚伯拉罕·马斯洛在1943年在《人类激励理论》论文中所提出。书中将人类需要像阶梯一样从低到高按层次分为五种，分别是生理需求(Physiological needs)、安全需求(Safety needs)、爱和归属感(Love and belonging)、尊重(Esteem)和自我实现(Self-actualization)。

需要层次之间的关系可以概括为：人的需要一般是由低向高逐级发展的，已经满足了的需要就不再是行为的激励力量，但会在此基础上产生更高层次的需要；低层次的需要其满足对象大多与物质因素有关，高层次需要的满足对象与精神因素有关，对大多数人来说二者的界限是模糊的，且因人而异；高层次需要满足的程度相对较低，实现的难度较大，人的不同层次的需要可能同时存在。

欲望(Want)是指人在既定的文化和个性影响下，需要的具体表现形式，即当需要与可以满足这一需要的物品相联系时，需要就转变成欲望。这里有两层意思：第一，欲望物是用来满足需要的(或者说是解决问题的)；第二，不同文化背景和不同性格气质的人会选取不同的欲望物。例如，一个饥饿的地道的美国人会以汉堡、薯条和可乐来解决问题，印尼巴厘岛的人会以芒果、烤乳猪和豆荚来满足需要。人对于同一个待解决的问题，可以采用许多欲望物来进行解决。比如口渴的问题，人可以选择的欲望之物有开水、茶、果汁、汽水或矿泉水等。人的欲望是无穷无尽的，但所能够支配的资源是有限的，因此人会在既定购买能力的情况下为自己选择最有价值、最能满足自己需要的产品。在购买能力的支撑下，欲望就会转化成需求。

需求(Demand)是指人们有支付能力并愿意购买某个具体的产品来满足欲望。营销者应该知道有多少人需要某种产品，并且知道有多少人有能力购买这种产品。

将需要、欲望和需求加以区分，其重要意义在于说明：市场营销者并不能创造需要，需要本就已经存在于市场营销活动之前；市场营销者连同社会上的其他因素，只影响了人们的欲望，并试图影响人们，让他们认为何种特定的产品才可以满足其需要；进而通过使产品富有吸引力、适应消费者的支付能力且使之容易得到，来影响需求。

【营销小知识】

需求的八种类型

1. 负需求——消费者厌恶某个产品，甚至花钱去回避它。
2. 无需求——消费者对某个产品不感兴趣，无心购买。
3. 潜在需求——现有产品未能满足消费者对某个方面产生的需求。
4. 下降需求——消费者逐渐减少或停止购买某种产品。
5. 不规则需求——消费者的购买活动可能每个季节、每月、每周、每日甚至每个小时

第一章 市场营销概述

都在发生变化。

> 6. 充分需求——消费者随时能在市场上买到自己所需要的产品。
> 7. 过度需求——消费者需要购买的数量超过市场可能供应的数量。
> 8. 不健康需求——消费者需要购买的产品会对社会产生不良后果。

(二)交换(Exchange)、交易(Transactions)和关系营销

交换是市场营销活动的核心。人类实际上可以通过四种方式获得他所需要的东西：一是自行生产，获得自己的劳动所得；二是强行索取，不需要向对方支付任何代价；三是向人乞讨，同样无须作出任何让渡；四是进行交换，以一定的利益让渡从对方获得相当的价值产品或满足。市场营销活动仅是围绕第四种方式进行的。从交换实现的必要条件来看，必须满足以下几条。

(1) 交换必须在至少两人之间进行。
(2) 双方都拥有对于对方而言有用的东西。
(3) 双方有可能相互沟通并能够进行价值传递。
(4) 双方都有决定进行交换和拒绝交换的自由。

因此我们可以看到，需要的产生使交换成为有价值的活动，产品的产生使交换成为可能，而价值的认同使交换最终得以实现。如何通过克服市场交换障碍顺利实现市场交换，进而达到实现企业和社会经济效益的目的，是市场营销学研究的核心内容。交换不仅是一种现象，更是一种过程，只有当交换双方克服了各种交换障碍，达成了交换协议，我们才能称其为形成了"交易"。交换强调发生的条件，而交易重视价值的对等性，是达成意向的交换，交易的最终实现需要双方对意向和承诺的完全履行。所以如果仅就某一次交换活动而言，市场营销就是为了实现同交换对象之间的交易，这是营销的直接目的。

关系营销是营销者与有价值的消费者、分销商、零售商、供应商以及广告代理商、科研机构等建立、保持并加强长期的合作关系，通过互利交换及共同履行诺言，使各方实现各自目的的营销方式。关系营销可以节约交易的时间和成本，追求与顾客和其他关联方共同长期的利益最大化。

(三)顾客价值与顾客满意

1. 顾客感知价值

顾客会选择他们感知价值最大的产品或服务。顾客感知价值(Customer Perceived Value，CPV)是指企业传递给顾客，并且能让顾客感受到的实际价值。表现为顾客购买总价值与顾客购买总成本之间的差额。这里的顾客购买总价值是指顾客购买某一产品与服务所期望获得的一系列利益；顾客购买总成本是指顾客为购买某一产品所付出的货币与非货币成本(时间成本、体力成本和精神成本)。顾客在购买时总是希望有较高的购买总价值和较低的购买总成本，以便获得更多的感知价值，使自己的需求得到更大的满足。

2. 顾客购买总价值

顾客购买总价值由产品价值、服务价值、人员价值和形象价值构成，其中每一项价值

的变化都会对顾客购买总价值产生影响。

3. 顾客满意

顾客满意是指顾客将产品和服务满足其需要的绩效与其期望进行比较所形成的感觉状态。顾客是否满意取决于购买后实际感受到的绩效与之前期望的差异。若是绩效小于期望，顾客会不满意；若绩效与期望相当，则顾客会满意；若绩效大于期望，顾客会十分满意。

研究表明，顾客满意既是顾客本人再次购买的基础，也是影响其他顾客购买的重要因素。因此，企业关注顾客满意是吸引顾客、留住顾客，进而占有和扩大市场，提高企业效益的关键。

(四) 产品

营销学中的产品(Product)是一个广义的概念。指的是能满足消费者需要的一组利益的集合。有时也称为消费者问题解决方案或提供物(Offers)。人们购买洗衣机不是为了得到一个实体的金属之物，而是为了得到它所提供给人们的各种利益，如省时省力，得到干净的衣物等。产品可以是有形的也可以是无形的。如无形的服务(维修服务、金融服务、旅游景点的服务等)、知识、点子、创意、特许经营权、组织等都可称为产品。

(五) 营销者与营销管理

在交换双方中，如果一方比另一方更主动、更积极地寻求交换，我们就将前者称为市场营销者，后者称为潜在顾客。换句话说，所谓市场营销者，是指希望从别人那里取得资源并愿意以某种有价值的东西作为交换的人。市场营销者可以是卖方，也可以是买方。当买卖双方都表现积极时，我们就可把双方都称为市场营销者。

营销管理是指为实现营销目标，而对整个营销活动，包括营销计划的编制、执行，营销手段的采用，分销渠道的选择，产品价格的制订等进行的控制与调节。

第二节　市场营销观念的演变

市场营销作为一种有意识的经营活动，是在一定经营思想指导下进行的。市场营销观念也就是指以什么样的指导思想、什么样的思想方法来从事市场营销活动。市场观念是否符合市场的客观实际，关系到企业的经营成败。因此，市场营销观念是指企业在一定时期，一定的生产技术和市场环境条件下，进行全部市场营销活动的根本准则和指导思想，它贯穿于整个市场营销活动的各个方面和全部过程，并指导企业所有部门和所有方面的营销活动。

随着社会的进步和时代的变迁，市场营销观念也经历了生产观念、产品观念、推销观念、市场营销观念、社会市场营销观念和全方位营销观念这六个阶段。

第一章　市场营销概述

一、生产观念

生产观念(Product Concept)是指导销售者行为最古老的观念之一。生产观念是在卖方市场条件下产生的。在西方发达国家,于20世纪20年代初期以前占支配地位。当时,西方各国国民收入普遍较低,生产落后,整个社会产品匮乏。生产观念的假定是,消费者喜欢那些可以随处买得到而且价格低廉的产品,他们没有特殊的需求,整个社会需求量大但购买力不高。企业的经营思想为:我生产什么、商家就卖什么,顾客就买什么。因此企业应致力于扩大生产,增加产量,降低成本以扩展市场,就可以获得较高的利润。生产观念是以卖方的一切经营活动,以生产为中心,"以产定销"。

显然,生产观念是一种重生产、轻营销的商业哲学。例如,20世纪初,美国福特汽车公司制造的产品供不应求,亨利·福特曾傲慢地宣称:"不管顾客需要什么颜色的汽车,我只有一种黑色的T型汽车。"公司倾全力于汽车的大规模生产,降低成本,扩大市场,使更多的美国人都买得起汽车。

这种落后的经营观念存在较多的局限性:其一,忽视了对产品的质量、品种、功能等方面的设计和开发;其二,忽视了消费者多样化的需求。

二、产品观念

产品观念(Production Concept)是一种与生产观念类似的一种经营观念。产品观念认为,消费者最喜欢高质量、多功能和具有某种特色的产品,消费者有不同的偏好和一定的支付能力,企业应致力于生产高附加值产品,并不断加以改进。产品观念产生的背景是:市场仍然是卖方市场,人们的生活水平已有大幅的提高,消费者已不再仅仅满足于产品的基本功能,而开始追求产品的功能、质量等方面。产品观念的指导思想是:我们会做什么,就努力做好什么。这种观念片面强调产品本身,而忽视市场需求,只看到自己的产品质量好,看不到市场需求在变化,致使企业经营陷入困境。

生产观念和产品观念的共同特点都是:重生产、轻营销,把市场看作是生产过程的终点,从生产者角度出发,都是以生产为中心的经营思想。其区别在于:前者注重以量取胜,而后者注重以质取胜,二者都没有将市场需求放在首位。当某些产品出现供过于求或不适销对路情况而产生积压时,有关企业只知道"我们制造最好的服装""我们制造最好的汽车",却不知道产品为什么销不出去。

三、推销观念

推销观念(Selling Concept)认为,消费者通常表现出一种购买惰性或抗衡心理,如果顺其自然,消费者一般不会主动购买某一企业的产品,因此,企业必须积极推销和大力促销,以刺激消费者大量购买本企业产品。

推销观念产生在20世纪的30年代和40年代。由于在这个时期科学技术有很大发展,生产的产品增加迅速,供求状况发生了变化,已从生产不足开始进入了生产过剩,竞争差不多席卷了所有的工业部门。特别是1929年开始的经济大萧条,企业倒闭时有发生,产品的销路问题成了企业生存和发展的关键。这种客观形势的发展，使企业感到仅有物美价廉的商品也未必能卖掉，要在竞争中获取更多利润，还必须重视和加强产品的推销工作。于是，企业逐渐开始重视广告术、推销术和市场调查，逐渐开始关心产品销售状况，而不像过去那样仅仅关心产品的产量与质量。推销观念的指导思想为：我们卖什么，就让顾客买什么，好坏都要靠吆喝。

从生产观念发展到推销观念是市场营销经营思想的一大进步，但是仍然没有脱离以企业为中心，"以产定销"的范畴。因为它只是着眼于既定产品的推销，只顾如何想办法将产品销售出去，而不关心顾客是否满意以及如何满足顾客需求。因此，在科学技术进一步发展，社会不断进步以及顾客行为不断改变的条件下，这种观念就不能适应客观的需要了。

四、市场营销观念

市场营销观念(Marketing Concept)，又称为以消费者为中心的观念。这种观念认为，企业的一切计划与策略应该以满足消费者的需求为中心，要正确确定目标市场的需要与欲望，比竞争者更有效地满足顾客需求。营销观念的假定是，市场的供应量增加，供给大于需求；消费需求个性化和多元化；市场关键在于正确确定目标市场的需要和欲望。营销观念的指导思想是：顾客就是上帝，以顾客为核心。而企业追求的目标是，通过消费者的满意来获取长期利润。

西奥多·莱维特(Theodore Levitt)曾对推销观念和市场营销观念做过深刻的比较，指出推销观念注重卖方需要；市场营销观念则注重买方需要。推销观念以卖主需要为出发点，考虑如何把产品变成现金；而市场营销观念则考虑如何通过制造、传送产品来满足顾客的需要，如表1-1所示。

表1-1 推销观念、市场营销观念的区别

	起点	焦点	手段	目标
推销观念	企业	产品	推销和促销	通过增加销售量，实现利润增长
市场营销观念	目标市场	客户需要	整合营销	通过客户满意，实现利润增长

市场营销观念相信，得到顾客的关注和顾客价值才是企业营利之道。所以企业应将营销管理重心放在发现和了解目标顾客的需要上，然后再协调企业活动并千方百计地去满足它，使顾客满意，从而实现企业目标。因此，企业在决定其生产、经营时，必须进行市场调研，根据市场需求及企业本身的条件选择目标市场、组织生产。其产品设计、生产、定价、分销和销售促进活动，都要以消费者需求为出发点。产品销售出去之后，还要了解消费者的反馈意见，以此来改进企业自身的营销活动，最大限度地提高顾客的满意度。

但是市场营销观念也有一定的局限性，它回避了消费者利益、企业利益和长期社会福利三者之间的冲突。

五、社会市场营销观念

20世纪70年代,西方发达国家的市场环境发生了许多变化,如能源短缺、通货膨胀、失业增加、消费者保护主义盛行等。在这种背景下,人们对单纯的市场营销观念提出了质疑,认为市场营销观念虽摆正了企业与顾客的关系,但在实际执行过程中,企业忽视了满足消费者个人需求与长远的社会公共利益之间的矛盾,从而造成大量的浪费和环境污染等社会弊端,导致社会利益受损。例如氟利昂的生产,虽满足了家电行业的需要,但它破坏臭氧层,危害人类健康。因此,学术界和企业界又提出了一种新的经营理念——社会营销观念(Societal Marketing Concept)。

社会营销观念是以顾客需求和社会利益为重点,采取整体营销活动,在满足顾客需要的同时,考虑到社会公众的长远利益,达到谋求企业利润的目的。所以,社会市场营销观念的实质是在市场营销观念的基础上,综合考虑顾客、企业、社会三者利益的统一与协调,以使社会、生产、消费的发展处于最佳状态。因此,社会营销观念是对市场营销观念的补充和发展。

六、全方位营销观念

20世纪80年代以后,市场营销观念又有了新的发展,它们对社会市场营销观念有了新的补充,主要有关系营销观念、绿色营销观念、文化营销观念、整合营销观念、体验营销观念等。随着21世纪的到来,在世界范围内科技、经济、社会有了日新月异的发展,而且全球化的脚步也在不断加快,这样的趋势和背景促使企业必须以全新的营销观念来指导其各种营销活动。

菲利普·科特勒从《营销管理》(13版)开始,就提出了全方位营销的概念。全方位营销观念(Holistic Marketing)认为,企业经营相关的所有事物都与营销相关,因此需要一种广泛的、系统的、整合的观念。全方位营销的作用是认识到营销活动的范围和复杂性,并使各个因素协调发展。全方位营销将企业营销的各个方面,包括产品、技术、销售、服务和管理等都当作营销整体中的一个环节,共同构成满足顾客需求的有机整体。如图1-2所示,全方位营销观念由关系营销、整合营销、内部营销和绩效营销这四大部分构成。

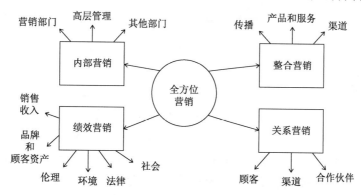

图1-2 全方位营销关系图

关系营销(Relationship Marketing)指的是企业应和主要关系方建立双方都满意的长期合作关系，以保持或增加企业的利润。关系营销的四个重要的关系方为顾客、雇员、合作伙伴和利益相关者(股东、投资方等)。关系营销的最终目的是形成企业的"营销网络"，这个网络包括顾客、员工、供应商、分销商、零售商等利益方，并和这些利益方构成一个有效的关系利益网络。

企业运用现代化技术，根据每个消费者历史交易记录、人口统计特征、心理特征、媒体和渠道偏好等，为消费者定制个性化的产品、服务和信息推送。企业在客户管理过程中希望通过忠诚度高的顾客来实现高的利润增长。关系营销不仅需要巧妙地对客户关系进行管理，还需要注重与合作伙伴的关系管理。企业将供应商和分销商视为合作伙伴，二者有一致的认同和目标，并向最终的消费者传递价值，则各方均可受益。

整合营销是指企业在创造、传播、传递顾客价值过程中，采用"总体大于部分之和"的理念设计营销活动和计划。整合营销主要阐明了两个方面：其一，营销活动中很多不同的要素都能够创造、传播和传递价值；其二，营销人员在设计或执行任何一项营销活动时都应该考虑到其他活动。

在营销传播方面，企业应该采用整合传播策略，使各个传播渠道及内容能够相互强化和互补。营销人员可以选择电视、广播、平面媒体、公共关系、事件以及网络媒体等传播方式，以让每种方式都能发挥其最大效用，并有效地影响其他传播方式和整体传播效果。

内部营销(Internal Marketing)是指雇佣、培训和激发员工更好地为顾客提供服务。精明的营销人员都清楚内部营销和外部营销同样重要，有时甚至更重要。海底捞火锅如果没有向其内部员工提供较好的薪酬制度和成长、晋升制度，就不会出现令顾客赞不绝口的精湛的服务。

绩效营销(Performance Marketing)是指要求企业理解营销方案和营销活动对企业和社会带来的财务及非财务回报。营销人员不仅要关注有关销售量的市场数据，更要关注诸如品牌声誉、顾客满意度、顾客流失率、产品质量等指标，同时还应考虑营销方案和活动可能会产生的法律、伦理、社会、环境等方面的影响。

第三节　市场营销学的发展历程

市场营销学的产生和发展大致经历了以下五个阶段：形成时期、应用时期、革命时期、新变革时期和营销 3.0 时期。

一、形成时期

从 19 世纪末到 20 世纪 30 年代，是市场营销的形成时期。在这个时期，美国等世界主要资本主义国家先后完成了工业革命，生产迅速发展，城市经济发达。从 20 世纪初开始，美国城市人口不断增加，不久便超过农村人口。城市化趋势导致人们对商品的需求大量增加。在这一时期，市场以卖方市场为主要特征，不管企业生产什么产品都卖得出。因此，如何扩大生产，提高劳动生产率就成为所有企业追逐的目标。为了提高劳动生产率，20 世纪初，美国工程师泰罗所著的《科学管理原则》一书出版。由于他提出了生产管理理论和发展理论，符合企业主的需要，受到企业普遍重视，并加以实施，结果使企业生产效率大大提高，产品逐渐丰富起来，开始使生产能力的增长速度超过市场需求增长的速度。在这种情况下，少数有远见的企业主在经营管理上，开始重视和研究推销方法技巧和开辟销售渠道的问题。与此同时，美国的一些经济学者为适应企业经营实践的需要也开始从理论上研究商品销售问题，探索商品销售活动的规律。从1902年开始，美国一些大学(如密执安大学、加州大学、宾州大学、西北大学、哈佛大学、威斯康星大学等)的经济系先后开设了商业推销术和广告术课程，奠定了市场营销学的基础。美国哈佛大学教授赫尔特齐走访了美国许多大企业，了解他们如何进行市场营销活动，经过大量的探索和研究，于1912年出版了世界上第一本以 Marketing 命名的教科书，这是市场营销学作为一门独立学科出现的里程碑。

这一阶段，市场营销学研究有两个特点：第一，它仍然以传统的经济学为基础，本身没有明确的理论原则，只着重研究销售渠道的开辟和推销技巧的运用；第二，研究活动只限于大学的讲坛和研究机构，没有直接参与企业争夺市场的业务活动，因此，没有引起社会的足够关注。

二、应用时期

从20世纪30年代到第二次世界大战结束，是市场营销学应用于流通领域的时期。1929—1933年，资本主义国家发生了有史以来最严重的经济大危机。生产严重过剩，企业大量倒闭，这就使长期以来的卖方市场转换为供大于求的买方市场。幸存的企业绞尽脑汁，想方设法把生产的产品推销出去，并纷纷求助于市场营销学家。于是市场营销问题开始受到社会各界，尤其是企业界的广泛重视。

这一时期市场营销学有了很大发展，学术著作日渐增多，学术团体纷纷成立。1926年美国建立了全国市场营销学和广告学教师协会。1931年在美国成立了全国性的组织——美国市场营销协会(AMA)，协会的成立有力地推动了市场营销学的发展。这个协会在全国各地设有几十个分会，从事市场营销学研究，培训企业的销售人才，并参加研究企业的销售决策。但是在这个阶段，企业重视的是如何在更大规模上推销已经生产出来的商品，市场营销学的研究对象仍然局限于商品推销和广告术。

三、革命时期

在20世纪50年代到80年代，市场营销学的概念、策略和内容发生了许多重大的改变，这一时期称为市场营销的革命时期。第二次世界大战结束后，以美国为首的资本主义国家纷纷将急剧膨胀的军事工业转向民用工业，加之第三次科技革命发展成果的应用，劳动生产率有了大幅度提高，社会产品数量猛增，花色品种日新月异。与此同时，人们的收入、生活水平及购买力也有了迅速提高，他们对产品和服务质量的要求越来越高，致使企业之间的竞争空前激烈，原来的营销理论和方法已不能适应新的市场竞争需要。

1950年，乔尔·迪安提出了"产品生命周期"的概念。1955年温德尔·史密斯提出了"市场细分"的概念。1957年通用电气公司的约翰·麦克金利特提出了"市场营销"的概念,被公认为是市场营销学的第一次革命。

20世纪60年代是市场营销学发展的一个黄金时代,在此期间最著名的是杰罗姆·麦卡锡提出的4P营销组合理论。即Product(产品)、Price(价格)、Place(分销)、Promotion(促销)。

20世纪70年代是西方经济发展动荡不定的时期,面临着能源危机、环境污染、经济滞胀的挑战。1972年广告人艾·里斯和杰克·特劳特提出了颠覆性的"定位"概念。另外,"战略营销""社会责任营销""宏观营销"等概念也是这一阶段提出的。

20世纪80年代又相继提出了许多市场营销概念,如"内部营销""关系营销""直接营销"等。其中最为辉煌的当属科特勒提出的"大市场营销"理论,他将4P组合扩展为6P,即加上了Political Power(政治力量)和Public Relations(公共关系)。后来,科特勒又将营销组合发展为10P,即在6P的基础上丰富了4P,即Probing(市场研究)、Partitioning(市场细分)、Prioritizing(目标优先)、Positioning(市场定位)。不久,科特勒将上述的10P又更新为11P,即又加上了People(人)。大市场营销理论将市场营销组合从战术营销转向战略营销,意义十分深刻,被誉为市场营销学上的"第二次革命"。

四、新变革时期

从20世纪80年代后期到21世纪初的前几年,市场营销开始了新的变革时代。进入90年代后,由于现代加工技术的发展、信息产业的崛起以及全球化的脚步不断加快,对消费者的重视是企业制胜的法宝。在这一阶段,企业研究的重点聚焦于如何满足顾客的需求,如何留住顾客,如何提高顾客的满意度和忠诚度等。1990年美国营销专家劳朋特针对之前的4P提出了著名的以顾客为中心的4C理论,即Consumer、Cost、Convenience、Communication。4C理论包括以下内涵:①不要卖你所能制造的产品,而是卖那些顾客想购买的产品,真正重视消费者(Consumer)。②暂不考虑定价策略,而去了解消费者为满足其需要与欲求而会出的成本(Cost)。③暂不考虑渠道策略,应当思考如何给消费者方便(Convenience)以购得商品。④暂不考虑怎样促销,而应当考虑怎样和顾客沟通(Communications)。表1-2描述了4P理论和4C理论组成要素的对比。

表1-2 4P理论和4C理论组成要素的对比

4P理论组成要素	4C理论组成要素
产品(Product)	顾客(Consumer)
价格(Price)	顾客成本(Cost)
分销(Place)	便利(Convenience)
促销(Promotion)	沟通(Communication)

五、营销3.0时期

科特勒将市场营销学发展的形成时期和应用时期,称为营销1.0时代,即"以产品为中心的时代",这个时代营销被认为是一种纯粹的销售,一种关于说服的艺术;市场营销学发展的革命时期和新变革时期,被称为营销2.0时代,即以消费者为中心的时代,企业追求与顾客建立紧密联系,不但继续提供产品使用功能,更要为消费者提供情感价值,因此公司与产品都追求独特的市场定位，以期望为消费者带来独一无二的价值组合。

营销 3.0 的概念最早由 MarkPlus 的咨询顾问在 2005 年提出，MarkPlus 是一家位于东南亚的营销服务公司。进入 21 世纪后，人类社会在政治、经济、科技等方面有了更为深刻的变化，国际金融的动荡、气候的变化、环境的污染、自然资源的不断短缺，加之全球的科技已进入到互联网时代，智能手机、社交媒体、手机支付、大数据等新科技的出现正不断地颠覆着消费者的日常行为和消费思考，在这样的背景下营销 3.0 的提出极大地顺应了时代潮流。

在这个新时代中，营销者不应该再把顾客仅仅视为消费的人，而应该把他们看作具有独立思想、心灵和精神的人类个体。他们需求的产品和服务不但要满足自己在功能和情感上的需要，还要满足在精神方面的需要。表 1-3 描述了营销 1.0、营销 2.0 和营销 3.0 时代的区别。

表 1-3　营销 1.0、营销 2.0 和营销 3.0 时代的综合对比

	营销 1.0 时代 产品中心营销	营销 2.0 时代 消费者定位营销	营销 3.0 时代 价值驱动营销
目标	销售产品	满足并维护消费者	让世界变得更好
推动力	工业革命	信息技术	新浪潮科技
企业看待市场方式	具有生理需要的大众买方	有思想和选择能力的聪明消费者	具有独立思想、心灵和精神的完整个体
主要营销概念	产品开发	差异化	价值
企业营销方针	产品细化	企业和产品定位	企业使命、愿景和价值观
价值主张	功能性	功能性和情感化	功能性、情感化和精神化
与消费者互动情况	一对多交易	一对一关系	多对多合作

随着全球化、科技化和社交化时代的到来，全球范围内的经济形势和商业环境也随之改变。消费者也变得更具合作性、文化性和更富人文精神。所以，营销 3.0 时代出现了以下三种营销方式。

1. 合作营销

它强调企业与消费者的互动沟通，鼓励消费者参与产品的开发与传播，实现协同创新，吸引消费者参与到品牌价值的创造中来，同时也注重和其他利益相关者进行合作。如飞利浦公司鼓励消费者创新，收集消费者的创意畅想，并将其运用到产品设计上，获得了众多消费者的追捧和传播。

2. 文化营销

它将文化问题视为企业的核心营销手段，在全球化和民族主义矛盾滋生的时代背景下，通过相应的营销手段，来消除消费者因价值观差异而产生的顾虑和担忧。

3. 人文精神营销

它将消费者心灵和思想层面的人文精神作为营销的核心。消费者希望企业能在价值观

上与其产生共鸣，超越自身的物质目标，以自我实现为最终目标。多芬品牌一直把品牌传播内容集中在打造女性自然之美上，来纠正社会上对"美"的歪曲理解，以与万千女性在"美"的观念上产生共鸣。

第四节 市场营销学的研究内容与研究方法

一、市场营销学的性质与特点

市场营销学首先发源于美国，市场营销是由英文单词 marketing 翻译过来的一个词汇，作为动词指市场营销活动或市场营销过程；作为名词指高层营销理论或市场营销学科名称。市场营销学是一门应用学科，20 世纪从经济学的母体中脱胎而出，现在的市场营销学已不再是经济科学，而是一门属于管理学范畴的应用科学。在它的发展过程中，吸收了相关学科的成果，博采众家之长，其中经济学、心理学、管理学、社会学等相关学科对市场营销的发展贡献最大。所以说，它是一门综合性学科。从学科性质方面分析，它具有以下几个方面的特点。

(一)综合性

市场营销学在其长期的发展过程中逐步成为一门综合性的学科。它以经济学为理论基础，吸收借鉴了人口学、社会学、心理学、组织行为学、传播学、会计学、管理学、金融学、计量经济学、统计学、美学等学科的理论与知识。因此，它具有综合性与交叉性的特点。市场营销学运用了多种学科的研究成果，用来分析市场营销环境、消费者心理和消费行为等。

(二)实践性与应用性

市场营销学是一门能够直接指导企业市场经营实践的应用性学科，具有较强的实践性与可操作性。市场营销学重点研究在激烈的竞争和不断变化的市场环境中，如何识别、分析、评价、选择和利用市场机会，以满足目标顾客的需要。市场营销理论也只有应用于实践，才能显示其强大的生命力。

(三)科学性与艺术性

市场营销具有科学性、艺术性、技术性的特点。也就是说，市场营销是有规律可以遵循的，是可以熟练掌握与操作的，但是，它又具有很强的艺术性，即便把营销知识背诵得"滚瓜烂熟"，也未必一定能够取得好的营销业绩。

二、市场营销学的研究内容

市场营销学研究的内容主要包括：市场营销学的基本思想和原理；市场营销学的战略研究；市场营销学的策略研究。

第一章　市场营销概述

(一)市场营销学的基本思想和原理

市场营销学的基本思想和原理分别研究以下三个问题。

1. 关于市场营销学科

市场营销学主要介绍其产生与发展的历史沿革、基本概念、学科性质、研究对象、内容方法等。

2. 关于营销的市场

营销的市场主要分析其概念、类型、特征以及顾客购买的心理状态与行为方式等，强调以满足消费者需求为出发点和立足点。

3. 关于市场营销的指导思想

市场营销的指导思想主要阐明其理论基础和行为准则，指出企业从事营销活动应树立符合"消费者切身利益、社会长期福利、企业经济效益"三位一体的正确观念。应将消费者看作具有独立思想、心灵和精神的人类个体。他们需求的产品和服务不但要满足自己在功能和情感上的需要，还要满足在精神方面的需要。

(二)市场营销学的战略研究

市场营销学的战略研究主要涉及以下两个方面。

1. 市场探查与分析

市场探查与分析指对企业营销环境的调查、预测与分析研究。企业开拓市场必须全面分析影响其营销的内外部环境因素，探索供求与竞争态势，了解顾客购买动机、时间、地点、方式，预测市场变化趋势，发现潜在的市场机会，通过建立信息情报系统为营销决策、计划、组织、控制等提供依据。

2. 市场细分、选择与定位

所谓市场细分、选择与定位是指任何企业都不能满足所有市场的需求，营销者决策时首先要解决的问题是本企业的市场在哪里？服务于哪类顾客？市场细分是根据消费者需求的差异划分整个市场为若干个子市场的过程，在细分的基础上，企业优选出适合自己经营的有利可图的子市场，并对该市场进行科学合理的定位，最大限度地满足顾客的需求，实现企业的经营目标。

(三)市场营销学的策略研究

市场营销学的策略研究主要包括以下四方面内容：即产品(Product)、价格(Price)、渠道(Place)、促销(Promotion)。

1. 产品

市场营销学研究产品，要从消费者的角度出发，研究企业应如何根据消费者的需要，作出正确的研发、生产和经营决策,使产品能满足消费者的需求,并为他们解决现实中的问题。产品决策的内容主要包括制订产品发展计划、开发研制新产品、产品生命周期的经营策略,还包括确定产品的品牌、包装等。

2. 价格

价格主要是研究市场营销学中的定价策略和方法。商品的定价问题是市场经营活动中的重要问题,关乎着企业的盈利。市场营销学的研究则为企业提供了定价的理论依据以及在不同条件下所应采取的定价目标、定价策略和定价方法。

3. 渠道

渠道主要是研究商品生产出来以后,应该通过什么渠道,经过哪些商业环节,采用什么运输方式,走哪条路线最终与消费者见面。营销渠道选择正确与否,对于商品流通时间的长短,市场费用的大小,商品价格的高低,销售能否扩大,都有直接影响。市场营销学正是根据商品流通规律的客观要求,具体研究不同商品在不同情况下所应选择的流通渠道,以达到迅速地把商品送达消费者手中的目的。

4. 促销

促销主要是研究商品扩大销售的途径、策略和方法,包括如何利用广告媒体沟通产销,如何保持原有的市场和开辟新市场,如何搞好产品的售后服务,如何培养训练推销人员,如何开展公共关系宣传和营业推广等。20世纪80年代,菲利普·科特勒提出了"大市场营销"理论。该理论认为:在实行贸易保护的条件下,企业要进一步发展"4P"理论,在策略上要协调地运用经济、心理、政治和公共关系的手段,以博得外国或当地有关方面的合作和支持。为协调地使用权力与公关等手段,提出了"6P"理论。之后,科特勒又提出"10P""11P"理论,即在4P的基础上发展出探查、分割、优先、定位、权力和公共关系等理论。

三、市场营销学的研究方法

市场营销学的研究方法有很多,具体有以下几种。

(一)产品研究法

产品研究法指的是较为详细、具体、深入地分析某种或某类产品的营销个性问题。如对农产品、机电产品、纺织品等分门别类的研究,具体研究该类产品市场需求变化趋势、产品品质、标准、包装、分销、定价和促销手段等问题。这种研究方法其优点是具体实用,缺点是耗时费力,造成许多重复的研究。这一方法的研究结果,形成各大类产品的市场营销学,如农产品市场营销学。

(二)组织研究法

组织研究法是以人为中心来研究市场营销学的方法。研究商品流通系统的各个环节(组织),如生产者、代理商、批发商、零售商以及各种辅助机构。侧重分析研究流通过程中这些环节或层次在市场营销活动中出现的问题。其研究结果形成批发学、零售学等。

(三) 职能研究法

职能研究法即研究市场营销的各类职能以及在执行这些职能中所遇到的问题及解决方法。如将营销职能划分为交换职能、供给职能和便利职能三大类,并将之细分为购、销、运、存、金融、信息等内容,分别和综合进行研究。职能研究法主要是研究各种营销职能的特性及动态,着重研究不同的营销机构和不同的产品市场如何执行这些功能。

(四) 管理研究法

管理研究法是第二次世界大战后西方营销学者和企业界采用较多的一种研究方法。"二战"后,在管理科学、决策理论、系统理论和信息科学等现代科学的发展基础上兴起了管理研究法(或称决策研究法)。这种研究方法从管理决策角度研究市场营销问题。其研究框架是,将企业营销决策分为目标市场和营销组合两大部分,研究企业如何根据其"不可控变数"即市场环境因素的要求,结合自身资源条件(企业可控因素),进行合理的目标市场决策和市场营销组合决策。管理研究法广泛采用了现代决策论的相关理论,将市场营销决策与管理问题具体化、科学化,对营销学科的发展和企业营销管理水平的提高发挥了重要作用。

(五) 系统研究法

乔治·道宁在1971年出版的《基础市场营销:系统研究法》一书中提出了系统研究法。这是一种将现代系统理论与方法运用于市场营销学研究的方法。系统研究方法主要应用了系统工程的原理和方法,从企业内部系统、外部系统以及内外部系统如何协调来研究营销学。企业市场营销管理系统是一个复杂的系统,在这个系统中,包含了许多相互影响、相互作用的因素,如企业(供应商)、渠道伙伴(中间商)、目标顾客(买主)、竞争者、社会公众、宏观环境力量等。一个真正面向市场的企业,必须对整个系统进行协调和"整合",使企业"外部系统"和企业"内部系统"步调一致、密切配合,达到系统优化,产生更高的营销效益。

本 章 小 结

"市场营销"一词翻译自英文 marketing。在该学科发展的不同阶段,市场营销学家们从不同角度对"市场营销"进行了界定。市场营销是一项有组织的活动,它包括创造"价值",将"价值"沟通输送给顾客以及维系管理公司与顾客间的关系,从而使公司及顾客受益的过程。市场营销的核心概念包括需要、欲望与需求,交换和交易、产品、价格、渠道与促销、价值与满意、市场营销和市场营销者。

市场营销学创建于20世纪的美国,后来流传到欧洲、日本和其他国家,在实践中得到不断的完善和发展。它的演进历程大致可以分为市场营销的形成时期、应用时期、革命时期、新变革时期和营销3.0时期。进入21世纪后随着世界范围内经济、政治、科技、人文的变化,市场营销学迎来了营销3.0时代。在这个新时代中,营销者不应再把顾客仅仅视为消费的人,而应该把他们看作具有独立思想、心灵和精神的人类个体。他们需求的产品和服务不但要满足自己在功能和情感上的需要,还要满足在精神方面的需要。

市场营销观念是企业从事市场营销活动的指导思想和行为准则，也是企业的经营理念和经营哲学。随着商品经济的发展，企业的市场观念也要随之发生变化，这就要求建立与之相适应的市场营销理论。市场营销观念的演变可归纳为五种，即生产观念、产品观念、推销观念、市场营销观念、社会市场营销观念和全方位营销观念。

关 键 词

市场营销(Marketing)、需要(Need)、欲望(Want)、需求(Demand)、生产观念(Product Concept)、产品观念(Production Concept)、推销观念(Selling Concept)、市场营销观念(Marketing Concept)、社会市场营销观念(Societal Marketing Concept)、全方位营销观念(Holistic Marketing Concept)、营销3.0(Marketing 3.0)

综 合 练 习

1. 你是如何理解市场营销的？
2. 为什么不能将"市场营销"和"推销"混为一谈？
3. 如何区分需要、欲望与需求？区分这一组概念有何实际意义？
4. 市场营销学的形成和发展经历了哪些阶段？
5. 试述市场营销观念的演变，并说明传统营销观念、现代营销观念以及营销3.0观念的区别。

【案例分析】

乔布斯三次错失的市场机会

作为科技史上最具天才的企业家，乔布斯一直受到全世界的关注。他曾经说过一句非常有意思的话：作为顾客，他们其实并不知道自己想要什么。乔布斯的这个观点，深受他儿时偶像亨利·福特的影响。作为第一位使用流水线大批量生产汽车的企业家，福特也有一句类似的话：一家企业要创新，就不要听顾客的。因为在福特看来，当时你问顾客想要什么交通工具，他肯定回答想要马车，因为那个时候只有马车，顾客不可能说想要汽车。想创新就不要听顾客的话，深深影响了乔布斯的一辈子。乔布斯的毕生哲学，就是创新大于营销。他的观念虽为苹果公司带来了改变世界的产品，同时却也给苹果公司包括他本人带来了巨大的损失。

2014年7月，清华大学郑毓煌教授曾经在《哈佛商业评论》中文版上发表了一篇题为《乔布斯之误》的文章，分析了乔布斯职业生涯当中的三个致命错误。

乔布斯之误一：Mac电脑错失市场

1984年，苹果公司在乔布斯的带领之下推出了全世界瞩目的Mac电脑。Mac电脑当时具有先进的图形界面，甚至可以用鼠标操作，这在人类历史上还是第一次。而当时他的竞争对手微软公司推出来的系统是黑乎乎的 Dos，需要输入指令操作。1985 年，美国著名杂志《花花公子》专访乔布斯，在采访中，乔布斯说了一句很经典的话：我们是为自己制作 Mac，我们自己决定这个产品到底好不好，不会出去做市场调查。就在 Mac 电脑大获成功的时候，他的竞争对手开始悄悄模仿他。1985 年，微软公司也推出图形界面的 Windows 操作系统。尽管技术上不如 Mac 先进，但是微软更加重视市场。微软公司在比尔·盖茨的带领之下，跟英特尔等软硬件厂商达成结盟关系，迅速抢占了大部分市场份额，乔布斯也因此被迫离开他亲手创立的苹果公司。一直到今天，乔布斯的错误仍然没有扳回来，全世界操作系统市场，90%以上的份额仍然被 Windows 系统占有。

乔布斯之误二：拒绝推出小尺寸 iPad

2010 年，苹果公司推出了著名的平板电脑 iPad，颠覆了个人电脑产业，整个电脑产业都因此在走下坡路。平板电脑的出现，致使个人电脑升级换代慢了很多。就在 iPad 大获成功的时候，他的竞争对手，诸如三星、摩托罗拉等纷纷开始模仿。正面竞争难度非常大，因此他们都瞄准了一个细分市场——小尺寸的平板电脑。

第一代 iPad 是 10 英寸，于是这些竞争对手开始推出 7 英寸平板电脑。一次媒体发布会上，有一位记者问乔布斯是否会推出小尺寸平板电脑。乔布斯回答得斩钉截铁：我们已经有了 3.5 英寸的智能手机 iPhone，又有了 10 英寸的 iPad，再推出一个 7 英寸的不大不小的平板电脑，又有什么意义呢？乔布斯说到做到，一直到 2011 年 10 月他去世，苹果公司都坚持不推出 7 英寸的平板电脑。7 英寸的平板电脑有意义吗？世界上有很多人喜欢 10 英寸的 iPad，也会有顾客喜欢便携式的小尺寸 iPad。乔布斯拒绝推出小尺寸 iPad，无疑是放弃这个细分市场，放任竞争对手成长。这给苹果公司带来了巨大的损失。

2010 年，iPad 刚推出时，市场份额超过 90%；但到了 2013 年，iPad 的市场份额降到了 28%左右。这个损失是巨大的。2012 年 10 月，乔布斯的继任者蒂姆·库克在乔布斯去世一周年之后，宣布推出 7 英寸的 iPad mini，iPad 的市场份额再一次上升。

乔布斯之误三：大屏 iPhone 迟到的代价

2007 年，苹果公司推出 iPhone 手机，立刻轰动全世界，诺基亚、黑莓等手机品牌都因为它的出现走向没落。2007—2010 年，众多竞争对手看着 iPhone 越来越受消费者欢迎，纷纷开始模仿，推出各种各样的智能手机。三星公司、HTC 公司以及小米、华为等国产品牌，逐渐成为苹果公司的竞争对手。

在技术上，这些公司暂时还不能够跟苹果直接抗衡。怎么办？三星等品牌开始更多地倾听顾客的声音。2010 年下半年，三星公司推出了大屏幕智能手机，立刻获得了不少消费者的欢迎。又一次媒体见面会，记者再次问乔布斯是否会推出大屏幕智能手机。乔布斯再一次斩钉截铁地回答：3.5 英寸是黄金尺寸，任何超过 3.5 英寸的智能手机其体验将不再完美，所以苹果公司坚决不做大屏幕智能手机。乔布斯再一次说到做到，直到他去世前推出的最后一代手机 iPhone 4S，屏幕仍然只有 3.5 英寸。大屏幕智能手机究竟有没有意义？从消费者的心理上，有的人认为屏幕大就是面子。此外，随着智能手机的使用越来越广泛，上网浏览信息，很多人希望有一个更大的屏幕。因为乔布斯的失误，苹果公司错失了很多商机，市场份额不断下降。体现在准确数字上，当时三星公司的市场份额已经超过 30%，而苹果公司则跌到 15%以下。

  2014年9月，苹果公司在蒂姆·库克的带领之下，第一次推出大屏幕智能手机iPhone6和iPhone6 Plus，立刻获得了市场的欢迎。2014年第四季度，苹果手机的销量高达7450万部，重新夺回智能手机销量宝座的第一名，苹果公司的市值创造出7000亿美元的新纪录。

  在分析了乔布斯的三个失误之后，我们回到最初乔布斯的那句话：作为顾客，他们其实并不知道自己想要什么。这句话是对还是错，有待争议。某种程度上，这句话是对的。在重大变革性创新出现的时候，例如汽车、手机、电脑、飞机等新产品被发明的时候，这句话是非常对的。但在人类的商业史上，从0到1，这种时候只占不到1%的时间。更多的时候，都是从1到无穷大。一家公司如果只做从0到1，那它还非常小，只是做出了一个新产品，还没有被全世界所接受。从1到无穷大的时候，无数竞争者会涌现出来，一起来做类似或者相同的产品。谁的产品做得更好，价格更低，更令消费者喜欢，谁就能够被消费者所接受。做不到这一点，即使这个产品是你发明出来的，你的企业也会失败。

（资料来源：http://mp.weixin.qq.com/s?__biz=MzA3NzA5NTUxNg%3D%3D&idx=1&mid=2660287459&sn=1b4c7cb9ec7bf26d1c1c80d63c70c5d0.）

问题思考：

  1. 亨利·福特的营销哲学是什么？他给乔布斯在经营上带来哪些影响？

  2. 请分析乔布斯三次失误的原因是什么？应该如何避免这些失误？

  3. 结合案例，你对乔布斯的那句话："作为顾客，他们其实并不知道自己想要什么"，是怎么理解的？

  4. 你如何理解苹果公司的成功？

第二章 市场营销环境分析

【内容提要】

1. 市场营销环境的概念、内容和特点
2. 直接市场营销环境
3. 间接市场营销环境
4. 企业的营销环境分析和对策

【导入案例】

丰田车如何进入美国市场

在20世纪60年代以前,"日本制造"往往是"质量差的劣等货"的代名词,此间首次进军美国市场的丰田车,同样难逃美国人的冷眼。丰田公司不得不卧薪尝胆,重新制订市场规划,投入大量人力和资金,有组织地收集市场信息,然后通过市场细分和对消费者行为的深入研究,去捕捉打入市场的机会。经过分析,丰田汽车公司发现面临的营销环境变化及其动向有以下几点。

(1) 美国的福特、通用两家汽车公司名声显赫,实力雄厚,在技术、资金方面有着别家公司无法比拟的优势。

(2) 美国汽车企业当时普遍的经营思想是:汽车应该是豪华、大气的。这些企业忙于比豪华、比阔气,因而其汽车设计追求体积大,因此耗油多。

(3) 竞争对手除了美国几家大型汽车公司外,较强的对手还有已经先期进入美国市场的大众汽车公司,该公司已在东海岸和中部地区站稳了脚跟。该公司成功的原因主要有:以小型汽车为主,汽车性能好,定价低;有一个良好的服务系统,维修服务很方便,成功地打消了美国消费者对外国车"不好维修"的顾虑。

(4) 在那个年代,因日本和美国之间不断增长的贸易摩擦,使美国消费者对日本产品有一种本能的不信任感,普遍抱排斥和敌意态度。

(5) 美国人的消费观念正在转变,他们将汽车作为地位、身份象征的传统观念逐渐减弱,而是逐渐把它视为一种纯交通工具。他们喜欢腿部空间大、容易行驶且平稳的美国车。而石油危机的到来使美国车的大马力并不能提高其本身的实用价值,再加上交通堵塞、停车困难,从而引发出对低价、节能型车的需求。

(6) 消费者已意识到交通拥挤状况的日益恶化和环境污染问题,乘公共汽车的人和骑自行车的人逐渐增多。

(7) 在当时的美国,核心家庭大量出现,家庭规模正在逐渐变小。

经过分析,丰田汽车公司利用美国汽车公司生产体积大、耗油多的豪华汽车以及美国家庭规模变小和美国人购买汽车转向实用性带来的市场机会,成功地将丰田小汽车打进了美国市场。

(资料来源:王海斌. 市场营销管理[M]. 武汉:武汉理工大学出版社,2008.)

企业并非在真空中生存，任何企业的营销活动都是处在一定的变化环境之中，都要受到市场环境各因素的作用和制约。兵法上常说的：天时、地利、人和；知己知彼，百战不殆……都是在说明对环境因素的重视。企业的营销环境分析是通过宏观环境、行业环境、竞争环境和内部环境的分析，找出企业的优势和劣势，找到市场的突破点，发现市场中的威胁并提前做好防御准备，制订出合适的营销战略。

第一节　市场营销环境概述

一、市场营销环境的概念及内容

市场营销环境是指影响企业市场营销活动和营销目标实现的各种因素和条件。这里所说的因素和条件，不是指企业整体的外界事物，而是指那些与企业营销活动有关联的因素和条件。菲利普·科特勒曾在《市场营销学原理》中这样论述："公司的营销环境(Marketing environment)是指在营销活动之外，能够影响营销部门建立并保持与目标顾客良好关系的能力的各种因素和力量。"营销环境既能给企业带来机遇，也会给企业造成威胁。成功的企业都知道，持续不断地观察并适应变化着的环境是非常重要的。

根据对企业营销活动发生影响之方式和程度的不同，可以将营销环境大致分为两大类，直接营销环境(又称微观环境)和间接营销环境(又称宏观环境)。直接营销环境是指那些给企业带来直接影响的各种因素，包括企业本身、市场营销中介、顾客、竞争者以及社会公众。间接营销环境是指间接地给企业带来影响的环境因素，主要包括人口、经济、自然、科学技术、政治法律、社会文化等因素。直接环境因素与间接环境因素共同构成多因素、多层次、多变的企业市场营销环境综合体，共同影响企业的营销能力和效果。具体的市场营销环境如图2-1所示。

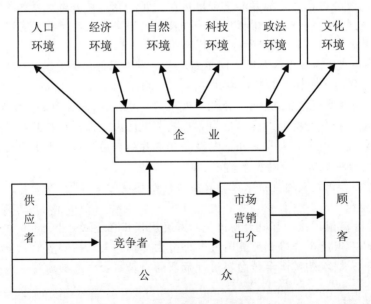

图 2-1　市场营销环境图

二、市场营销环境的特点

1. 差异性

不同的国家或地区之间，宏观环境存在着广泛的差异，不同的企业，微观环境也千差万别。这种差异性主要表现在不同企业受不同环境影响，而且同样一种环境因素的变化对不同企业的影响也不相同。由于外界环境因素对企业作用的差异性，从而导致企业为应付环境的变化必须采取各有特点的营销策略。

2. 相关性

市场营销环境是一个系统，在这个系统中，各个因素之间不是孤立的，而是相互依赖、相互作用和相互制约的。某一个因素的变化，都会带动其他因素发生变化，从而形成一种新的营销环境。营销环境中的各个因素，就像一个生物链一样，彼此影响，彼此制约。由于各种环境因素相互影响、相互制约，且这种复杂的相互影响程度存在差异，使企业对有的因素可以调查、评估，有的因素则难以预测和估计。

3. 动态性

市场营销环境是一个动态系统。每一个因素都会随着社会经济的发展而不断变化。静止是相对的，变化是绝对的。企业置身于企业生态环境的中心，不管这种环境的变化程度如何，都应该努力与周围环境保持动态平衡。一旦平衡打破，企业应采取积极的措施来适应这种变化，在新的环境中逐步达到新的平衡。否则，企业就会遭到环境的淘汰。

三、分析市场营销环境的现实意义

市场营销环境是企业经营活动的约束条件，企业的一切营销活动必须和营销环境相适应。大量的营销实践证明：即使在经济衰退时期，企业也可以捕捉到一些新的市场机会，还有相当一部分企业通过出色的营销活动创造出不同寻常的业绩；在经济繁荣时期，市场环境也可能给一些企业带来一些新的威胁，这些企业也难以逃脱厄运。也就是说，面对同一环境因素，对有的企业来说是机会；对有的企业可能就是威胁。研究分析营销环境，能使企业对具体环境中潜在的机会和风险有清醒的认识，只有充分认识环境，才能提高自己的应变能力，趋利避害地开展市场营销活动。

研究分析营销环境，有助于企业制订出更可靠的经营决策。企业通过宏观环境分析可以发现有利的市场机会；通过对竞争对手的洞察，可以避开他的锋芒或利用他的弱点；通过对企业自身和相关利益方的分析，可以帮助企业找到自身的竞争优势和竞争的突破口。

另外研究分析营销环境有助于企业更好地满足市场需求，企业只有不断推出适销对路的产品满足消费者的需求，才能达到其生产与经营的最终目的。而消费者需求的形成受多种因素的影响，除受自身的购买力限制外，还要受到消费方式、消费习惯以及价值观念等文化因素的影响。因此，企业必须对这些影响消费的各种因素进行研究，才能组织好自己的营销活动。

第二节　间接环境分析

间接环境即宏观环境，指那些给企业造成市场机会和环境威胁，并能够影响公司运作和绩效的自然及社会力量，包括：人口环境、经济环境、自然环境、科技环境、政治与法律环境、社会文化环境，如图 2-2 所示。任何企业都处于这些宏观环境之中，并不可避免地受其影响和制约。

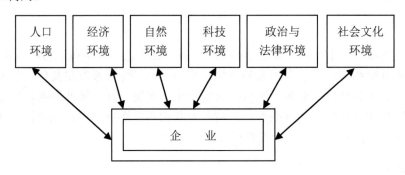

图 2-2　企业的直接环境因素

一、人口环境

人口是构成市场的主要因素。市场是由具有购买欲望和购买能力的人构成的。因此人口状况是影响企业市场营销活动的主要因素之一。分析人口环境主要应分析其发展趋势及其对企业营销活动带来的种种影响。其内容包括人口规模、人口结构、人口的地理分布与流动趋势等。

(一)人口规模

人口数量是直接影响潜在市场规模最基本的因素之一。据统计 2016 年全球人口已达到 74 亿，其中 76% 的人口属于发展中国家，到 2050 年，全球人口将达到 91 亿。第六次人口普查(2010)数据显示，我国人口已达到 13.07 亿，相当于欧洲和北美人口的总和。不断增长的人口虽然意味着庞大的市场需求，但同时也会带来能源危机、环境污染等社会问题，对企业来讲既是机遇也是挑战。

(二)人口结构

企业不仅要研究人口数量，还要研究人口的结构问题，如年龄结构、性别结构等，并针对人口结构特点，制订企业营销战略。

1. 年龄结构

不同年龄阶段的人有不同的消费需要。同世界整体趋势相似，我国也出现了人口老龄化现象。根据国家统计局最新发布的数据，2016 年我国 60 周岁及以上人口 23 086 万人，占总人口的 16.7%；65 周岁及以上人口 15 003 万人，占总人口的 10.8%。在前些年我国享受了巨大的人口红利后，超重的养老负担随之而来。中国的老龄化问题已经摆在了每个人的面前，很多人称之为"银发市场"，如何满足"银发市场"的需要应引起企业营销人员的重视。

2. 性别结构

男女性别上的差异往往导致其消费需求、购买习惯与消费行为出现较大差别。例如，男性和女性的审美观不同，对于服饰、化妆品、汽车和杂志等产品的需求也各有不同。妇女通常购买自己的用品、化妆品、服饰等；男子对汽车、家用电器、数码产品等更感兴趣。因此，许多企业把性别作为市场细分的依据，用以寻找目标市场，实现营销战略。

3. 社会结构

根据国家统计局最新发布的数据，从城乡结构看，城镇常住人口 79298 万人，呈逐渐增加的态势，乡村常住人口 58973 万人，城镇人口占总人口比重(城镇化率)为 57.35%。这一社会结构的现状决定了在中国市场上进行营销活动，企业绝对不能忽视将近人口数量一半的农村市场。当然，也应注意到由农村市场向城镇市场转移人口的消费变化。

【营销实战】

我国的老年人市场蕴藏商机

老龄化社会是指老年人口占总人口达到或超过一定比例的人口结构模型。按照联合国的传统标准是一个地区 60 岁以上老人达到总人口的 10%，新标准是 65 岁老人占总人口的 7%，即该地区可被视为进入老龄化社会。民政部公布的 2016 年社会服务发展统计公报显示，截至 2016 年年底，全国 60 岁及以上老年人口 23 086 万人，占总人口的 16.7%，属于老龄化社会的国家。根据中国城市居民调查(CNRS)、BAT 数据以及行业报告，该报告发现：

(1) 目前 60 岁以上的一代老人，因为年轻时困苦的生活环境，他们在当年未能顾及自我，而把一切都奉献给了他们的独生子女。

(2) 现在子女们已经成家立业，仅有 50%的老人仍和儿女一起生活，因此如今的老年人有机会开始重新寻找属于他们自己的生活。

(3) 在中国，88%的老年人享有养老保险。2014 年，城市老年家庭平均每月收入已达 7350 元，其中用于消费的支出占收入的 45%，比 2010 年增加了 50%。

如今的老年人已经不再如以前那样保守、节俭。他们利用手中的积蓄尝试新鲜事物，通过消费丰富生活。需要有更多的品牌重视这个市场，向老年人提供更丰富的产品和服务；老年人也看品质，以高质量产品取胜，而非低价格。"便宜"已经不是老年人的首选，他们更看重质量。用高质量产品取信老年消费者将有助于抢占市场；老年人还重感情，品牌应当深入了解老年人的真正需求，向他们提供可以缓解生活困难的产品和服务，并通过广告把这些信息传递出去。所以老年人市场蕴藏着巨大的商机。

(资料来源：http://www.sohu.com/a/161898960_507882.)

(三)家庭结构

家庭数量、家庭人口、家庭生命周期等因素都与生活消费品的数量、结构密切相关，从而对企业市场营销有很大影响。我国家庭结构呈现以下变化趋势：①晚婚；②二胎家庭逐渐增多；③离婚率升高。另外，家庭生命周期的不同阶段(单身期、新婚期、满巢期、空巢期、解体期)，需求会呈现出不同的购买特点，营销者必须充分研究这些不同的需求特点以制订出相应的营销对策。以上这些家庭结构的变化会影响对一些产品或服务的需求，如住房、汽车、婚庆用品、日托服务等。

(四)人口的地理分布及区间流动

1. 人口的地理分布

人口在地区上的分布，与消费需求有密切关系。农村与城市、东部与西部、南方与北方、热带与寒带、山区与平原等不同地理环境的消费者由于自然条件、气候、生活习惯的差异，其消费需求存在显著区别。与人口的地理分布相联系的人口密度同样也是影响企业营销的重要因素。一般说来，人口密度越大，顾客越集中，营销成本越低；相反，营销成本越高。

2. 人口的区域流动性

人口地理分布是人口区域流动的必然结果。在我国人口流动主要表现为，农村人口向城市或工矿地区流动；内地人口向沿海地区流动。另外经商、旅游观光、学习等活动也促使人口出现大量流动现象。

二、经济环境

经济环境是指影响企业营销活动的主要环境因素，主要包括国民经济发展阶段、收入水平、消费结构、消费者储蓄和信贷水平等。

(一)国民经济发展状况

1. 经济发展阶段

企业的市场营销活动受到目标市场所处经济发展阶段的影响。美国经济学家罗斯托(Walt Rostow)的"经济成长阶段论"基本观点认为，一个地区的经济成长过程，要经历六个阶段，即：①传统社会阶段。这个阶段以农业生产为主要特征，制造业水平低下、亲缘意识浓厚。②经济起飞前准备阶段。市场空间的扩大推动着经济的增长，科学知识得到了应用。③经济起飞阶段。制造业部门的建立，对整个地区经济的发展起着关键的作用。④走向成熟的阶段。现代科学技术渗透到经济活动的每一个领域，生产的增长超过了人口的增长，这是一个相当长的持续推进时期。⑤高消费阶段。经济的发展，持续向消费者提供商品和服务，许多人的收入已使他们能购置超过日常生活需要的物品。⑥追求生活质量阶段。这一阶段服务业成为主导产业，政府致力于解决环境问题。处于前三个阶段的是发展中国家，而处于后三个阶段的是发达国家。

一个国家所处的经济发展阶段不同,其营销活动自然也有所不同。以消费品为例,经济发展阶段较低的国家侧重于产品的功能和实用性,价格竞争占优势;而经济阶段发展较高的国家,则比较强调产品性能、特色等,非价格竞争占优势。

2. 地区与行业发展状况

我国地区发展很不平衡,逐步形成了东部、中部、西部三大地带和东高西低的发展格局。同时在各地区的不同城市,又呈现出多样化发展的趋势。这种地区经济发展的不平衡,对企业的投资方向、目标市场以及营销战略的制订等都会带来巨大影响。

我国行业与部门的发展也有差异。我国在"十三五"规划期间将重点发展:新一代信息通信技术、高档数控机床和机器人、航空航天装备、海洋工程装备及高技术船舶、先进轨道交通装备、节能与新能源汽车、电力装备、农机装备、新材料、生物医药及高性能医疗器械等行业。因此会影响相关企业和部门的市场营销活动。

(二)收入水平

消费者的购买力来自消费者的收入,但消费者并不会把全部收入都用来购买商品或劳务。因此,在研究消费者收入水平时,要考虑以下几个因素。

1. 国民生产总值

国民生产总值是衡量一个国家经济实力与购买力的重要指标。从国民生产总值的增加幅度,可以了解一个国家经济发展的状况和速度。国民生产总值增长越快,对工业品的需求和购买力就越大;反之,就越小。

2. 人均国民收入

人均国民收入是用国民收入总量除以总人口的比值。这个指标大体反映了一个国家人民生活水平的高低,也在一定程度上决定着商品需求的构成。一般来说,人均收入持续增长,对消费品的需求和购买力就大;反之,就越小。

3. 个人可支配收入

个人可支配收入是在个人收入中扣除税款和非税性负担后的余额,它是个人收入中可以用于消费支出或储蓄的部分,它构成消费者的实际购买力。

4. 个人可任意支配收入

个人可任意支配收入是在个人可支配收入中减去用于维持个人与家庭生存不可缺少的费用(如房租、水电、食物、燃料、衣着等项开支)后剩余的部分。这部分收入是影响消费者需求变化的最活跃因素,也是企业进行营销活动时所要考虑的主要对象。因为这部分收入主要用于人们基本生活需要之外的开支,一般用于购买高档耐用消费品、旅游、储蓄等,它是影响消费品和劳务需求的主要因素。表2-1描述了这些年我国居民人均收入的变化。

表 2-1　我国居民人均收入的变化(2011—2016)

年份 项目	2011	2012	2013	2014	2015	2016
农村居民人均纯收入(元)	6997	7917	8896	9892	11422	12363
城镇居民人均可支配收入(元)	21810	24565	26955	28844	31195	33616

数据来源：国家统计局网站.

(三)消费结构

消费结构是指消费者在各种消费支出中的比例及相互关系。分析消费模式和结构有代表性的方法是运用恩格尔定律。恩格尔是德国统计学家，他在1875年研究家庭支出构成时指出：当家庭收入增加时，用于购买食物支出的比例将会下降，而用于服装、交通、保健、文娱、教育的开支及储蓄的比例将会上升。这一定律被称为恩格尔定律，通常用恩格尔系数来反映这一定律。其公式表示如下：

恩格尔系数=食物支出总额/家庭或个人消费支出总额×100%

联合国根据恩格尔系数的大小，对世界各国的生活水平有一个划分标准，即一个国家平均家庭恩格尔系数大于 60%为贫穷；50%～60%为温饱；40%～50%为小康；30%～40%属于相对富裕；20%～30%为富足；20%以下为极其富裕。据国家统计局公布数据，2016年，我国全国居民恩格尔系数为30.1%，已接近联合国划分的20%～30%的富足标准。

(四)消费者储蓄和信贷水平

1. 储蓄水平

消费者的购买力要受储蓄和信贷的直接影响。储蓄的形式可以是银行存款或者购买债券，也可以是现金。在货币供应量一定的条件下，储蓄的增加或减少会使消费者的现实需求量减少或增加。企业营销人员应当全面了解消费者的储蓄情况，尤其是要了解消费者储蓄目的的差异性。储蓄目的的不同，往往影响到潜在需求量、消费模式、消费内容、消费发展方向的不同。我国人均收入水平虽然不高，但储蓄率相当高，从近些年的银行存款余额的增长趋势来看，国内市场潜在量规模巨大。

2. 信贷水平

所谓信贷是指金融机构向有一定支付能力的消费者融通资金的行为。主要形式有短期赊销、分期付款、消费贷款等。信贷消费允许人们购买超过自己现实购买力的商品，从而创造了更多的收入以及更多的需求。同时，消费信贷还是一种经济杠杆，它可以调节积累与消费、供给与需求的矛盾。当市场供大于求时，可以发放消费信贷，刺激需求；当市场供不应求时，必须收紧信贷，适当抑制、减少需求。消费信贷把资金投向需要发展的产业，可以刺激这些产业的生产，带动相关产业和产品的发展。我国现阶段的信贷消费正在逐步兴起，消费者住房、购车等都可以向银行贷款，提前消费。这也为相关产业提供了良好的营销机会。

(五)新经济环境

在新技术、新经济背景下出现了许多新的商业模式和手段，而这些模式正在影响着和颠覆着消费者的生活、消费模式。电子商务模式和现代化物流正在改变消费者的购买模式，使消费不再受到时间和地理空间的局限；伴随着电子商务发展起来的新型支付手段(支付宝、微信支付、闪付等)更是让消费变得容易和随心所欲；而共享经济的商业模式也逐渐渗透到消费者的日常生活中，如共享单车、共享汽车、共享充电宝等；另外在互联网新媒体繁荣的当下，知识更容易变现，消费者对知识的消费也日渐高涨……所以当前营销者所面临的经济环境更为复杂和多元，需要不断地跟进环境的变化和对消费者行为的变化，才能制订出适合的营销策略。

三、自然环境

企业营销的自然环境，是指影响企业生产和经营的物质因素，如企业生产需要物质资料，影响企业营销的气候、地形、交通等因素。自然环境的变化，既可能带来严重的威胁，也可能创造有利的市场营销机会，营销人员必须重视自然环境的变化趋势。

(一)某些自然资源发生短缺

地球上的资源可分为可再生资源、有限可再生资源、有限不可再生资源三种。首先，可再生资源如空气、阳光等，目前还未发生问题。尽管某些环保组织认为存在着长远的危机，如臭氧层遭到破坏，但目前引起世界广泛关注的是水。它已成为某些地方的主要问题了，包括中国在内的许多地区，发生了水资源短缺，而且受到严重污染。其次，是可再生有限资源，如森林、粮食等。随着耕地面积的减少，森林的过量采伐等原因损害再生能力而出现短缺。第三，石油、煤、铂、锌和银等不可再生资源，由于掠夺性开采，最后不可避免地趋于耗竭。使用这些以稀有矿藏为原料的企业面临着成本大幅度上升的威胁。

面对自然资源日益短缺的威胁，人们对能节约资源耗用的产品和方法以及稀缺原料的有效代用的需求也更为迫切，这将为从事该方面研究和开发工作的企业提供良好的发展机会。

(二)环境污染日益严重

发达国家工业发展的历史说明：工业发展的过程，同时也是环境污染日益增加的过程。例如，化学和核废料的随意丢弃，土壤和食品中的化学污染量以及我们周围散乱丢弃的大量无法被生物降解的瓶子、塑料袋和其他包装材料。环境污染造成的公害已引起公众越来越强烈的关注和谴责。这种动向对一切造成污染的行业和企业构成一种"环境威胁"，它们在社会舆论的压力和政府的干预下，不得不采取措施控制和消除污染；另一方面，也给生产控制污染设施或不污染环境的产品的行业和企业造成新的市场机会，如净化、回收中心、土地填充系统工程都因此获得了巨大的市场。

(三)政府对自然资源的管理和干预日益加强

随着经济发展和科学的进步,许多国家政府都加强了对自然资源的管理,制定了一系列相应的法规。我国能源发展的导向主要集中在能源消耗的总量控制、煤炭清洁高效的利用、大力发展清洁能源,通过建立水电、核电项目,推进风能、太阳能、生物质能等再生能源的转化和利用,来推进能源结构的优化调整。另外我国为了控制某些地区的环境污染,按照法律和合理的标准,对一些企业实行"关、停、并、转",这样就可能造成该地区工业增长速度放慢。因此,一方面必须健全和完善环境保护的有关法规,加大治理环境的力度;另一方面,又必须统筹兼顾,有步骤地分阶段治理。

【营销实战】

> **"绿色税法"的实施**
>
> 高税额将倒逼企业加大固废项目节能减排的需求。2016 年 12 月 25 日,《中华人民共和国环境保护税法》在十二届全国人大常委会第二十五次会议上获表决通过。我国 2018 年 1 月 1 日起开始征收环保税。费改税后,单位税额在原来标准费率上有小幅提升,但由于实行排污收费制度以来,征收效率与执法力度一直存在问题,从收费到征税的改变更大意义上是执行力度与监管力度上的提升与完善。法律层面上的管制将倒逼企业更加主动地去寻找办法减排污染物,有利于工业企业环境综合服务机构的发展。
>
> (资料来源:中国产业信息网 http://www.chyxx.com/industry/201703/509462.html.)

四、科技环境

科学技术因素是变化最快最强的因素,科学技术是第一生产力,科技的发展必然引起经济、自然环境、政治、法律和社会化因素的一系列变化。营销人员应密切注意科技因素可能对企业营销活动带来的影响。

(一)科学技术的发展创造了市场机会和威胁

科学技术的每一次重大进步和发展都会引发社会需求的剧烈变化。新技术的发明,会带来新产品的生产,而新产品的出现,会刺激创造出新的需求。企业应该密切关注新技术的发展动向,以便采用新技术,开发新产品或转入新行业,以求生存和发展。同时科学技术是一种"创造性的毁灭力量"。科学技术的发展使新产品不断出现,加速了老产品被市场淘汰的进程,它在给某些企业创造市场机会的同时,也可能会给另一些企业带来灾难。如 VR 技术、3D 打印技术、人工智能技术、自动驾驶技术等的出现将会取代一些传统的市场,并创造出一些新的市场机会。

自从 2007 年第一代 iPhone 手机问世以来,到目前手机行业由于技术的革新已经彻底改变。不光行业理念、产品逻辑完全被革新,行业格局也有了天翻地覆的变化,当年手机行业巨头的诺基亚、摩托罗拉、索尼等显然没能搭上这班产业升级的快车。与此同时,与手机相关的整个产业链也一同被改变,智能手机直接推动了移动互联网的发展,由此开创了一个全新的商业时代。移动互联网的爆炸式增长和繁荣以及依托于此的一系列产业,正是

第二章 市场营销环境分析

新科技所开创的新商业模式。

【营销实战】

新技术对营销工作的改变

大数据应该是营销人员最熟悉的科技词汇了。互联网带来信息传播方式的改变，推动媒介形式改变，进而革新了营销手段，大数据的应用则在一定程度上改变了营销的逻辑，让市场营销真正开启了数字化时代。当我们说数字化营销时，指的并不仅仅是用户看到的广告形式，而是背后那些数据、技术和算法，是实现"花更少的钱让更多正确的受众在正确的时间和地点看到正确的广告"这一目标的技术方法。简而言之，要解答那个广告界的终极难题"我知道我的广告费浪费了一半，却不知道是哪一半"，大数据可能是钥匙之一。

人工智能(AI)时代似乎已近在咫尺。在营销领域，从广义上来说，搜索竞价排名、电商产品推荐等常见的数字化营销技术都属于人工智能范畴；而从更符合普通人对人工智能想象的狭义上而言，AI 已经能够撰写广告文案、制作广告片并进行网络投放等，替代部分人工环节。在人工智能领域领先的 IBM(国际商业机器公司)，近两年基于著名的 Watson 认知计算系统，推出了"认知商业"的概念，并已经成功运用于企业营销工作中，产生了许多有趣的案例。

在未来越来越充分的数据积累下，通过人工智能领域的深度学习算法、智能预测算法等，企业的营销决策将越来越精准化、智能化。比如，IBM 正在研发的认知型投放优化工具，将能够识别广告投放时用户所处的使用场景。在内部测试中使用该优化工具后，转化率平均提高 30%～40%，最高甚至达到惊人的 72%。人工智能技术不仅能够提升营销效率，而且能极大地提升用户体验，基于对用户使用场景的准确识别，就能够提供极度个性化的体验，避免尴尬，并与用户形成深度互动和产生情感共鸣，实现真正的精准营销。

(资料来源：新科技：营销的未来式. 新营销. 2017.)

(二)科学技术影响零售业格局

1. 网上零售的比例不断攀升

从国家统计局公布的社会消费品零售总额数据来看，2016 年全年，全国网上零售额 51556 亿元，比上年增长 26.2%，占社会消费品零售总额的比重为 12.6%，而其中农村网络零售额达到 8945.4 亿元。电子商务改变了传统的零售方式，网络零售在近些年呈现爆发式增长。而这种网络方便快捷的购物模式，越来越受到消费者的广泛认同。对于现代工作和生活节奏较快的消费群体来讲，省时省力、送货到门的网络购买方式已经成为他们日常购物的首选。

2016 年中国移动网购规模超 3 万亿元，占网购总规模的 60%以上。中国移动网购仍保持稳定增长。移动端随时随地、碎片化、高互动等特征使购物受时间、空间限制更小，消费行为变得更分散，随着移动购物模式的多样化，社交电商、直播、VR、O2O 等与场景相关的购物方式和大数据的应用将成为驱动移动购物发展的增长点。

总之，以互联网为基础的新技术正在改变着消费者的生活方式和消费习惯。从衣食住行到购物、娱乐消费者均可在互联网平台上快速地完成预约、订购、付款等全过程。极大地减少了消费者的时间和体力成本。随着消费形式的变化,人们的消费心理也发生了明显的变化。从网上购物看重价格优势已经逐渐向品牌、品位已经定制化需求发展。

2. 移动支付的普及

移动支付也称为手机支付,就是允许用户使用其移动终端(通常是手机)对所消费的商品或服务进行账务支付的一种服务方式。如今,越来越多的人都在使用移动支付进行网上的各种支付、转账等功能。我国工信部的数据显示,截至2017年6月,全国手机上网用户总数已达11亿户,第三方移动支付的渗透率高达90.8%。基于互联网为载体的移动支付被誉为新时期中国的四大发明之一。

3. 实体零售的升级发展

新科技引领下的消费升级势必改变传统零售业的发展格局,之前一直不被看好的线下销售渠道重新被业界认可和重视,包括亚马逊、阿里巴巴、京东等在内的电商巨头纷纷开始注重线下实体零售领域。未来的零售业态必将以消费者为主导,以信息技术的进步为纽带,形成一个全渠道发展的体系。

(三)科学技术有利于企业改善经营管理

科学技术革命向企业管理提出了新课题、新要求,同时也为企业改善经营管理、提高管理效率提供了物质基础。别是近些年,移动互联网技术推动了以云计算、物联网、大数据、人工智能等为代表的新一代信息技术的飞速发展,促进了电子商务与实体经济的快速融合。与此同时,现代科学技术大大提高了劳动者的素质,人们的生活和工作方式也将发生根本性的变革,传统的管理方式受到挑战。科学技术革命同样对企业管理体制、经营决策、组织结构等方面也提出了挑战,要求企业必须转变观念,锐意改革,向经营分散化、决策科学化、民主化的方向努力。

五、政治与法律环境

企业总是在一定社会形态和政治体制中活动的,因此,企业的经营活动必然要受国家政策法令的支配或限制。政治与法律环境是影响企业营销的宏观环境因素之一。政治因素像一只无形之手,调节着企业营销活动的方向,法律则为企业规定商贸活动行为准则。政治与法律环境相互联系,共同对企业的市场营销活动产生影响和发挥作用。这种影响和作用包括以下几点内容。

(一)政治形势

政治形势指一个国家或地区的政治稳定的程度,主要包括政治冲突、社会治安、政府更迭、政策衔接、政治透明度等。如政治的冲突不仅可以影响企业的经营活动,而且还会影响该地区政策的稳定性。

(二)政府的方针政策

它是根据政治经济形势及其变化的需要而制定的,往往带有扶持或抑制、扩展或控制、提倡或制止等倾向性特点,直接或间接地影响着企业的营销活动。

(三)政治团体和公众团体

企业营销人员除必须懂得法律外,还要了解有关公众利益集团的动向。政治团体如工会、共青团、妇联组织。公众团体如中国消费者协会、企业家协会、残疾人协会等。这些团体通过影响国家立法、社会舆论等可以对企业营销活动产生影响。

(四)法律和法规

为了保证本国经济的良好运行,各国都颁布了相应的法律、法规来制约、维护、调整企业的经营活动。我国在发展社会主义市场经济的同时,也加强了市场法制方面的建设,陆续制定、颁布了一系列有关重要法律法规,如《公司法》《广告法》《商标法》《经济合同法》《反不正当竞争法》《消费者权益保护法》《产品质量法》《食品卫生》《价格法》等,这对规范企业的营销活动起到了重要作用。

【营销实战】

事件(一)1997年,郑州市人大出台地方性法规,决定在郑州逐步禁止摩托车。随后的1997年5月1日郑州市公安局发布《关于限制摩托车发展的通告》,宣布停止为市区摩托车注册登记。2007年11月15日起,除邮政、电信、公安部门公务需要使用的摩托车之外,郑州市区107国道以西、西绕城公路以东、连霍高速公路以南、南绕城公路以北(以上均不含本路)的区域,禁止摩托车上路行驶,如果违规行驶,摩托车司机将被罚款200元。郑州市区的摩托车销售行业应声而倒,与此同时,郑州市的电动助力车却未被限行,而它的销售情况却异常火爆,据郑州市交警支队的数据显示,在接下来的几天内,郑州市电动助力车专卖店平均每个单店每日比以往多销售100辆以上。

事件(二)2017年12月29日,为减少机动车污染物排放,持续改善郑州市空气质量,缓解道路交通压力,依据有关法律法规的规定,结合郑州市道路交通实际,郑州市人民政府对外公布《郑州市人民政府关于实施机动车限行措施的通告》,决定2018年1月1日起在主城区继续实施机动车限行措施,改单双号限行为工作日禁限2个号。这是2017年12月份限行的"续集"。自郑州市汽车限行以后,对郑州市民的出行造成了巨大冲击,如出租车和"滴滴拼车"一度火爆,地铁的乘坐人数比限行以前平均每天同时段增加22.9%,而作为未限行的新能源汽车的销售则异军突起,据了解,郑州市区某新能源汽车销售店在"限行"的第三天,8个小时里产品就被预定出50余辆。

六、社会文化环境

社会文化是人类在创造物质财富过程中所积累的精神财富的总和,它体现着一个国家和地区的社会文明程度。社会文化主要指一个国家、地区的民族特征、价值观念、生活方式、风俗习惯、宗教信仰、伦理道德、教育水平、语言文字等的总和。社会文化因素对市场营销的影响是多方面的,这些影响主要是通过影响消费者的思想和行为,消费心理,消费习惯等间接地、潜移默化的方式来进行。影响企业营销活动的文化因素主要有:教育水平、宗教信仰、审美观念、风俗习惯等。

(一)教育水平

教育对人们的影响是多方面的，它不仅增加了人们的科学文化知识，更主要的是潜移默化地影响和改变了人们的价值观念、思维方式，影响着消费者对商品的鉴赏力，影响消费心理、消费方式、消费习惯和消费结构。处于不同教育水平的国家和地区的消费者，对商品有着不同的需求，对产品的整体认识有很大的差异。因此，企业在进行营销活动的时候，必须考虑到目标顾客的教育水平，从而制订和实施相应的营销策略。比如，企业在设计广告内容、选择广告媒体的时候必须考虑到受众的文化程度、接受能力和与媒体接触的习惯。

(二)宗教信仰

宗教信仰作为文化的重要组成部分，影响和支配着人们的生活态度、价值观念和消费行为。据统计，世界上有基督教徒10亿人，伊斯兰教徒7亿多人，天主教徒5.8亿人，印度教徒4.7亿人，新教徒3.4亿人，佛教徒3亿人。东南亚、日本和我国信奉佛教的人也不少。宗教信仰对市场营销也有一定影响，特别是在一些信奉宗教的国家和地区，其影响力更大。宗教不同，其信仰和禁忌也不一样，这些信仰和禁忌限制了教徒的消费行为。企业营销人员需要了解目标市场中各种宗教节日、仪式和禁忌，以发现更好的市场机会和适合的营销方式。

(三)审美观念

审美观念通常指在审美活动中，人们对美丑、雅俗、好坏、善恶的评价，包括对艺术、音乐、颜色、形状等的鉴赏力。处于不同时代、不同民族、不同地域的人有不同的审美观念和美感。人们的审美观受到传统文化的影响，同时也反映一个时代的美学变迁。如在我国传统的婚礼上，新娘穿红色服装作为结婚礼服，如今大部分新娘都穿上了白色的婚纱。不同的审美观念将影响人们对商品及服务的看法。营销人员必须根据目标顾客的审美观设计产品，提供服务，投其所好、避其所忌。

(四)风俗习惯

风俗习惯是人们在长期的生活中形成的习惯性行为模式和行为规范，是人们世代沿袭下来的社会文化的一部分。不同国家有不同的文化传统和风俗习惯，这些民族特色浓厚的风俗习惯和社会文化是影响企业市场营销的重要因素。比如，东西方不同民族传统节日就是市场营销者应考虑的重要因素。在西方国家，非常重视圣诞节，每逢节日前，各种食品、日用品和礼品就会出现销售高峰。而在我国，春节前夕会形成生活用品购买的最高峰；此外，我国的清明节、端午节、中秋节和国庆节，往往也是人们对一些特定商品购买需求较为旺盛的时节。目前，我国对节假日休息时间的调整，给许多旅游、酒店等服务性行业带来良好的营销机会。

第三节 直接营销环境

直接营销环境(微观环境)是指与企业紧密相连,直接影响企业为目标市场提供服务的能力和效率的各种参与者,包括企业内部环境、供应商、竞争者、市场营销中介、顾客以及公众等因素。它们之间的关系如图 2-3 所示。

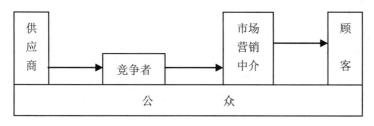

图 2-3　企业直接环境因素

一、企业内部环境

除市场营销部门外,企业本身还包括最高管理层和其他职能部门,如制造部门、采购部门、研发部门及财务部门等。这些企业内部的因素构成了企业的内部营销环境。在制订营销计划时,营销部门应与其他职能部门密切配合、协作。企业内部资源状况以及各个管理部门之间的分工是否科学、目标是否一致及配合是否默契等都将严重影响到企业的市场营销管理决策和方案的实施。

二、供应商

供应商是指向企业提供生产经营所需各种资源(原材料、设备、能源、劳务等)的企业或个人。供应商对企业营销业务有实质性的影响,也是企业获得竞争优势的重要途径。供应商提供的原材料质量的好坏、价格的高低、供货的及时性、支持力度等都会影响企业产品的质量、成本、售价、交货期和利润等。因此,营销人员必须对供应商的情况有比较全面的了解和透彻的分析。企业在寻找和选择供应商时,应特别注意以下三点。

(1) 企业必须充分考虑供应商的资信状况。供应商的支持是成功的关键,企业应选择那些品质优良、价格合理的资源,选择交货及时、有良好信誉、在质量和效率方面都信得过的供应商,并且要与主要供应商建立长期稳定的合作关系,以保证企业生产资源供应的稳定性。

(2) 对供应商进行等级分类。企业需要根据供应商所提供货物对企业的重要程度划分等级,以便确保重点,兼顾一般,分别采取相应的协调措施。

(3) 企业必须广开供应门路,使自己的供应商多样化。企业如果过分依赖一家或少数几家供应商,受供应商变化的影响和打击的可能性就大。为了减少对企业的不利影响和制约,企业就要尽可能向多个供应商采购,尽量避免过于依靠单一的供应商,以免当与供应商的关系发生变化时,使企业陷入困境。

三、营销中介

在多数情况下,企业的商品都要经过市场营销中介单位才能到达顾客手中,所谓市场营销中介,就是那些帮助企业推广、销售和分配商品给最终顾客的企业和个人,包括中间商、实体分配机构、市场营销服务机构和金融机构等。

(一)中间商

中间商主要包括代理中间商和商人中间商。代理中间商指专业协助达成交易,但不拥有商品所有权的机构或个人。商人中间商是指从事商品购销活动,并对所经营的商品拥有所有权的中间商,包括批发商和零售商。中间商能够帮助企业寻找顾客,并直接与顾客进行交易,从而完成商品由生产者向顾客手中的转移。除非企业建立自己的销售渠道,否则,中间商对企业商品的流通具有极其重要的影响。又由于中间商与顾客直接打交道,因而它的销售效率、服务质量就会直接影响企业的商品销售。

(二)实体分配机构

实体分配机构是帮助企业进行商品或原料的保管、储存及运输的专业企业,包括仓储公司和运输公司。实体分配的要素包括包装、运输、仓储、装卸、搬运、库存控制和订单处理六个方面。实体分配机构的作用就在于调节生产与消费之间的矛盾,为企业在创造时空效益上提供帮助。近年来,我国现代化、智能化物流发展得比较迅速,实体分配机构的功能越发明显和重要。

(三)市场营销服务机构

市场营销服务机构主要包括市场调研机构、市场营销咨询机构、广告公司以及营销策划机构等。它们能够帮助企业选择市场并促进企业销售商品,是企业市场营销过程中不可缺少的服务结构。企业利用市场营销服务机构为之服务是专业化营销或营销专业化的发展趋势。有的大企业本身设有这些机构,或者自己能承担这些工作,但对于大多数中小企业而言,采用这些机构的服务是十分必要的。企业在利用这些机构时,关键是要选择最适合本企业,并能提供最有效服务的机构。

(四)金融机构

金融机构包括银行、信贷机构、保险公司等对企业市场营销活动提供融资和保险等业务的单位。每一个企业都不可避免地要与金融机构建立一定的联系,开展一定的业务往来。金融机构的行为会对企业的市场营销活动产生显著影响。如银行利率上调、保险金额上升、信贷来源的受限都会使企业的市场营销活动大受影响,因此,企业与金融机构建立良好的合作关系是十分必要的。

四、顾客

顾客是企业服务的对象，是企业营销活动的出发点和归宿，顾客是影响企业营销活动的最基本因素。现代市场营销学通常按顾客购买的最终用途来划分市场。具体包括：消费者市场、生产者市场、中间商市场、政府市场和国际市场。每种市场类型在消费需求和消费方式上都具有鲜明的特色。企业必须分别了解不同类型目标市场的需求特点和购买行为，才能更好地为顾客服务。其实，市场营销学本身就是研究顾客需求并满足其需求的一门学问。

五、竞争者

在现代经济社会中，竞争是市场经济的普遍规律，每个企业都处在不同的竞争环境之中，企业的营销活动肯定会受到不同竞争对手的影响。随着市场竞争的日趋激烈，企业的竞争对手除了本行业的现有竞争者外，还有代用品生产者、潜在加入者、原材料供应者和购买者等多种竞争力量。企业要想做好营销工作，必须最详细地了解竞争对手，知己知彼方能百战不殆。情报从来都是决定战争胜负的关键因素。在现代市场上，商业情报无孔不入，冷战后很多国家的情报力量开始向商业领域转移，企业间的情报战异常激烈，商业情报内容丰富，可以说无所不包，大到公司的发展战略、产品开发，小到企业领导的爱好、包含起居等。具体地说，和企业密切相关的有关竞争对手的情报内容有以下几个方面：竞争对手的产品研究与开发；竞争对手产品的制造过程；竞争对手的供应链；竞争对手的市场；竞争对手的销售渠道；竞争对手的财务状况；竞争对手的服务等。

六、公众

公众是指对企业实现其市场营销目标的能力有着实际的或潜在影响力的任何团体。公众可能有助于增强一个企业实现目标的能力，也有可能妨碍这种能力。一个企业的公众主要有以下几种。

(一)金融公众

金融公众指那些关心和影响企业取得资金能力的集团。包括银行、投资公司、证券公司、保险公司等。资金犹如企业的"血液"，金融公众对企业的作用尤为重要。

(二)媒介公众

媒介公众指那些联系企业和外界的大众媒介。包括报纸、杂志、电视台、电台、微博、微信等。这些组织对企业的声誉影响有着举足轻重的作用，它们的一条消息或一则报道可能使企业的形象名声大震，也可能使之名誉扫地。

(三)政府公众

政府公众指与企业的业务、经营活动有关的政府机构和企业的主管部门。如主管有关经济立法及经济政策的政府机构,包括国家经贸委及各级经贸委、工商行政管理局、税务局、物价局等。

(四)社会团体公众

社会团体公众是指有权监督企业,并对企业经营活动进行评论、指正的相关团体和组织。它们可以指责企业经营活动破坏环境质量、企业生产的产品损害消费者利益、企业经营的产品不符合消费需求特点,等等。社会团体公众通常包括消费者协会、环境保护组织等。

(五)地方公众

地方公众主要指企业周围的居民和团体组织,它们对企业的态度也会影响企业的营销活动。

(六)一般公众

一般公众是指不购买企业产品,但深刻地影响着消费者对企业及其产品看法的群体。实际上,一般公众是上述各种关系公众之外的社会公众。

(七)内部公众

它是指企业内部股东、董事会的董事、经理、技术工人、普通员工等。处理好内部公众关系是搞好外部公众关系的重要前提。很多企业领导认为:一切竞争归根到底就是人的竞争,如何调动职工的积极性、主动性和创造性,是企业领导人应首先关注的问题。

【营销小案例】

美联航摔坏了歌手的吉他

2008年,加拿大乡村歌手戴夫·卡罗尔在乘坐美联航的客机时,随身携带的名贵吉他在机场被行李运输工摔坏。戴夫·卡罗尔非常气愤,多方投诉,美联航方面一直踢皮球,没有给出明确的结果,并拒绝赔偿任何维修费用。这位歌手一气之下将自己的这段经历写成了歌曲,这就是风靡一时的《美联航毁坏吉他(United Breaks Guitars)》,歌曲旋律欢快,是典型的美国乡村民谣风格。这首歌曲一放在社交网站上,10天内点击量就突破400万。戴夫·卡罗尔和他的乐队也因此一夜走红,连他们之前的8张专辑也变得畅销起来。

美联航则慌了,赶紧给戴夫·卡罗尔打电话道歉。但他们还是为自己的傲慢付出了惨重代价。美联航股价因此大跌10%,损失市值约1.8亿美元,足够买5万把名贵吉他,并且美联航的媒体形象也大幅下降。由此可见媒体公众对企业的影响力何等的重要。

(资料来源:凤凰财经网 http://finance.ifeng.com/a/20170412/15297201_0.shtml。)

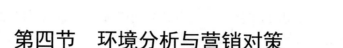

第四节 环境分析与营销对策

由于企业市场营销环境具有动态多变性、差异性和不可控性等特点，企业若想在多变的环境中取胜，就必须对市场环境进行调查和分析。市场环境分析的任务就是对外部环境诸因素进行调查研究，以明确其现状和变化发展的趋势，从中区别出对企业发展有利的机会和不利的威胁，并且根据企业自身的条件制订相应的对策。

一、SWOT 分析方法

SWOT 分析法又称为态势分析法或优劣势分析法，20 世纪 80 年代初由美国旧金山大学的管理学教授韦里克提出，用来确定企业自身的竞争优势(Strength)、竞争劣势(Weakness)、机会(Opportunity)和威胁(Threat)，从而将公司的战略与公司内部资源、外部环境可以有机地结合起来。它能够帮助市场营销人员将精力集中在关键问题上，如表 2-2 所示。

表 2-2 SWOT 分析表

	内部优势(S)	外部劣势(W)
内部环境	技术优势 成本优势 产权优势 产品的创新 具有规模经济 高素质的管理者和员工 良好的财务资源 行业领先优势 企业声誉优势 其他特殊能力……	设备陈旧 成本劣势 资金劣势 技术开发落后 产品缺少特色 销售水平低 内部管理劣势 企业声誉不佳 ……
	外部机会(O)	外部威胁(T)
外部环境	行业整体增长迅速 市场空间大 经济环境良好 有新技术可推动本行业发展 有利的政府政策 竞争不激烈 ……	行业整体发展不景气 市场空间小 经济环境不佳 不利的政府政策 用户偏好改变 竞争压力大 替代品的销售增加迅速 ……

SWOT 分析有四种不同类型的组合：优势—机会(SO)组合、弱点—机会(WO)组合、优势—威胁(ST)组合和弱点—威胁(WT)组合。

(1) 优势—机会(SO)战略又称为成长型战略，是一种发展企业内部优势与利用外部机会的战略,是一种理想的战略模式。例如良好的产品市场前景、供应商规模扩大和竞争对手有财务危机等外部条件,配以企业市场份额提高等内在优势可成为企业收购竞争对手、扩大生产规模的有利条件。

(2) 弱点—机会(WO)战略又称为扭转型战略,是一种利用外部机会来弥补内部弱点,使企业改劣势而获取优势的战略。存在外部机会,但由于企业存在一些内部弱点而妨碍其利用机会,可采取措施先克服这些弱点。

(3) 弱点—威胁(WT)战略又称为防御型战略,是一种旨在减少内部弱点,回避外部环境威胁的防御性技术。当企业存在内忧外患时,往往面临生存危机,降低成本也许可以成为改变劣势的主要措施。

(4) 优势—威胁(ST)战略又称为多经营战略,是指企业利用自身优势,回避或减轻外部威胁所造成的影响。如企业可能利用技术的、财务的、营销的优势来克服或回避外部环境的威胁。

二、市场机会和威胁分析

(一)市场机会分析

所谓市场机会是指营销环境中对企业营销有利的各项因素的总和。有效地捕捉和利用市场机会是企业营销成功的重要条件。市场机会对不同的企业是不相等的,同一个市场机会对一些企业可能会成为有利的机会,而对另一些企业可能会造成威胁。市场机会能否成为企业的机会,要看该市场机会是否与企业目标、资源及任务相一致,企业能否有效地利用此环境机会并能为企业带来更大的利益,即市场机会与企业的实力是否匹配的问题。

分析评价市场机会主要有两个方面,一是考虑市场机会给企业带来的潜在利益大小,二是考虑市场机会可能出现的概率大小。如图2-4所示,四个象限中,第Ⅰ象限是企业必须重视的,因为它潜在的吸引力和成功的概率都很大;第Ⅱ象限和第Ⅲ象限也是企业不可忽视的,第Ⅱ象限虽然出现的概率低,但一旦出现会给企业带来很大的潜在利益,第Ⅲ象限虽然潜在利益不大,但是成功出现的概率很大;对第Ⅳ象限主要是观察其发展变化,并依据变化的情况及时采取相应的措施。

	成功的概率	
	高	低
潜在的吸引力 大	Ⅰ 2、6、8	Ⅱ
潜在的吸引力 小	Ⅲ 4	Ⅳ

图2-4 市场机会矩阵图

导入案例"丰田车如何进入美国市场"中所列出的8个环境变化因素中,2、4、6、8个变化因素是给丰田公司带来市场机会,使丰田公司可能享有差异化的利益。在这4个环境变化因素中，最好的市场机会是 2、6、8 个，其"潜在的吸引力"和"成功的概率"都很大，应填入图 2-4 的第Ⅰ象限。当然，4 尽管"潜在的吸引力"很小，但"成功的可能性"很大，因此，也是一个极好的市场机会，应填入图 2-4 的第Ⅲ象限。

(二)环境威胁分析

所谓的环境威胁，是指营销环境中对企业营销不利的各项因素的总和。环境威胁主要来自两个方面：一方面，环境因素直接威胁着企业的营销活动，如政府颁布某种法律，诸如《环境保护法》对造成污染的企业来说，就构成了巨大的威胁；另一方面，企业的目标、任务及资源同市场机会相矛盾，从而给企业带来环境威胁。企业营销者要善于分析环境的发展趋势，识别环境威胁或潜在的环境威胁，并正确认识和评估威胁的可能性和严重性，以采取相应的对策和措施。

分析环境威胁因素主要应从两个方面考虑，一是分析环境威胁对企业的影响程度；二是分析环境威胁出现概率的大小，并将这两个方面结合在一起。如图 2-5 所示，4 个象限中，第Ⅰ象限是企业必须重视的，因为它的危害程度很高；第Ⅱ象限和第Ⅲ象限也是企业不可忽视的，第Ⅱ象限虽然出现的概率低，但一旦出现给企业带来的危害特别大，第Ⅲ象限虽然对企业的影响不大，但是出现的概率很大；对第Ⅳ象限主要是观察其发展变化，看其是否有向其他象限变化的可能。

	出现的概率	
	高	低
影响程度 大	Ⅰ 3、5	Ⅱ 7
影响程度 小	Ⅲ 1	Ⅳ

图 2-5　环境威胁矩阵图

导入案例"丰田车如何进入美国市场"中所列出的 8 个环境变化因素中，1、3、5、7 个给丰田公司会造成环境威胁。其中第 3、5 个都是"影响程度"大，"出现威胁的概率"也大，所以，这两个环境威胁是主要威胁，应填入图 2-5 中的第Ⅰ象限。而第 1 个环境因素"影响程度大"，但"出现威胁的可能性"小，当然不如"潜在的严重性"。因此，第 1 个也是丰田公司的主要威胁，应填入图中的第Ⅲ象限。至于第 7 个环境因素，尽管"影响程度"很大，但"出现威胁的概率"很小，它不是主要威胁，应填入图中的第Ⅱ象限。因为第 7 个对整个汽车行业都是一种威胁，人们对运输工具的倾向转移，其背后的原因之一是觉得交通拥挤，而仔细分析，人们不会完全放弃汽车，汽车毕竟比公共交通工具方便，只不过想得到"理想"的汽车，因而停靠方便，转向灵活的小汽车仍有较大需求。

(三)威胁与机会分析

在企业实际面临的客观环境中，每个企业和总体环境的相关因素往往相互影响、相互作用，这些相关因素总是处于不断变化的状态之中。根据综合环境中威胁水平和机会水平的不同，可以用"威胁—机会"矩阵图进行分析，如图2-6所示。

	高	低
机会水平 高	冒险业务	理想业务
机会水平 低	困难业务	成熟业务

图2-6 威胁—机会矩阵图

在图2-6中，从环境因素给企业带来的威胁和机会水平来看，可将企业所经营的业务分为四种类型：理想业务、冒险业务、成熟业务和困难业务。

1. 对理想业务应采取的措施

理想业务是机会水平很高，威胁很低，利益大于风险的业务。是企业难得遇到的开展业务的有利环境，因此企业必须抓住机遇，大胆经营和创新，创造效益，万万不可错失良机。

2. 对冒险业务应采取的措施

冒险业务是机会和威胁同在，利益和风险并存。面临这样环境的业务，企业应该加强市场调研与分析，慎重决策，以降低风险，争取利益。

3. 对成熟业务应采取的措施

成熟业务是机会和威胁都处于最低水平，可作为企业的常规业务，因此也被称为成熟业务，用以维持企业的正常运转，并为开展理想业务和冒险业务准备必要的条件。所以成熟业务只需常规经营，养精蓄锐。

4. 对困难业务应采取的措施

困难业务是风险大于机会的业务，此时处境已经十分困难。企业对于困难业务必须想方设法扭转局面。如果大势已去无法扭转，则需要采取果断策略，撤出在该环境中经营的业务，发掘新的机会。

任何企业都会面临各种各样不同程度的市场机会和环境威胁。通过以上矩阵图的分析，就可以看出企业的机会和威胁程度，从而判断企业的类型，进而采取相应的策略，抓住主要机会，抵制、削弱、修正或转移主要威胁，促进市场营销目标的实现。

本 章 小 结

美国著名市场学家菲利普·科特勒认为："市场营销环境是影响企业的市场营销管理能力，使其能否卓有成效地发展和维持与其目标顾客交易及关系的外在影响力。"因此，市场营销环境是与企业营销活动相关的外部因素和条件的总称，是指企业在进行市场营销活

第二章 市场营销环境分析

动过程中,所联系并受其影响的各种因素的作用范围和影响力。

市场影响环境主要包括两方面的构成要素,一是直接环境要素,包括人口环境、经济环境、自然环境、科技环境、政治环境和社会文化环境等;二是间接环境因素,包括企业内部因素和企业外部的供应商、顾客、竞争者和公众等因素。微观因素可以直接影响和制约企业的市场营销环境,而宏观因素主要以微观营销环境为媒介间接影响和制约企业的市场营销活动。市场营销环境的研究可为企业的经营决策提供可靠的依据。

环境发展趋势基本上分为两大类,一类是威胁,另一类是机会。任何企业都面临着若干环境威胁和市场机会。可以利用威胁—机会矩阵图来分析企业业务所面临的综合环境水平。可能出现四种不同的结果:理想业务、冒险业务、成熟业务和困难业务,企业应采取相应的对策。

关 键 词

市场营销环境(Marketing Environment)、宏观环境(Macro Environment)、微观环境(Micro Environment)、人口环境(Population Environment)、经济环境(Economic Environment)、供应商(Supplier)、顾客(Customer)、竞争者(Competitor)、SWOT 分析(SWOT Analysis)、威胁—机会分析(Threat-Opportunity Analysis)

综 合 练 习

1. 分析市场营销环境对市场营销的意义所在。
2. 微观环境要素包括哪些内容?各有什么特点?
3. 宏观环境要素包括哪些内容?各有什么特点?
4. 科学技术对企业的营销活动会带来什么影响?
5. 当企业遇到市场机会及环境威胁时如何应对?

【案例分析】

我国养老产业 SWOT 分析

20 世纪 70 年代末,我国政府开始在全国范围内实行计划生育政策,由此开启了独生子女时代。如今独生子女家庭正面临着养老问题的严峻挑战。首先,一对年轻夫妇同时赡养四位老人,还要应对生存竞争,家庭养老压力倍增。其次,工业化、城市化催生大量中青年人群跨地域求职,造成"空巢老人"越来越多。因此,如何应对独生子女家庭的父母养老问题无疑需要养老产业的快速发展。

1. **养老产业发展的优势分析**

(1) 养老地产潜力巨大。

机构养老的特点是养老服务由专门的机构提供,机构内拥有适宜老年人身体保健、生活起居和医疗健康等设施条件,服务人员都是职业化、专业化的专门人才,能够为不同类型、不同需求的老年人提供专业化的生活照料和医疗护理服务,使老年人得到较为集中和良好的照顾与有序的生活。同时机构养老还能为老年人建立与同辈群体交流的平台,有益于老年人的身心健康。

社区养老的优势更为明显。受传统孝道文化的影响,大多数子女和老人都愿意在自己所熟悉的家园养老,希望通过社区照顾来安享晚年。社区作为一个平台鼓励养老产业入驻,根据老人的多样需求通过市场化运作来提供,不仅能降低养老成本、满足"故土难离"的情感,而且还能使老人不脱离社会,成为"孤独人群",充分有效地配置资源,使养老受益最大化。近几年,新型养老住宅应运而生,这是在现代住宅小区的开发兴建过程中,置入养老元素,增强住宅小区养老功能附加值,是一个具有养老特征的社区。

(2) 养老产品市场巨大。

2009年全国老年人离退休金达到8894亿元,近万亿的退休金绝大部分都用来购买养老产品服务。据预测,未来老年消费占总消费比重从2010—2050年将增长近9.5倍,这表明我国老年群体已经形成一个相对富裕的收入阶层,对养老产品如护理服务、专业护理人员、老年用品、旅游、文化娱乐和保健产品等需求将日益增多,可以推动养老产品市场更加细分和完善。例如,老年保险产品出现了终身健康保险、看护保险和年金资产代管等保障老年人身体、生活等服务需求。有越来越多的专业人员、保姆和钟点工等介入老年人的日常生活照料,提供专业的护理服务。近几年,市场已出现的"报警"拐杖、高科技助听器等人性化产品获得了老年人的青睐。精神慰藉服务也出现在经济发达、观念开放地区,这些都在改变和提升着我国老年群体的生活质量和幸福指数,使老年人的个性需求得到了满足。此外,养老产业还是一、二、三产业的集合,不仅能够带动、整合三大产业资源的长效配置,而且对上下游产业如建筑、食材、服装和服务等行业具有显著的经济联动效应。

2. 养老产业发展的劣势分析

当前我国老年消费市场开发仍处于初级阶段,表现为服务产品供给不足、比重偏低、质量不高,很多商机有待开发。如专门生产老年产品或提供养老服务的企业为数极少。大多老年产品和服务只是作为企业的辅助业务或衍生业务。首先,从销售市场来看,商店、商场或超市中也很难觅到专门经营老年产品的场所,一般只设一两个柜台或混杂在各类产品中,无法适应老龄化程度很高的社会现实,也难以满足老年人对养老产品的需求。其次,老年人与其他群体相比具有明显的特殊需求倾向,导致消费的个性化。如饮食消费更追求清淡营养,有益改善身体不良状况的膳食,但市场上几乎找不到老年餐馆,大众餐厅也很少有为老人提供的餐饮;服饰消费上追求合体、舒适、典雅,特别对鞋的需求更偏好于软底布鞋,但在市场上很难买到;生活用品消费则讲求实用、轻便、人性化,但根据老年人的身体特征专门设计和生产的产品却寥寥无几;保健品是老年人消费的主要产品,但目前国内保健品市场却鱼龙混杂。最后,老龄产业的行业分布不合理,过于狭窄。目前,我国老龄产业的行业主要集中在老年地产业和老年用品业。无论是企业还是社会普遍认为老龄产业就是建造、经营养老院或生产销售轮椅、拐杖等老年用品,对老年餐饮业、护理服务业、文娱业、旅游业、保险业等需求缺乏认知,导致行业发展不全面,无法形成联动,资源得不到有效配置。

3. 养老产业发展的机会分析

(1) 独生子女政策加重了家庭养老负担，养老将更加社会化、产业化。

20 世纪 80 年代出生的第一批独生子女的父母已逐步进入了老年阶段。"80 后"不仅面临着住房、工作的竞争压力，也正为父母的养老问题而忧心。特别是"421"的家庭结构模式，2 个年轻人照顾 4 位老人和 1 个孩子，无论从财力、体力、精力还是心理、情感上，都将面临严重的压力。家庭养老对于独生子女时代功能将日益削弱，更多的老人需要寻求社会资源，通过购买服务来安享晚年。

(2) 老年人需求的多样性、个性化促进了养老产业的快速发展。

根据《我国城市居家养老服务研究》调查资料显示，城市中有 48.5% 的老年人需要各种各样的养老服务，其中家政服务需求最大，占 25.22%，其次是护理服务，占 18.04%，精神慰藉的占 13.79%，但目前我国城市养老服务需求总的满足率却只有 15.9%。全国老龄办为此曾作过测算，2010 年家政服务和护理服务潜在的市场规模已经达到 1300 亿元，到 2020 年将超过 5000 亿元，供需之间存在着巨大的商机，会刺激养老服务产业迅速增长。

(3) 老年人口空巢化、高龄化和失能化趋势需要养老产业发挥作用。

独生子女时代我国最突出的现象是"空巢"老人不断增多。据全国老龄委 2010 年公布的数据，目前我国城市老年人空巢家庭的比例已达 49.7%，大中城市老年人空巢家庭的比例更高，达到 56.1%。高龄化的增长往往会导致失能老人的不断增多。按照国际通行的 5% 老年人需要进入机构养老为标准，我国至少需要 800 多万张床位，现在城乡养老服务机构提供床位数约 250 万张，缺口达到 550 多万。养老机构每张床位的建设成本约为 6 万元，这就有 3000 亿元的市场空间，此外再加上一些基础设施建设，养老机构建设投资的市场空间超 4000 亿元。养老产业发展前景广阔。

4. 养老产业发展的威胁分析

首先，独生子女客观上加重了老人的养老风险。独生子女具有唯一性，这就造成如果子女不能健康成长，其父母就会丧失基本的养老资源。同时如果子女的赡养能力弱或者不想、无法尽孝等，也会降低父母的养老质量。此外，父母对独生子女的溺爱、过度保护、期望过高等因素影响到子女成人后在社会上的竞争力，导致现在越来越多的"啃老"现象发生，子女不但不能照顾父母，却需要得到父母的支持，晚年生活的满意度和幸福感成为社会问题。而老人获得养老资源的多寡决定了养老产业的发展速度和规模，丧失了养老资源的老年人就无法通过市场获取养老保障，最终只能依靠政府的救济维持生活。

其次，有关养老产业的法律政策、体制机制等制度不健全，制约着养老产业的发展。尽管我国出台了针对老年人的相关法律法规，如《老年人权益保障法》，但比较宽泛和笼统。此外，近几年来国家还相继出台了发展社区服务业和民营养老机构扶持政策，但具体落实时相关职能部门却没有与之配套的实施细则，甚至财政政策只惠及公立养老机构建设与发展，对养老产业发展鼓励支持力度不足。同时，养老产业监管机制也不健全，行业标准和市场规范尚未建立起来，养老服务机构资质认证标准空缺，审批管理制度存在缺陷，严格的行业进入许可缺乏，导致养老产业发展处于无序状态，影响其健康可持续发展。

最后，护理人员队伍建设严重滞后。目前的养老服务人员队伍呈现非专业化、非职业化和非标准化特点。从业者文化程度不高，年龄偏大，大多没有经过专业训练，更没有获得资格证、上岗证等，导致他们在提供服务时既不专业又不科学，损害了老年人的利益，甚至经常出现雇佣双方的服务纠纷。另外，根据国际通用的老年人与护理员的比例为3∶1来推算，我国至少需要1000万名护理员，但是目前全国老年福利机构的职工却只有22万，取得养老护理职业资格的也仅有2万多人，这与几千万失能老人的潜在需求相比差距巨大。

综上，人口老龄化对于养老产业的发展既是挑战也是机遇。发展养老产业，不仅能解决独生子女面临的沉重养老负担，还是推动经济增长的重要引擎。因此，如何采取有效的策略去规避威胁，改善自身的劣势，充分利用机会，发挥独有的优势，使养老产业全面提速发展，对于当前中国社会将具有重要的战略意义。

(资料来源：赵东霞，李赖志. 独生子女时代我国养老产业发展的SWOT分析[J]. 财经问题研究. 2013年第1期.)

问题思考：

1. 养老企业所面临的营销环境中有哪些市场机会和威胁？
2. 养老企业如何在当下的营销环境中抓住商机？

第三章　购买者行为分析

【内容提要】

1. 消费者市场及其特点
2. 消费者购买行为模式
3. 影响消费者购买行为的主要因素
4. 消费者购买行为与决策
5. 生产者市场、中间商、政府市场的购买行为分析

【导入案例】

雀巢咖啡：用 lifestyle 圈占新生代市场

咖啡作为一种功能性饮料，以往其主力消费群是学生、白领和司机。因此，雀巢咖啡常常以"提神醒脑"的功能诉求出现。而现在，它更多提到的词是——"lifestyle(生活方式)"。

作为全球知名的咖啡制造商，雀巢拥有上百年的历史与传承。中国市场的消费者对这个品牌也绝不陌生。早在1908年雀巢就在上海开设了它在中国的第一家销售办事处。一个多世纪过去了，雀巢早已成为人们心目中的经典品牌。但是，历史悠久是一柄双刃剑，它意味着可能存在品牌老化的风险。随着网络新生代成为市场的中坚消费力量，他们特有的消费需求以及消费方式正在成为各大品牌关注的重点。比如，更加善变、寻求新鲜感、个性化和娱乐化。

为了抓住这部分人群，雀巢计划在全球50多个城市设立快闪咖啡馆。比如在东京开设的快闪"打盹"咖啡店，只要人们购买菜单上任意一款产品，就能在店内提供的价值9000美元一张的豪华单人床上打盹儿；而在加拿大多伦多则开设了一家需要用雀巢速溶咖啡刷卡进门的只供应热水的快闪咖啡馆。快闪是近几年国际流行的一种嬉皮行为，可视为一种短暂的行为艺术。天使投资人徐小平曾表示，快闪是年轻人较为容易接受的新兴方式。而快闪与商业结合的方式之一就是快闪店。这是一种不在同一地久留、俗称 Pop-up Shop 或 Temporary Store 的品牌游击店。快闪店的风格比传统门店更加有个性，讲究的就是一种娱乐精神，用一波又一波的惊喜刺激消费者的中枢神经，尤其受到善变且喜新厌旧的新生代消费群的喜爱。

2017年9月22日，雀巢咖啡在北京三里屯的"感CAFE"快闪咖啡馆正式开业。"快闪"的形式与以往一脉相承，但是表现方式却大有不同。多伦多和北京的快闪咖啡店之所以不同，是因为更多考虑到不同市场消费者的喜好不同。我们要看中国的消费者喜欢什么、他们的需求是什么……只要是他们喜欢的、适合他们的，我们就会在中国开展。年轻消费者一般来说喜欢不同的东西、有创意的东西。在北京三里屯的快闪咖啡馆，不仅提供咖啡，更供应各种"感觉"。由日本知名空间设计大师青山周平设计的五个以"感觉"为主题的艺术空间，成为这家快闪咖啡馆的主体。在这里，消费者可以一边体验限量版特调咖啡带

来的味觉盛宴,一边在五感空间里唤醒对自我及周边世界的感知。"感 CAFE"的五个独特体验空间生动地诠释了"雀巢咖啡"带来的"五感"生活新概念。比如:沉浸在独享空间中找寻久违的"自我感"、在"波浪山丘"上体验虚拟现实(VR)技术带来的"新鲜感"、在墙洞内体验一种窥视的"安全感"、在与陌生人的共创中感应"归属感"、在拾"盒"而上时感受到达顶峰的"成就感"等。在活动现场,消费者还可品尝与"五感"对应的雀巢限量版特调咖啡。

  这是雀巢咖啡进入中国近30年来首次开设快闪咖啡馆。开业当天,雀巢咖啡代言人李易峰作为"馆主"亲手制作了第一杯咖啡,开放预约当天人数就已爆满。这样新鲜有趣的沟通方式,刷新了消费者尤其是年轻人对于雀巢咖啡既有的品牌认知。雀巢已经有了很多很好的咖啡产品,现在在做更多的服务和体验,以便让我们的消费者参与进来,并希望雀巢咖啡变成一种生活方式。雀巢希望用现代、年轻的生活方式,激活消费者内心的感受以及与美好事物的连接。

  除了线下快闪店,雀巢咖啡还在线上做了很多有趣的尝试,比如在微商城销售品牌周边产品等。雀巢希望以一些新的方式跟年轻消费者有更多的参与和互动。

(资料来源:《新营销》2017.10.)

  正如导入案例中雀巢咖啡对新一代消费者的洞察与研究,企业营销的目标是使其目标市场的顾客需求得到合理的满足。企业只有对目标顾客的需求以及行为方式作出合理的判断,并提供合适的产品和服务,才能实现这一目标。乔布斯的成功正是因为洞悉到了许多客户不喜欢自己的电脑的原因是客户体验太糟糕了。微软的产品创新之所以一直难以追上苹果,是因为思维模式不同。微软的思维模式是关于机器的,是工程师思维。乔布斯则站在顾客的角度来思考,顾客想的只是使用电脑,大多数人没有兴趣知道电脑的工作原理。乔布斯让使用电脑变得更为轻松。所以企业要不停地观察你的客户,通过询问一些非常简单的问题,找到客户未被满足或者没有被很好地满足的需求,然后去满足它。因此,企业不仅要认真研究自身所处的宏观环境和微观环境,而且还要研究目标消费者的消费心理和消费行为。

第一节 消费者市场购买行为分析

一、消费者市场的含义及特点

(一)消费者市场的含义

  按顾客购买产品和服务的目的或用途的不同,市场可分为消费者市场和组织市场。消费者市场是为了满足以自己生活消费需要为目的而购买商品和服务的个人或家庭组成的购买者群体。消费者市场是商品与服务流通的终点,也是整个市场体系的基础。所以消费者市场也称为最终产品市场。

  因此无论是生产企业还是商业、服务企业,也无论其是否直接为消费者服务,都必须研究消费者市场。其他市场,如生产者市场、中间商市场等,虽然交易量超过了消费者市场，但其最终服务对象还是消费者，仍然要以最终消费者的需求和偏好为转移。在这个意义上，可以说消费者市场是一切市场的基础，是最终起决定作用的市场。

(二)消费者市场的特点

消费者市场具有以下几个特点。

1. 分散性

从交易的规模和方式上看，消费者的购买单位是家庭和个人，因此消费者市场购买者众多，市场分散，成交次数频繁。因此，企业在设计销售渠道时要充分考虑到消费者购买商品的便利。这也说明了网络零售持续升温的原因。

2. 差异性

消费者受年龄、性别、身体状况、性格、习惯、文化、职业、收入、教育程度和市场环境等多因素的影响而具有不同的消费需求和消费行为，所购商品的品种、规格、质量和价格千差万别，从而表现出差异性的特征。

3. 多变性

消费者市场产品的专业技术性不强，同种产品较多，消费者选择余地大，需求多变。随着科学技术的快速更新、流行趋势的不断变化，消费者对产品和服务的需求也是与时俱进的。因此，企业需要不断洞察消费者的变化，才能为他们提供合适的需求产品。

4. 替代性

消费品种类繁多，不同品牌甚至不同品种之间往往可以互相替代，这与组织市场情况差异较大。如王老吉和加多宝品牌的相互替代，碳酸饮料和果汁饮料的相互替代等。

5. 非专业性

从购买行为看，消费者的购买行为与组织市场的购买行为对比具有非专业性特征。因为消费者市场的购买者大多都缺乏相应的产品知识和市场知识，因此他们的购买行为具有可诱导性。

二、消费者市场的购买对象

(一)按照消费者购买商品的特点划分

按照消费者购买商品的特点划分，消费品可分为日用品、选购品和特殊品。

1. 日用品

日用品，也称便利品。是人们日常生活必需、经常消费且价格较低的商品，如油盐酱醋、牙膏、洗衣粉等各种食品和日用杂货。人们购买日用消费品有以下特点：一是购买频率高，随时可能购买；二是除了初次购买，一般不做过多选择，而是根据自己长期形成的消费知识和消费习惯来购买。因此，消费者在购买日用品时，多希望方便购买和就近购买，以节省时间和精力。

2. 选购品

选购品是指人们在购买之前要经过充分比较和精心挑选后才决定购买的商品。这类商品一般有较长的使用周期且单价较高，如服装、家具、彩电、冰箱、洗衣机等就是选购消费品。人们购买选购消费品具有以下特点：一是购买频率低，对这类消费品缺乏消费知识，没有固定购买的习惯。二是这类商品的价值较高，在购买中一旦发生失误，会给购买者带来较大的经济损失，为此，消费者在选购这类商品时往往比较慎重，宁愿多花一些时间和精力，对商品的品种、规格、质量、性能、价格、款式、花色、品牌等进行充分的比较，然后才会作出购买决定。

3. 特殊品

特殊品是指消费者对其有特殊偏好，并且价格较高的商品。如高级音响、钢琴、钓具、高级娱乐服务、小汽车等。消费者之所以购买此类商品，是因为它们可以提供特殊的消费价值，而且是其他商品无法替代的。因此，在购买这类商品时，往往不计较其价格高低和购买是否方便。特殊消费品大多数价格昂贵，但是，也有例外，即有些特殊消费品的价格尽管并不十分昂贵，但某些消费者也会对其特别青睐。例如，一些年轻的消费者群体会对某些品牌的商品和一些时尚商品趋之若鹜。因此，作为特殊消费品其本质特点不在于其价格是否昂贵，而在于其是否具有消费者所追求的满足特殊偏好的独特价值。

(二)按照消费品在使用中的消耗特点划分

按照消费品在使用中的消耗特点划分，可分为易耗品和耐用品。

1. 易耗品

易耗消费品是指那些在使用过程中一次性消耗完毕或在较短时间内消耗完毕的消费品。如食品和其他生活用品等。由于这部分消费品的使用寿命较短，因此要求不断得到供应，可以占领更大的消费市场。

2. 耐用品

耐用品是指那些可多次使用，更换周期较长的商品。如家具、家用电器、交通工具等。由于这类商品的使用周期较长，其价值在使用过程中逐步消耗，因此我们也把这类消费品称为家庭固定资产。消费者在购买这类商品时往往会经过慎重的比较和精心的挑选，使用时也会比较珍惜。这类商品出现使用障碍时，一般可以经过维修或更换零部件，使其重新恢复使用功能。因此，消费者在购买这类商品时，除了对商品的品牌、质量、性能、价格、款式等方面要进行挑选和比较外，还会对产品的售后服务予以更多的重视。

【营销实战】

中国消费者市场的三大变化

受整个消费市场主力人群的变化、国家政策等因素的影响，我国消费市场正发生着巨大变化。而对于品牌来讲,必须把握消费者市场的动向才能从产品、渠道等方面着力,在急速变化的市场中生存。

首先是新中产阶级消费崛起,"80后""90后"成为消费市场主力军。波士顿咨询公司(BCG)和阿里研究院共同发布的《中国消费新趋势》报告显示,"80后""90后"已经成为我国核心消费人群。从阿里巴巴的线上消费数据可以发现,这群人的消费额占线上总消费额的70%,尤其是"90后"的消费增速十分显著。以"90后"为代表的年轻消费者一直成长在富足的生活环境中,因而对消费的品质有更高的需求,尤其是在网购非常成熟的当下,他们频繁地进行线上消费。这部分人的消费偏好正在影响整体消费结构及各个品类商品的升级方向。

其次是一线城市消费增速放缓,二三线城市迅速增长。伴随消费升级,消费能力较高的一线城市,市场已经相对饱和。而二三线城市的生活水平不断提高,消费能力正在高速提升。2016年阿里巴巴中国零售平台交易数据显示,在社会消费零售总额增速平缓下滑的状态下,网络消费已成为增长主力,二三线城市增速超越一线城市。同时农村电商也在飞速发展,拉动农村消费。不管是阿里巴巴还是京东,都将目光瞄准了还未全面开发的县域市场,可见这片区域还有很大的开拓空间。

最后是消费者更加注重品质消费和服务消费。从目前的消费市场来看,追求规模消费的时代已经过去,消费者更加注重产品质量和服务。为什么会出现海淘、代购?为什么近些年会出现一些备受好评的小众品牌?一方面是由于消费者对产品质量的要求提高了,他们正在寻求更放心、体验更好的产品;另一方面国产品牌也开始注重产品品质,并能提供满足消费者需要的高品质产品。

(资料来源:新消费引发市场蓝海.《新营销》2017.07.)

三、消费者购买行为模式

消费者研究解决的根本问题是"消费者是如何作出消费决策的?"但是消费者决策,不像物理现象那样可以准确地测量,因此只能从消费者行为的相关问题入手,了解购买者是谁(Who)、购买对象(What)、购买目的(Why)、购买时间(When)、购买地点(Where)与购买方式(How),即"5W1H"。

消费者决策的过程是一种思想过程,专家们通常采用行为科学中经常使用的"刺激-反应"分析方法,通过对外部刺激变量与消费者最后的行为(反应)之间的联系来判断消费者的决策过程(黑箱)。其购买行为模式如图3-1所示,该模式亦称"营销刺激与消费者反应"模式。在图3-1中,市场营销刺激与其他外部刺激因素进入购买者的意识后,购买者的特征与决策过程导致了购买决策。因此,市场营销人员的任务就是要了解在出现外部刺激后到作出购买决策前购买者意识中所发生的情况,并探索两个问题:第一,购买者的特征是如何影响购买行为的;第二,购买者是如何进行购买决策的。

(一)刺激

刺激指各种企业不可控的外部环境刺激和企业可以控制的营销刺激。宏观环境刺激影响和制约着消费者的需求,并对消费者"黑箱"产生显著的影响。而企业的营销刺激则受制于宏观环境。它们的变化和不同的组合形式,成为影响消费者"黑箱"的具体因素。

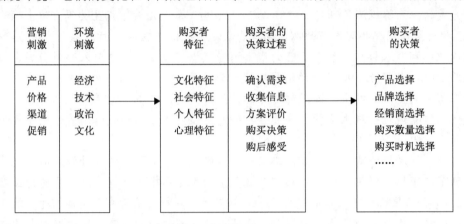

图 3-1　购买者行为模式

(二)"黑箱"

消费者购买行为中的"黑箱",虽然让人难以捉摸,但至少包括以下两方面的内容:①消费者特征。文化、社会和个人因素等,影响消费者在购买活动中对各种事物的认识、感觉和情感等心理活动,并最终影响着反应的选择。②消费者购买决策过程。从需求问题的确认开始,到购后的感受,消费者会有一系列的认识和判断。其决策不仅受到购买心理的制约,而且还受到外部刺激的影响。

(三)反应

诸多因素的共同作用,使消费者最终作出一定的反应。

(1) 购买什么——购买对象。受制于具体需求,是满足欲望的具体内容。

(2) 为何购买——购买目的。受制于消费者的需要,甄别不同的购买目的是制订营销计划的重要工作。

(3) 由谁购买——购买决策者。产品和服务的消费者未必是购买决策者。

(4) 何时购买——购买时机。不同商品在不同的季节和时间有不同的需求量,如春节、中秋节等。

(5) 何地购买——购买地点。消费者购买商品和服务的地点,消费者结合自身的情况确定是在线上还是线下购买,在便利店还是在大卖场购买。

(6) 如何购买——购买方式。购买方式有多种选择,现金购买、分期付款、信用卡购买、团购方式等。

四、影响消费者购买行为的主要因素

在现实生活中,消费者购买时并非事先都有明确的购物目标,而可能只有一种朦胧的欲望。因而营销信息就很容易成为影响消费者心理行为以及购买什么和何种品牌的指南。在实际的消费活动中,真正了解和把握消费者的行为是困难的。因为,消费者采取购买行动时，往往带有很大的盲目性。例如，商店里的衣服标价 100 元以内可能无人问津，而标价为 1000 元以后就可能变为热销款。人的心理似乎是一个谜，别人无法猜透，有时自己亦是如此。特别是在互联网背景下，消费者的权力越来越大，目前更多的竞争是看谁能让消费者享受到更多的选择。

由于消费者行为研究的对象是千变万化的人的行为，不可能有通用的最佳模式，所以市场营销人员应根据不同的情景采取不同的对策。购买决策是一个动态过程，而且购买决策的有效行为会随着消费者的特点和环境的变化而变化。消费者购买行为的发生受多种因素的影响，一般可分为文化、个人、社会和心理等因素。

(一)文化因素

文化是消费群体中多数人共有的比较稳定的消费文化倾向。社会的意识形态是由一系列风俗、习惯、礼仪、思想、道德、宗教等所组成，它说明了人们必须做什么、应当做什么、可以做什么、禁止做什么。

中国文化重人伦，以家庭为本位，亲子间相互依存关系明显。所以在我国的广告画面中经常可见"团圆""温馨的家庭""孝心"等广告主题。文化是人类欲望和行为最基本的决定因素。人在成长过程中，通过家庭和社会，接受一定的文化教育，形成了相应的价值观、信仰、态度、道德和习俗等，并由此产生一定的喜好和行为。文化的变迁，如文化的相互融合，也会影响到消费方式的变化，如我国部分消费者对洋品牌的偏好，外国消费者对有中国民族特色的产品的喜爱等。文化的认同感，会直接影响到消费者对产品的接受程度。

每种文化都是由众多的亚文化组成的。在一个大的文化背景下还会存在一定的局部文化，这些局部文化有着较强的文化统一性，即亚文化。亚文化既包括民族、宗教、种族、地域等宏观向度上的区分，也包括性别、年龄、婚姻状况、教育程度、职业等微观向度上的区分。亚文化对于消费者行为的影响更为明显，为细分市场提供了重要的依据。

1. 民族亚文化

每个国家都可能存在多民族现象，各民族经过长期发展形成了各自的语言、风俗习惯和文化传统，这些会使各民族的消费者之间在欲望和购买行为上存在或多或少、或大或小的差别。如中国，共有 50 多个民族，其中汉族占全国总人口的 90%以上，其他民族所占的比例较少，人口超过千万的只有壮族、满族、回族、苗族、维吾尔族、蒙古族、朝鲜族等十几个民族。不同民族的消费者具有不同的消费行为，诸如食品、服饰和娱乐方面的要求因民族不同而存在差异。

2. 宗教亚文化群

宗教是一种深层次文化，各国都可能存在不同的宗教群体，基督教、伊斯兰教和佛教都有数量众多的信徒。不同的宗教，其教规、戒律不同，从而对商品的偏好和禁忌也会有所不同，在购买行为和购买种类上也会表现出各自的特征。例如，伊斯兰教徒忌饮含酒精的饮料，而很多印度教徒和佛教徒则是素食主义者。

3. 种族亚文化群

不同种族的人有不同的生活习惯和文化传统，对那些移民国家，多种族构成了不同的细分市场。如世界上有白种人、黑种人、黄种人、棕种人 4 个种族，他们的购买行为各不相同。与白人相比，美国黑人购买的衣服、个人用品、家具和香水相对要多一些，但在食品、运输和娱乐方面的支出则较少。

4．地理亚文化群

居住于不同地理区域的国家以及同一国家的不同省份，由于自然地理环境、生活习惯和经济发展水平的差异，人们在生活习惯、爱好等方面各有不同，这也影响其购买行为。例如，闻名中国的川菜、鲁菜、京菜、粤菜、闽菜、淮扬菜、徽菜、湘菜八大菜系，皆风格各异，各成一派，就是因为地域不同而形成的。

(二)社会因素

影响消费者行为的社会因素主要有参照群体、家庭、社会阶层和地位等。

1．参照群体

群体是指在追求共同的目标或兴趣中相互依赖的两个或两个以上的人。个人的行为会受到各种群体的影响。对个人的态度和行为有直接或间接影响的群体即参照群体，它又可以分为主要参照群体、次要参照群体、向往群体和虚拟群体。

(1) 主要参照群体，指那些与消费者经常接触且关系密切的人组成的群体，如家庭成员、亲戚朋友、邻居、同学和同事等。主要参照群体成员之间经常接触和互动，相互影响较大。

(2) 次要参照群体，指较为正式但日常接触较少的群体，如专业协会、社团、同业协会、网络上的虚拟组织和宗教组织成员等，其影响比主要群体要小。

(3) 向往群体，指消费者所尊崇的一些人或希望加入的群体，如体育明星、各界名人等。他们对消费者影响面大，影响程度有时比前两者更大。

(4) 虚拟群体，随着网络技术的普及，在网络世界中由于各种爱好或兴趣等而结成了众多虚拟群体。虚拟群体对消费者的行为也有较大的影响。

参照群体对消费者购买行为的影响作用如下。

(1) 能向消费者显示不同的生活方式。

(2) 会对消费者产生一种趋于一致的压力，因此会影响消费者对实际产品的选择和品牌的选择。

(3) 会使消费者对自己的购买行为产生安全感。

所以营销者在利用参照群体时首先要善于识别目标顾客的参照群体，必须注意群体中的意见领袖和他们对消费潮流的引导作用。意见领袖是群体中观念领先的人，在互联网环境中，意见领袖的消费行为对群体成员的影响力不仅被放大，而且扩散、传播得更快。

【营销实践】

网络意见领袖的概念及特征

"意见领袖"这一概念最早出现在美国社会学家保罗·拉扎斯菲尔德的著作《人民的选择》中，也是其所提出的两级传播理论中的核心概念，他所认为的意见领袖"是指在人际传播网络中经常为他人提供信息、意见、评论,对他人施加影响的'活跃分子'"。随着互联网科技的发展,产生了"网络意见领袖",即在普通网民中有突出影响力,且在自媒体平台上对社会热点问题频繁发表独特见解,凭借其观点的质量和被关注、转载、评论的数量在特定时空条件下能直接影响大众的观点和舆论走向的群体。这一新生群体也有其自身独特的特征。

第一,拥有相关专业知识,即时对热点事件发布相关专业评论,引导舆论走向。相较于传统意见领袖,网络意见领袖与网民在交流中具有平等地位,更易于相互交流。网络意见领袖通常受过良好的教育,拥有相关专业知识,能对事件作出相对专业的评价。网络意见领袖发表评论具有即时性的特点,即当热点事件发生时,能充分运用其对时事的敏感度,迅速作出反应并发表见解和观点,并同时广泛与媒体、网民进行互动。加之其言辞犀利、见解独到、说服力极强,因而对普通网民在立场和观点上有着重要影响,从而能引领社会热点事件的舆论走向。

第二,掌握着关键信息,具有较强的吸引力和内聚力,影响广泛且具有持久性。相较于传统意见领袖,网络意见领袖接触到媒体的频率较高,能够从源头上掌握和挑选关键信息,快捷发布,从而获得较高关注度。而所挑选和发布的关键信息往往又能与广大网民产生情感共鸣,吸引网民的兴趣并获得网民的广泛支持。在人人都是信息发布者又是信息接收者的时代,网络空间中的频繁互动,使信息传播的影响力呈现出辐射状的扩散方式。这种影响力具有持久性,一旦网民对网络意见领袖的观点认可之后,这种倾向便不会轻易改变,且会保持较长时间。

第三,在封号、禁言及拉黑的情况下,具有自我坚持的品质。在自媒体环境下,人们发表言论更为自主和自由。当意见领袖发表的言论与社会主流意识相背或是鼓吹一些消极、不良信息时,就会遭到强制删帖、封号的处罚。由于网络意见领袖的言论对网民往往具有广泛的影响,而意见领袖往往是站在政府之外提建议的人,常常会出现一些过激的、个人色彩极强的言论,甚至提出一些严重与事实不符的信息,因而这类网络意见领袖常常会被封号、禁言以及拉黑。而经过一段时间的反思之后,他们又会继续扮演着建议者的角色,继续关注热点事件并发表评论。

第四,网络意见领袖群体主要活跃在微博、微信等自媒体平台。微博的主要用户是青年人,通常关注的是社会热点事件,通过意见领袖与网民及网民与网民之间的广泛交流互动,形成对新闻当事人及相关政府部门的舆论压力,推动社会事件的发展及解决。在微信自媒体平台中,网络意见领袖通常是通过公众号来发挥作用的,在各类不同话题的公众号中,通过实时交流、信息推送、素材管理等功能,影响着广大网民,且公众号在微信社交网络中起着信息源的作用。

(资料来源:金家新,王云兰. 自媒体时代网络意见领袖的特征、问题与引导规制[J]. 长江师范学院学报,2017,33(06).)

2. 家庭

家庭介于社会和个人之间,它包括个人,组成了一个消费群体。特别是在我国,家庭在人们生活中占有重要的位置,一般来说,我国父母和子女一起生活的情况比较多,在传统家庭结构中,往往以多代同堂为荣耀。尽管现代的家庭结构发生了一些变化,但子女成年后仍然与父母共同生活的现象还比较多。而由妻子管理家政财务的情况也比较普遍。此外，家庭生活周期也是影响消费行为的一个重要因素。购买行为与家庭生活周期阶段也有非常重要的关系。营销人员可以按家庭生活周期的阶段定义目标市场，为各阶段开发合适的产品，制订适当的营销计划。

3. 社会阶层

社会阶层指的是具有相似的社会经济地位、价值观念和生活方式的人所组成的群体。每个人在社会中都扮演着一定角色，拥有相应的地位，这些都会对购买决策和行为产生影响。不同社会角色和地位的人，其消费行为也往往不同。通常情况下，人们会选择与自己的社会角色和地位相吻合的产品及服务，而产品和品牌也有可能成为地位的象征。社会阶层是影响消费行为的一个重要因素，这是因为，同一阶层消费者的购买行为有相似性；另外，消费者在购买时会自觉不自觉地表示自己属于某个社会阶层。

4. 个人因素

消费者的购买行为还受到个人许多外在特性的影响，其中比较明显的有购买者的年龄、职业、经济状况、生活方式以及个性和自我观念等。

(1) 年龄、性别。人们对食品、服装、家具与休闲活动的兴趣与年龄和性别关系很大。比如，在我国家庭中对日用商品的购买决策者一般是妻子，而对汽车、数码等商品的购买决策者一般是丈夫。

(2) 职业。一个人的职业会影响他所购买的产品和服务。营销人员试图确认那些对他们的产品和服务有相当兴趣的职业群体，甚至专门制造既定职业群体所需的产品。例如，计算机软件公司为品牌经理、会计、工程师、律师和医生设计了不同的产品。

(3) 经济状况。所谓人们的经济状况，包括个人的收入、存款与资产、负债能力以及储蓄与消费的态度。个人的经济状况对购买行为有着极大的影响，因此经营那些对于收入反应较敏感产品的企业时，应该经常注意消费者个人收入，重新定价，改变生产和存货量，或重新选择目标市场，以及采取其他相应措施来维持或提高自己产品的销售量。

(4) 生活方式。生活方式是由人的心理图案反映的生活形式，包括消费者活动(工作、嗜好、购买活动、运动和社会活动)、兴趣(食品、服装、家庭、休闲)和观念(关于自己、社会事务、商业和产品等)。生活方式表现的内容远比人的社会阶层或个性要多，它勾画出一个人在社会中行动和兴趣的形式。如果认真研究生活方式，可以帮助营销人员了解变化中的消费者的价值观，并弄清它们是如何影响购买行为的。然后，根据他们对商品或品牌各自不同的偏好，设计相应的产品和服务。

(5) 个性和自我观念。个性是导致一个人对自身环境产生相对一致和持久反映的独特心理特征。在分析特定产品或品牌的消费行为时，个性会很有帮助。例如，一家啤酒公司发现，常饮很多啤酒的人往往比较外向、自强。企业根据这些特性，就可以建立能吸引这类消费者的品牌形象，通过广告大力宣传与这些人个性相符的产品特色，使这些嗜饮啤酒的人有亲切感，觉得这正是属于他们的品牌。

自我观念是描述我们如何看待自己或别人如何看待自己的一幅复杂心灵图画。每一个人都会认为自己是什么类型的人,或认为别人会把自己看作是属于什么类型的人,因而在行为上的表现应与自己的身份相符。有理论甚至认为,自我概念是消费者个性的外化和性格的延伸,人们总会购买和消费与自我概念相一致的产品和服务。因此,市场营销所塑造的产品形象,必须与目标市场消费者的自我形象相符。人们是不会选择那些不符合自我观念的产品和服务的。

5. 心理因素

消费者购买决策会受到以下四个方面的较大影响:动机、感觉与知觉、学习、信念与态度。

(1) 动机。动机指的是使个人欲望达到满足的一种动力。任何一种消费行为都是由动机支配的。每个人都因生理上或心理上的紧张状态而有许多需要。当需要累积到足够强度的时候就会成为动机。动机是一种无法直接看到的内在力量,它是人们因为某种需要而产生的具有明确目标指向和即时实现愿望的欲求。动机是购买行为的最原始动力。需要是产生动机的基本因素,但是需要并不完全等同于动机,动机有其自身固有的表现形态。消费者的购买行为会受到动机、感知、学习、信念和态度等心理因素的影响。

(2) 感觉和知觉。消费者有了购买需要,产生购买动机以后,就要采取行动。如何采取行动,会受到个体认知过程的影响。消费者的认知过程是对外界刺激物(比如满足需要的商品)的情绪反应过程,由感性认识和理性认识两个阶段组成。感觉和知觉属于感性认识,是指消费者的感觉器官直接作用于刺激物和情景所获得的直观而形象的反应。这种认识由感觉开始。刺激物或情景的信息,如某种商品的大小、颜色、形状和气味等,刺激了人的各种感官,使消费者感觉到它们的个别属性。随着感觉的深入,各种被感觉到的信息在头脑中被联系起来,进行初步的信息加工使人对刺激物形成了一个整体的反应,这就是知觉。

由于每个人会以各自的方式注意、整理和解读感觉到的信息,而每个人文化知识背景、阅历等方面不完全一致,因此不同消费者对同种刺激物或情景的知觉是不尽相同的。消费者的知觉具有以下特征。

① 选择性注意(Selective Attention)。人的一生中时刻面临着众多的刺激物,以商业广告来说,经济发达地区的人们平均每天遭遇超过1500条广告,但人们不可能对所有的这些信息都会产生注意,绝大多数都会转瞬即逝。人们很可能会记住以下这些刺激物:第一,与自己目前需要紧密相关的;第二,预期出现的;第三,异于寻常的、变化幅度较大的,如降价幅度50%的产品较之于降价幅度5%的产品更能引起人们注意。

② 选择性扭曲(Selective Distortion)。人们感知到的事物不一定是客观事实,人们往往按照自己的主观方式或有利于自己的趋势来解读客观事物,即人们有一种把外界输入的信息与头脑中原有的信息相结合来理解事物的倾向,被称作选择性扭曲。盲人摸象是典型的选择性扭曲。

③ 选择性保留(Selective Retention)。人们对了解到的信息不可能完全保存下来,而会记忆那些自己感兴趣的符合自己信念的信息。消费者的这一现象被称作选择性保留。

(3) 学习。人们要行动就需要学习。学习是指由于经验而引起的个人行为或行为潜能的持续性改变。人类行为大都来源于学习。心理学认为"学习"是由经验所导致的感觉、态度和行为的改变。在这里指消费者在购买和使用商品的过程中,逐步获得和积累经验并根据经验调整购买行为的过程。市场营销理论中运用"学习"这个概念，主要强调消费者购买行为有理性的一面，消费者爱好的形成、偏爱的产生都是通过消费实践学习得来的。

"学习"既然是个动态的变化、发展过程，对企业来说，就可以通过营销组合策略从外部对消费者学习施加影响。消费者的"学习"有助于习惯的养成，而消费习惯和品牌忠诚有着密切的关系。品牌忠诚是指对某一品牌抱有偏爱态度并持续购买，都来自正面的学习强化。

(4) 信念与态度。消费者在购买和使用商品后形成了信念和态度。这些信念和态度又可以反过来影响人们的购买行为。信念，是指一个人对某种事物或观念所持有的确定性看法和评价。一些信念建立在知识的基础上，能够验证其真实性，另一些信念则建立在成见的基础上，很难验证其真实性。如"吸烟有害健康"是建立在知识基础上的；而"汽车越小越省油"，可能是建立在"见解"基础上的。企业应关心消费者对商品的信念，因为信念会形成品牌形象，会影响消费者的购买选择。如果一些误解限制了购买，企业就应开展必要的营销沟通，去影响或者设法纠正这些信念。

消费者在学习和社会交往过程中形成了态度，消费者以一种什么样的态度来回应企业的产品、品牌甚至这个企业，直接关系到企业的发展。消费者态度指的是消费者对某一商品或品牌所持有的信念，愿意与否、喜欢与否的心理倾向和评价。为了获得消费者的良好态度，企业要千方百计地树立企业的形象和信誉。影响消费者态度转变的因素有：宣传说服者的力量、对消费者沟通信息的内容、与消费者沟通的渠道和消费者的接受能力等。

消费者一旦形成对某种产品或品牌的态度，以后就倾向于根据态度作出重复的购买决策，不愿费心去进行比较、分析、判断。因此，态度往往很难改变。对某种商品的肯定态度可以使它长期畅销，而否定态度则可以使它一蹶不振。

五、消费者购买决策过程

(一)参与购买决策的角色

1978 年，美国著名学者、诺贝尔经济学奖获得者西蒙认为，决策贯穿于管理的全过程。其实消费者的购买过程就是一个进行决策的过程，没有决策就没有消费者的购买行为。决策是消费者购买活动中的关键环节，是影响企业营销活动的基本要素。然而在现实生活中参与消费行为决策的不仅仅是购买者本身，往往还包含着其他角色。因此，对参与购买决策角色的识别，有助于了解消费者购买的真实目的。

(1) 发起者：首先提出或者有意想购买某一产品或服务的人。
(2) 影响者：即其看法或建议对最终决策有一定影响的人。
(3) 决策者：对是否购买、为何买、为何卖、何处买等方面的购买决策作出完全或部分最后决定的人。
(4) 购买者：即实际采购人。
(5) 使用者：实际消费或者使用产品或服务的人。

对于有些产品的购买，购买者的决策是比较容易的，这时这五种角色会是同一人，如女士购买自己使用的化妆品，或男士购买自己所抽的香烟。当进行一些复杂的购买行为时，产品的购买和使用并不是同一人，往往是由家庭成员承担不同的决策角色。当倡议者和购

第三章 购买者行为分析

买者不为同一人时，倡议者所提供的信息与建议不一定总被采纳，这取决于倡议者在活动中的影响力。随着购买环境和产品的不同，家庭成员在购买决策过程中的角色也会发生变化。如对儿童学习机的购买，发起者可能是儿童本身，影响者可能是家里的爷爷、奶奶，最终决策者可能是妈妈，而最终到商场购买的人可能是爸爸。

了解不同家庭成员在购买决策过程中所扮演的角色，有助于市场营销人员在进行营销策划时能够有针对性地设计营销沟通方案，有效地开展市场营销活动。佳洁士通过调查了解到在中国的家庭中妈妈是家庭日用品的采购者，也是家庭成员卫生安全的防护者，所以在佳洁士香皂的广告中，妈妈就以"家庭卫生安全卫士"的形象出现，得到了消费者的广泛认同。

(二)消费者购买行为的类型

1. 按照所购商品不同品牌之间的差别程度划分

根据参与者的介入程度和品牌间的差异程度，可将消费者行为分为四种类型，如表 3-1 所示。

表 3-1 消费者购买行为类型

品牌差异 \ 介入程度	高度介入	低度介入
品牌差异大	复杂型购买行为	寻求多样化的购买行为
品牌差异小	减少失衡感的购买行为	习惯型购买行为

1) 复杂型购买行为

复杂型购买行为是一种消费者高介入，并且品牌之间差异大的购买行为类型。对于品牌差异大的产品，要经历大量的信息收集、全面的产品评估、慎重比较后才购买，以求降低风险。当消费者购买一件贵重、有风险的商品时，由于产品品牌差异很大，消费者对产品和品牌知识缺乏了解，因此需要有一个学习过程，以广泛了解产品性能、特点，从而对产品作出评价，最后确定是否购买。如购买家具建材产品，由于品牌之间的产品可能存在较大的差异，因此消费者总要经过一定时间的学习，才能最终确定购买的品牌。对于这种复杂型购买行为，企业应该采取有效的方法帮助消费者更快地了解产品特点和优势，逐渐让消费者树立起对品牌和产品的信心。

2) 减少失衡感的购买行为

减少失衡感的购买行为是一种消费者高介入，并且品牌之间差异小的购买行为类型。对于品牌差异小而购买风险大的产品，消费者往往需要花费大量时间和精力去选购，购买后又经常出现不满意、不平衡的心态，为寻求心态的平衡而继续收集信息来证明自己购买行为的正确性。针对这种购买类型，企业要善于运用定价策略、分销策略等手段帮助消费者购买，特别要注意加强与消费者进行信息沟通，减少消费者购后的失衡心理。

3) 寻求多样化的购买行为

寻求多样化的购买行为是一种消费者低介入，并且品牌之间差异大的购买行为类型。对于这种消费类型，消费者不愿花更多的时间和精力进行选择，而是不断地变换所购产品的品牌，目的是寻求更多的尝试和比较。针对这种购买类型，企业应使用销售促进，使产品占据货架的有利位置，保障产品的供应，便于消费者购买。

4) 习惯型购买行为

习惯型购买行为是一种消费者低介入，并且品牌之间差异小的购买行为类型。对于这种消费类型，往往购买的是价格相对低廉、使用频繁的产品，消费者不需要花费时间进行选择，也无须进行信息收集和产品评价就直接进行购买的最简单直接的购买行为类型。对于这些习惯性购买的商品，消费者往往已形成一定的品牌偏好。企业可以采用各种优惠手段和其他品牌推广方法，鼓励消费者试用和重购。

2. 按消费者的购买态度与要求划分

1) 理智购买型

这类消费者头脑冷静，购买产品时十分认真，往往反复比较，慎重地权衡利弊后才作出购买决定。这类购买者购物受促销影响少，交易过程较慢，接待这类顾客要耐心、周到，不厌其烦。

2) 习惯购买型

这类消费者，通常以自己已形成的经验和习惯购买某种品牌、规格的产品，而且会长期惠顾某家商店。这类消费者在购买产品时，成交迅速，容易形成重复购买。

3) 经济购买型

这类消费者以价格高低作为选购产品的标准。他们在购物时，对价格特别敏感，善于发现别人不易察觉的价格差异。这类消费者又可以分为两类：一类是经济便宜型，他们追求经济实惠；另一类是高价优质型，他们认为价高质必优，使用这种产品才能经久耐用，使用这种产品才能显示自己的身份与地位。

4) 冲动购买型

这类消费者心理反应活跃，易受外界刺激的影响，购买爽气，成交迅速。这类购买者常常从个人兴趣出发，对产品的性能、效用关心少，易受广告与包装的影响。

5) 感情购买型

亦称想象购买型。这类消费者心理活动丰富，易兴奋，爱想象，富于感情，想象力和联想力也比较丰富，因而其购买决策易受感情支配，也易受外界环境的感染诱导，往往以商品能否符合自己感情的需要作出购买决策。

6) 不定购买型

这类消费者缺乏主见或购买经验，多数是尝试性消费者，没有固定的偏爱。这类消费者购物时优柔寡断，易受外界的影响。只要销售人员态度热情、服务良好、善于介绍，就容易赢得他们的满意，从而达成交易。

7) 疑虑购买型

这类购买者性格内向、言行谨慎、疑心较重。他们在购买商品时，通常是三思而后行，购买后还常常疑心上当受骗。

3. 按消费者购买目标的选定程度划分

1) 完全确定购买型

这类消费者在购买商品前，已具有明确的购买目标，对商品的品牌、规格、型号、样式、颜色、质量、数量等均有明确的要求，一旦商品合意，便会毫不犹豫地买下。这类消费者购物时能鲜明地表达其购买目标，不需要别人的介绍与提示。但在实际营销活动中，这类消费者为数不多。

2) 半确定购买型

这类消费者在购买商品前，已有大致的购买目标与意向，但具体要求还很不明确，其购买决策经过对商品选择比较而完成。这类消费者易受他人观点的影响，成交时间长，一般需要提示或介绍。这类消费者为数众多，营销人员应把他们作为重点服务对象，对其指导以坚定他们的购买决心。

3) 不确定购买型

这类消费者在购买商品时，没有目标，其进入商场的目的多为参观浏览，一般是无目标地观光商品或了解商品行情，当遇到感兴趣并合适的商品时也会购买。对这类消费者，营销人员应主动热情地服务，介绍商品的优点，以引起他们的购买兴趣。

(三)购买决策过程

消费者的购买决策是消费行为的核心部分。不同的购买类型反映了消费者购买过程的差异性和特殊性，但是消费者的购买过程也有其共同性或一般性，西方营销学者对消费者购买决策的一般过程作了深入研究，提出了购买决策过程五阶段模式，如图3-2所示。消费者的决策过程是指消费者在购买产品和服务过程中所经历的步骤。需要注意的是，并非消费者的所有决策都会按照五阶段模式中的所有步骤一次进行，一些情况下会直接跳过某些步骤，特别是对于低介入度的购买类型。

图 3-2 购买过程五阶段模式

1. 认识需求

需求的产生，是购买过程的起点。当消费者发现自己的现实状态与期望状态之间存在一定的差距时，就会产生相应的解决问题的想法，这时认识需求就会产生。消费需求可能是人体内生理的需要，如饥饿引起对食物的需求；也可能是外部刺激物的作用。一般而论，需求愈强烈，持续的时间愈长，要求满足的欲望就愈迫切。当一种商品可能同时满足几种需求时，市场对这种商品的需求就会加强。

企业在此阶段，应当研究与其产品种类有关的现实需求和潜在需求以及在不同时间这种需求的迫切程度、这种需求会被哪些诱因所触发等。这样可以巧妙地设计刺激诱因，在适当的时间、地点，以适当的方式唤起需求，并将消费者引向企业特定的产品和品牌。

2. 搜集信息

消费者的需求被确认以后，就会开始在内外部环境中搜集需要购买商品的相关信息。消费者收集资料的态度往往随需要程度的不同而不同。当引起的需要还未达到强烈程度时，消费者并不会积极地寻找资料，而只是注意接受资料。反之，就会积极主动地去寻找有关资料，以便作出购买决策。

消费者搜集信息的渠道主要有四种：一是相关群体渠道，如家庭、朋友邻居、熟人等；二是商业渠道，如广告、商店、推销员、商品包装、商品展销以及有关商品说明书等所提供的商品资料；三是公众渠道，如网络、电视、朋友圈等；四是个体渠道，指的是建立在自己已有的购买经验上，对自己的经验库进行扫描、搜索。

3. 选择评价

消费者从各种渠道搜集到信息后，就要对这些资料加以分析、研究、对比，评价其优劣。消费者将产品看作能满足自己某种需要的属性集合。假设消费者对产品的判断大都建立在自觉和理性基础上。消费者的评价行为一般有以下几方面。

1) 产品属性

即产品能够满足消费者需要的属性，如手机产品的属性包括内存、外观、照相功能、操作系统等。消费者对各种属性的关心因人而异或因消费环境而不同。

2) 建立属性等级

对于产品的各种属性，消费者不一定都视为同等重要，会对不同的属性赋予不同的权重等级。一般而言消费者更看重与当前需要密切相关的属性。企业应关注目标群体对产品属性的评价和重要性排序，以此来设计产品或调整企业的营销策略。

3) 品牌信念

即消费者对某种品牌优劣程度的总体看法。由于消费者受到个人经验和信念的影响，其品牌信念可能与产品的真实属性并不一致。企业通过了解消费者对产品品牌信念的理解，有助于发现不利于企业产品销售的原因，或者帮助企业获得新的竞争机会。

4) 形成理想产品

消费者从产品中得到的满足程度，是随产品属性而变化的，这种变化关系可以用效用函数来描述。品牌信念是消费者对某品牌的某一属性已经达到何种水平的评价，而效用函数则表示消费者要求该属性达到何种水平他们才能接受。每个消费者对不同属性的满足程度不同，因而形成不同的效用函数，把效用函数的最高点连起来，便成为消费者最理想的产品。

5) 作出评价

市场上实际出售的各个品牌未必完全符合"理想产品"的特征，消费者一般会在"理想品牌"概念的前提下作出某些修正，综合评价，考虑评选出最接近"理想产品"的品牌。

4. 购买决定

并非所有感到需要的人都会进行购买。有些人的需要会逐渐衰退，或因徘徊于"不确定"之中，无法确定实际购买。只有作出购买决策后，才会实现购买。购买决策是对许多项目的选择，例如：购买何种产品？何种商标？何种款式？数量多少？何时购买？何处购买？以何种价格购买？以何种方式付款？等等。所以从购买意向到确定购买，还会受到两个方面可变因素的影响：一是他人的态度。如果在准备购买时收到其他人提出的反对意见，可能使消费者推迟或放弃购买意图；二是突然的变故。突然出现的意外变故也会使消费者放弃购买,如欲购买的品牌出现安全危机事件,或消费者本身的财务出现了状况等。

企业在这个阶段,一是要向顾客提供更多详细的有关产品情况,以便于消费者比较其优缺点;另一方面要通过各种销售服务,创造方便顾客的条件,如提供多种付款方式,或多种购买渠道,诱导消费者尽快完成其购买决策。

5. 购后评价

消费者购买商品以后,购买的决策过程还在继续,他们会产生某种程度满意或不满意的评价。企业应该十分重视消费者购买后的行为,因为消费者购买后对产品的评价,将影响到以后的购买行为和品牌声誉,特别是在社交网络丰富的今天,一条不满的评论可能在短时间内被几何倍数地转发。

判断消费者购买后行为有两种理论,一种叫"预期满意理论",即认为消费者对产品的满意程度,取决于预期希望得到实现的程度。购买者的满足是购买者的产品期望(E)与产品的直观绩效(P)之间的函数,即:$S=f(E, P)$。如果产品符合买主的期望,购买后就会比较满意;如果产品超过期望,则买主是高度满足的;如果产品低于期望,则买主是不满足的。因此企业对产品的广告宣传要尽量实事求是,不要夸大其词,否则消费者的期望不能实现,就会产生强烈不满,影响产品在市场上的信誉。

另一种叫"认识差距理论",即认为消费者购买商品后都会引起程度不同的不满意感。原因是任何产品总有它的优点和缺点,买主购买后往往较多地看到产品缺点,而别的同类产品越是有吸引力,对购买的产品的不满意感就越大。企业的任务就是使买主的不满意感降低到最低限度。

六、互联网时代下消费者行为

(一)互联网时代下消费行为特征

汤姆·海斯(Tom Hayes)在他所著的《湿营销》一书中这样说道:"丰饶性思维给人们带来精神空虚。当我们发现自己能得到想要的一切时,人类却突然感到并不开心。就像那条无限接近却又无法到达目标的渐近线一样。我们在物质上随心所欲的同时却发现得到的并不是真正想要的。随着互联网新秩序的出现,这种危机将导致人类更深刻地去探索生命的意义。"在互联网飞速发展的今天,特别是在 Web 3.0 环境下,消费者的心理和消费模式也发生了巨大的变化。互联网时代下消费行为体现为以下特征。

1. 消费行为理性化

丰富的网络平台能够向消费者充分展示商品的多样性,消费者可以通过"货比三家",充分考虑商品的价格、质量和评价等可能影响购买的因素,然后再做出购买决策,理智地购买适合自己的商品。

2. 消费行为个性化

网购消费者的消费行为越来越趋向个性化,主要取决于三个方面。一是网购消费者本身的个性特征。网购市场中年轻消费者占大多数,这部分网购消费者乐意接受新事物,个性自由张扬。他们购物不再单纯地是为了满足物质的需求，更多地是为了满足心理的需要，彰显自己的与众不同。二是经济的发展促进了人们生活水平的提高，为网购消费者追求个性化的消费动机提供了经济支持。三是技术进步加速了产品的更新换代。新产品不断涌向市场，就已存在的产品而言，也增加了不同的款式、花色甚至赋予了新的功能，拓宽了网购消费者选择的余地，让个性化消费成为可能。

3. 消费行为主动化

在网购环境下，消费者消费行为的主动化主要源于虚拟网络的不确定性以及消费者追求稳定性的心理。网络消费者在虚拟网络下，寻找自己需要的产品，通过和商家交流或者查看其他买家的评价主动搜寻所需要的信息，尽可能多了解要购买的商品，最大限度地降低购买的不确定性。因此，消费者的网络消费行为更加主动化。

4. 消费需求差异化

网购消费行为的个性化决定了消费需求的差异化。长尾理论很好地描述了消费需求差异化的特征。在网络时代，由于关注消费需求差异的成本大大降低，企业有可能用很低的成本关注"长尾"的需求，为消费者寻求差异化提供了可能性。

(二)AISAS 消费行为模式

AISAS 模式是由日本电通公司针对互联网与无线应用时代消费者生活形态的变化而提出的一种全新的消费者行为分析模型，这是一种在营销传播视角下的消费者行为模型。随着人们身边的信息环境的巨变，消费行为也随之产生巨变。当消费者注意到商品、服务或广告之后，开始对感兴趣的信息主动进行深入发掘，并将获得的信息与他人分享，这种主动的信息接触越来越普遍。

1. AISAS 模式的内容

AISAS 模式认为消费者从接触到营销信息到最后达成购买会经历以下五个阶段：即注意(Attention)、兴趣(Interest)、搜索(Search)、行动(Action)、分享(Share)。两个具备网络特质的"s"——search(搜索)，share(分享)的出现，指出了互联网时代下搜索(Search)和分享(Share)的重要性，而不是一味地向用户进行单向的营销传播，充分体现了互联网对于人们生活方式和消费行为的影响与改变。

2. AISAS 模型与传统的 AIDMA 模型的对比

AIDMA 模型由美国广告学家 E.S.刘易斯在 1898 年提出。该理论认为，消费者从接触到信息到最后达成购买，会经历五个阶段：A:Attention(引起注意)、I:Interest (引起兴趣)、D:Desire(唤起欲望)、M:Memory(留下记忆)、A:Action(购买行动)。

AISAS 模型与 AIDMA 模型相比，对其心理变化过程进行了归纳整合，同时扩大了行为变化的过程(主动搜索、促成行动和信息分享)。也就是说，AIDMA 模式更注重的是消费者的心理变化，而且每个心理过程阶段是层层递进的；而 AISAS 模型更加注重消费者行为的研究，A 和 I 是消费者行为的起点，比如设法引起消费者的注意和兴趣，并引起他们在网

第三章　购买者行为分析

上的主动搜索，或者通过一些主题的体验活动，引起消费者对品牌的关注和产生乐趣，进而促进购买。当然购买结束后还要注意加强信息分享阶段的设计，引导消费者的正向留言，从而让品牌口碑传播更加活跃。

3. 新消费模式下的消费者接触点管理

新的消费者行为模式(AISAS)决定了新的消费者接触点(Contact Point)。依据日本电通公司的接触点管理模式，媒体将不再限于固定的形式，不同的媒体类型不再各自为政，对于媒体形式、投放时间、投放方法的考量，首先源于对消费者与产品或品牌的可行接触点的识别，在所有的接触点上与消费者进行信息沟通。

第二节　组织者市场购买行为分析

企业的市场营销对象不仅包括最终的消费者，也包括生产企业、商业企业、政府机关等各类组织。原材料、生产设备或办公设备，购买者是有关企业和部门；有些企业虽然生产最终消费品，但是并不直接卖给消费者，而是经由商业部门转卖出去，直接购买者是商业部门。因此，组织市场是企业所面临的市场的重要组成部分，组织市场的购买者是企业的重要营销对象，企业应当充分了解他们的特点和购买行为。

一、生产者市场购买行为分析

(一)生产者市场的购买特点

与消费品市场相比，生产者市场具有衍生需求、影响采购的因素较多、集中购买、专业与理智购买等不同的特点。

1. 衍生的需求

生产者市场最重要的特点之一，是其购买需求随着下游顾客需求的变化而变化。所有生产者的需求均可以联系到个人或家庭的消费，是从个人或家庭的消费衍生出来的。由于对所有生产用品的需求都是从消费者消费需求中衍生出来的，所以对产品制造厂商来说，很重要的一个问题是注意重大的人口变化趋势和消费模式的变化，这些变化最终都会影响到企业现在供货的那些部门或将来可能供货的那些生产部门。例如，随着人口出生率的降低，为儿童食品工业提供工具、设备的厂家很有可能面临着市场缩小的危险。与此相反，随着人们的运动热情越来越高，生产与运动有关的器材和装备的市场则有扩大的趋势。所以生产者营销商应不断越过眼前的客户，时刻关注个人和家庭消费市场的变化动向，经常分析影响需求的主导因素。

2. 购买者数量少，购买规模大

在消费者市场上，购买者是个人和家庭，购买者数量很大，但规模较小。而生产者市场上的购买者，绝大多数都是企事业单位，购买的目的是为了满足其一定规模生产经营活动的需要，因而购买者的数量很少，但购买规模很大。

3. 需求弹性小，波动性大

在生产者市场上，生产资料购买者对价格不敏感，一般不受市场价格波动的影响。生产者市场的需求在短期内尤其缺乏弹性。这首先是因为生产者不能在短期内明显改变其生产工艺。例如，建筑业不能因水泥涨价而减少用量，也不能因钢材涨价而用塑料代替钢材。其次是因为生产者市场需求的派生性，只要最终消费品的需求量不变，引申的生产资料价格变动就不会对其销量产生大的影响。

生产者市场比消费者市场的需求波动性更大。这是因为，生产者市场内部的各种需求之间具有很强的连带性和相关性，而且消费品市场需求的结构性变化会引起生产者市场需求的一系列连锁反应；受经济规律的影响，消费品市场需求的少量增加与减少，会导致生产者市场需求较大幅度的增加和减少；生产者市场的需求更容易受各种环境因素(尤其是宏观环境因素)的影响，从而产生较大的波动。

4. 理智购买，专家决策

生产者市场的购买者不像消费者市场中的购买者那么冲动和盲目，他们购买的目的只是在于帮助他们更有效率地进行生产，以便使他们获得更多的经济效益。这就意味着购买者对于他们所购买的产品在成本方面和性能方面需要掌握更多的信息。在充分了解待购商品的价格和技术的基础上，由专家拍板决策，理智购买。因为购买决策的失误不仅会造成金钱上的损失，而且会影响到企业生产的有效进行及最终产品的质量、成本，进而影响到企业最终效益，所以生产者市场的购买需要慎重和理智。

(二)生产者用户的购买类型

生产者购买又称产业购买，其购买行为按采购单位的任务和需要不同，大致可分为三种类型。

(1) 直接重购。采购者依据过去的订单目录和要求继续向原供货商订货，不做大的变动，也可能会有一些数量上的微调。这是生产者市场中最简单的一种购买类型。直接重购的往往是要不断补充、频繁购买的产品。

(2) 修正重购。采购者因某种原因对产品规格、价格、发货条件及其他方面加以调整的情况。这种类型的购买复杂一些，参与购买决策的人也较多。修正重购对已列入用户购买单的供应商来说是一种威胁，而对未列入用户购买单的供应商则意味着机会。

(3) 新购。购买者首次购买某种产品的情况。在上述购买情境的类型中，新购产品的成本费用与风险比直接重购和修正重购产品时都高，所以新购过程最复杂，涉及的影响因素也最多。

(三)影响购买者决策的主要因素

美国市场营销学家菲利浦·科特勒认为，生产资料购买者决策实际上受经济因素与个人因素的双重因素影响。如果许多供应商所提供的产品从实质上讲都完全一样的话，生产资料购买者的选择就失去了理性的基础。因为既然任何一个供应商都可以满足他们的购买要求，采购者就可能会多考虑一些自己所得到的待遇了。相反，如果竞争产品大不一样，生产资料购买者对他们的选择就要负责任,从而就会更多地注意影响因素。韦伯斯特和温德将各种有关影响生产资料购买者的因素可以归纳为四大类,即环境因素、组织因素、人际因素和个人因素。

1. 环境因素

指企业外部的影响。生产者购买行为常常受到需求水平、社会经济状况、贷款利息、供应条件、技术发展状况、竞争态势、政治法律等各种因素的制约。这些环境因素往往是买卖双方都无法控制的。

2. 组织因素

指企业自身的采购目标、政策、程序、组织结构和相应的制度等。例如一个追求市场领先目标的生产者,往往对效率更高、更先进的生产设备更感兴趣。

3. 人际关系因素

组织购买决策经常由许多具有不同地位、权力、职能的人组成,包括倡议者、使用者、影响者、采购者、决策者和信息的控制者,这些人参与购买生产资料的决策过程,他们在企业中地位、职权、影响力等以及彼此之间的关系有所不同,往往会导致决策的矛盾和决策过程复杂化。

4. 个人因素

指购买决策参加者的年龄、收入、教育程度、职业、个性特征等。通常人们认为生产资料市场购买是有组织的购买而忽视购买者个人的特点。实际上,所有组织的购买行为最终都是在有组织的相互影响基础上产生的一种个人行为。特别是在供应产品质量、价格、服务相类似时,个人因素更明显地能够影响购买者对拟采购的生产资料和供应商的感觉印象及对风险的态度。因此,生产资料市场上的营销活动目标应当是具体决策的参加者,而不是抽象的企业。

(四)生产者购买决策过程

生产者为实现其购买决策,买到所需产品和服务,要经过 8 个购买阶段才能完成全部购买过程。在现实中,只有新购这种类型的购买要经历这 8 个阶段,而直接重购和修正重购的情况,只需经历其中的部分阶段,具体见表3-2。

1. 认识需要

生产者用户的购买,同样开始于对需要的认识。认识需要可能是由生产者内部刺激引起的,也可能是外部刺激引起的。就内部因素而言,导致认识需要的原因有:①公司决定推出一种新产品,于是需要新设备或原材料来生产这一产品;②机器发生故障,需要更新,或者需要购买新零件;③已购到的商品不能令人满意,需要寻找新的供应商。就外部因素而言,采购者可能在参加过某个商品展销会,或看了某个广告,或接到了某个推销信息后,从而产生购买某商品或服务的想法。

表 3-2　生产者购买过程经历的阶段

	新　购	修正重购	直接重购
认识需要	是	可能	否
确定需要	是	可能	否
说明需要	是	是	否
寻找供应商	是	可能	否
征求报价	是	可能	否
选择供应商	是	可能	否
正式采购	是	可能	否
绩效评价	是	是	是

2. 确定需要

当认识了某种需要后，购买方需要拟出一份需求说明书，确定所需产品或服务的主要项目。具体包括产品或服务的种类、性能、特征、数量等。这些项目的确认需要经过采购人员、使用者、技术人员和高层购买人员共同协商才能确定。

3. 说明需要

生产者用户组织专人或指派专家小组，对拟购项目进一步分析，意在证明购买是否值得。他们会调查了解拟购买项目是否具备必要的功能，并在保障效用的前提下考虑降低采购费用。担负此职责的专人或小组可能要出具技术说明书，作为进一步决策的依据。而作为供应商，则需努力向潜在顾客说明其产品的优势，争取成交的机会。

4. 寻找供应商

购买者在决定了所购商品的规格后，便将进一步确定最适当的供应商。这可以通过查找供应商名录、征询其他购买者的意见或看广告等途径来确定。在这个过程中，有些供应商由于无力大量供应购买者所需，或由于交货和服务方面的信誉不好、产品性能价格比偏低，将被排除在考虑之列。采购人员最后会列出少数几个合格的供应商作为采购对象。购买项目越新，产品越复杂和昂贵，则寻找供应商的时间越长。

5. 征求报价

确定少数几个采购对象后，购买者就会约请这些供应商提出报价单。对复杂、昂贵的产品，购买者会要求供应商提供详细的说明，然后加以比较，审查、剔除一些报价不当的供应商。

6. 选择供应商

在这一阶段，购买者要重新审查报价单，对供应商进行详细分析比较，不仅要考察他们的技术能力，还要考虑他们能否及时交货，能否提供必要的服务，最后，据此选出供应商。另外，购买者还必须确定要与多少家供应商保持业务联系。许多购买者喜欢保持多渠道供货，以使自己不过分依赖一个供应商。通常的做法是多数商品从一个供应商处购买，少部分从其他供应商处购买。

7. 正式采购

供应商选定后,生产者用户会根据所需产品的技术说明书、需要量、预期交货时间、退货条件和担保书等,与供应商签订协议。生产者用户就会根据协议向供应商发出最后采购订单,列出所需产品的技术规格、拟购数量、交货时间、退货办法、产品保证条款和措施等,并要求供应商按所列条件供货。

8. 绩效评价

采购部门收集使用部门对供应商所供产品的意见,对使用效果进行全面评估。购买者可以与最终使用者直接见面,征求他们的意见,或者从不同的角度对供应商进行加权法评估,也可以把那些不理想的开支加起来,再提出一个包括价格在内的修正的采购成本。评估的结果可导致购买者继续保持或修改、排除原供应商。

二、中间商购买行为分析

(一)中间商购买行为与决策类别

从经营范围的角度看,中间商的购买行为可划分为四类。

(1) 独家搭配购买。独家搭配购买是指转卖者只经营某个厂家(商)的产品,因而不买其他厂家(商)的产品。

(2) 深度搭配购买。深度搭配购买是指转卖某类商品的中间商经销许多生产者的同类产品,即从深度上经销某类产品族。能提供转卖者缺少的又是消费者需求的产品是与这类转卖者建立关系的条件。

(3) 广度搭配购买。广度搭配购买是指中间商决定经营种类繁多、范围广泛但尚未超出行业界限的产品。

(4) 混合搭配购买。混合搭配购买是指彼此无关的多类别、多品种的产品购买行为。转卖者力求在经营的类别上、同类别的品种上、同品种在规格上都比别的经营者更全、更广、更多。例如超级市场、仓储式商场、百货公司等转卖者的购买行为,几乎凡是有消费者需求的商品,他们都可以购进。

(二)中间商购买决策的主要影响因素

影响中间商购买决策的因素同生产者市场的情况大致相同,包括环境因素、组织因素、人际关系因素和个人因素等。具体看,主要有以下几个方面。

1. 消费者的接受程度

中间商的购买目的决定了其在购买商品时,首先要考虑的是这一商品能否被消费者接受及接受的程度如何。

2. 商品供应者提供的优惠和折让

面对消费者需要的众多商品,中间商在制订购买决策时将充分考虑供应商提供的条件,决定结果当然选择那些提供优惠和折让多的供应商,以获得最大限度的利润。

3. 广告与促销

商品生产者越来越多的广告与促销活动,在很大程度上影响着消费者的购买趋向,因此,中间商在制订购买决策时,会充分考虑广告与促销的影响。

4. 开发新项目

有些商品对中间商来说,经营它在短时间内可能无利可图或者获利不多,但该项目具有很大的市场潜力,远景看好,出于占领市场、吸引消费者的考虑,中间商也会作出相应的购买决策。

5. 商品推荐

生产者的上门推销,对中间商也将产生一定影响,一般上门推荐的商品,都附带有吸引人的条件,如丰厚的利润空间。

6. 购买风格

采购人员所具有的不同的购买风格,在一定程度上影响着购买决策的制订。根据购买风格的不同,可将购买者分为以下几种类型:①忠诚型,这类买主长期向固定供应商购买,不轻易变换购货渠道;②机会型,这类采购者一般会选择那些能增进其长远利益的供应商,并力图通过讨价还价来谋求最大可能的好处;③最佳条件型,这类采购者在某一特定时机选择可能得到的最佳条件;④创造型,这类采购者会主动向供应商提供有关他们所需的产品、服务与价格情况;⑤广告型,这类采购者试图得到作为每笔交易的一部分广告补贴;⑥斤斤计较型,这类采购者在交易时讨价还价,要求供应商在价格上作特别让步。他们接受的卖主提供的条件,是他们感到其他卖主所无法提供的最大限度的折让;⑦挑剔型,这类采购者总选择最好的产品。

(三)中间商购买决策过程

中间商购买过程以购买任务的繁简、参与决策的人员及购买程序的不同而有所不同,但就一般情况而言,中间商购买过程仍然会依次经过觉察问题、决定需求项目的特性与数量、决定产品的规格、寻找供应商、征求报价、选择供应商、正式采购与绩效评估等几个阶段,具体内容基本上如前面生产者购买过程所述。

三、政府市场的购买行为分析

为了加强政府采购管理,提高财政支出的使用效益,我国一些地方政府机关、事业单位和其他社会组织使用财政性资金采购物资或服务的行为开始受到法律的约束与规范。

(一)政府市场购买决策的内容与其影响因素

1. 政府市场的购买决策内容

政府为了实现其职能,需要购买大量的商品和服务,因此面对繁重的决策任务,政府如何把掌握的一部分国民收入，充分、合理地分配到不同领域以实现相应的政府职能。也就是说，购买哪些商品及购买多少是其购买决策的首要因素。其次便是卖主的选择问题，政府采购行为绝大多数是在本国市场上进行的，但随着国际经济技术合作的不断发展，国际贸易的不断扩大，政府的境外购买活动也在不断增多，有些商品甚至主要或完全依赖于国外供应者。所以，无论向本国还是外国卖主购买，都需要政府的采购部门进行权衡、比较，并作出相应的决策。另外，政府市场的采购者还要就采购方式作出决策。政府采购部门要完成的是数量极大、范围极广、项目极多的购买任务，因此就需要针对不同购买项目、不同的时间、场合，作出相应的购买方式决策。选择适宜的购买方式，将对采购部门顺利完成购买任务并充分实现职能带来很大帮助。

2. 影响购买决策的因素

政府机构与生产者、中间商一样，其购买决策也要受到组织因素、人际关系因素及个人因素的影响。此外，影响政府市场购买者制订购买决策的还有以下几种因素。

(1) 政治环境、政策变化的影响。一个政府的基本职能是稳定不变的，从而也就决定了政府的采购项目、范围、数量相对稳定。但是，国家政治环境、政策的变化，对政府的购买决策会带来极大影响。如在战争时期，毫无疑问，政府将购买大量军需物资，而在和平时期，政府将考虑如何发展经济、促进社会进步。

(2) 监督机构、社会团体及公民个人监督。政府采购的独特之处在于它受到外界的严密注视和公众的评论，因此，政府在制订购买决策前，就要充分考虑到该项决策的可行性，能否得到监督机构、社会团体和公众的认可。有的国家政府官员就因采购过程中的奢侈和浪费被揭露而下台。

(3) 非经济标准的影响。一般来讲，政府市场的采购者会选择那些符合要求的、出价最低的商品供应者，以求改善支出效率，减少财产赤字。但同时，对非经济目标的追求，在政府采购中的作用也相当大。如：为保护本国的工商业，而拒绝购买国外生产者提供的物美价廉的同类商品；为了影响企业的地区分布，支持不景气的工商企业、小型企业，而采购他们的产品，尽管这些产品并非同类产品中价格最低的。

与生产者市场和中间商市场不同的是，政府市场的购买决策过程受到促销活动的影响较小。

(二)政府采购方式与行为特征

1. 购买方式

政府市场的购买者通常采用以下几种购买方式来完成购买任务。

(1) 公开招标，就是政府的采购部门在报刊上登广告或发出信函，说明要采购商品的种类、规格、数量、交货日期等具体要求，邀请供应者在规定的期限内进行投标，政府的采购部门在规定的日期开标，选择报价最低且符合要求的供应商成交。政府采购部门采用的这种采购方式，无须与卖方反复磋商，且处于比较主动的地位，但供应商之间将产生激烈的竞争。

(2) 议价合约选购，即政府采购部门和一个或几个供应商接触，最后只和其中一个符合条件的供应商签订合同，进行交易。

(3) 直接定购，即政府的采购部门不经公开招标和议价合约，而是直接向某一厂商提出购买条件(诸如所需商品的种类、规格、数量、质量要求、价格条件等)，要求生产者在规定时间内提供商品，而生产者则完全按照购买者的要求生产该项商品。

2. 购买行为特点

(1) 需求量大，采购范围广。政府通过税收等途径掌握着相当一部分国民收入，同时又有各种职能要实现，因此要采购的商品和服务无论在数量上，还是在范围上都是惊人的。从军需品到民用品，从工业品到消费品，从商品到无形服务，几乎无所不包。以美国为例，1980 年美国高级政府机构的商品采购总额高达 5350 亿美元，占国民生产总值的 20%，这些商品分别为美国联邦政府及各州府、地方政府所花费。

(2) 采购程序标准化，手续复杂。政府采购程序分为公开招标和协议合同两种类型，专业化程度很高，规定很具体。采购之前必须填写一些内容详尽的表格，经过各有关部门的审批，致使商品供应者在垂涎政府市场巨大的购买规模的同时，也为复杂的手续、决策的拖拉乃至官僚主义而感到灰心。

(3) 决策及购买过程受到监督。由于政府是使用纳税人的钱并代表纳税人实施购买行为，所以政府的决策过程和购买过程，都会受到公众及有关社会团体、机构的严格监督。

(4) 不同级别的政府部门，购买范围有所不同。中央政府的开支多用于国防、基本建设，地方政府的开支多用于教育、公共设施建设等。

本 章 小 结

消费者市场是为了满足自己生活消费需要为目的而购买商品和服务的居民个人或家庭组成的购买者群体。消费者市场上的产品纷繁复杂、品种繁多。根据消费者购买行为的差异，我们把消费者市场的产品划分成便利品、选购品、特殊品和非渴求品四种类型。

消费者因其经济条件、购买态度、性格、修养、情绪等因素的不同，在具体的购买活动中，会产生不同的购买行为。按照所购商品不同品牌之间的差别程度划分可将消费者行为划分为四种类型，即复杂型购买行为、减少失衡感的购买行为、寻求多样化的购买行为和习惯性购买行为。按消费者的购买态度与要求划分，有七种类型，包括理智购买型、习惯购买型、经济购买型、冲动购买型、感情购买型、不定购买型、疑虑购买型。按消费者购买目标的选定程度划分，有三种类型：完全确定购买型、半确定购买型、不确定购买型。消费者购买行为的发生受多种因素的影响，一般可分为心理、个人与社会文化等因素。

不同购买类型反映了消费者购买过程的差异性和特殊性，但是消费者的购买过程也有其共同性或一般性，营销学者对消费者购买决策的一般过程作了深入研究，提出五阶段模式。包括产生需求、搜集资料、比较评价、决定购买和购后评价。另外从营销传播的角度分析消费者行为传统的代表模型是 AIDMA 模型，在互联网环境下电通公司提出了具有划时代意义的 AISAS 模型。

组织市场是企业所面临的市场的重要组成部分，组织市场的购买者是企业的重要营销对象，企业应当充分了解他们的特点和购买行为。组织市场指工商企业为从事生产、销售等业务活动以及政府部门和非营利组织为履行职责而购买产品和服务所构成的市场,包括生产者市场、中间商市场、政府市场等。

关 键 词

消费者市场(Consumer Market)、组织者市场(Organizer Market)、消费者行为(Consmer Behavior)、参照群体(Reference Groups)、动机(Motivation)、感知(Perception)、信念(Faith)、态度(Manner)、学习(Learning)、购买决策过程(Buying Decision Process)

综 合 练 习

1. 消费品市场的购买行为具有哪些特点?
2. 影响消费者购买行为的主要因素有哪些?
3. 消费者购买行为类型有哪些?
4. 消费者购买决策过程经历了哪些阶段?
5. 生产者市场的购买行为具有哪些特点?
6. 试比较营销沟通角度下 AIDMA 模式和 AISAS 模式有何不同?

【案例分析】

我国奢侈品消费新特征

奢侈品(Luxury)在国际上被定义为"一种超出人们生存与发展需要范围的,具有独特、稀缺、珍奇等特点的消费品",又称为非生活必需品。奢侈品在经济学上讲,指的是价值/品质关系比值最高的产品。从另外一个角度上看,奢侈品又是指无形价值/有形价值关系比值最高的产品。近些年,中国奢侈品的消费额不断地持续增长,在 2016 年达到 1204 亿美元,相当于中国人买走了全球近一半的奢侈品。尽管近年来全球奢侈品消费增速在停滞,但是从一些公司公布的 2016 年财报来看,由于中国市场的带动,高端消费市场正在回暖。在中国消费升级的大趋势下,奢侈品是其中的一项核心内容。并且不论在产品、理念还是服务方面,奢侈品的创新都走在所有消费品的前列。中国的奢侈品消费在近来有了以下的新变化。

1. 奢侈品消费的群体

奢侈品大牌之所以接二连三地运用品牌年轻化的策略,无不是为了迎合奢侈品消费新贵群体,即年轻人。根据第一财经商业数据中心(CBNData)联合天猫发布的《2017 年新零售时代奢侈品消费趋势报告》显示,线上奢侈品市场的主导人群属"85 后"和"90 后",其中女性占比更高;从学历和职业来看,中高学历人群的比例更高,金融、科技等多金人群更爱购买奢侈品;从城市偏好来看,奢侈品市场中一二线城市消费者比例更高,其中,北京、上海的消费者对奢侈品具有极高的偏好度。

2. 消费品牌多元化、小众化

随着全球化程度的加深,全球消费信息和流行趋势不断地融入,使消费者对奢侈品的消费不再只停留在 LV、Gucci 和爱马仕这些品牌上。一些高端小众的定制化产品越来越多地走入了中国市场,拉动了中国高端消费的增长。曾经大家耳熟能详的"大牌"奢侈产品市场的占有率从曾经的 90% 下降到 70% 左右。

3. 奢侈品消费日常化

随着线上市场的逐渐完善,奢侈品牌开始陆续丰富线上品类,逐渐覆盖了消费者生活的方方面面。根据相关数据显示,相较于 2013 年,奢侈品消费品类结构中酒类和手表占据近 4 成的比例,2013—2017 年期间日常消费的护肤/彩妆占比逐年上升。其中,以销售占比最高的护肤品类为例,对于奢侈品牌的追求已经渗透到了面膜、男士护理和防晒等细分品类。可见,对于消费者来说,奢侈品不再限于场景化消费,而是成为日常生活的一部分。

4. 奢侈产品的去 Logo 化

奢侈品牌"去 Logo 化"早在 2012 年就已开始,这与消费者消费升级,并且消费心理、行为逐渐成熟有关。现奢侈品购买年轻化,"80 后""90 后"等年轻人消费能力提高,这一块市场潜力巨大,年轻人更重视在产品体验和设计上的创新,不再对过去大牌 Logo 狂热追求,未来市场这一方面也会日益凸显。

5. 奢侈产品的"计划性消费"

另外,"计划性消费"将成为中国进行奢侈品消费的新理念。传统的奢侈品消费行为是"到店—浏览—选择—购买",这四个环节。而在互联网时代,奢侈品消费行为则变为"在线浏览产品—下单预订—到店购买"这三个环节。在互联网时代,"约"将成为中国富豪购买奢侈品的主要途径。中国目前资产超过 1 亿元的超高净值人士数量在 15 万以上,资产超过 1000 万元的高净值人士数量在 400 万以上。买最好的东西,同时买最好的服务是这个阶层的追求。而在传统的方式下,很多人的消费需求并没有得到很好的满足,O2O 模式将会改变这种状况。

问题思考:

1. 当前国人对奢侈品消费行为有哪些变化,产生这些变化的消费心理是什么?
2. 你认为在未来对奢侈品消费行为的变化还可能有哪些?
3. 奢侈品消费行为的这些新特征会给企业带来哪些营销机会?

第四章 市场营销调研与预测

【内容提要】

1. 市场调研的类型、内容及程序
2. 市场调研的基本方法
3. 问卷调查的设计
4. 市场调查资料分析与整理
5. 市场定性、定量预测法

【导入案例】

高校大数据精准扶贫

南京理工大学对全校在校本科生的饭卡刷卡记录进行数据分析,其中,每个月在食堂吃饭超过60顿、一个月总消费不足420元的,被列为受资助对象。

3月21日,南京理工大学有301位同学的饭卡上"莫名"地多出钱来。有的多了十几块,有的甚至多出了300多块。以后,他们每个月还将收到同样金额的补助,直到毕业。

澎湃新闻记者从南京理工大学获悉,这是南京理工大学最新启动的"暖心饭卡"项目,旨在解决该校贫困生的吃饭问题。

和其他捐助方式有显著不同,南京理工采取直接将补贴款打入学生饭卡的方式,学生无需填表申请,不用审核,甚至在收到补贴前,没有任何学生知情。

"这样做,学校想在确保学生尊严的基础上,给贫困生送去温暖。"南京理工大学教育基金会秘书长王虎表示,不少家境贫困的学生因为面子原因不愿意申请贫困生奖助学金,一些公开的评审和公示可能会伤害一些学生的自尊心。

那么,301名贫困生名单以及补助金额是如何确定的?

据悉,南京理工教育基金会对全校所有在校本科生的饭卡刷卡记录进行了数据分析,分析区间为2015年9月中旬到11月中旬。其中,每个月在食堂吃饭超过60顿、一个月总消费不足420元的,被列为受资助对象。

为了进一步增强科学性,"准援助对象"确定后,各学院的辅导员(对学生个人及家庭情况更熟悉)对各自学院的名单进行核对。首批经过大数据圈定的314个名单中,最终有301人得到了首批暖心饭卡的资助。

这301人的补助金额并不同。具体而言,该校实行一日三顿、每顿7元,30天共计630元的标准,学生实际就餐支出和630元之间的差距,就是实际补助金额。换言之,学校是按照希望每位在校生"每顿饭吃上7元钱"的标准来实施点对点"充钱"的。

按照这个标准和方案,首批301人获得了从11.63元到340.53元不等的补助。

如果有贫困生比较宅,一直叫外卖,不去食堂吃饭怎么办?

"我们做过综合比较,学校门外的各种小餐馆,一个炒饭也要七八元,哪怕外卖软件再优惠，学校食堂的饭菜肯定是最实惠的。"王虎说，真正的贫困生，大部分还是去食堂就餐的。因此在他看来，这样的筛选方式是有一定的科学性的。

据介绍，数据分析期间，该项目是完全保密的。"我们不想让调查的样本失真，所以前期的工作做得十分保密。"王虎说。

由于学生具有流动性，该基金会将根据具体情况，增减资助对象。

至于对下一届新生的刷卡记录分析范围是否还是9月中旬至11月中旬，王虎说"不一定"，会继续保密。

那么，是否会有学生知道了筛选方法后，通过故意刷数据的行为获得补助？

王虎告诉澎湃新闻记者，他相信这样的学生会是极个别，绝大多数非贫困生都有"孔融让梨"的精神。"如果真有，我们也认了。因为真要通过这样的手段来获取补助，说明还是在乎这么点钱的，那也属于我们的补助对象。"

3月24日，澎湃新闻记者试图通过南京理工大学党委宣传部，联系几位收到补助的贫困生，请他们谈谈感想和看法，被婉拒。

该校党委宣传部副部长杨萍表示，考虑到这个项目的性质以及为了保护学生隐私，不合适进行采访。"就不去打扰受补助的学生了吧，不如就这样将这个项目默默进行下去，项目的本意也不是为了宣传。"杨萍说。

(资料来源：澎湃新闻网 2016-03-24.)

第一节 市场营销调研概述

一、市场营销调研的概念

市场营销调研，即市场营销调查研究的简称，也称市场调研或市场调查(Marketing Research)。它是指个人或组织为某一个特定的市场营销问题的决策所需开发和提供信息而引发的收集、记录、整理、分析、判断、研究市场的各种基本状况及其影响因素，并得出结论的、系统的、有目的的活动与过程。市场调研的结论不能代替企业领导者的决策，但可以为企业正确决策提供参考依据。调研应遵循科学性与客观性，调研人员自始至终均应保持客观的态度去寻求反映事物真实状态的准确信息，去正视事实，接受调研的结果。任何带有个人主观的意愿或偏见的调研结论只能是对领导决策的误导，导致企业经营亏损乃至破产。调研人员的座右铭永远是："寻找事物的本来面目，说出事物的本来面目"。

二、市场营销调研的类型

市场调研既涉及市场营销的各个方面，又需运用许多经济学和统计学的方法，因而，可以根据其特性、所使用的方法以及适用的范围作不同的分类。根据调研的目的和功能，可以把市场调研分成以下三种基本类型。

1) 探索性调研(Exploratory Research)

探索性调研是通过对某个问题或情况的探索，发现新动态、新机遇或新问题，提出新的看法与见解或者排除不可能的想法。例如当出现严重的客户流失问题时，可能就需要通过探索性调查进行排查，初步了解客户流失的主要原因有哪些，然后围绕这些原因开展进一步的研究并采取相应的行动。

进行探索性研究一般有以下目的。

(1) 收集必要的背景材料；
(2) 熟悉和澄清所要研究的问题及其背景；
(3) 准确界定问题、提出假设或澄清有关概念；
(4) 寻找解决问题的初步方案和线索；
(5) 确定进一步研究的重点。

一般来说，对所研究的问题不熟悉或面临一个新问题时，需要进行探索性调研。探索性调研不需要事先严格确定研究方案与程序，采用的方法灵活多样。他很少采用结构化的问卷或随机抽取的大样本，主要采用定性的数据收集方法和相对较小的配额或主观判断样本。他常用的研究方法有：文献查询、专家调查、二手数据分析、定性研究和预调查。

2) 描述性调研(Descriptive Research)

描述性调研是市场调研的主要形式，它是基于对企业问题有初步了解，通过调查了解问题的详细情况，以便统计和分析一些问题的特征，为解决问题提供依据。其主要目的是对某些人群、现象、行为、过程、变化或者不同变量之间的关系进行描述，例如某一产品使用者的特征，新产品的扩散过程，促销力度与销量之间的关系等。描述性调研要求对调研对象的 6W(Who、What、When、Where、Why、Way)作出明确的回答。

3) 因果性调研(Causal Research)

因果性调研是调查一个变量是否引起或决定另一个变量，目的是识别变量间的因果关系。通过描述性调研有时我们感到两个变量之间似乎有某种关系，如收入和销售额、广告花费与知名度，但不能提供合适的证据来证明消费者收入的增加引起了销售额的增加，广告投入的增加使知名度提高了，通过因果调研我们可以收集证据来证明它们之间是否真的相关，相关的程度有多大。

因果关系的确定一般要满足以下条件。

(1) 确定变量之间的相关关系，即作为原因的变量和作为结果的变量之间是相关的。
(2) 确定事件发生的时间顺序，要求作为原因的变量在先，结果在后。
(3) 排除其他变量的影响，即这种观察到的相关关系不是由于其他原因造成的。
(4) 可推论性，即实验条件下所观察到的因果关系在现实中也能成立。

因果性调研的一般步骤是：第一，建立适当的因果次序或事件次序；第二，测量推测原因与结果间的相关性；第三，确认表面上合理的其他解释或原因性因素是否存在。

4) 调研类型的选择

通过上面对探索性、描述性、因果性调研的阐述，可以看出调研问题的不确定性影响着调研类型的选择。在调研的早期阶段，当调研人员还不能肯定问题的性质时一般实施探索性调研；当调研人员意识到了问题但对有关情形缺乏完整的知识时，通常选择描述性调研；因果性调研(测试假设)则要求严格地定义问题。

当然，任何一项调研都可能有几种目的，但总有某种调研类型比其他调研类型更适合于某些目的。调研类型的选择来源于问题的性质这是调研中决定性的一点，每种类型只适合于某些特定的问题类型。

三种调研类型也可以看作一个连续过程的不同阶段。探索性调研通常被看作调研的起始阶段。"某品牌的一次性尿布市场份额下降了,为什么?"这个问题太大,不能用来引导调研,为了缩小、提炼这个问题,自然会使用探索性调研。在探索性调研中,重点将放在对销售额下降的可能解释上。假如"有小孩的家庭有更多的实际收入以及在婴儿用品上愿意花更多的钱"是通过探索性调研获得的假设,这一假设将在婴儿用品行业趋势的描述性调研中得到检验。

如果描述性调研支持了假设,企业也许希望决定母亲们实际是否愿意为更高质量的尿布花更多的钱,如果是这样的话,尿布的什么特性(如更舒适或吸收力强)对她们来说更重要,这也许通过一次市场测试——一个因果性调研才能完成。

三、市场营销调研的主要内容

市场营销调研的内容是十分广泛的,但归纳一下,主要是以下五个方面。

1. 消费者需求

消费者的需求应该是企业一切活动的中心和出发点,因而调查消费者或用户的需求,就成了市场调查的重点内容。这一方面主要包括:服务对象的人口总数或用户规模、人口结构或用户类型、购买力水平及购买规律、消费结构及变化趋势、购买动机及购买行为、购买习惯及潜在需求,对产品的改进意见及服务要求等。

2. 调查生产者供应方面的情况

这方面的调查应侧重于与本行业有关的社会商品资源及其构成情况;有关企业的生产规模和技术进步情况;产品的质量、数量、品种、规格的发展情况;原料、材料、零配件的供应变化趋势等情况;并且从中推测出对市场需求和企业经营的影响。

3. 调查销售渠道的情况

主要是了解商品销售渠道的过去与现状、包括商品的价值运动和实体运动流经的各个环节以及推销机构和人员的基本情况;销售渠道的利用情况;促销手段的运用及其存在的问题等。

4. 调查新产品发展趋势情况

这主要是为企业开发新产品和开拓新市场搜集有关情报,内容包括社会上的新技术、新工艺、新材料的发展情况;新产品与新包装的发展动态或上市情况;某些产品所处的市场生命周期阶段情况;消费者对本企业新老产品的评价以及对其改进的意见等。

5. 调查市场竞争的有关情况

这方面主要是为了使企业在市场竞争中处于有利地位而搜集的有关情报,主要包括:同行业或相近行业各企业的经济实力、技术和管理方面的进步情况;竞争性产品销售和市场占有情况;竞争性产品的品质、性能、用途、包装、价格、交货期限以及其他附加利益等，还可以对先进入市场的企业的一些经济技术指标、人员培训法、重要人才进出情况、新产品的开发计划等情报加以对比、借鉴或参考。

四、市场调查的程序

市场调查的程序包括准备阶段、正式调查、处理结果三个阶段，如图4-1所示。

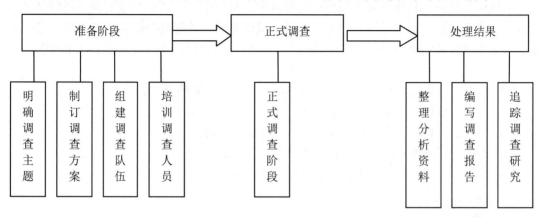

图4-1 市场调查程序图

准备阶段的工作程序首先是要明确调查主题，然后制订出切实可行的调查方案，组建调查队伍并培训调查人员。

处理结果阶段的工作程序是整理分析调查资料，根据分析结果编写调查报告。当然，高质量的市场调查还应有追踪调查。

第二节 市场营销调研的基本方法

市场调研的方法有很多，按信息资料的来源可以分为案头调研和实地调研两种。当一个市场的资料有限而且已有可靠的文字资料时，案头调研往往是比较有效的调研方法。但是当需要更深入地了解一个市场的情况时，实地调研是必不可少的。因此，案头调研往往是实地调研的基础和前奏，可为实地调研提供背景材料。

一、案头调研

(一)案头调研的概念

案头调研(Desk Research)是对已经存在并已为某种目的而搜集起来的信息进行的调研活动，也就是对二手资料进行搜集、筛选，并据以判断他们的问题是否已局部或全部地解决。开展案头调研最重要的是获取二手资料。所谓二手资料就是指由他人搜集并整理的现成资料，按二手资料的来源，可分为企业内部资料和企业外部资料。企业内部的资料是指企业内部的市场营销信息系统搜集的各种资料；企业外部的资料主要是企业外部单位所持有的资料。

(二)案头调研的步骤

实施一项调研活动,面对如此多的材料如何将其充分利用,以达到解决问题和调查的目的是成功开展调研的重要标志,这就涉及进行案头调研的程序、步骤。

1. 评价现成资料

现成资料是指从其他人或其他单位所取得的已经积累起来的第二手资料。在信息爆炸的时代,案头的资料越来越多,但不一定都与调研有关,关键是调研人员应根据自己的特定的需要来对眼前的资料进行评价,选择与主旨相关的部分,评价可从以下几个方面进行考虑。

(1) 内容:现有的资料是否全面、精确地满足调研课题的要求。
(2) 水平:资料的专业程度和水平如何。
(3) 时间:资料所涉及的时期是否适当、时效性如何。
(4) 准确:资料的精确性如何,是否可信。
(5) 便捷:资料的获得成本大小和迅速程度如何。

2. 搜集情报资料

具体调查项目确定后,经过前一阶段对现成资料的评价,随着调查的深入,仍需要从相关处搜集更加详细的资料。从一般线索到特殊线索搜集情报,这是每个调研人员搜集情报的必由之路。例如,调研人员需要分析某公司电视广告播出的反应情况,他从一般资料来源开始,调查该地区电视拥有率、收视状况,再从中随机抽取消费者,写信向他们询问广告的播出效果。

3. 资料筛选

资料搜集后,调研人员应根据调研课题的需要和要求,剔除与课题无关的资料和不完整的情报。这就要求调研人员必须具有一定的技术水平,对资料取舍得当。例如,调研人员在分析进入哪些市场的报告中,他就可以从分析以下因素着手:产品的可接受性、分销渠道、价格、竞争情况、市场消费能力和潜力等。

4. 撰写案头报告

报告是所有调查工作过程和调查成果赖以表达的工具,是对调研工作的总结。撰写报告时应注意下列各点。

(1) 针对性强,简单明了。抓住特点,用统计图表来反映问题,方便读者了解分析。
(2) 有说服力。报告的分析要有理有据,数据确凿,图表精确。
(3) 结论明确。结论明确是调研报告意义和价值的体现,非常重要。
(4) 时效性强,报告及时,在调研工作中起到画龙点睛作用,是进行决策的有效方法。

通过这些步骤,案头调研过程基本结束。在某些情况下,调研人员发现不离开办公桌,只能搜集到一些模糊的资料,其他详细资料无从知晓,这时案头调研就不能完成任务,因此有必要进行实地调研。

二、实地调研

(一)实地调研的概念

实地调研(Field Research)是相对于案头调研而言的,是对在实地进行市场调研活动的统称。在一些特殊情况下,案头调研无法满足调研目的,在搜集资料不够及时准确时,就需要适时地进行实地调研来解决问题。

(二)实地调研的方法

1. 访问法

是指将拟调查的事项,以当面或电话或书面形式向被调查者提出询问,以获得所需资料的调查方法。它是最常用的一种实地调研方法。访问法的特点在于整个访谈过程是调查者与被调查者相互影响、相互作用的过程,也是人际沟通的过程。它包括面谈访问、电话访问、信函调查、会议调查和网上调查等。

(1) 面谈访问。又称个人访问,是调查者在面对面的条件下,向被调查者询问有关问题,应答者所提供资料可当场予以记录而获取市场信息的方法。这是市场调研中最通用和最灵活的一种调查方法。通常多根据事先拟订的问题发问,也可围绕调查主题自由交谈。究竟采用何种方式较为适宜,应视调查目的与性质而定。面谈访问的交谈方式,可以采用个人面谈和小组面谈等多种形式。

(2) 电话访问。电话访问一般由调查员按照规定的样本范围,用电话询问对方的意见,这是为解决需要的、带有普遍性的急需问题而采用的一种调查方法。

电话访问主要是在企业之间,如信息中心、调研咨询公司等借助电话向企业了解商品供求以及价格信息等,现在也越来越多通过电话向消费者家庭进行有关信息的咨询调查。采用电话调查时,提高电话访问效率最有效的办法是提前寄一封信或先打电话进行预约,告知应答者电话访问的目的和有关内容。在询问时,应尽可能采用两项选择的方式进行询问,方便资料的汇总。电话询问时,要求调查员必须言语简洁、清晰、缓和,使应答者能够较快领会调查内容并乐于接受访问。

(3) 邮寄调查。此方法在国内外的市场调查中运用比较广泛。开展邮寄调查,要尽可能地使收信人乐于合作。在信封上的称呼要与被调查者的称呼相同,回答的问题当男女有别时要分别设计。为了提高问卷回收率,应在调查之前用电话或信件方式提前通知被调查者,在发出的信件中要附有贴好邮资的回邮信封,随问卷附上小礼物或规定在回信后将给予少量报酬或纪念品,调查问卷最后由发送方领导人亲笔签名以示尊重被调查者的真诚合作。

【小案例】

邮寄调查助决策

强生公司是一家国际知名的婴儿用品生产公司。该公司想利用其在婴儿用品市场的高知名度来开发婴儿用的阿司匹林,但不知市场的接受程度如何。虽然强生公司有一些关系较好的市场调查样本群体，且问题比较简单，但需由被调查者作出解释，故决定采用费用较低的邮寄方法进行市场调查。通过邮寄方法的调查分析，强生公司得出了这样一个结论：该公司的产品被消费者一致认为是温和的(这种反应与强生公司所做广告的宣传效果是一致的)，但温和并不是人们对婴儿阿司匹林的期望。相反，许多人认为温和的阿司匹林可能不具有很好的疗效。为此，强生公司认为如果开发这种新产品，并进行适合于该产品的宣传就会损坏公司的整体形象，公司多年的努力也将付之东流。如果按以往的形象进行宣传又无法打开市场。因此强生公司最终决定放弃这种产品的开发。

(4) 会议调查。会议调查是指在各种各样的会议上利用不同场所提供的机会进行相关的调查，是每个商家都不会忽视的。各种工业品或服装的订货会、物资交流会、展销会等，都是开展市场调查的有效场所。

(5) 网上调查。网上调查是指伴随着网络技术的到来，出现一项新的调查方法——网络调查。它利用了网络优势，具有不受时空限制、友好的交互界面、实时显示统计结果的优势。目前，网络调查主要用来做产品研究方面的市场调查，通过诸如产品市场占有率、产品推广渠道等内容的调查，获取第一手关于自身及竞争对手的信息，为企业生产和营销决策提供参考，在一定程度上还可以扩大广告效应，加快与客户的沟通，树立良好的企业形象。

【小案例】

网络问路

澳大利亚一家出版公司计划向亚洲推出一本畅销书，但是不能确定用哪一种语言，在哪一个国家推出。后来决定在一家著名的网站做一下市场调研。方法是请人将这本书的精彩章节和片断翻译成亚洲多种语言，然后刊载在网上，看一看究竟用哪一种语言翻译的摘要内容最受欢迎。过了一段时间，他们发现，网络用户访问最多的网页是用中国大陆的简化汉字和朝鲜文字翻译的内容。于是他们跟踪一些留有电子邮件地址的网上读者，请他们谈谈对这部书摘要的反馈意见，结果大受称赞。于是该出版公司决定在中国和韩国推出这本书。书出版后真的受到了广大读者的普遍欢迎，并获得了可观的经济效益。

2. 观察法

观察法是指调查者在现场从侧面对被调查者的情况进行观察、记录，以搜集市场营销情况的一种方法。它与访问法的不同之处在于：访问法调查时让被询问人感觉到"我正在接受调查"，而观察法则不一定让被调查人感觉出来，它通过调查者对被调查者的行为、态度和表现的观察来进行推测问题的结果，如了解婴儿对某种奶粉口味的反应等。常用的观察法有直接观察调查法和实际痕迹测量法等方法。

(1) 直接观察调查法。这种调查方法指调研人员到现场观察发生的情形以搜集信息，并记录在事先准备好的调查表上。观察法往往是被调查者并不感到自己被调查，运用广泛，可进行以下内容的调查。

① 顾客行为观察，了解顾客对商品的偏好、顾客行为特征、顾客构成、服务方式等重要市场信息。

② 营业状况观察，了解营业现场商品陈列、橱窗布置、价格变动等情况，从中查找

存在的问题，提出相应的改进建议。

③ 顾客流量观察。是指市场竞争情况和广告宣传情况等的观察。

(2) 实际痕迹测定。它是根据事件发生后所留下的实际痕迹进行观察、测量，以获取信息的调研方法。比如汽修厂为了了解在哪个电台作广告效果最好，就观察记录所修理汽车的收音机频率停在什么位置，然后通过分析就可知道客户最常听的是哪个电台和最爱听的是什么节目，从而确定做广告的最佳电台和最佳时间。

(3) 市场实验法。

这是最正式的一种方法。它是指在控制的条件下，对所研究的对象从一个或多个因素进行控制，以测定这些因素间的关系。在因果性的调研中，实验法是一种非常重要的工具。如研究某产品更换包装会对产品销售量产生什么影响，就可以通过对比包装更换前后销售量的变化来测定，它主要有产品试销和市场实验等方法。

① 产品试销。市场调查人员在既定选择地点，将需要调查项目以既定销售条件，进行产品试销，并将结果做成结论，以供决策参考。

② 市场实验。市场实验是实验法中的一种调查类型，它是调研人员选择某一特定市场，控制一个或数个营销自变量，研究其他营销因变量的因果关系。虽然市场上不能控制的因素很多，例如消费者的偏好、政府的政策等，但探索因素关系这个特点是访问法和观察法所不具备的，实验法的最大特点是把调查对象置于非自然的状态下开展市场调查。

三、调查方法的选择

以上所述的调查方法是市场调查中常用的，每种方法各有所长，具体调查过程中，究竟采用哪一种方法，应根据调查目的、要求和调查对象的特点作出相应选择。

作出选择时，一般应考虑如下一些因素。

(1) 调查项目的伸缩性。调查内容只要求一般回答的，宜采用邮寄、网上计算机调查；需要灵活改变题目、深入探求的内容则以面谈访问或电话访问为好；如调查项目要求取得较为真实可靠的数据，则以直接观察调查和市场实验为好。

(2) 调查资料的范围。资料范围广泛，可采用邮寄、网上调查；调查项目资料简单的可用电话访问。

(3) 调查表及问卷的复杂程度。较复杂和要求较高的，宜采用面谈、市场实验等调查方法；一般的和较简单的则可采用邮寄、网上调查。

(4) 掌握资料的时效性。需要调查的项目急需收集到一定的信息以利迅速决策时，宜采用电话访问或面谈访问；时效性要求不太高，不很紧迫的可采用其他几种方法。

(5) 调查成本的大小。根据调查项目的规模、需要和目的，调查者的人力、物力、财力，在保证调查质量的前提下，精打细算，统筹安排调查方法，以求事半功倍。

在实际工作中，究竟选择一种还是多种调查方法，可大致考虑以上一些因素，但是经济现象千变万化，要灵活地进行选择。可选择一种方法为主，辅以其他方法，或是几种方法并用的形式，会取得更好的效果。

第三节 问卷调查的设计

问卷调查(Survey Method)是市场营销实地调研中较常用、较为有效的方法,是用于搜集第一手资料最常用的工具,是沟通调查人员与被调查对象之间信息交流的桥梁,通过问卷调查可以使企业根据调查结果了解市场需求、消费者倾向等,从而作出相应的决策,促进企业的发展。

一、调查问卷的设计原则

调查问卷的设计是市场调研的一项基础性工作,需要认真仔细地设计、测试和调整,其设计得是否科学直接影响到市场调研的成功与否。设计调查问卷应遵循以下原则。

(1) 主题明确。根据调查目的,确定主题,问题目的明确,突出重点。

(2) 结构合理。问题的排序应有一定的逻辑顺序,符合被调查者的思维程序。

(3) 通俗易懂。调查问卷要使被调查者一目了然,避免歧义,愿意如实回答。调查问卷中语言要平实,语气要诚恳,避免使用专业术语。对于敏感问题应采取一定技巧,使问卷具有较强的可答性和合理性。

(4) 长度适宜。问卷中所提出的问题不宜过多、过细、过繁,应言简意赅,回答问卷时间不应太长,一份问卷回答的时间一般不多于 30 分钟。

(5) 适于统计。设计时要考虑问卷回收后的数据汇总处理,便于进行数据统计处理。

二、问卷的提问方法与技巧

一份调查问卷要想成功取得目标资料,除了做好大量前期的准备工作外,在具体操作设计问题时,一般应有两种提问方式:封闭式提问和开放式提问。提问方式从一定程度上决定着调查问卷水平质量的高低。

1. 封闭式提问

封闭式问题指被调查人在包括所有可能的回答中选择某些答案。这种提问法便于统计,但答案伸缩性较小,较常用于描述性、因果性调研。下面列出调查问卷中最常用到的一些封闭式问题的形式。

1) 两项选择题

提出一个问题应有两个答案供选择。

例如,你购买电器商品最注重牌子吗?

是( ) 否( )

2) 多项选择题

提出一个问题应有三个或更多的答案供选择。

例如,你购买康佳彩电的最主要原因是:

①名牌产品 ②广告吸引 ③同事推荐 ④价格适中 ⑤售后服务好

3) 李克特量表

被调查者可以在同意与不同意之间选择。

例如,你如何看待"外国航空公司比中国航空公司的服务更好"的说法?

①很赞成 ②同意 ③不同意也不反对 ④不同意 ⑤坚决不同意

4) 重要性量表

对某些属性从"非常重要"到"根本不重要"进行分等。

例如,航空服务对于我是:

①非常重要 ②很重要 ③重要 ④无所谓 ⑤不重要 ⑥根本不重要

5) 分等量表

对某些属性从"质劣"到"极好"进行分等。

例如,中国航空公司的餐饮服务是:

①极好 ②很好 ③好 ④尚可 ⑤差 ⑥极差

6) 语意差别法

在两个意义相反的词之间列上一些标度,被调查人选择他或她愿意方向和程度的某一点。

以上这些形式都是问卷调查中经常用到的,可灵活地使用。

2. 开放式问题

开放式问题允许被调查人用自己的话来回答问题。用这种方式提问,由于被调查者不受限制,因此可反映出许多新的信息,供调查方参考。开放式问题可运用于探测性调研阶段,以了解人们的想法与需求。一般来说,开放式问题因其不易统计和分析所以在一份调查问卷中只能占小部分,对于开放式问题的选择要谨慎,所提的问题要进行预试,再广泛采用。下面列出开放式问题的一些形式。

1) 自由式

被调查者可以用几乎不受限制的方法回答问题。

例如:您对本商店的服务有何意见和建议?

2) 词汇联想法

列出一些词汇,每项4个,由被调查者说出他头脑中涌现的第一个词。

例如:当您听到下列字眼时,您脑海中涌现的第一个词是什么?恒源祥——纯羊毛、老字号、做工好……海尔——质量好、信誉高、售后服务好……

3) 语句完成法

提出一些不完整的语句,每次一个,由被调查者完成该语句。

例如:当我运动后,我想喝……

4) 故事完成法

提出一个未完成的故事,由被调查者来完成它。

例如:在饭店吃饭时,端上来的菜与你点的菜有区别时,你会……请完成这个故事。

5) 主题联想测试

提供一幅图画或照片,要求被调查者根据自己的理解虚构一个故事。

例如:图上画着很多妇女的手推车中都放着同一种产品,她们还围在一起谈论着什么。

要求被调查者编一段100字左右的故事。

以上是问卷调查中进行开放式提问的几种形式，在具体设计时只要根据实际情况灵活、适当地应用，可发挥较好的作用。

【营销实战】

空调市场调查问卷

女士，先生：您好！

我是×××，××大学商学院学生，为了解空调市场情况，特利用课余时间从事空调市场调查，占用您20分钟时间，向您请教一些问题，谢谢您的合作。

1. 请您尽量指明您所知道的空调厂家名称。
2. 请问府上有没有装设空调？
   □有   □没有(跳问第8题)
3. 家中空调是什么品牌？
4. 装在何处？
5. 请问当初购买时所考虑的因素？
   □省电 □无声 □清凉 □口碑好 □赠品多 □价格合宜 □其他
6. 当初购买空调时由谁决定？
   □自己 □配偶 □父母 □其他
7. 当初根据什么选择品牌？
   □家人共同决定 □亲友介绍 □经销商介绍 □广告
8. 您有没有计划再添装空调？
   □是   □否(跳问基本资料)
9. 您想何时添置？装在何处？装设地点？
10. 会不会再装原品牌？
    □会   为什么
    □不会   为什么
11. 您最希望空调公司赠送何种赠品？
12. 您平常看哪三个电视节目？
    (1)   (2)   (3)
13. 空调公司售后服务，您感到重要吗？
    □是   □不很重要

基本资料

年龄 □21～30岁 □31～40岁 □41～50岁 □50岁以上
家人 □2人 □3人 □4人 □5人以上
房屋 □自有 □租赁
被调查人   日期   访问人   督导员

第四章 市场营销调研与预测

第四节 市场数据处理

在进行案头调研和实地调研后，营销调研人员一般已经搜集了大量资料。但是，所有这些原始资料不会向调研人员提供清晰的市场面貌，它们是比较分散、零星的，不会直接显示出所需要的现成答案。为了反映事物的本质，必须把这些原始资料进行分析和处理，使之系统化、合理化。市场资料整理分析就是把各种调查所得的数据资料归纳为反映总体特征数据的过程。

一、市场数据整理过程

数据的整理分析一般包括以下五个程序。

1. 分类

分类是指把资料分开或合并在有意义的类目中，它是数据资料整理的基础，也是保证资料科学性的重要条件。分类的方法有两种：一种是事先分类，即在问卷设计时已将调查问题预先做了分类编号，资料搜集后只要按预先的分类进行整理即可；另一种是事后分类，市场调查中有些问题事先无法分类，如购买动机、非结构性问题的询问等，只能在事后分类。资料分类编组一般有按照数量分组、按照时序分组、按照地区分组、按照质量分组这样四种类型。

2. 编校

资料的编校工作包括检查、改错，对资料进行鉴别与筛选。编校时要求按照易读性、一致性、准确性和完整性这四个标准进行整理，特别是对完整性的要求尤其重要，即市场调查问卷的所有问题，都应有答案。如果发现没有答案的问题，可能是被调查者不能回答或不愿回答，也可能是调查人员遗忘所致，编校工作者应决定是否再向原来的被调查者询问，以填补空白问题，或者询问调查人员有无遗漏，能否追忆被调查者所做的答复，不然就应剔除这些遗漏了的资料，以免影响资料的完整性和准确性。

3. 整理

数据资料整理的方法有手工、机械和电子计算机三种，一般以自己动手整理为主。

1) 手工方法

这种方法的优点是方法简单，不需要其他机器设备；工作人员只需要接受手工整理的训练；发现错误可随时纠正，成本较低。缺点是遇到大量复杂的数据，整理时间太长。

2) 机械方法

这是用机械在卡片上打孔的方法。调查表上每一类资料都要根据一定的标准，在规定的部位打孔，经过检查后，运用分类机自动将同一部位的卡片分组，并自动在记录器上计算出张数。这种方法的效率比手工方法高而且可以保证资料整理的准确性。

3) 计算机方法

电子计算机处理数据是计算机技术的新发展,由于其计算速度快、准确性高,对量大、复杂的数据处理工作特别有效。调查的数据,在计算机中进行处理就要将答案变换成代码,代码通常用数字来表示,也可用字母表示。

4. 制表

为了对资料进行分析和对比,必须将编校过的资料根据调查目的和重要程度进行统计分类,列成表格或图示。市场调查资料的列表方式可分为单栏表或多栏表两种。在单栏表里只有一项市场调查资料,如果研究人员只要了解某一种特性的调查结果,则可采用单栏方式。如果想在一张统计表中表示两种或两种以上的特性,则应采用多栏统计表。

5. 鉴定

从总体中抽取样本来推算总体的调查必然带有误差。除了抽样误差外,在实际工作中,由于技术或工作的错误也会造成偏差,这种误差可称为系统误差,一般应尽量避免。为了对所抽取的样本证实其是否能代表总体,需要采取一些方法进行鉴定。一种是凭经验鉴定误差,例如把所得的样本数据与其他标准数据相比较,以验证其代表性。另一种是用适当的公式计算标准误差和置信度,如果计算结果在误差范围之内,则可认为数据是可靠的。

二、市场数据调整

在搜集到的数据中,由于非正常因素的影响,往往会导致某些数据突然偏离正常规律忽高忽低。对这些由于偶然因素造成的,不能说明正常规律的数据,应当进行适当调整和技术处理。

对市场数据进行调整的基本方法有以下几种。

1. 剔除法

就是将那些不能反映正常趋势的数据直接剔除,如某企业销售额的统计数据,见表4-1。

表4-1 某企业销售额统计表　　　　　　　　　单位:百万元

年度	1998	1999	2000	2001	2002	2003	2004	2005	2006	2007
销售额	10.0	11.0	12.0	13.5	14.0	11.0	14.5	15.0	16.0	17.5

经分析,历年销售额的上升是基本符合企业发展趋势的,只有2003年的销售额出现了突然下降。经调查分析,突然下降的主要原因是2003年受"非典"这一非正常因素的影响。如果使用这个数据和其他数据一起输入预测模型,就会产生较大的偏差,去掉这个数据,有利于预测模型接近正常趋势。

2. 还原法

当采用剔除法减少数据点不利于分析时,还可采用还原法,把数据处理成排除非正常因素时应该表现出的数据。还原法可用算术平均法及几何平均法计算出两种还原值。如上例中:

算术平均法　　$y'_{2003} = \dfrac{y_{2002}+y_{2004}}{2} = \dfrac{14.5+15.0}{2} = 14.75$

几何平均法　　$y'_{2003} = \sqrt{y_{2002} \times y_{2004}} = \sqrt{14.5 \times 15.0} = 14.74$

这两种方法的选择应视整个所得数据的趋势而定。如果数据的发展趋势呈线性，用算术平均法较好；当发展趋势呈非线性，则用几何平均法合适。

3. 拉平法

拉平法主要用来处理商业企业调整或扩大经营范围，生产能力扩大或调整生产品种后的数列，如某厂塑料制品历年销售量，见表 4-2。

表 4-2　某厂塑料制品销售量　　　　　　　　　　　　单位：万件

年度	2008	2009	2010	2011	2012	2013	2014	2015	2016
销售量	75	80	83	185	190	196	201	2206	210

从上述数列中可以看出，从 2010 年到 2011 年间有一个跳跃，这个跳跃是因为企业根据市场需求的发展，经投资扩建，形成了新的 100 万件的生产能力。如按原数列输入预测模型，会造成偏上的误差，如剔除 2010 年以前的数据，那剩下的数据就过少。这时可采用拉平法，把 2010 年以前的数据加上新增能力 100 万件，就把 2010 年前后的生产能力"拉平"了。

在实际操作中应视所收集到的数据灵活综合地运用以上提到的数据调整方法，使调查能够取得一个比较准确可信的成果。

三、市场调研报告的撰写

市场调研的最后一个步骤就是撰写一份高质量的研究报告，也就是以报告形式表达市场调研所获得的资料和结果，供委托者或本企业管理层作为营销决策的参考。调研报告是研究工作的最终成果，也是制订市场营销决策的重要依据，市场营销调研报告的提出和报告的内容、质量，决定了它对企业领导据此决策行事的有效程度。一份写得拙劣的报告会把出色的调研活动弄得黯然失色。

1. 调研报告的种类

调研报告根据读者的不同需要可分为专题报告和一般性报告。这两种报告分别适合不同兴趣和不同背景的读者，前者可供专门人员做深入研究用，后者可供企业的行政领导或公众参考。

1) 专题报告

专题报告又称技术性报告，在撰写时应该尽可能详细，凡在原始资料中所发现的事实都要列入，以便其他专门人员参考。这种详细的专业形式报告使读者能够清晰地了解调研报告的适合程度以及准确程度。因此，一项专业形式的报告应该详述每一个研究步骤以及使用"标准差"这样的专业词汇。

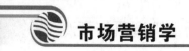

2) 一般性报告

一般性报告又称通俗报告，普遍适合那些只关心研究结果而无兴趣于研究技术的读者。因阅读者人数众多，水平参差不齐，故力求条理清晰，并避免过多引用术语。为了提高阅读者的兴趣，报告要注重吸引力。

2. 调研报告的结构

调研报告的结构一般包括标题封面、目录、摘要、前言、调查结果、结论和建议、附录七个部分。

1) 标题封面

标题封面须写明调研题目、承办部门及承办人和日期。这部分内容是为了让读者知道诸如调研报告的题目、此项报告是为谁而写、此项报告由谁完成和此项报告的完成日期。

2) 目录

目录应该列出报告的所有主要部分和细节部分及其所在页数，以使读者能尽快阅读所需内容。但如果研究报告少于6页，则目录可省去，只要提供明确的标题即可。

3) 摘要

摘要主要以简明扼要的话陈述研究结果，以便企业的决策者或主管在繁忙的工作中迅速了解调研的成果，决定应该采取什么样的措施或行动。因此，摘要是报告中最重要的部分。

4) 前言

在这个部分里要述及调研背景、调研目的和所采用的调研方法。在调研方法里要说明样本设计和抽样方法等。

5) 调查结果

这部分是调研报告的核心内容。将研究结果做有组织有条理的整理和陈述。图文并茂地尽可能说明问题，便于读者阅读。

6) 结论及建议

研究者的作用不仅在于向读者提供调查事实，而且应该在事实的基础上作出问题的结论并提供建议。

7) 附录

附录是调研报告的结尾部分，它可以起到以数据图表表述调研报告的作用。有些与报告主体"调查结果"相关的数据图表由于没有地方放置，通常也可放在"附录"这一部分。另外，问卷实地调查概况也包括在这里。

第五节 市 场 预 测

市场预测是在市场调查的基础上，运用科学的方法对市场需求和企业需求以及影响市场需求变化的诸因素进行分析研究，对未来的发展趋势作出判断和推测，为企业制订正确的市场营销决策提供依据。

第四章 市场营销调研与预测

一、市场预测的含义和作用

市场预测，是指在市场调研和市场分析的基础上，运用逻辑和数学方法，预先对市场未来的发展变化趋势作出的描述和量的估计。市场预测往往是市场调研的继续，市场预测对企业的作用主要表现在以下几个方面。

1. 为企业战略性决策提供依据

企业通过准确的预测，就能够把握市场的总体动态和各种营销环境因素的变化趋势，从而为企业确定资金投向、经营方针、发展规模等战略性决策提供可靠依据。同时，只有通过对消费者需求和消费者行为等变化趋势作出正确的分析和判断，企业才能确定自己的目标市场。

2. 是企业制订营销策略的前提条件

企业营销的直接目的是获取利润。企业要实现自己的目标利润就需要在产品、分销、促销、原料采购、库存运输、销售服务等方面制订正确的营销策略。然而，正确策略的制订取决于相关方面的准确预测。

3. 有利于提高企业的竞争能力和应变能力

市场竞争状况、企业与对手的优势和劣势、新材料与新技术的运用等都在不断转化或发展。通过及时、准确的预测，企业就能掌握这些发展和转化的规律，以便扬长避短，挖掘潜力，适应市场变化，提高自身的竞争能力和应变能力。

二、市场营销预测的类型

市场营销预测是指通过对市场营销信息的分析和研究，寻找市场营销的变化规律，并以此规律去推断未来的过程。

(1) 根据预测范围划分，可分为宏观预测与微观预测两类。宏观预测是指对影响市场营销的总体市场状况的预测。微观预测是从一个局部、一个企业或某种商品的角度预测供需发展前景。

(2) 根据预测期的长短来划分，可分为长期预测、中期预测和短期预测。

(3) 根据预测时所用方法的性质来划分，可分为定性预测和定量预测两种。定性预测是根据调查资料和主观经验，通过分析和推断，估计未来一定时期内市场营销的变化；定量预测是根据营销变化的数据资料，运用数字和统计方法进行推算，寻找营销变化的一般规律，对营销变化的前景作出量的估计。在预测中，往往是将定性预测与定量预测相结合，进行综合预测。

三、市场营销预测的主要方法

1. 定性预测法(Qualitative Forecast)

定性预测方法可以分为专家意见法、推销人员估计法和用户调查法三大类。

1) 专家意见法

专家意见法是指企业根据市场预测的目的和要求，向企业内部或外部的有关专家提供一定的背景材料，请他们就市场未来的发展变化进行判断。按其组织形式可分为专家会议法和德尔菲法(专家调查法)。

(1) 专家会议法。专家会议法就是组织有关方面的专家，通过会议的形式，对产品的市场发展前景进行分析预测，然后在专家判断的基础上，综合专家意见，得出市场预测结论。这种方法又可分为三种形式。①交锋式会议法：这种方法要求参加会议的专家围绕一个主题，通过各抒己见，互相争论来预测问题。②非交锋式会议法(头脑风暴法)：这种方法是指与会的每位专家可以独立地、任意地发表意见，但不相互争论，不批评他人意见，也不带发言稿，以便充分发挥灵感，鼓励创造性思维。③混合式会议法(质疑式头脑风暴法)：这种方法是指在第一阶段实施头脑风暴法，在第二阶段进行质疑、争论、批评，不断交换意见、互相启发，最后取得一致的结论。

(2) 德尔菲法。德尔菲法(Delphi)是在专家个人判断法和专家会议法的基础上发展起来的一种专家调查法，它广泛应用在市场预测、技术预测、方案比选、社会评价等众多领域。德尔菲法尤其适用长期需求预测，特别是当预测时间跨度长达10~30年，其他定量预测方法无法作出较为准确的预测时以及预测缺乏历史数据，应用其他方法存在较大困难时，采用德尔菲法能够取得较好的效果。

德尔菲法一般包括五个步骤。①建立预测工作组。德尔菲法对于组织的要求很高。进行调查预测的第一步就是成立预测工作组，负责调查预测的组织工作。②选择专家。要在明确预测的范围和种类后，依据预测问题的性质选择专家，这是德尔菲法进行预测的关键步骤。专家不仅要有熟悉本行业的学术权威，还应有来自生产一线从事具体工作的专家。一般而言，选择专家的数量为20人左右，可根据预测问题的规模和重要程度进行调整。③设计调查表。调查表设计的质量直接影响着调查预测的结果。调查表没有统一的格式，但基本要求是：所提问题应明确，回答方式应简单，便于对调查结果的汇总和整理。④组织调查实施。一般调查要经过2~3轮，第一轮将预测主体和相应预测时间表格发给专家，给专家较大的空间自由发挥。第二轮将经过统计和修正的第一轮调查结果表发给专家，让专家对较为集中的预测事件评价、判断，进一步提出意见，经预测工作组整理统计后，形成初步预测意见。如有必要可再依据第二轮的预测结果制作调查表进行第三轮预测。⑤汇总处理调查结果。将调查结果汇总，进行进一步的统计分析和数据处理。有关研究表明，专家应答意见的概率分布一般接近或符合正态分布，这是对专家意见进行数理统计处理的理论基础。

【营销实战】

德尔菲预测法举例

表4-3　商场电视销量专家的预测数字　　　　　　　　　　　单位：千台

专家	第一轮			第二轮			第三轮		
	最低值	中间值	最高值	最低值	中间值	最高值	最低值	中间值	最高值
1	5	6	10	7	8	12	7	8	12

续表

专家	第一轮			第二轮			第三轮		
	最低值	中间值	最高值	最低值	中间值	最高值	最低值	中间值	最高值
2	10	15	18	12	15	18	11	15	18
3	4	9	12	6	10	13	8	10	13
4	7	10	15	10	14	16	8	11	15
5	8	12	16	8	11	16	10	14	16
6	15	18	30	12	15	30	10	12	25
7	2	4	7	4	8	10	6	10	12
8	6	10	15	6	10	15	6	12	15
9	5	6	8	5	8	10	8	10	12
10	8	10	19	10	11	20	6	8	12
平均值	7	10	15	8	11	16	8	11	15
全距	13	14	23	8	7	20	5	7	13

对预测结果的统计处理如下。

简单平均法：

将 10 位专家第三轮意见的平均值作为预测值

则：预测销售量 $=\dfrac{8+11+15}{3}=11.3$(千台)

加权平均法：

假如最低、中间、最高三种销售量的概率分别为 0.2，0.5，0.3

则：预测销售量 $=\dfrac{8\times 0.2+11\times 0.5+15\times 0.3}{0.2+0.5+0.3}=11.6$(千克)

2) 推销人员估计法

推销人员估计法就是依据企业推销人员丰富的实践经验以及他们对市场动态和顾客心理的把握，对未来市场需求作出估计。推销人员与市场直接接触，对市场情况很熟悉，对购买者意向很了解，所以他们比其他人有更丰富的知识和更敏锐的洞察力，推销人员估计法的步骤如下所述。

(1) 根据预测要求，由推销人员分别作出估计，如表 4-4 所示。

表 4-4 推销人员估测表

推销员	预测项目	销售量	概率	期望值
甲	最高销售量	2000	0.3	600
	最可能销售量	1400	0.5	700
	最低销售量	800	0.2	160
	总期望值	—	—	1460

续表

推销员	预测项目	销售量	概 率	期 望 值
乙	最高销售量	2400	0.2	480
	最可能销售量	1800	0.6	1080
	最低销售量	1200	0.2	240
	总期望值	—	—	1800
丙	最高销售量	1800	0.2	360
	最可能销售量	1200	0.5	600
	最低销售量	600	0.3	180
	总期望值	—	—	1140

注：期望值=销售量×概率

(2) 进行综合处理。用平均法求得预测结果：

$$\text{下一年度某产品的销售预测值} = \frac{1460+1800+1140}{3} = 1467$$

(3) 修正预测值

甲的修正值 = 1460×(1+5%) = 1533

乙的修正值 = 1800×(1-10%) = 1620

丙的修正值 = 1140×(1+15%) = 1311

$$\text{修正后下一年度的销售预测值} = \frac{1533+1620+1311}{3} = 1488$$

3) 用户调查法

用户调查法就是通过实际调查，在掌握第一手资料的前提下，对未来需求作出分析和判断的一种定性预测方法。可分为：预购调查法和潜在用户调查法。

(1) 预购调查法。预购调查法是根据需求者的预购订单和预购合同来预算需求量的一种方法。这种方法主要适合于制造商和中间商在进行微观的短期预测时采用，不宜用做长期的预测。

(2) 潜在用户调查法。潜在用户调查法又称购买者意向调查法，是指预测者直接向潜在用户了解在下一个时期需要购买本企业产品的品种及数量，以预测下一个时期的销售量。

潜在用户调查法用于工业品需求的预测，其准确性要比用在消费品方面高。用于耐用消费品方面的预测，其可靠性要比用于非耐用消费品方面高。

2. 定量预测(Quantitative Forecasts)

1) 定量预测概述

定量预测是使用历史数据或因素变量预测需求的数学模型，是根据已掌握的比较完备的历史统计数据，运用一定的数学方法进行科学的加工整理，借以揭示有关变量之间的规律性联系，用于预测和推测未来发展变化情况的一类预测方法。

2) 定量预测的主要方法

目前工商企业中常用的定量预测方法有时间序列预测法、回归分析预测法和马尔柯夫预测法，这里主要讨论前两种。

(1) 时间序列预测法。时间序列预测法是指将过去的历史资料及数据，按时间顺序加以排列构成一个数字系列，根据其动向预测未来趋势。这种方法的根据是过去的统计数字之间存在着一定的关系，这种关系利用统计方法可以揭示出来，而且过去的状况对未来的销售趋势有决定性影响。因此，可以用这种方法预测未来的趋势，它又称为外推法或历史延伸法。常用的有以下五种方法。

① 简单算术平均法。这种方法是以观察期内时间序列数据的简单算术平均值作为下一期的预测值。公式为：

$$X = \frac{\sum X_i}{n} (i = 1, 2, 3 \cdots)$$

② 加权算术平均法。这种方法是为观察期内的每一个数据确定一个权数，并在此基础上，计算其加权平均数作为下一期的预测值。这里的权数体现了观察期内各数据对预测期的影响程度。公式为：

$$X = \frac{X_1 f_1 + X_2 f_2 + \cdots + X_n f_n}{f_1 + f_2 + \cdots + f_n} = \frac{\sum X_i f_i}{\sum f_i} (i = 1, 2, 3 \cdots)$$

以上例数列为例，从分布可以看出，2004 年下半年各月数据变化不稳定，最大值与最小值差别较大，使用加权算术平均法(相应的权数分别为 1，2，3，4，5，6)可以体现出不同数据对平均数的影响。

$$X = \frac{\sum X_i f_i}{\sum f_i} = \frac{1 \times 72 + 2 \times 68 + 3 \times 54.5 + 4 \times 44 + 5 \times 43.8 + 6 \times 47}{1 + 2 + 3 + 4 + 5 + 6} = 49.9 (万辆)$$

③ 几何平均法。当预测对象逐期发展速度(环比速度)大致接近时，可采用几何平均法进行预测。预测步骤如下所述。

首先，计算观察期内预测对象的逐期环比发展速度 V_i。

$$V_i = \frac{X_i}{X_{i-1}}$$

然后，利用逐期环比发展速度求几何平均值，作为预测期的发展速度。

简单几何平均值：$M_{简} = \sqrt[n-1]{V_2 \cdot V_3 \cdots V_n}$

加权几何平均值：$M_{加} = \sqrt[\sum f_i]{V_2^{f_2} \cdot V_3^{f_3} \cdots V_n^{f_n}}$

最后，以第 n 期的观察值 X_n 乘以预测期的发展速度 M 就可以得到第 $n+1$ 期的预测值：$X_{n+1} = X_n \cdot M$。

例：某企业某种商品的销售额资料如表 4-5 所示，试用几何平均法预测 2005 年的销售额。

表 4-5 某企业某种商品的销售额

序 号	年 份	销售额(万元)	环比发展速度 V_i	f_i
1	2000	45.00	—	—
2	2001	51.75	1.15	1
3	2002	60.55	1.17	2
4	2003	70.24	1.16	3
5	2004	84.29	1.20	4

$$M_{简} = \sqrt[5]{1.15 \times 1.17 \times 1.16 \times 1.20} = 1.17$$

$$M_{加} = \sqrt[10]{1.15^1 \times 1.17^2 \times 1.16^3 \times 1.20^4} = 1.18$$

$$M_{2005} = X_{2004} \cdot M_{简} = 84.29 \times 1.17 = 98.62(万元)$$

$$M_{2005} = X_{2004} \cdot M_{加} = 84.29 \times 1.18 = 99.46(万元)$$

④ 移动平均法。移动平均法(Moving Average Method)是指将观察期内的数据由远而近按一定跨越期进行平均。取其平均值。然后，随着观察期的推移，根据一定跨越期的观察期数据也相应向前移动，每向前移动一步，去掉最早期的一个数据，增添原来观察之后期的一个新数据，并依次求得移动平均值；最后将接近预测期的最后一个移动平均值作为确定预测值的依据。这种方法可分为简单移动平均法和加权移动平均法。简单移动平均法又有一次和二次之分。

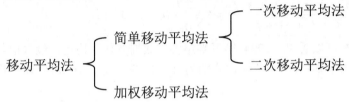

A、简单一次移动平均法。

此法是对呈水平不规则波动的时间序列数据的预测，是一种简易可行的预测方法。公式为：

$$y_{t+1} = M_t^{(1)} = \frac{\sum x_i}{n} = \frac{x_t + x_{t-1} + \cdots + x_{t-n+1}}{n}$$

其中，y_{t+1}：是下一期的预测值；

$M_t^{(1)}$：是第 t 期的一次移动平均值；

x_i：观察期的实际发生值；

n：移动跨期。

移动跨期 n 的取值原则：

在资料期数较多时，n 值可适当取大些，而资料期数较少时，n 值只能取小些；在历史资料具有比较明显的季节性变化或循环周期性变化时，跨期 n 应等于季节周期或循环周期。如果希望反映历史资料的长期变化趋势时，则 n 应取大些，如果要求反映近期数据的变化趋势时，则 n 应取小些。

例：已知某企业产品 1~12 月份销售额资料，见表 4-6，试利用一次移动平均法预测该企业明年 1 月份的销售额，n 分别取 3 和 5。

表 4-6 某企业产品 1~12 月份销售额

t	x_t	$M_t^{(1)}(n=3)$	$M_t^{(1)}(n=5)$
1	240	—	—
2	252	—	—
3	246	246.00	—

续表

t	x_t	$M_t^{(1)}(n=3)$	$M_t^{(1)}(n=5)$
4	232	243.33	—
5	258	245.33	245.6
6	240	243.33	245.6
7	238	245.33	242.8
8	248	242.00	243.2
9	230	238.67	242.8
10	240	239.33	239.2
11	256	242.00	242.4
12	236	244.00	242.0

当 $n=3$ 时，明年 1 月份的预测值为 244 万元；

当 $n=5$ 时，明年 1 月份的预测值为 242 万元。

B、简单二次移动平均法。

二次移动平均法是在一次移动平均的基础上，通过建立预测模型进行预测。公式为：

$$M_t^{(2)} = \frac{1}{n}\sum M_t^{(1)} = \frac{M_t^{(1)} + M_{t-1}^{(1)} + \cdots + M_{t-n+1}^{(1)}}{n}$$

二次移动平均法的预测模型：

$$y_{t+T} = a_t + b_t \cdot T$$

$$a_t = 2M_t^{(1)} - M_t^{(2)}$$

$$b_t = \frac{2}{n-1}\left[M_t^{(1)} - M_t^{(2)}\right]$$

例：某企业 2011—2017 年甲产品的实际销售量如表 4-7 所示，试用二次移动平均法($n=3$)预测该企业 2018 年该产品的销售量。

表 4-7　某企业 2011—2017 年甲产品的实际销售量

年　度	实际销售量	一次移动平均值	二次移动平均值
2011	1100	—	—
2012	1170	—	—
2013	1238	1169	—
2014	1309	1239	—
2015	1382	1310	1239
2016	1453	1381	1310
2017	1527	1454	1382

$$a_t = 2M_t^{(1)} - M_t^{(2)} = 2 \times 1454 - 1382 = 1562$$

$$b_t = \frac{2}{n-1}\left[M_t^{(1)} - M_t^{(2)}\right] = (1454 - 1382) = 72$$

$$y_{t+T} = a_t + b_t \cdot T = 1526 + 72T$$

$$y_{2018} = y_{t+1} = y_{2017+1} = 1526 + 72 \times 1 = 1598$$

C、加权移动平均法。

为了重视近期数据的影响，可以对历史数据分别给予不同权数，进行加权平均，以末期的加权平均数去预测下期。公式为：

$$y_{t+1} = M_t = \frac{f_1 x_t + f_2 x_{t-1} + \cdots + f_n x_{t-n+1}}{f_1 + f_2 + \cdots + f_n}$$

上例中按照由近到远分别给予权数 3，2，1，则各期的加权移动平均值见表 4-8。

表 4-8 加权移动平均值计算表达

年　度	实际销售量	一次移动平均值	二次移动平均值
2011	1100	—	—
2012	1170	—	—
2013	1238	1192	—
2014	1309	1262	—
2015	1382	1334	1286
2016	1453	1405	1358
2017	1527	1478	1430

⑤ 指数平滑法。指数平滑预测法源于移动平均预测法，它是一种特殊的加权平均预测法，可分为：一次指数平滑法、二次指数平滑法和三次指数平滑法，这里仅以一次指数平滑法来说明。

一次指数平滑法，是利用本期的实际值与紧前期的估计值，通过对它们的不同加权分配，求得一个指数平滑值，并作为下一期预测值的一种方法。公式为：

$$y_{t+1} = S_t^{(1)} = \alpha \cdot x_t + (1-\alpha) \cdot S_{t-1}^{(1)}$$

其中：y_{t+1}：是下一期的预测值；

$S_t^{(1)}$：是第 t 期的一次指数平滑值；

x_t：观察期的实际发生值；

α：平滑系数。

应用指数平滑法，重要的是正确选取 α 值，平滑系数 α 的取值原则：如果时间序列具有不规则的起伏变化，但长期趋势接近一个稳定常数，必须选择较小的 α 值(取 0.05~0.20 之间)；如果时间序列具有迅速明显的变化倾向，则 α 应取较大值(取 0.3~0.6)；如果时间序列变化缓慢，亦应选较小的值(一般在 0.1~0.4 之间)。总的说来，α 值越小，对原始数据的修匀程度越好。

初始值 $S_1^{(1)}$ 的确定：当实际数据多于 10 个时，$S_1^{(1)} = x_1$；当少于 10 个时，用最早几期实际值的平均值作为初始值。

例：某企业 2013—2017 年历年销售量如表 4-9 所示，运用一次指数平滑法预测 2018 年的销售量。

表 4-9 一次指数平滑法实例

年 份	实际销量	$S_t^{(1)}$ (α=0.6)
2013	194	194
2014	198	196.4
2015	205	201.6
2016	210	206.6
2017	218	213.4

根据一次指数平滑法预测

$$\hat{Y}_{2018} = \alpha x_{2017} + (1-\alpha) S_{2016}^{(1)} = 0.6 \times 218 + 0.4 \times 206.6 = 213.4$$

(2) 回归分析预测。回归分析预测就是通过对观察数据的统计分析和处理来研究与确定事物间相互关系和联系形式的一种方法。是确定变量之间函数关系的一种有利的工具。

回归分析预测主要分为：

以下仅讨论一元线性回归分析法，一元线性回归预测的方程为：

$$y_i = a + bx_i$$

其中：x_i 是自变量；

y_i 是因变量；

a 是截距，表示不考虑自变量影响的因变量的值；

b 是斜率，表示自变量与因变量的比例关系。

一元线性回归预测的一般程序是：

① 确立相关因素。这是回归分析的基础，只有当各因素存在相关关系时，才可用回归分析进行预测。两变量是否相关及相关的程度，可用相关系数 r 来衡量，r 值愈接近于 1，两变量之间的关系愈密切。一般地，统计管理学认为：$1 > |r| \geq 0.8$ 为高度相关，$0.8 > |r| \geq 0.5$ 为显著相关，$0.5 > |r| \geq 0.3$ 为低度相关，$0.3 > |r|$ 为无相关。相关系数 r 的计算公式为：

$$r = \frac{n\sum xy - (\sum x) \cdot (\sum y)}{\sqrt{n\sum x^2 - (\sum x)^2} \cdot \sqrt{n\sum y^2 - (\sum y)^2}}$$

② 根据数据资料，用最小二乘法求出 a 和 b 值。

计算公式为：$a = \bar{y} - b\bar{x}$

$$b = \frac{\sum xy - n\bar{x} \cdot \bar{y}}{\sum x^2 - n(\bar{x})^2}$$

$$\bar{x} = \frac{\sum x}{n}$$

$$\bar{y} = \frac{\sum y}{n} \quad n\text{为资料期数}$$

③ 根据求出的 a 和 b 值，建立一元回归分析数学预测模型。

$$y_i = a + bx_i$$

将已知的 x 值代入，即可求得相应的预测值。

例如：某地区人均收入与耐用消费品销售情况如表4-10所示，请根据人均收入的变化来预测耐用品的销售额。

表4-10 某地区人均收入与耐用消费品销售情况

年份	序号	人均月收入 x（百元）	销售总额 y（十万元）	计算栏（十万元）			
				xy	x^2	y^2	$\hat{y}_i$
2009	1	1.5	4.8	7.20	2.25	23.04	4.65
2010	2	1.8	5.7	10.26	3.24	32.49	5.53
2011	3	2.4	7.0	16.80	5.76	49.00	7.29
2012	4	3.0	8.3	24.90	9.00	68.89	9.05
2013	5	3.5	10.9	38.15	12.25	118.81	10.51
2014	6	3.9	12.4	48.36	15.21	153.76	11.69
2015	7	4.4	13.1	57.64	19.36	171.61	13.15
2016	8	4.8	13.6	65.28	23.04	184.96	14.32
2017	9	5.0	15.3	76.50	25.00	234.09	14.91
Σ	—	30.3	91.1	345.09	115.11	1036.65	91.10

根据表中所得数据进行计算：

$$\bar{x} = \frac{\sum x}{n} = \frac{30.3}{9} = 3.37$$

$$\bar{y} = \frac{\sum y}{n} = \frac{91.1}{9} = 10.12$$

$$r = \frac{n\sum xy - (\sum x)\cdot(\sum y)}{\sqrt{n\sum x^2 - (\sum x)^2}\cdot\sqrt{n\sum y^2 - (\sum y)^2}} = \frac{9\times 345.09 - 3.37\times 10.12}{\sqrt{9\times 115.11 - 30.3^2}\cdot\sqrt{9\times 1036.05 - 91.1^2}} = 0.864$$

$|r| \geq 0.8$ 说明 X 与 Y 为高度正相关关系，可以预测。

$$b = \frac{\sum xy - n\bar{x}\cdot\bar{y}}{\sum x^2 - n(\bar{x})^2} = \frac{345.09 - 9\times 3.37\times 10.12}{115.11 - 9\times 3.37^2} = 2.93$$

$$a = \bar{y} - b\bar{x} = 10.12 - 2.93\times 3.37 = 0.26$$

于是得到回归预测模型：

$$\hat{y} = 0.26 + 2.93x_i$$

预测 2017 年当人均收入为 6000 元时，该耐用消费品销售额的预测值为：
$\hat{y}_{2017} = 0.26 + 2.93 \times 60 \approx 176.06$ (十万元)

【实战营销】

简单算术平均法示例

某自行车厂 2016 年 1~12 月自行车销售量如表 4-11 所示，利用简单算术平均法预测 2017 年 1 月份自行车的销售量。

表 4-11 某自行车厂 2016 年 1~12 月自行车销售量表(万辆)

月份	1	2	3	4	5	6	7	8	9	10	11	12
销量	60	50.4	55	49.6	75	76.9	72	68	54.5	44	43.8	47

以 12 个月、6 个月、3 个月资料推测如下：
X=(60+50.4+55+49.6+75+76.9+72+68+54.5+44+43.8+47)/12= 58 (万辆)
X=(72+68+54.5+44+43.8+47)/6=54.9(万辆)
X=(44+43.8+47)/3= 44.9 (万辆)

本 章 小 结

市场营销调研是市场营销的信息基础，是营销决策制订的主要依据。市场营销调研主要分为探索性调研，描述性调研，因果性调研等。调研主要有五项内容，市场调查的程序通常要经过三个阶段，八个步骤。

按信息资料的来源区分，市场调研的方法有案头调研和实地调研，案头调研是对二手资料的搜集和筛选，其资料来源于内部和外部。步骤一般为评价现成资料、搜集情报资料、资料筛选和撰写案头报告。实地调研包括面谈、电话访问、邮寄调查、会议调查、网上调查、直接观察调查和市场实验。

问卷调查是较常用的方法，是搜集第一手资料最常用的工具。问卷的提问方法有两种：封闭式提问和开放式提问。

市场数据的处理过程包括分类、编校、整理、制表和鉴定。对市场数据进行调整的基本方法有剔除法、还原法和拉平法。调研报告分为专题报告和一般性报告。

市场调查所获得的信息资料是进行市场预测的基础，市场预测则是市场调研的继续，准确的预测是作出正确决策的前提。市场预测需要经过五个步骤，预测可以分为定性与定量预测两种方法。

综 合 练 习

1. 什么是市场调研？市场调研包括哪些内容？
2. 市场调研包括哪些步骤？

3. 市场调研的具体方法有哪些？
4. 如何组织实施德尔菲法？
5. 什么是市场预测？市场预测的基本程序有哪些？

【导入案例】

案例分析：共享单车引发的数据报告尴尬

共享单车的竞争大战全面蔓延开来。在比拼资本、用户体验和运营速度等各项指标后，品牌层面的大战在年后打响，最为明显的是争夺"天下第一"。

谁才是真正的天下第一？共享单车红黄双方把第三方数据机构拉下了水，ofo和摩拜先后引用各自认可的数据报告，声称自己在这场竞争中已占得先机。

然而，第三方数据报告的隐忧也再次被曝光在公众面前。

数据报告之尴尬

新春年后，ofo 先引用第三方数据研究机构比达咨询发布的报告称，目前市场占有率51.2%，居行业第一，而且城市覆盖数是第二名的3倍，单车投放数量是第二名的1.6倍。

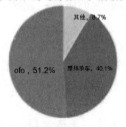

ofo市场占有率第一

ofo 援引第三方数据机构报告得出的结论

在这份比达咨询发布的《2016 中国共享单车市场研究报告》中，按照城市覆盖和单车数量等维度，综合得出 ofo 市场占有率第一的结论。

然而，ofo 的最主要竞争对手摩拜马上通过另一份数据报告作出了回应。摩拜援引第三方数据机构 Trustdata 的数据，称在共享单车的数据分析中，摩拜的领先优势明显，而且在MAU(月度活跃)、充值笔数等维度中，摩拜对 ofo 的领先优势甚至达到了数倍。

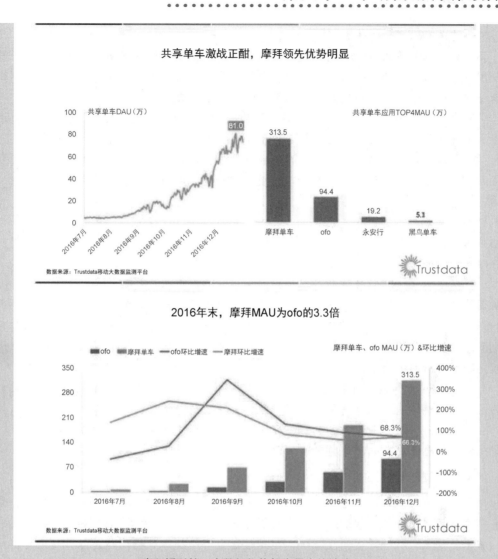

摩拜援引第三方数据机构报告得出的结论

相较于比达咨询的垂直行业研究报告，这份 Trustdata 发布的《2016年中国移动互联网发展分析报告》，是对 2016 年整个移动互联网行业 APP 为核心的数据分析。

值得注意的是，这两份报告的研究维度不尽相同，但最终结论方面都直指竞争优势和品牌第一，特别是数倍的差距，对于不明就里的吃瓜群众来说，最终关注的只是结论，而不会细究维度和方法。

但谁是真正的市场第一，对于两家各自提供服务的厂商来说，除了公关嘴仗意义，是否还有其他方面的考量？

投资者信心和品牌卡位

实际上，援引数据报告称第一，对 C 端用户意义有限。青山资本副总裁李倩认为，引用第三方数据报告来"旁证"，主要出于品牌背书方面的考量，但对于 B 端服务厂商更有价值，这种价值能更加直观地影响到合作方和潜在合作方。

"从 C 端服务厂商来讲，用户最核心关注的是产品使用和体验，对于你是不是市场第一,其实意义有限。"李倩说。

不过这位以品牌打造知名的业内人士也解释了共享单车们的逻辑,她告诉新浪科技:"使用第三方数据机构的背书,可以增加市场、用户、投资方等的信心,比如'香飘飘加起来可以环绕地球……'的数据广告,可以提升市场和投资人的信心。"

另一方面,除了给投资方强心剂,李倩认为创业公司的该种选择主要出于"品牌卡位",她进一步解释称:"很直接,我说我是市场第一,说多了,大家也就真以为我是第一了。"

另一位二手车行业从业者证实了李倩的说法。目前二手车处于战国混战阶段,在多轮巨额融资完成后,主要玩家都摩拳擦掌希望大干一场,而市场宣传方面无疑成为影响公众的第一战场。

"涉及销量和市场占有率的宣传,实际都经不起推敲,除非大家都有上市公司一样的严格披露方式,但作为从业者又必须这么做,因为在线上二手车这种领域,名气和用户印象直接来源于此。"上述人士透露。

这位从业者还进一步告诉新浪科技,引用第三方数据机构的好处是"心安理得",并且从用户的角度来看是"旁观者清",但他同时也表示,虽然数据公然造假的难度不小,但如果自己有需要,可以和市场上的有些第三方数据机构联合,从一些维度去得出对自己有利的结论——"因为中国市场上没有绝对权威的数据机构,也没有核心标准维度,说白了就是任人打扮的小姑娘。"

TalkingData 的市场智能部高级总监陶京琪,则更加直白地透露了行业潜规则,她说:"为什么不一样?我个人觉得他们在数据解读上花了一些工夫,大家的数据维度和出口肯定存在着差异。其实企业有自己的一些想法,它更多还是希望把更好的方面展示出来,它一定是找了对自己更有利的角度把这个数据曝光。"

如何"独立客观第三方"?

然而对于不少市场判断者来说,包括媒体在内,一份可供参考的第三方数据报告需要具有哪些要素?或者如何判断来源?第三方数据机构的参与者也向新浪科技发表了看法。

首先是样本,从统计学角度来说,越是接近全部的样本数据,越是能够趋于真实地反应内在情况。

第三方数据机构极光向新浪科技解释称,一般情况下,行业内的第三方数据报告来源有几个途径:一是调研数据,一般样本量比较小,而且会受到调研方法的影响;二是企业公开或者私下透露的数据,包括各个渠道透露的数据,这类数据真实性不可验证;三是运营商数据,随着运营商对数据管理越来越严格以及数据加密技术的普及,这一块数据的质量也并不可靠;四是自有监测平台的数据。

对于上述四种数据来源,极光方面认为第四种更具可行性和可用性。还表示自身数据报告的出台,主要通过第四种,称作为推送服务提供商,可以通过签订协议的方式合法获得移动端数据,极光方面还进一步透露称,目前自己手中有月活6亿、覆盖50亿和移动终端的数据来源。

比拼数据源的数量,也是第三方数据机构通常自证资质的方式。另一家第三方数据机构 TalkingData 向在数据来源方面,向新浪科技表达了与极光类似的观点,并公开了自己的数据来源:首先是跟10万款应用、8万游戏做了SDK的数据合作服务,从这些合作方去搜集一部分数据源。另外还有线下的商超布点也会搜集一些数据。

实际上，去年 10 月，中国国内两大主要导航地图厂商也爆发了"谁是第一"的口水仗，当时双方各晒数据报告，争吵升级，而其后高德方面则不断喊话表示希望通过"嵌入第三方代码"的方式一比高下。

虽然高德百度的口水仗最后无疾而终，但 TalkingData 市场智能部高级总监陶京琪认为"嵌入第三方代码"的方式，确实是解决"谁才是天下第一"的有效方法。

她告诉新浪科技："每一家数据机构都有自己号称的全流量监测数据，但如果这种数据只是厂商自己公布的数据，客观公正性就会打上折扣。然而如果你通过第三方数据机构 SDK 布代码的方式，进行你的全流量监测，那肯定是更客观公正的。"

此外，还有第三方数据分析师认为，一些封闭生态内的下载排行情况，社区行为分析报告以及国字号报告等，都是较有参考价值的数据报告。

"比如 iOS 里的应用下载和排名情况，可以作为参考维度，即便存在刷榜情况，但众所周知 AppStore 的刷榜风险和代价很大。还有微博微信等一些用户行为的报告，比如换机品牌和频率等，没有比这些社区更加直观的舆情数据了。最后还有类似中国互联网络信息中心(CNNIC)发布的报告，这些就几乎可以当作权威可信报告去参考应用了。"上述分析师说。

他最后还强调，因为整个信用机制的问题，中国在第三方数据报告上还存在不少挑战，"然而泥沙俱下鱼龙混杂，选择做对的事情，长远来看会受益更多。"

(资料来源：新浪科技，2017 年 3 月 1 日.)

案例讨论：

1. 请根据上述案例，阐述共享单车市场调查的数据来源有哪些？
2. 怎样产生数据分析？如何保证市场调查报告的客观真实性？

第五章　市场细分与市场定位

【内容提要】

1. 市场细分的概念与作用
2. 市场细分的标准、原则及应该注意的问题
3. 目标市场的含义与选择模式
4. 目标市场营销战略及其影响因素
5. 市场定位的含义及特征
6. 市场定位的步骤与策略

【导入案例】

物竞天择：刮毛刀、钟表和甲壳虫

故事 1

男子长胡子，因而要刮胡子；女性不长胡子，自然不用刮胡刀。提起吉列公司，不少长胡子的男人不会陌生，它的创始人金·吉列先生是世界上第一副安全刮胡刀片和刀架的发明人。1907 年，吉列先生创建公司生产自己的产品，使男人刮胡子变得更方便、舒适和安全，因此大受欢迎。到 1920 年，世界上已有约 2000 万人使用吉列刮胡刀，进入 70 年代，吉列公司的销售额已达 20 亿美元，成为著名的跨国公司。吉列公司进行了周密的市场调查，发现在美国 8360 万 30 岁以上的妇女中，有 6590 万人为了保持美好形象，要定期刮除腿毛和腋毛。在这些人之中，除去使用电动刮胡刀和脱毛剂者之外，有 2300 多万人主要靠购买各种男用刮胡刀来满足此项需要，一年在这方面的花费高达 7500 万美元。相比之下，美国妇女一年花在眉笔和眼影的开支为 6300 万美元，染发剂 5500 万美元。毫无疑问，这是一个极有潜力的市场。

根据这项调查结果，吉列公司精心设计了新产品，它的刀头部分和男用刮胡刀并无两样，采用一次性使用的双层刀片，刀架不采用男性用刮胡刀通常使用的黑色和白色，而是选取色彩绚烂的彩色塑料以增强美感。并将握柄改为利于女性使用的扁状，握柄上还印了朵雏菊，更是增添了几分情趣。这样一来，新产品更显示出女性的特点。

为了使"雏菊刮毛刀"迅速占领市场，吉列公司还拟定七个"卖点"到消费者之中征求意见。这些"卖点"包括：突出刮毛刀的"双刀刮毛"，突出其"完全配合妇女的需求"，其价格的"不到 50 美分"以及表明产品使用安全的"不伤腿"等。最后，公司根据多数妇女的意见，选择了"不伤玉腿"作为推销时突出的重点，刊登广告进行刻意宣传。结果"雏菊刮毛刀"一炮打响，迅速畅销全美，吉列公司也因此上了一个新的台阶。

故事 2

美国曾有人运用利益细分法研究钟表市场，发现手表购买者分为三类：①大约 23%的

第五章 市场细分与市场定位

消费者侧重价格低廉。②46%的消费者侧重耐用性及一般质量。③31%的消费者侧重品牌声望。当时美国各著名钟表公司大多都把注意力集中于第三类细分市场,从而制造出豪华昂贵手表并通过珠宝店销售。

唯有 TIME 公司独具慧眼,选定第一、第二类细分市场作为目标市场,全力推出一种价廉物美的"天美时"牌手表并通过一般钟表店或某些大型综合商店出售。该公司后来发展成为全世界第一流的钟表公司。

故事3

20世纪60年代早期,德国福斯汽车公司在调查后,发现美国汽车使用者可分为三类,一是讲排场,二是重质量,三是考虑经济因素。在考虑经济因素的人中又有两类,其一,喜欢标新立异,别人开大车,我偏开小车;其二是惜金如命,要价廉节约。这两种用户约占美购车人的10%,但仍是一笔不小的数字。

德国福斯汽车公司生产了一种金甲虫车,打算投放美国市场。当时,美国的一些大汽车公司根本不把这不知名的小车放在眼里,福斯公司强调金甲虫车的特点是省油,在投入市场之后,不起眼的"金甲虫"车很快跻身于美国这个汽车王国。到1964年,其销量已达40万辆,一跃成为美国小型轿车市场中难以匹敌的霸主。

市场细分化和目标营销,是在20世纪50年代中期由美国市场营销学家温德尔·斯密根据企业的营销实践而提出的一个新概念,此后受到营销界的高度重视和普遍运用,这一概念的提出为第二次世界大战后市场营销理论和战略的发展提供了新的发展方向。可见,它的产生与发展,从一开始就具有很强的实践性,并非纯粹的理论概念。

任何一个企业即使是大企业都不可能为市场中所有的消费者服务,至少不能用同一种方法为所有的消费者提供有效的服务。消费者为数众多、分布广泛,由于各种因素的影响,其需求和购买行为也存在很大的差异。而且,公司为不同细分市场提供服务的能力也存在差异。可见,在激烈的市场竞争中,企业需要确定自己能够提供有效服务并获取最大利润的市场,而不是力争在整个市场上进行竞争。在测量和预测市场需求的基础上,进行市场细分、目标化定位,是企业市场营销战略的核心,也是决定营销战略成败的关键。

目前,大多数企业都已经从广泛营销转为细分市场和目标市场营销,即确定细分市场,从中选取一个或多个,开发相应的产品并设计与之对应的市场营销方案,把有限的营销力量集中在对其产品最有兴趣的顾客上(步枪法),而不是分散地使用营销力量(猎枪法)。

因此,每个企业都应该采取三个步骤:第一步是市场细分,按照一定的标准如消费者的不同需求、特征和行为,将一个市场分为几个有明显区别的消费者群体,不同消费群体需要不同的产品和市场营销组合。企业由此确定不同细分市场的大体情况,并设计市场细分的不同方法;第二步是选择目标市场,评估选择对本企业最有吸引力的细分部分,选择一个或多个细分市场作为自己为之服务的目标市场,实行目标营销;第三步是市场定位,搞好产品的市场定位,使产品处于有竞争力的地位,并设计详细的市场营销组合,从而确定自己在市场上的竞争地位。对于每一个目标市场,要建立和传播公司在市场上供应品所带来的关键特征与利益。图5-1展示了目标市场营销的三个步骤。

可见,选择目标市场并设计相应的营销组合是市场营销战略构成的基本内容。其中,市场细分是目标营销、市场定位的前提和基础,在选择目标市场的基础上,才能采取相应的市场营销组合，即制订出正确的产品策略、价格策略、渠道策略及促销策略，以满足消费者需求，实施市场营销战略。

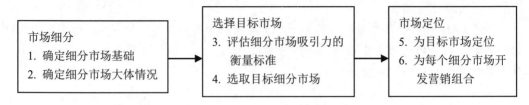

图 5-1　目标市场营销(STP)：市场细分、选择目标市场和市场定位的步骤

第一节　市场细分

一、市场细分的概念及其作用

(一)市场细分的概念

极端地讲，如果世界上每个人或组织对某种产品的需求都是一样的，即无需求差异时，我们可以认为整个消费者市场就是一个大的细分市场。反之，如果世界上每个人或组织的需求都是个性化的，具有不同的消费需求特点，我们就可以认为每个人或每个组织都是一个细分市场，即定制化营销或一对一营销。这种定制化营销现阶段对企业来说是非常困难的，因为企业要以不同的营销策略满足不同顾客或组织的差异化需求，受到许多影响因素(企业目标利润，企业年生产能力等)的制约。所以，在现实生活中，企业往往以"求大同，存小异"的原则，归纳消费者的某些相近因素，满足消费者的相似的需求和欲望。

所谓市场细分就是以消费需求的某些特征或变量为依据，寻找和发掘共同或相关因素，将市场分为若干部分，形成具有不同需求的顾客群体。目的是使同类产品市场上，同一细分市场的顾客具有更多的共同性，不同细分市场之间需求具有更多的差异性，以使企业明确有多少数目的细分市场及各细分市场的主要特征。做市场细分工作需要注意几点：第一，市场细分不是将企业产品进行分类；第二，市场细分不是按企业的性质进行分类；第三，市场细分是按照消费者的需求和欲望特征进行的分类，其本质是一个"合"的过程。所以市场细分的客观依据是消费者需求的差异性；第四，企业资源的有限性和市场的竞争性是市场细分的外在强制条件。任何企业由于资源的限制和追求经济效益，不可能在市场营销全过程中都占有绝对优势。为了进行有效的竞争，企业必须经行市场细分和选择，集中一切资源到有效的少数几个细分市场上，以取得和扩大竞争优势。

(二)市场细分的作用

随着人们生活水平的提高，需求的个性化也日益突出。企业要重视这些需求的差异，而市场竞争中"避其锋芒，攻其不备"是亘古不变的竞争战术，需求市场的有效分解和小型化可以为企业实践这一战术创造大量的机会。所以，市场细分被西方企业誉为具有创造性的新概念，做好市场细分具有十分重要的意义。

第五章　市场细分与市场定位

1. 市场细分有利于发现市场机会

在买方市场条件下，企业营销决策的起点在于发现有吸引力的环境机会，而这必须以市场细分为起点。通过市场细分可以发现哪些需求已得到满足，哪些只满足了一部分，哪些仍是潜在需求。相应地可以发现哪些产品竞争激烈，哪些产品较少竞争，哪些产品亟待开发。尚未被满足的需求便是企业的环境机会，这种环境机会能否发展成为市场机会，取决于两点：与企业战略目标是否一致；利用这种环境机会能否比竞争者更具优势并获取显著收益。

市场细分对中小企业尤为重要。与实力雄厚的大企业相比，中小企业资源能力有限，技术水平相对较低，缺乏竞争能力。通过市场细分，可以根据自身的经营优势，选择一些大企业不愿顾及、相对市场需求量较小的细分市场，集中力量满足该特定市场的需求，在整体竞争激烈的市场条件下，在某一局部市场取得较好的经济效益，求得生存和发展。

2. 市场细分有助于企业掌握目标市场的特点

不进行市场细分，企业选择目标市场必定是盲目的，不认真地鉴别各个细分市场的需求特点，就不能进行有针对性的市场营销。

【营销实战】

> 某公司出口日本的冻鸡原先主要面向消费者市场，以超级市场、专业食品商店为主要销售渠道。随着市场竞争的加剧，销售量呈下降趋势。为此，该公司对日本冻鸡市场作了进一步的调查分析，以掌握不同细分市场的需求特点。该公司把购买者区分为三种类型：一是饮食业用户，二是团体用户，三是家庭主妇。这三个细分市场对冻鸡的品种、规格、包装和价格等要求不尽相同。饮食业对鸡的品质要求较高，但对价格的敏感度低于零售市场的家庭主妇；家庭主妇对冻鸡的品质、外观、包装均有较高的要求，同时要求价格合理，购买时挑选性较强。根据这些特点，该公司重新选择了目标市场，以饮食业和团体用户为主要顾客，并据此调整了产品、渠道等营销组合策略，出口量大幅度增长。

3. 市场细分有利于企业制定市场营销组合策略

市场营销组合是企业综合考虑产品、价格、促销形式和销售渠道等各种因素而制订的市场营销方案，就每一特定市场而言，只有一种最佳组合形式，这种最佳组合只能是市场细分的结果。前些年我国曾向欧美市场出口真丝花绸，这种产品在欧美市场上的消费者是上流社会的女性。由于我国外贸出口部门没有认真进行市场细分，更没有掌握目标市场消费者的需求特点，因而营销策略发生了较大失误：产品配色不协调、不柔和，未能赢得消费者的喜爱；价格采取了未能迎合消费者心理的低价策略，而目标市场消费者要求的是与其社会地位相适应的高价产品；销售渠道又选择了街角商店、杂货店，甚至跳蚤市场，大大降低了真丝花绸产品的"华贵"地位；广告宣传也流于一般。这个失败的营销个案，恰好从反面告诫我们市场细分对于制订营销组合策略具有多么重要的作用。

4. 市场细分有利于企业提高竞争能力

企业的竞争能力受客观因素的影响而存在差别，但通过有效的市场细分战略可以改变这种差别。通过市场细分，企业可以更好地了解每一个细分市场上竞争者的优势和劣势，判断环境因素给行业带来的机会能否成为本企业的机会以及在这个细分市场上能够有效开发和利用本企业的资源优势，把自己有限的资源优势集中到与自己优势的有关市场上。市场细分以后，每一细分市场上竞争者的优势和劣势就明显地暴露出来，企业只要看准市场机会，利用竞争者的弱点，同时有效地开发本企业的资源优势，就能用较少的资源把竞争者的顾客和潜在顾客变为本企业的顾客，提高市场占有率增强竞争能力。

(三)消费者市场细分的依据

在消费者市场上，影响消费需求呈现差异性的因素(变量)，归纳起来主要有以下几个方面：地理、人文、心理特征、消费行为等，详见表 5-1。研究人员常常使用大量这些因素作为划分市场的根据，然后，再看相应的顾客群体是否对产品有不同的反应。这些因素有些是相对稳定的，多数则处于动态变化中。在营销实践中，市场营销人员一般不会把其市场细分研究局限于一个或者几个因素，而是越来越多地使用多种细分因素，以用来识别更小、更好定义的目标群体。

表 5-1　消费者市场的主要细分变量及衡量标准举例

主要细分变量	衡量标准举例
地理因素	
地区	太平洋岸、高山区、西北区、西南区、东北区、东南区、南大西洋岸、中大西洋岸、新英格兰
城市或标准都市大小	小于 5 000；5 000~19 999；20,000~49 999；50 000~99 999；100 000~249 999；250 000~499 999；500 000~999 999；1 000 000~3 999 999；4 000 000 或 4 000 000 以上
人口密度	都市、郊区、乡村
气候	北方的、南方的
人文因素	
年龄	6 岁以下，6~11，12~19，20~34，35~49，50~64，65 岁以上
家庭规模	1~2 人，3~4 人，5 人以上
家庭生命周期	青年，单身；青年，已婚，无子女；青年，已婚，最小子女不到 6 岁；青年，已婚，最小子女 6 岁或 6 岁以上；较年长，已婚，与子女同住；较年长，已婚，子女都超过 18 岁；较年长，单身；其他
收入	少于 10 000 美元；10 000~20 000 美元；20 000~50 000 美元；50 000~100 000 美元；100 000 和 100 000 美元以上
职业	专业技术人员、管理人员、官员、推销员、工匠、领班、农民、退休人员、学生、家庭主妇、失业
教育	小学或以下；中学肄业；高中毕业；大专肄业；大专毕业
宗教	天主教、基督教、伊斯兰教、印度教、其他
种族	白人、黑人、亚洲人

续表

主要细分变量	衡量标准举例
代沟	婴儿潮、X 代
国籍	北美、南美、英国、法国、德国、意大利、日本、中国等
社会阶层	下下、下上
劳动阶层	中中、中上、上下、上上
心理因素	
生活方式	简朴型、追求时髦型、嬉皮型
个性	被动、爱交际、喜命令、野心
行为因素	
使用时机	普通时机、特殊时机
追求利益	质量、服务、经济
使用者状况	从未用过、以前用过、有可能使用、第一次使用、经常使用
使用率	不常用、一般使用、常用
品牌忠诚情况	无、一般、强烈、绝对
准备程度	未知晓、知晓、已知道、有兴趣、想得到、企图购买
对产品的态度	热情、积极、不关心、否定、敌视

1. 地理环境细分

地理环境细分即按照消费者所处的地理位置、自然环境来细分市场。具体变量包括国家、地区、城市、乡村、城市规模、人口密度、不同的气候带、不同的地形地貌等。之所以将地理因素作为细分消费者市场的首要依据，主要是由于处于不同地理环境下的消费者，对于同一类产品往往会表现出差别较大的需求和偏好特征，以至于对企业营销刺激的反应也常常存在较大的差别。防暑降温、御寒保暖之类的消费品按照不同气候带细分市场是很有意义的。如中国茶叶市场，各地区就有不同的偏好，绿茶主要畅销江南各省，花茶畅销于华北、东北地区，砖茶则主要为某些少数民族地区所喜好。而对于某些基本生活资料市场则应该根据不同地区的人口密度来划分市场，因为基本生活资料的消费数量往往与人口数量呈正比关系。可见，地理环境因素具备易于辨别和分析的特征，是细分市场时应予考虑的基本因素。然而，地理环境因素同时又是一种相对静态的变数，处于同一地理位置的消费者对某一产品的需求仍会存在较大的差异。因此企业选择目标市场，还需要结合其他因素进行市场细分。

2. 人文细分

人文细分即市场按人文学变量细分，如以年龄、性别、家庭人数、家庭生命周期、社会阶层、收入、职业、教育、宗教、种族、代沟、国籍为基础，划分出不同的群体。显然，这些人文变量因素与需求差异性之间存在着密切的关系。年龄不同、受教育程度不同、收入不同的消费者在价值观念、生活情趣、审美观念和生活方式等方面会有很大的差异，从而对产品必定会产生不同的消费需求、偏好和使用率，等等。而且，人文变量比大部分其他类型的变量更容易衡量，某些非人文因素(如性格类型)也是间接通过人文因素来描述的。因此，人文变量是区分消费者群体最常用的基础，历来为人们所普遍重视。

3. 心理细分

所谓"心理细分"是根据社会阶层、生活方式或个性特点，将购买者分为不同的群体。在同一群体的人可能会有差异极大的心理模式。按照上述因素依据细分出来的同一群体消费者，有时对同类产品的喜好态度也可能出现不尽相同的情况。这就是不同心理特征在发挥作用。心理因素十分复杂，包括生活方式、个性、购买动机、生活格调、追求的利益价值取向以及对商品供求形式和销售方式的感应程度等变量。企业可以把具有相似个性、爱好、兴趣和价值取向的消费者集合成群，并结合他们的行为方式有针对性地制订营销策略。比如，在上述心理因素的作用下，可以划分为"传统型""新潮型""奢靡型""活泼型""社交型"等群体。

4. 行为细分

所谓"行为细分"是根据人们的知识、态度以及对产品的反应和使用情况，具体包括消费者进入市场的程度、购买时机、使用产品频率、偏好程度、忠诚程度、待购阶段和态度等变量，将购买者分为不同的群体，从而进行市场的细分。许多市场营销人员认为根据行为因素细分是进行市场细分的最佳起点。例如，按消费者进入市场程度，通常可以划分为常规消费者、初次消费者和潜在消费者，依此还可划分若干不同的细分市场。资力雄厚、市场占有率较高的企业通常尤其关注吸引潜在的购买者，企业通过营销战略，特别是广告促销策略以及价格优惠手段，可把潜在消费者变为企业产品的初次消费者，再进一步使其变为常规消费者。而一些中、小企业，特别是无力开展大规模促销活动的企业，主要注重吸引常规消费者。

(四)产业市场细分的依据

细分消费者市场的标准，有些同样适用于产业市场。如地理因素、追求的利益、使用状况等，但还需要使用一些其他的变量。美国的波罗玛(Bouoma)和夏皮罗(Shapiro)提出了一个产业市场的主要细分变量表比较系统地列举了细分产业市场的主要变量，并提出了企业在选择目标顾客时应考虑的主要问题。对企业细分产业市场具有一定的参考价值，如表5-2所示。

表5-2 产业市场的主要细分变量

人口变量
• 行业：我们应把重点放在购买这种产品的哪些行业？
• 公司规模：我们应把重点放在多大规模的公司？
• 地理位置：我们应把重点放在哪些地区？
经营变量
• 技术：我们应把重点放在顾客所重视的哪些技术上？
• 使用者或非使用者情况：我们应把重点放在经常使用者、较少使用者、首次使用者或从未使用者身上？
• 顾客能力：我们应把重点放在需要很多服务的顾客上，还是只需少量服务的顾客上？

第五章 市场细分与市场定位

续表

采购方法
• 采购职能组织：我们应将重点放在那些采购组织高度集中的公司上，还是那些采购组织相对分散的公司上？
• 权力结构：我们应侧重那些工程技术人员占主导地位的公司，还是财务人员占主导地位的公司？
• 与用户的关系：我们应选择那些现在与我们有牢固关系的公司，还是追求最理想的公司？
• 总的采购政策：我们应把重点放在乐于采用租赁、服务合同、系统采购的公司，还是采用密封投标等贸易方式的公司上？
• 购买标准：我们是选择追求质量的公司、重视服务的公司，还是注重价格的公司？
情况因素
• 紧急：我们是否应把重点放在那些要求迅速和突击交货或提供服务的公司？
• 特别用途：我们应将力量集中于本公司产品的某些用途上，还是将力量平均花在各种用途上？
• 订货量：我们应侧重于大宗订货的用户，还是少量订货者？
个性特征
• 购销双方的相似点：我们是否应把重点放在那些其人员及其价值观念与本公司相似的公司上？
• 对待风险的态度：我们应把重点放在敢于冒风险的用户还是不愿冒风险的用户上？
• 忠诚度：我们是否应该选择那些对本公司产品非常忠诚的用户？

(资料来源：[美]菲利普·科特勒等. 市场营销管理[M]. 亚洲版. 郭国庆，等，译. 北京：中国人民大学出版社，1997.)

【营销实战】

水泥市场细分

通过对水泥生产企业的客户调查，研究表明，国内水泥市场存在三大细分市场。

(1) 程序型购买者。这部分购买者通常是政府部门、国有企业，他们购买的行为多是例行公事，通常会支付全价，并接受低于平均水平的服务。这一市场对水泥生产企业无疑是利润很高的细分市场。

(2) 关系型购买者。这部分购买者通常是企业的长期关系户，有长期的业务往来，只要求提供小额折扣和一般性的服务，这是企业的第二大利润细分市场。

(3) 交易型购买者。这部分购买者通常是企业制度健全的国有或私营建筑企业。他们认为水泥的质量很重要，但他们对价格和服务更敏感，一般要求10%的折扣和高于平均水平的服务。他们对不同水泥生产企业的价格和服务都很了解，随时都会转移购买。尽管这一细分市场利润不高，但有利于扩大企业销售额。

(资料来源：[美]菲利普·科特勒，加里·阿姆斯特朗. 营销学导论[M]. 俞利军，译. 北京：华夏出版社.)

二、市场细分的原则及应该注意的问题

(一)市场细分的原则

企业在进行市场细分时必须从本企业生产经营活动的具体情况出发，对不同的商品和

劳务有不同的细分标准，并且要经常调查和研究预测所用变数的变化情况和变动趋势，实时调整细分市场。对不同行业、不同类型的企业来说，实行市场细分化必须具备一定条件，否则，不一定能形成有效的细分市场，很可能徒劳无益，得不偿失。形成有效的细分市场，必须具备以下几个条件。

1. 差异性

在该商品的整体市场中，在消费上存在着明显的差异性，足以成为细分依据。即不同细分市场的特征可清楚地加以区分。例如，肉食品、糕点等产品有必要按汉民和回民细分，而纯净水市场按肤色人种进行细分，就不会有好的效果。

2. 可衡量性

可衡量性指细分市场的规模及其购买力可衡量程度的高低。亦即细分出来的市场不仅范围比较清晰，而且也能大致判断该市场的大小。

3. 可接近性

这是指细分的市场是企业的营销活动能够通达的市场，亦即细分出来的市场应是企业能够对顾客发生影响、产品能够展现在顾客面前的市场。这主要表现在两个方面：一是企业能够通过一定的广告媒体把产品信息传递给该市场的众多的消费者，二是产品能够经过一定的销售渠道抵达该市场。考虑细分市场的可接受性，实际上就是考虑企业营销活动的可行性。显然，对不能进入或难以进入的市场进行细分是没有意义的。

4. 可营利性

可营利性指细分市场的容量能否保证企业获得足够的经济效益，如果容量太小销售有限，则不足以成为细分依据。

(二)市场细分应该注意的问题

进行市场细分的指标选取，应遵循适用、适度和能凸显出细分市场消费者的需求特征为限度。一般来说细分市场时参与的指标或变量越少，则细分程度越粗糙，消费者特征越不易被发现。相反，参与市场细分的指标或变量越多，那么得出来的细分市场区分越仔细，消费者需求特征越明显。究竟选取哪些指标、多少指标对市场进行细分，各个企业应该根据自己的实际情况来决定。需要注意的是不是将市场分得越细越好，因为市场"超细分"会带来企业生产成本和推销费用的增加。在市场细分的过程中应该注意以下几个方面的问题。

(1) 力求避免多数谬误。即避免和竞争对手采用相同的思路对市场进行细分。和竞争对手采用相同的思路和细分标准，最终所选择的细分市场也相同，会导致同一市场竞争过于激烈。

(2) 细分市场应当具有相当规模，而且具有相当的发展潜力，足以实现企业利润目标。

(3) 发现市场细分过细带来不利影响时，应当实施"反细分化"策略。企业可以将若干过于细小的细分市场组合起来，有效降低生产成本和营销成本，以较低的价格满足市场需求。

三、市场细分的程序

市场细分的步骤因市场的类型不同而有差异，一般情况下可以遵循如下步骤。

(一)市场调查阶段

在进行具体的市场细分之前，应对如下问题进行市场调研。

(1) 整体市场的消费发展趋势。对市场营销环境各因素进行调研，了解市场上各种消费发展趋势。

(2) 有可能进入行业中的消费者的需求状况。要了解该行业产品大类、产品生命周期、技术寿命、在消费者中的普及率、市场年需求量等。

(3) 消费者对该行业产品属性及各种属性重要性的等级评估。

(4) 消费者对该行业不同产品品牌等级的评估。

(5) 产品使用率，包括产品使用频率、使用数量和使用程度等的调查。

(6) 消费者对该类产品品牌的忠诚程度或偏好程度。

(7) 消费者的人口因素、心理因素等，如性别、年龄、职业、文化程度、收入、个性、购买动机、价值观念和生活格调等。

(二)市场分析阶段

在市场调查的基础上进行市场分析，确定适用本产品或劳务的细分变量。这个阶段主要解决如下几个问题。

(1) 选定产品或劳务市场范围。企业在上述市场调查的基础上，必须确定进入什么行业，生产什么产品。产品的市场范围应当是以顾客的需求而不是以产品本身的特性来决定。

(2) 确定市场细分标准。列出企业所选定的产品市场范围内所有潜在顾客的所有需求，这些需求多半是人口、经济、地理、心理等因素的特征。企业再将所列出的需求交由各种不同类型的顾客挑选他们最迫切的需求，然后集中起来，选出两三个作为市场细分的标准。

(3) 确定可能的细分市场。根据不同消费者的特征，划分相应的市场群，形成若干个细分市场。

(三)市场细分阶段

在市场分析的基础上解决如下几个方面的问题。

(1) 根据上述各细分市场的个性化因素赋予他们相应的名称，以便从名称上联想各细分市场消费者的特征。例如，住宅市场的消费者根据其特征可分为：摇摆者——年轻未婚，感情冲动；世故者——比摇摆者成熟，收入、文化较高，追求舒适、个性化的生活；成家立业者——家庭初建，孩子幼小，收入不足购房；以工作为中心者——一般为单身汉．希望住宅离工作单位较近；以城市为中心者——希望住在繁华的城市，不愿住郊外。

(2) 进一步分析每一个细分市场的不同需求与购买行为的特点及其原因，把握不同细分市场间的微小差别，并从中不断发现新的市场细分的可能性。例如：按自行车的款式、颜色的需求对自行车市场进行细分，就会发现同样按照自行车款式、颜色挑选自行车的消费者，他们购买自行车时的侧重点可能有所不同，有人注重价格而有人注重品牌。

（3）重视影响消费者选购产品因素的变化，及时调整企业细分活动以适应这种市场变化。例如，一段时间美国福特汽车公司认为价格是决定消费者选购何种类型汽车的唯一影响因素，于是该公司努力扩大产量，降低成本，供应单一型号的黑色汽车；后来，通用汽车公司经过进一步市场调查和细分后发现，不同收入、年龄的人对汽车颜色有不同偏好，因此推出红、蓝、浅黄色汽车。使公司利润一度超过福特汽车。70年代的能源危机使消费者不得不考虑汽车耗油量，日本丰田公司及时推出小型节油的皇冠牌汽车，击败美国竞争者占领美国市场。

第二节　目标市场选择

在企业的市场营销活动中，企业必须选择和确定目标市场。首先，选择和确定目标市场，明确企业的具体服务对象，关系到企业市场营销战略目标的落实。其次，对于企业来说，并非所有的细分市场都具有同等吸引力，都有利可图，只有那些和企业资源条件相适应的细分市场对企业才具有较强的吸引力，才是企业的最佳细分市场。

一、目标市场的含义

目标市场是企业为满足现实或潜在消费需求而开拓的特定市场，是企业在市场细分的基础上，从满足现实的或潜在的目标顾客的需求出发，并依据企业自身的经营条件而选定的一个或为数不多的特定市场。在任何市场上都经常存在着一些"未被满足的需求"，这种"未被满足的需求"就是环境机会。但并不是所有的环境机会都能成为企业市场机会。一种环境机会能否成为市场机会，不仅取决于该种环境机会是否与企业的任务和目标相一致，而且还取决于该企业是否具备利用这种环境机会的条件，取决于该企业在利用这种环境机会时具有的竞争优势。一般来说，只有与企业的任务、目标、资源条件相一致并且比竞争者具有更大竞争优势的环境机会才是市场机会。市场机会事实上是对满足市场上哪一类消费者需求而做的选择，确定了市场机会也就基本上确定了企业的目标市场。

目标市场与市场细分是两个既有联系又有区别的概念。市场细分是发现市场上尚未满足的需求与按不同的购买欲望和需求划分消费者群的过程，而确定目标市场则是企业根据自身条件和他的选择某一个或几个细分市场作为营销对象的过程。因此，市场细分是选择目标市场的前提条件，而目标市场的选择则是市场细分的目的和归宿。

二、评估细分市场

企业面对若干个细分市场，如何确定哪一个或哪几个市场为自己的目标市场呢？这就需要对细分出来的市场进行评估。评估的标准主要有以下几点。

1. 市场规模和发展潜力

市场规模是由消费者的数量和购买力决定的，也受当地消费习惯及消费者对企业市

第五章　市场细分与市场定位

营销策略反应敏感程度的影响。评估某细分市场的市场规模既要考虑现有的消费水平也要考虑未来的发展潜力，选择的细分市场应该具有一定的市场规模。一定的市场规模是指适度规模，是相对规模。大型企业适合选择市场容量相对较大的细分市场，而小型企业则适合选择市场容量相对较小的细分市场。但是，不论市场规模的大小，该细分市场都必须具有广阔的发展前景。同时还应注意在分析其发展潜力时应该避免和竞争者同一思维逻辑。

2．企业特征分析

细分市场的需求要与企业的目标、资源条件相适应，有吸引力的市场并不一定是最后的细分市场，只有符合企业长远发展目标，能充分利用企业资源条件的细分市场才能挖掘出该细分市场的盈利潜力。

3．竞争优势分析

企业必须判断自身的竞争优势(如技术优势、资金优势或服务优势等)在某细分市场是否具有竞争力，即判断细分市场上竞争状况对企业进入该市场的影响。只有能发挥企业竞争优势的细分市场才是良好的目标市场。

4．获利状况分析

细分市场要能为企业获得预期的或合理的利润，即要有一定的获利潜力。影响细分市场盈利潜力的因素有竞争者的数量、新加入者和来自新产品的威胁。市场的进入壁垒低，会导致竞争对手的增多，激化市场竞争，降低盈利水平。新产品的上市，会影响本企业产品的市场需求量。此外，消费者和供应商的议价能力也会影响细分市场未来的盈利水平。

【营销实战】

麦当劳的主要目标市场

麦当劳经过对细分市场的评估，选择以下几个细分市场作为其目标顾客群。

(1) 儿童和家庭。这是麦当劳所设定的首要目标顾客群，是公司"欢乐餐"与特别促销活动的焦点。

(2) 青少年。青少年具有反叛或反传统的思想倾向，不希望受约束，渴望理解，希望人民能坦诚以待。

(3) 青年。青年多指年龄在 18～34 岁之间的年轻人。这些人正在开创自己的事业和建立家庭，公司应为这些人提供快速高效的餐饮服务。

(4) 少数民族。少数民族在美洲大陆主要是指亚裔、非裔及西班牙语系的消费者。公司必须投入大量资金，通过有线电视网播放带有浓重民族特色的广告片。

(5) 年长者。年长者多指年龄在 54 岁以上的人，公司针对这一顾客群，主要应推销其餐饮的经济性，同时也要鼓励年长者参与餐厅的工作。

(资料来源：傅浙铭，张多中．营销八段——市场定位方略[M]．广州：广东经济出版社，2005.)

三、目标市场的选择模式

目标市场是企业选定并准备进入的细分市场。企业经过上述市场细分和评估后就可以决定进入哪一个和哪几个目标市场并满足该市场的某一特定需求。企业在选择目标市场时有五种可供考虑的市场覆盖模式,见图5-2。

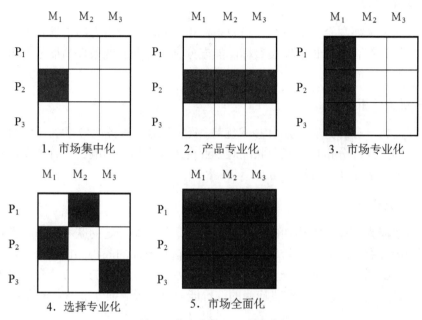

(注:P代表产品,M代表市场)

图5-2 目标市场的选择

1. 密集单一市场集中化

这是一种最简单的目标市场选择模式。即企业只选取一个细分市场,只生产一类产品,满足一类顾客群的需求,进行集中营销。例如某汽车制造厂只生产小型车。选择市场集中化模式一般基于以下考虑:企业具备在该细分市场从事专业化经营或取胜的优势条件;限于资金能力,只能经营一个细分市场;该细分市场中没有竞争对手;准备以此为出发点,取得成功后向更多的细分市场扩展。

企业将所有精力集中于一个市场,可以更清楚地了解该市场的需求,进而实现特色经营,较容易树立良好的信誉,易于被市场接受,较快地在市场站稳脚跟。因为企业生产、销售和促销在该市场上均可实现专业化分工,所以比较容易获得经济效益。集中营销较易受到细分市场发展不景气或该市场竞争程度的影响,市场风险比一般情况大。

2. 产品专业化

产品专业化是企业集中生产一种产品,并向各类顾客销售这种产品。如显微镜生产厂家只生产一种产品,同时向科研机构、学校实验室、工商企业实验室等各类用户销售。

产品专业化模式的优点是企业专注于某一种或一类产品的生产,有利于形成和发展生产、技术上的优势，在该领域树立形象。同时市场面较密集单一市场集中化扩大，降低了风险。产品专业化的局限性是当该领域被一种全新的技术与产品所代替时，产品销售量有大幅度下降的危险，企业有可能面临危机。

3. 市场专业化

市场专业化是企业专门为某一特定顾客群的各种需求服务，经营满足某一顾客群体需要的各种产品。比如某电器制造商以大中型旅游饭店为目标市场，生产这些单位需要的空调、电视、冰箱、洗衣机、电话等各种电器。

市场专业化经营的产品类型众多，能有效地分散经营风险。因为企业只和某一类顾客打交道，往往较易利用和顾客之间的关系降低交易成本，并在该类顾客中树立良好的信誉。但由于集中于某一类顾客，当这类顾客的需求或购买力下降时，企业也会遇到收益下降的风险。

4. 选择专业化

选择专业化是企业在详细市场细分的基础上，结合本企业的目标、资源和竞争优势仔细选择生产几种产品，有目的地进入某几个细分市场，满足该细分市场的不同需求。其中每个细分市场与其他细分市场之间较少联系。

选择专业化的优点是可以有效地分散经营风险，即使某个细分市场盈利不佳，仍可在其他细分市场盈利。采用选择专业化方式应当以几个细分市场均具有相当的吸引力为前提，并且企业应具有较强资源和营销实力。

5. 市场全面化

市场全面化是企业生产多种产品去满足各种顾客群体的需求，以期覆盖整个市场。实力雄厚的大型企业只有选用这种模式，才能收到良好效果。例如美国 IBM 公司在全球计算机市场，通用汽车公司在全球汽车市场，可口可乐公司在全球饮料市场等。

四、目标市场营销战略

(一)无差异性营销战略

1. 无差异营销战略的含义

实行无差异营销战略的企业一般把整体市场看作一个大的目标市场，不进行细分，只向市场推出单一标准化产品，并以统一的市场营销组合对待整体市场，如图 5-3(a)所示。实行此战略的企业大都基于两种不同的指导思想：①传统的产品观念。强调需求的共性，漠视需求的差异。因此，企业可为整体市场生产标准化产品，并实行无差异的市场营销战略。在 20 世纪 60 年代前，美国可口可乐公司一直奉行典型的无差异战略，以单一的品种、一种规格和形状的瓶式包装和统一的广告宣传内容，长期占领世界非酒类饮料市场。在大量生产、大量销售产品为导向的时代，企业多数采用无差异性营销战略经营。②现代市场营销理念。企业经过市场调查之后，认为某些特定产品的消费者需求大致相同或较少差异，比如食盐，因此可以采用大致相同的市场营销策略。从这个意义上讲，它符合现代市场营销理念。

2. 无差异性营销战略的优点

采用无差异性营销战略的最大优点是成本的经济性。大批量的生产销售，必然降低单位产品成本；无差异的广告宣传可以减少促销费用。不进行市场细分，也相应减少了市场调研、产品研制与开发以及制订多种市场营销战略、战术方案等带来的成本开支。

3. 无差异性营销战略的缺点

采用无差异性营销战略的最大缺点是顾客的满意度较低。因为其忽视了消费者需求的差异，企业生产一种产品显然不能满足所有消费者的需求。另外，某种产品或品牌受到市场的普遍欢迎是很少的，即便一时能赢得某一市场，如果竞争企业都如此仿照，就会造成市场上某个部分竞争非常激烈，而其他市场部分的需求却未得到满足。

4. 无差异性营销战略的适用条件

无差异性营销战略对市场上大多数产品都是不适宜的，仅适用于少数需求大致相同的同质产品市场，并且一个企业也不可能长期运用该种营销战略。

【营销实战】

美国的汽车市场

20世纪70年代以前，美国三大汽车公司都坚信美国人喜欢大型豪华的小汽车，共同追求这一大的目标市场，采用无差异性市场营销战略。但是70年代能源危机发生之后，美国小轿车消费需求已经变化，消费者越来越喜欢小型、轻便、省油的小型轿车，而美国三大汽车公司部没有意识到这种变化，更没有适当地调整他们的无差异性营销战略，致使大轿车市场竞争"白热化"，而小型轿车市场却被忽略。日本汽车公司正是在这种情况下乘虚而入的。

(二)差异性营销战略

1. 差异性市场营销战略的含义

差异性市场营销战略是企业把整体市场划分为若干个需求与愿望大致相同的细分市场，然后根据企业的资源及营销实力选择两个或两个以上的细分市场作为目标市场，并为所选择的各目标市场制订不同的市场营销组合策略。采用该种营销战略的企业，可以许多个营销组合共同发展，每个组合服务于不同的细分市场，如图 5-3(b)所示。如宝洁公司就是一个典型的例子，该公司为了满足世界各地消费者的不同需求，几乎两天出产一种新产品以满足不同的市场需求。再如，北京三露"大宝系列化妆品"，就是针对各种不同消费者的皮肤需要和各种不同层次的需求而专门设计生产的，从而赢得了广大消费者的欢迎。

2. 差异性营销战略的优点

采用差异性市场营销战略的最大优点是可以有针对性地满足具有不同特征顾客群的需

求,提高产品的竞争能力。不同的市场有不同的产品形象,可以吸引不同的购买者。能够降低经营风险,增强企业应变能力。

3. 差异性营销战略的缺点

高额的营销费用是采取差异性营销战略的最大缺点。采取差异化营销战略要对不同的细分市场进行营销组合研究,如产品品种选择,销售渠道设计、销售状况分析、广告宣传和促销管理,这大幅度增加了营销费用和管理费用。另外该战略在推动成本和销售额上升的同时,市场效益并不一定有保证。因此,企业在市场营销中有时需要进行"反细分"或"扩大顾客的基数"。

4. 差异性营销战略的适用条件

采用这种战略的企业应该权衡利弊,考察多个细分市场为企业带来的利润,切不可盲目采用。采用这种战略的企业往往是实力雄厚的大型企业。

(三)集中性市场战略

1. 集中性市场战略的含义

集中性市场战略是把企业有限的资源集中在一个或几个性质相似的小型市场上,不求在较多的细分市场上得到较小的市场份额,而要求在较小的市场上得到较大的市场占有率。如图5-3(c)所示。

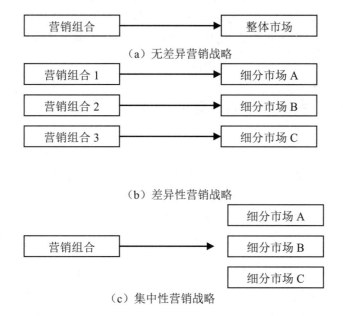

图5-3 三种可供选择的目标市场营销战略

2. 集中性市场战略的优点

采用集中性市场战略可以使企业的市场相对集中,更有利于企业深入了解该市场消费者的需求,使产品更加适销对路,有利于强化企业形象和产品形象,取得细分市场的优势,同时由于生产、促销、分销方面的专业化，可以节省生产成本和营销费用，增加盈利。

3. 集中性市场战略的缺点

这一战略的不足是经营者承担风险较大，因为目标过于集中，回旋余地不大，一旦目标市场的需求情况突然发生变化，目标消费者的兴趣突然转移(这种情况多发生于时髦商品)或是市场上出现了更强有力的竞争对手，企业就有可能陷入困境。这对企业的经营管理提出了更高的要求，企业的应对机制要灵活，密切注视市场的发展态势，及时决策以降低风险。

4. 集中性市场战略的适用条件

这种战略是一种"弥隙"战略，即弥补市场空隙的意思，适合资源实力薄弱的小型企业。小企业如果与大企业硬性抗衡，弊多于利，必须学会寻找对自己有利的小生存环境。如果小企业能避开大企业竞争激烈的市场，选择一两个能够发挥自己技术、资源优势的小型市场，往往容易成功。

【营销实战】

皮鞋公司的目标市场战略

有一家小规模的制鞋公司，在皮鞋市场上的竞争力较弱。通过市场调查和细分后，了解到皮鞋市场上有各种不同皮革制成的皮鞋，款式约有 150 多种。但有很多消费者喜欢在家穿轻便舒适的皮便鞋，该公司决定以此消费者群体作为目标市场，集中企业的一切资源，专门生产这种皮便鞋，使公司在竞争激烈的皮革制品市场上站住了脚，获得了很大的经济效益。

五、影响企业选择目标市场战略的因素

1. 企业实力

企业实力是指企业满足市场需求而需要的资源的总和，主要包括生产能力、技术开发能力、销售能力和资金、人力资源以及企业经营管理能力。如果企业实力雄厚，即可选择差异性营销战略或无差异性营销战略。如果企业资源能力有限，则宜选择集中性营销战略。

2. 产品同质性

消费需求差异较小的同质性产品主要表现在一些未经加工的初级产品上，如钢铁、大米、食盐、石油等，虽然产品在品质上或多或少存在差异，但用户一般不加区分或难以区分。因此，同质性产品竞争主要表现在价格和提供的服务条件上。该类产品适于采用无差异战略。而对需求差异较大的如服装、家用电器、食品、汽车等异质产品，可根据企业资源力量，采用差异性营销战略或集中性营销战略。

3. 市场同质性

如果顾客的需求偏好、购买行为较为接近，且对市场营销刺激的反应基本相同，可采

用无差异性营销战略；否则，应采用差异性或集中性营销战略。

4. 产品生命周期

新产品刚刚投放市场时往往以较单一的产品探测市场需求，消费者对此产品的需求差异较小，产品价格和销售渠道基本上单一化。因此，新产品在投入期可采用无差异性营销战略。产品进入成长期或成熟期，市场竞争加剧，出现仿制品，再用无差异营销战略就不能满足竞争的需要和消费者的需求，而应采用差异性或集中性营销战略。在产品生命周期的不同阶段，采取差异性营销战略的目的是开拓市场，而集中性或差异性营销战略的目的是保持原有的市场。

5. 竞争者战略

如果竞争对手采用无差异性营销战略时，企业应进行市场细分后选择差异性或集中性营销战略，以利于开拓市场，提高产品竞争能力。如果竞争者已采用差异性战略，则不应以无差异营销战略与其竞争，可以选择对等的差异性营销战略或对市场进行更深层次的细分，而选择差异性营销战略。如果企业实力较为弱小可以考虑采用集中化营销战略。另外，如果同一市场的竞争者数目较多，竞争比较激烈则较适宜采用差异性或集中性营销战略。反之则适宜采用无差异营销战略。

第三节 市场定位

选定目标市场之后，企业必须为自己的产品或品牌在市场上树立某种鲜明的特色、塑造特定的形象，并将该特色和形象传递给目标顾客，以期在消费者的心目中获得某种认同。这就是目标市场胜利的关键——市场定位。通过市场定位不仅可以向目标市场的消费者说明本企业产品和竞争者产品有什么区别，即说明"谁是谁"，同时还要说明本企业产品为什么值得购买，即说明"谁如何"。

一、市场定位的含义及心理特征

(一)市场定位的含义

美国广告从业人员阿尔·莱斯(Al Rise)和杰克·特劳特(Jack Trout)在20世纪70年代早期提出了"定位"(Positioning)概念，他们认为"在传播的丛林沼泽中唯一能取得高效果的，是集中火力于狭窄的目标，实施市场区隔。一言以蔽之，这就是'产品定位'。"那么什么是产品定位呢？所谓产品定位，是指与竞争对手的产品相比，企业使自己的产品在目标消费者心目中占有一种明确的(Clear)、与众不同的(Distinctive)和消费者渴求的(Desirable)位置。在产品定位概念中，其核心是渴求，因为只有在足够多目标客户的渴求下产品定位方具有意义，才能说得上产品定位的清晰与定位的个性化。

市场定位是根据竞争者现有产品在市场上所处的地位和顾客对产品某些属性的重视程度，塑造出本企业产品与众不同的鲜明个性或形象，并传递给目标顾客，使该产品在细分市场上占有强有力的竞争位置。市场定位的要点是"消费者心中"和"相对于竞争对手"。

市场定位要点体现了其心理特征和竞争特征。

(二)市场定位的心理特征

定位是一种攻心战略。它不是去创作某种新奇的与众不同的东西，而是去操作已存在于消费者心中的东西，定位以消费者的心智为出发点而不是以商品为出发点，要求更细致的消费心理研究。因此可以说市场定位体现了"消费者导向"。从消费者心理层面考察，市场定位具有以下特征。

1. 市场定位为消费者有限的心智提供了一种简化信息

消费者在面临过多的产品品牌和纷繁的信息时，往往会对这些信息进行简化。定位正是适应了消费者的简化心理，定位直指消费者心智，它不去说产品如何，而是在受众心理阶梯上寻找一个位置，或者重新构建一个心理阶梯，这个位置就是给受众一个简单的购买理由。

2. 市场定位借助的是一种位序符号

人类认识和理解纷繁复杂的世界，必须借助一定的符号。市场定位借助的是一种位序符号。位序中的位置是消费者评价的排序和度量。当市场定位将某一位置赋予某一品牌时，这一品牌就成了位置符号所指物，人们在心中就会将这一位置具有和包容的价值和其他信息附加在品牌上，从而将对品牌位置的感觉和评价转移到对品牌质量、价值的评价上，将对位置的信赖转化为对品牌的信赖。

3. 市场定位借助了消费者心理的保守性和可塑性

现代接受理论认为，人们在接受某一文本时，一方面在原有的认知结构所形成的期待视野中进行，另一方面，文本的作用又可以打破原有的认知结构和期待，接受的结果是文本视野与期待视野的一种融合。这说明受众接受心理具有稳定性和可塑性。因此，市场定位一方面要考虑到消费者心中已有的位序网络，另一方面又可在原有位序网络的基础上，修正、改变或重建心理位序，形成有利于自己品牌的心理位序系列。

(三)市场定位的竞争特征

市场定位要"相对于竞争对手"，也就是说，市场定位所试图在消费者心中建立的位置是和竞争者相比照的，从而体现出鲜明的"竞争导向"。

1. 市场定位是一种心理位置上的竞争

市场定位不仅要考虑到产品自然的差异，更着重于两者在受众心理位序或阶梯上的位置关系，是一种位置占领上的竞争。

2. 定位可承认并利用竞争品牌的位置和优势

市场定位不是以自己的优点比照竞争者的缺点，而是承认对手的优势，以对手的位置为自己定位的前提，同时，还充分利用对手的优势和位置，使自己的品牌在消费者心中与竞争对手位置发生某种关联，借助或避开这一位置，以获得自己应有的或可能占据的位置。

第五章 市场细分与市场定位

如七喜汽水的"非可乐"定位是以"可口可乐""百事可乐"的定位为背景，利用比附方式提携自己的品牌位置。

二、市场定位战略

差别化是企业市场定位的根本战略，具体可以从以下几个方面寻求差别化。

1. 产品实体差别化战略

产品差别化战略是从产品质量、款式、性能、规格等产品属性方面实现差别，寻求产品个性特征，形成竞争优势。日本汽车行业中流传着这样一句话："丰田的安装，本田的外形，日产的价格，三菱的发动机。"这句话道出了日本四家主要汽车公司的核心专长，说明"本田"外形设计优美入时，颇受年轻消费者的喜欢。但是，企业致力于产品实体质量的提高、款式的新颖、性能的提高等可能带来经营成本的增加，而顾客认为过高的质量需要支付超出其质量需求的额外价值，即使在没有让顾客承担相应成本的情况下也是如此，所以该种战略应充分考虑消费者对产品实体的认识水平。

2. 服务差别化战略

服务差别化战略是向目标市场提供与竞争者不同的优异服务。包括订货、交货、安装和客户培训、客户咨询、维修保养等各种服务手段的差别。在产品实体差别(技术质量差别)比较小的情况下，企业应该将竞争力体现在顾客服务水平上。如果企业把服务要素融入产品的支撑体系，就可以在许多领域建立"进入障碍"，形成服务竞争优势。

3. 人员差别化战略

人员差别化战略是通过聘用和培训比竞争者更为优秀的人员以获取差别优势。日本航空公司之所以能和美国最大的航空公司在"北京——东京——夏威夷"这条航线上竞争，依靠的就是其优良的服务，而优良的服务来自他们有一支训练有素的从机长到空中小组高素质的航空员工队伍。凡乘过此航线的旅客，很难再选择其他航空公司。

受过良好训练的员工团队能熟练掌握产品知识和技能，能友好对待顾客，尊重和善于体谅他人。善于和顾客交流，准确传递信息，能使人感到坦诚和可以信赖，具有强烈的责任心并准确无误地完成工作。如果一个企业拥有这样的一支团队，其竞争优势自然不言而喻。

4. 渠道差别化战略

分销渠道差别化战略是在同类产品中根据自己的特点和优势，采用合适与独特的销售渠道或高效的分销渠道管理，在消费者心目中树立相较于竞争对手的渠道优势，取得事半功倍的效果。如可口可乐公司通过在麦当劳餐厅销售的渠道策略使自己的销售量随着麦当劳餐厅的扩张而增加。

5. 形象差别化战略

形象差别化战略是在产品的核心部分和服务与竞争者类同的情况下塑造不同的产品形

象以获取差别优势。这种形象可以是合适的模特儿、商标上的人物、拟人化的卡通形象、名人形象或普通人形象，可以体现在品牌标志、文化氛围、员工行为等方面。为企业或产品成功地塑造形象，需要具有创造性的思维和设计，需要持续不断地利用企业所能利用的所有传播工具，围绕同一个主题长期宣传。万宝路香烟为自己的牌子塑造了"一种令人激动不已的形象"，典型的西部牛仔形象和文身表达了人们吸"万宝路"香烟的核心意义：男子汉气概、成年、强壮和性能力。向具有创意的标志融入某一文化因素，也是实现形象差别化的重要途径。"麦当劳"的金色模型 M 标志，与其独特文化氛围相融合，使人们无论身在何处，只要一见到这个标志马上就会联想到麦当劳舒适宽敞的店堂、优质的服务和新鲜可口的汉堡薯条。

营销实战

西南航空公司这个总部在达拉斯的航空公司，使用低价和无装饰飞机，实施市场补缺战略。它飞行于小机场之间，并避开主要的航空公司中心，避免和其他航空公司的直接竞争，并且以低价吸引通常驱车旅行的人。但西南航空公司明白，它不能只是在价格上与众不同，因为竞争者很容易以更低价进入。西南航空公司用"趣味"航线与别人区别开来：它的首席执行官化装成"猫王"伊尔维斯·普雷斯利问候客人。飞机下降的讲解唱成"在甲板闲庭信步"，并且在安全解说中还包含"在水上迫降时，请在回岸过程中不停地划桨，踢，踢，划桨，踢，踢"等风趣用语。

(资料来源：[美]菲利普·科特勒. 营销管理[M]. 新千年版. 北京：中国人民大学出版社，2001.)

三、市场定位策略

市场定位策略显示的是一种产品或一家企业同其类似产品或企业之间的竞争关系，具体有以下几种。

1. 市场领导者定位

这是一种旨在占据某一类别中第一或领导位置的定位策略。"第一"是最容易进入人们心智的途径，"最大"也具有同样的效用，所以争取"第一""最大""最先"，就可以成为领导者。企业和广告人习惯于从整体规模、实力上来理解"第一"，实际上，"规模"的首席定位只有一种品牌可以获得，重要的是在某些价值属性上取得第一的定位，而不必非得在"规模"上最大不可。如保时捷(Porsche)是小型运动跑车的第一名，迪阿(Dial)香皂是除臭香皂的第一名等。企业应该识别并确定某一令人信服的重要属性和利益，并发展其为该品牌所独有。

2. 比附定位

在竞争品牌领先位置相当稳固，原有位序难以打破重组，或自己的品牌缺乏成为领导品牌的实力和可能的情况下可采取的一种定位策略。这种定位策略可使自己的产品或品牌与领先品牌发生一定的比附性关系，在承认竞争品牌领先位置的基础上，占据紧随其后的位置。

第五章　市场细分与市场定位

【营销实战】

> 20世纪60年代，艾维斯汽车出租公司运用比附定位策略成功树立了自己的形象。当时，赫兹汽车出租公司在美国市场位居首席，市场占有率达到50%，而艾维斯默默无闻，连续亏损了13年。1962年，罗伯特·汤生(Robert Townsend)掌管公司，DDB(Doyle Dane Bernbach)广告公司承接了公司的广告业务。"在出租车行业中，艾维斯不过是第二位，那么为什么还租用我们的车？我们更加努力呀！""当你仅是第二时，你得更加卖力，不然就会很糟糕。"当以上广告语刊出以后，广告公司和广告主都惊恐交加，认为"自居第二"的想法简直匪夷所思，拿客户的预算开玩笑。传统人士更认为艾维斯在替赫兹做免费广告。但事实上，租车的人现在都要询问一下有关艾维斯的情况，看广告所言是否属实。即使是碰运气，也要试试艾维斯，同时试过的人又会告诉他的朋友，一时口碑载道，实现了汤生的"100万美元广告预算，500万美元冲击效果"的要求。广告后的第一年，艾维斯扭亏为盈，赚了120万美元，第二年赚了260万美元，第三年又赚了500万美元。而在这些年中，看到艾维斯广告的读者纷纷函索"我们更为卖力"胸章，又对广告宣传起到了推波助澜的作用。
>
> (资料来源：严学军，汪涛. 广告策划与管理[M]. 北京：高等教育出版社，2006.)

3. 利基定位

利基定位是在原有的位序序列中，分解出更细更小的类别，在大阶梯中分解出小阶梯，然后将自己的品牌定位在小类别或小阶梯的领导位置上。这就是所谓的"在小水池中作为一条大鱼(然后再把水池增大)，比在大水池中作为一条小鱼要好"。即找消费者重视的但尚未被占领的市场定位。市场的空隙可以表现为价格的空隙，如"世界上最贵的香水就是快乐牌(Joy)"；性别的空隙，如万宝路香烟的成功，在很大程度上是因为建立了香烟男性位置的第一个全国性品牌，男性化带给了万宝路成功；年龄的空隙，如在Cress和Colgate两大强势品牌控制的牙膏市场上，瞄准牌(Aim)牙膏之所以还能保持10%的市场占有率，就在于它瞄准了儿童市场。我们可以利用不同的变数(包括地理变数、人口变数、心理变数和行为变数等)细分市场，寻找市场空隙，描述细分市场特征来为我们的产品进行市场定位。

4. 重新定位

在市场上每种产品的类别都成百上千的今天，想要去寻找一个尚虚位以待的空隙，机会实在是非常少，而领导者和第二的位置也只是唯一。面对上述困难，销路少、市场反应差的产品最不幸的选择也许是退出竞争，但是企业可以将竞争者们占据在人们心智中的位置重新定位，创造一个新的次序，也给自己创造一个新的机会。重新定位策略的要点是根除一种既存的观念、产品，然后再把一个新的观念或产品融入人们的心智。这期间，可能会发生冲突，但永远不要惧怕冲突，因为冲突是一幕戏的高潮所在，而高潮又最吸引人。这种重新定位旨在摆脱困境，重新获得增长与活力。这种困境可能是企业决策失误引起的，也可能是对手有力反击或出现新的强有力竞争对手造成的。不过，也有重新定位并非因为已经陷入困境，而是因为产品意外地扩大了销售范围引起的。例如，专为青年人设计的某种款式的服装在中老年消费者中也流行开来，该服饰就会因此而重新定位。

5. 避强定位

这是一种避开强有力竞争对手的市场定位方法。其优点是能够迅速地在市场上站稳脚跟，并能在消费者或用户心目中迅速树立起一种形象。由于这种定位方式市场风险较少，成功率较高，常常为多数企业所采用。例如，伊利冰激凌刚刚进军北京旅游市场时，为了避开雀巢和和路雪高质高价的强大竞争，将其冰激凌定位在高质低价的市场，着重宣传内蒙古草原上新鲜的牛奶原料保证的高品质，北京当地消费者和注重价格的旅游者为其营造了最初的消费市场。

6. 迎头定位

这是一种与在市场上占据支配地位，亦即最强的竞争对手"对着干"的定位方式。显然，这种定位有时会产生危险，但不少企业认为能够激励自己奋发上进，一旦成功就会取得巨大的市场优势。例如，可口可乐与百事可乐之间持续不断地争斗，"汉堡包王"与"麦当劳"对着干等。实行迎头定位，必须知己知彼，尤其应清醒估计自己的实力，不一定要压垮对方，只要能够平分秋色就是巨大的成功。

四、市场定位的步骤

市场定位实质上是企业明确潜在的竞争优势，选择相对竞争优势并显示独特竞争优势的过程。

(一)识别潜在竞争优势

识别潜在的竞争优势是市场定位基础，根据前述的市场定位各种差别化战略从目标顾客、竞争对手、自身三方面进行分析，可从客观分析中找到自身的潜在竞争优势。

1. 市场调查

对目标市场进行详尽的市场调查，明确目标顾客的需求以及这些需求的满足程度和目标顾客期待这些需求以什么方式满足等。

2. 竞争环境分析

竞争环境分析主要应侧重于对竞争对手的分析，分析竞争对手的产品特性、产品定位、营销手段极其生产经营状况等。

3. 自身状况评价

自身状况评价主要是分析和竞争对手相比企业所具有的优势和劣势。

(二)选择相对竞争优势

相对竞争优势是企业在产品开发、服务质量、销售渠道、品牌知名度、企业形象等方面所具有的可获取明显差别的优势。相对竞争优势的选择应该注意这一优势必须为市场所认可。例如，新加坡的瓦斯汀·斯坦福(Westin Stamford)旅馆拥有世界上最高的宾馆建筑，较其他宾馆而言，楼高是相对竞争优势。但是，定位在世界上最高的宾馆，并未带来显著的收益。因为，这一优势不为市场所认可，旅游者看中的是宾馆提供的便捷服务和优美环境，而非楼层有多高。

选择相对竞争优势时，可能会出现三类市场定位方面的错误。第一种错误是定位过浅，这种错误是指市场定位不到位，购买者对企业或产品只有一个模糊的概念，或者说他们根本不知道企业或产品的特殊之处。发生这种错误可能是由于企业没有找到其产品独特的属性或太过草率而未精心准备，没有突出其与众不同的地方。太太口服液的全面定位就是一种过浅定位。第二种错误是定位过窄，相对于第一种错误而言，定位过窄是指企业传递给购买者的定位概念过于狭窄。对于同一目标市场，过窄的市场定位易导致购买者对企业或产品的认识较为有限。可能是企业为树立高档形象，对某些高档产品过分宣传而忽视了为企业获利较多的大众化产品的宣传。如海尔原先的定位，就很难让人想到该企业还涉足生物制药、化工材料、网络工程等行业。第三种错误是定位混乱，即企业向市场传递的信息没有统一性，购买者对企业或产品缺乏一致的认识。这种错误主要是源于企业对自身的相对竞争优势缺乏全面的了解，总在不断地试探市场对企业定位于不同的相对竞争优势时的反应，结果是消费者不明白企业到底在说什么而显得定位混乱。

(三)向目标市场传播市场定位

企业在营销方面的竞争优势不会自动地在市场上得到充分的表现，必须制订明确的营销战略，通过整合营销传播战略在市场上形成鲜明的市场概念。为实现这一目标，企业需做好三个方面的工作。

1. 建立与市场定位相一致的形象

产品、品牌及企业的形象是市场定位的外在表现，目标顾客直接接触到的就是这些形象。企业应该将市场定位借助一定的形象表达出来，表达时一定要考虑它是否与顾客的需求和追求的利益相吻合。目标顾客只有对市场定位认同了，才能实现对企业产品的有效识别，并内化为一种观念，从而产生偏爱。

2. 传递并巩固与市场定位一致的形象

将与市场定位一致的形象通过整合营销传播战略表现在市场上，这种传播不是一朝一夕的事情，而是一个长期持续的过程。即目标顾客对企业市场定位及形象的认识是一个持续的过程，不断地由浅入深、由表及里和由偏到全的深化过程，具有明显的阶段性。所以，企业应该长期通过大量重复的信息冲击，在目标顾客脑海中为自己的市场定位谋得一席之地。加强与顾客的信息交流和感情交流，不断用新观点、新论据支持企业的市场定位，引导其感情倾向于对市场定位的认同和偏爱。

3. 矫正与市场定位不一致的形象

有时，营销组合的运用由于某方面不协调可能会导致市场定位传播的失真，造成目标顾客对市场定位的理解出现偏差。因此，企业应当定期对市场定位进行调研，注意对市场定位不一致的形象进行矫正。

五、市场定位时应注意的问题

良好的产品定位能够帮助企业提高消费者满意度并使产品和品牌具有鲜明的个性特征，良好的产品定位还能够将自己的产品和品牌与竞争对手区隔开来，为企业提供持久的战略利益。不过企业在产品定位时还应注意以下几个问题。

(1) 定位不准或消费者需求发生变化时应考虑重新定位。某些情况下企业的产品定位不准确，提振不了产品的业绩或是导致产品业绩下滑，此时企业应该及时考虑对市场进行重新研究和产品重新定位。

(2) 企业同一产品大类(产品线)中的产品之间定位应注意相互区隔。同一产品大类中的不同产品项目，虽都拥有相同的基本功能，但同时也都具有满足消费者鲜明的个性化特征。否则产品项目之间相似度过高会模糊产品之间的界限和个性化特征，消费者会将众多这样的产品误认为同一产品，从而伤害了企业的产品定位工作和品牌建设。

【营销实战】

> 宝洁公司(P&G)的洗发系列产品如潘婷、飘柔、海飞丝和沙宣等，同属于洗发产品大类，都具有洗发美发功能。即便如此，宝洁公司还是将这些产品项目的定位进行了区隔，潘婷主攻头发的营养滋润方向，飘柔旨在使头发柔顺而有条理，海飞丝是去屑止痒专家，沙宣则强调焗油效果。每一款产品项目都针对消费者的特殊问题而设计，具有明确、清晰和消费者渴求的效果，为宝洁公司在市场上的表现立下了汗马功劳。

市场定位实质上是企业明确潜在的竞争优势，选择相对竞争优势并显示独特竞争优势的过程。

本 章 小 结

市场营销战略处理的是企业和其环境之间关系的问题，为适应不同的营销环境，市场营销战略经历了大量营销、产品差异化营销和目标营销几个阶段。现代以市场导向为中心的企业战略目标的实现尤其依赖于科学的市场营销战略管理过程，包括市场细分战略、市场选择战略和市场定位战略。通过本章的学习，读者可以了解到市场细分、目标市场和市场定位的含义及其内在联系，掌握市场细分的标准、步骤和作用，并能运用市场细分的标准进行市场细分。运用评估细分市场的标准评估细分出来的市场，是选择目标市场的常用模式。结合选择目标市场战略应该考虑各种影响因素在目标市场上开展无差异、差异性或集中性的市场营销战略。市场定位是企业为其产品或劳务在消费者心目中，相对于竞争对手寻求一种位序并向选定的目标市场显示这种位序。通过本章的学习，可以掌握利用差别化进行市场定位的方法和策略。

第五章 市场细分与市场定位

关 键 词

市场细分(Market Segmentation)、细分变量(Segmentation Descriptors)、目标市场选择(Market Targeting)、无差异性营销战略(Undifferentiated Marketing Strategy)、差异性营销战略(Differentiated Marketing Strategy)、集中性营销战略(Focus Marketing Strategy)、市场定位(Market Positioning)

综 合 练 习

1. 市场细分战略是怎样体现现代市场营销观念的?
2. 细分消费者市场依据的主要变量有哪些?如何细分?请举例说明。
3. 细分生产者市场依据的主要变量有哪些?如何细分?请举例说明。
4. 如何选择目标市场?
5. 如何确定目标市场营销战略?
6. 如何进行市场定位?
7. 市场定位的策略有哪些?

【案例分析】

美国某住宅出租公司的市场细分与目标市场战略

美国的一家住宅出租公司打算在郊区建造一批简朴的小户型公寓。它这样进行市场细分和选择目标市场。

(1) 依据需求而不是产品特性,考虑和选择可能的市场范围。他们认为若按习惯的思维方式,从产品的特性出发,首先考虑房间大小、装修标准等因素,就可能得出小户型公寓应以低收入家庭为顾客的看法。但是从需求的角度分析,则会发现许多并非低收入的顾客也是潜在市场,这样可以开阔市场视野。比如,有的人在市区已有宽敞舒适的居室,又希望在宁静的郊区有一套乡间风格的住房,以用作周末度假。所以公司认为,应把这批简朴的小户型公寓视为整个住宅出租业的一部分,而不是孤立地看做专供低收入家庭居住的楼盘。

(2) 思考、列举潜在的顾客及其基本要求。这家企业分别从地理因素、心理因素和行为因素等方面,分析潜在顾客可能的住房要求。公司发现,潜在顾客期望通过小户型公寓满足的,包括避风遮雨、停车场所、安全性、经济性、户型设计合理;工作、学习和生活方便,私密性好,有足够的起居空间;满意的内部装修、物业管理和维护等。通过这一步骤掌握的情况虽然不够全面,但是为以后准备了基本的信息。

(3) 了解不同的潜在顾客可能的不同要求。企业又依据人口因素抽样调查,询问了不同类型的潜在顾客,在上述基本要求中他们认为最重要的是哪些。公司发现在校外租房的大学生认为最重要的是避风遮雨、停车场所、经济性、上课和学习方便;新婚夫妇则希望避风遮雨、停车场所、私密性好,满意的物业管理等;若是有子女的家庭住户,会要求避风遮雨、停车场所、经济性、足够的儿童活动空间……这一步骤进行到至少三个细分市场出现为止。这样，不同的顾客群体即细分市场的轮廓就初步显现出来了。

(4) 暂时舍去不同潜在顾客的共同要求。潜在顾客的共同要求当然重要，但只能作为以后发展市场营销组合的一般参考，在这里还要暂时舍去。比如房子要能遮蔽风雨，楼盘要有停车场所，小区的安全性良好等，这些内容几乎是各类潜在顾客都需要的，是产品决策时都要予以足够重视和充分考虑的共性因素，是极其重要的基础。但市场细分不能到此为止，还要善于发现潜在顾客各自不同的要求，使各细分市场内部异质性减弱、表现出更多同质性，使市场营销组合决策更有针对性。

(5) 为不同的细分市场(顾客群体)暂定一个称谓。公司对各细分市场的不同要求进行了分析、整合，并结合各个顾客群体的特点，暂时安排了一个叫法。比如：

① 好动者——年轻、未婚，爱玩；
② 老成者——比好动者年长、更成熟，收入及教育程度更高，追求舒适与注重个性；
③ 新婚者——暂住，将来另找住房，夫妻皆有工作，房租负担不重；
④ 工作为主者——单身，希望住所离工作地点近，经济合算；
⑤ 度假者——市区有房，希望节假日过一种郊外生活；
⑥ 向往城市者——乡间有住房，希望靠近城市生活；
⑦ 家庭——有子女，希望物美价廉，有足够的儿童活动空间。

(6) 进一步认识各潜在顾客群体的特点——明确对各个顾客群体特点已知道哪些，还要了解哪些，以便决定是否要再度细分或加以合并。公司通过这一步或许能够发现，新婚者群体与老成者群体需求差异很大，应当作为两个细分市场。同样的户型设计也许能同时适合这两类顾客，但促销战略如广告主题和人员推销方式，可能大不相同。他们原来被归类在一个细分市场，现在就应分别开来。企业要善于发现这些差异。

(7) 测量不同细分市场的规模。经由以上步骤，细分市场的类型基本确定。企业接着要把每个细分市场与人口因素结合，测量各细分市场潜在顾客的数量。市场细分是为了分析机会，机会的价值又取决于各细分市场的潜力。不考虑人口因素是危险的，因为有的细分市场或许就没有顾客或顾客数量不足。比如，公司把好动者群体与人口因素结合考虑，就可能发现他们是18～25岁的年轻人，从有关部门找到详尽的统计资料，可以计算出这个年龄段的人口比例，进而推算不同地区这一群体的人口数量。

公司结合其他因素，最终确定了好动者群体为目标市场。他们实施了一种市场营销组合战略，其针对潜在目标顾客的特征，不仅提供户型、价格合理的小户型公寓住房、停车场所等，还提供游泳池、俱乐部、池畔舞会、草地等设施和服务项目。尤其是为了维护产品形象，公寓管理部门坚持住户结婚以后尽快搬走，以便接收新的好动者入住。

结果这家公寓总是客满。相比之下，那些没有提供这些服务的住宅出租公司，却经常要为客源发愁。它们提供的公寓住房虽然也是小户型，但只是一个能避风遮雨的"小盒子"，除此以外似乎再也没有吸引顾客的地方了。

案例讨论题

1. 美国某住宅出租公司的市场细分用了什么方法？使用了哪些标准、依据？
2. 试叙述这家住宅出租公司的目标市场战略，并评价其利弊。
3. 你认为美国这家住宅出租公司开发的公寓产品应当如何定位？突出什么特色？

第五章 市场细分与市场定位

问题思考

1. 农夫山泉差异化定位选择的理由是什么?
2. 从康师傅矿物质水和农夫山泉各自的水源风波,分析市场定位对企业发展的影响?
3. 结合企业定位实践,讨论企业在产品定位时应该注意哪些问题?

第六章　市场竞争策略

【内容提要】

1. 识别竞争者及其战略目标
2. 评估竞争者的优势与劣势
3. 选择要攻击和回避的竞争者
4. 确定市场竞争地位

【导入案例】

聪明的卖报人

佛罗里达的一个小镇，詹姆斯·麦琪和约翰·凯恩在卖同一份报纸，二人是竞争对手。詹姆斯·麦琪很勤奋，每天沿街叫卖，嗓门也响亮，可每天卖出的报纸并不很多，而且还有减少的趋势。

约翰·凯恩肯用脑子，除了沿街叫卖外，他还每天坚持去一些固定场所，去后就给大家分发报纸，过一会儿再来收钱。地方越跑越多，报纸卖出去的也就越来越多，当然也有些损耗，但很小。渐渐地，约翰·凯恩的报纸卖得更多，詹姆斯·麦琪能卖出去的就越少了，不得不另谋生路。

(资料来源：[美]詹姆斯·凯恩. 杰出经理人营销新手段[M]. 北京：中国言实出版社，2005.)

市场经济条件下，企业要战胜对手，立足市场，除了提高产品质量、降低产品的成本以外，还必须研究市场竞争策略。竞争是市场经济永恒的话题，企业在营销活动的过程中，不可避免地会遇到竞争对手的挑战，由一个企业垄断整个目标市场的情况是很少出现的。只要存在需求向替代品转移的可能性，潜在的竞争对手就会出现。竞争者的营销战略以及营销活动的变化，会直接影响企业自身的营销活动。因而企业必须密切注视竞争者的任何细微变化，并采取相应的对策。

第一节　识别竞争者及其战略目标

对于一个企业而言，要识别竞争者首先需要弄清楚竞争结构和竞争对手，这既是进行市场竞争的重要步骤，也是参与市场竞争的前提。

一、分析行业竞争结构

所谓竞争结构，是指企业所处的行业竞争状况。全面分析行业竞争状况，对企业制订竞争策略具有十分重要的意义。在通常情况下，可将行业竞争结构分为四种类型。

(一)完全垄断市场

完全垄断是指在一定区域内,只有一个公司提供一定的产品或服务。完全垄断可能是由规章法令、专利权、许可证、规模经济或其他因素造成的。在完全垄断条件下,由于缺乏密切替代品,垄断者必定追求最大的利润。如果行业出现了替代品或紧急竞争危机,垄断者会通过改善产品和服务来阻止竞争者的进入。守法的完全垄断者,通常会考虑公众利益而降低产品价格并提供较多的服务。如我国的铁路、电力行业。

(二)寡头垄断市场

寡头垄断是指一个行业的结构由少数几个大企业生产从高度差别化到标准化的系统产品。寡头垄断有两种形式:完全寡头垄断,这种垄断是指某行业由几家生产本质上属于同一类产品(石油、钢铁等)的公司所构成,每个企业只能按现行价格水平定价,只能通过降低成本,增加服务来实现差异化;差异寡头垄断,这种垄断是指一个行业由几家生产部分有差别产品(汽车、电冰箱、发电机)的公司所组成,在质量、特性、款式或服务等方面实现差异化,各竞争者在其中某一方面居领先地位,吸引顾客偏爱该属性并接受该价格。如中国移动、中国联通、中国网通和中国电信等组成的通信行业。

(三)垄断竞争市场

垄断竞争指参与某一目标市场竞争的企业比较多,但是其所提供的产品或服务是有差异性的,一些企业由于在产品上的差异或者相对优势而获得对某些市场的垄断权。其竞争的焦点在于扩大本企业品牌与竞争者品牌的差异,突出特色,通过提高产品质量、加强分销渠道、强化促销、利用价格工具以及建立企业之间的联合优势来进行。绝大多数行业都处于垄断竞争状态。

(四)完全竞争市场

完全竞争指某一行业内由许多提供相同产品或服务的公司所构成的竞争。众多公司只能按市场供求关系来确定价格,它们是"价格接受者"而不是"价格的决定者"。其竞争战略焦点是通过降低生产成本、分销成本来提高利润率。但绝对的竞争形式市场上也很少见。

【营销实战】

行业的竞争结构会随着时间的推移而变化

索尼公司(Sony)刚开始生产随身听时,该行业是完全垄断,但很快有几家公司进入该市场,该行业就转化为寡头垄断。随着更多的竞争者生产各种型号的随身听,行业结构转变为垄断竞争。当对随身听的需求慢慢下降时,某些竞争者退出该行业,市场又转变为一种寡头垄断的模式。

由此可见,企业的行业竞争结构是不同的,在不同的竞争结构下竞争者的策略也是必然不同的,所以企业在分析市场竞争时,首先要了解企业所处的竞争环境,分析企业面临的竞争对手,识别谁是企业的竞争者。

二、识别竞争者

在识别竞争者时,许多企业的判断并不十分准确和全面,它们往往只注意到最接近的、提供价格相当的或相似产品或服务的竞争者。比如中国移动的竞争者是联通,可口可乐的竞争对手是百事可乐。事实上,企业的竞争范围非常广泛。因此,识别竞争者应从行业和市场两个方面来分析。

(一)从行业角度识别竞争者

行业是指一组提供同一种产品或相互可以完全替代一类产品的企业。如汽车行业、石油行业、制药行业、饮料行业等。对某一企业而言,行业中的其他企业就是竞争者。分析一个行业的出发点就是要确定该行业中有多少销售商在销售同类产品以及产品是否是同质的或是高度差异的。分析行业结构可以对行业需求与供给等基本条件的了解为基础。这些基本条件将影响行业结构的构成。行业结构又会进一步影响行业行为,如产品开发、定价和广告策略等,而行业行为又最终决定了企业绩效。例如生产与分配效率、技术进步、营利性和就业。

从行业结构角度识别竞争者是指一组提供一种或一类相互密切替代产品的公司。相互密切替代产品是具有需求交叉弹性的产品。如果某一种产品的价格升高会引起对另一种产品增大,这两种产品就是密切替代品,如猪肉价格上涨后人们会转向牛肉。

影响行业结构的主要因素有:销售商数量;产品差异化程度;进入与流动障碍与收缩障碍;成本结构;纵向一体化的程度;企业化经营的程度。

1. 销售商数量及产品差异化程度

销售商数量与产品差异化这两个要素的不同组合构成了四种不同的行业竞争,即完全垄断、寡头垄断、垄断竞争和完全竞争市场。因此,可以根据销售商数量及产品差异化程度来判断企业所处的市场环境。

2. 进入与流动障碍

各个行业进入的难易差别很大。如开设一家新的餐馆容易,但是进入房地产行业就相当困难。

进入行业的主要障碍包括:缺乏足够的资本、规模经济、专利和许可证条件、缺乏场地、原料或分销商、信誉条件等。某些行业障碍是行业本身所固有的,某些障碍是已进入行业的公司单独或联合设置的。即使某一企业已进入了某行业,在向更有吸引力的目标市场流动时,也会遇到流动障碍。

3. 退出与收缩障碍

如果企业能随意离开在利润上对它无吸引力的行业,对企业来说是最理想的。当某个行业利润水平很低甚至亏损时,已进入该行业的企业可能会主动将人财物退出,并转向更有吸引力的行业。但退出一个行业也存在种种障碍:对顾客、债权人或职工法律上和道义上的义务;由过分专业化或设备技术陈旧引起的资本利用价值低;缺少可选择的市场机会;

第六章 市场竞争策略

高度纵向一体化；感情障碍等。然而，它们的存在削减了企业的利润。因此，减少其他企业的退出障碍是符合想要继续留在该行业企业的利益的。即使不能退出该行业的企业，仅缩小经营规模，也会遇到收缩的障碍，收缩的主要障碍是合同的约定与某些管理的限制。因此，仍然留在行业内的企业应设法减少其退出障碍，如买下退出者的资产、帮助承担顾客义务等。

4. 成本结构

每个行业都有驱动其战略行为的一定的成本组合，各个行业从事经营活动所需成本的大小及成本结构不同。例如汽车业所需成本大而服装业所需成本小，汽车业需要很高的制造和原材料成本，而服装厂仅需要分销和促销成本。公司应将注意力放在最大成本上，即在不影响经营业务发展的前提下减少这些成本，并从战略上来减少这些成本要求。

5. 纵向一体化

在某些行业．公司发现实行前向或后向一体化有利于取得竞争优势。如石油勘探、石油钻井、石油提炼、石油加工及石油产品的销售实行纵向一体化。纵向一体化可以在它们所经营业务的各个细分市场中控制其价格和成本，更好地获取利润。

企业可以依据以上因素对自己所处行业的结构特点进行分析，并由此识别出企业的竞争对手。

(二)从市场角度分析竞争者

从市场角度分析竞争者是指把其他竞争者看作是满足相同顾客需求或服务于同一顾客群的公司。例如从顾客需求观点看，通信是信息交流的一种手段。这种需要可由打电话、发传真、短信、电子邮件、QQ 聊天等予以满足。因而，电话机、传真机、手机、计算机以及 IT 运营商等，都是这个市场的竞争者。可见，从市场角度对竞争者的识别可以开阔公司的视野，扩大实际和潜在竞争者的范围，使企业制订更具竞争性的营销战略。

三、判定竞争者的战略与目标

在识别了企业的主要竞争者之后，就要分析竞争者在市场竞争中的战略和目标。

(一)判定竞争者的战略

企业最直接的竞争者是那些对相同目标市场推行相同战略的公司。一个企业需要辨别、评估它所处的竞争战略群体，这是对企业最具威胁的。同时，企业也必须关注其他群体，因为这些群体间存在着竞争和对抗。

(二)分析竞争者的目标

企业不仅要识别主要竞争者的战略，还必须了解它们的目标。竞争者最终目标是获取利润，但不同企业对于长期与短期利润的重视程度不同：有的企业注重长期利润，有的企业重视短期利润；有的企业重视利润最大化，有的企业只重视适度利润。

企业在营销活动中所承担的营销任务不同，营销目标自然有所不同。然而不管公司的营销目标如何，都会形成一定的目标体系，并且在实际的营销操作程序中显示出来。对市场竞争者营销目标的分析，有助于了解其对企业目前市场地位和财务状况的满意程度，从而可以推断这个竞争对手是否会改变其营销战略，了解其对外部营销环境变化所能作出的反应能力。

第二节　评估竞争者

在市场竞争中，企业需要分析竞争者的优势与劣势，做到知己知彼，才能有针对性地制订正确的市场竞争战略，以避其锋芒、攻其弱点、出其不意，利用竞争者的劣势来争取市场竞争的优势，从而实现企业营销目标。

一、竞争者优劣势分析的内容

竞争者资源条件的强弱会影响企业在竞争中的优劣势。通常只有在竞争企业与本企业的比较中才能确认，企业可以从以下几方面来分析。

1. 产品或者服务

竞争企业产品或者服务在市场上的地位；产品的适销性以及产品系列的宽度与深度。

2. 销售渠道

竞争企业销售渠道的广度与深度；销售渠道的效率与实力；销售渠道的服务能力。

3. 市场营销

竞争企业市场营销组合的水平；市场调研与新产品开发的能力；销售队伍的培训与技能。

4. 生产与经营

竞争企业的生产规模与生产成本水平；设施与设备的技术先进性与灵活性；专利与专有技术；生产能力的扩展；质量控制与成本控制；区位优势；员工状况；原材料的来源与成本；纵向整合程度。

5. 研发能力

竞争企业内部在产品、工艺、基础研究、仿制等方面所具有的研究与开发能力；研究与开发人员的创造性、可靠性、简化能力等方面的素质与技能。

6. 资金实力

竞争企业的资金结构；筹资能力；现金流量；资信度；财务比率；财务管理能力。

7. 组织结构

竞争企业组织成员价值观的一致性与目标的明确性；组织结构与企业策略的一致性；

组织结构与信息传递的有效性；组织对环境因素变化的适应性与反应程度；组织成员的素质。

8. 管理能力

竞争企业管理者的领导素质与激励能力；协调能力；管理者的专业知识；管理决策的灵活性、适应性、前瞻性。

二、评估竞争者的优势与劣势

在对竞争者分析的过程中，企业有必要评估竞争者的优势与劣势，掌握其执行现实政策的情况，看其是否实现了预定目标。

(一)评估竞争者实力

竞争者能否执行其战略和实现其目标，取决于它们的资源和能力。企业需要评估每个竞争者的实力，可以通过以下两个步骤来完成。

1. 搜集每个竞争者的信息

主要是搜集有关竞争者最关键的数据，例如销售量、市场份额、心理份额、情感份额、毛利、投资报酬率、现金流量、新投资、设备能力利用等。

在一般情况下，每个公司在分析它的竞争者时，主要关注3个变量。

(1) 市场份额：衡量竞争者在有关市场上所拥有的销售份额情况。

(2) 心理份额：在回答"举出这个行业中你首先想到的一家公司"这一问题时，提名竞争者的顾客在全部顾客中所占的百分比。

(3) 情感份额：在回答"举出你喜欢购买其产品的公司"这一问题时，提名竞争者的顾客在全部顾客中所占的百分比。

2. 分析评价

应该看到，搜集竞争者的情报是相当困难的，要通过各种方式来获得。企业也可以向中间商和顾客进行调查，掌握情况。还可以采用顾客认知价值分析的方法，让顾客按照不同的属性及其重要程度、优劣程度等评价本企业与竞争者产品和服务的价值，从中发现竞争者和本企业各自的弱点，以便有针对性地提出改进措施。

(二)评估竞争者的反应

单凭对竞争者的竞争战略与目标以及竞争实力的分析，还不足以解释其可能采取的行动。每个竞争者都有一定的经营哲学，某些内在的文化和某些起主导作用的信念对其可能的竞争行为会产生深刻的影响。因此，企业要深入了解某一竞争对手的心理状态，以预见面对竞争时竞争者可能作出的反应。由于每个竞争者的经营哲学、企业文化、价值观念不同，他们对竞争的反应模式也会不尽相同。当企业推出新的营销举措时，竞争者必然会作出反应，这种反应主要可分为以下四种类型。

1. 从容型竞争者

这一类型的竞争者对某一特定竞争者的行动没有迅速反应或反应不强烈。对竞争者缺少反应的原因是多方面的，如企业可能认为顾客是忠于他们的，不会转移购买；实行短期收割榨取策略不必理睬竞争者；他们缺乏资金等。

2. 选择型竞争者

这一类型的竞争者可能只对某些类型的攻击作出反应，而对其他类型的攻击无动于衷。例如，当其竞争对手同时采用了降价销售以及加大广告宣传的营销策略时，竞争者只对降价策略作出针锋相对的还击，而对对手广告宣传攻势的加强没有反应。

3. 凶暴型竞争者

这类竞争者对向其市场领域发起的任何进攻都会作出迅速、强烈的反应，以警告其竞争对手最好停止任何攻击。

4. 随机型竞争者

这一类型的竞争者在任何特定情况下，对竞争对手的策略可能会作出反应，也可能不会作出反应，而且无法预见该类竞争者会作出什么反应。许多小公司多是随机型竞争者。

第三节　选择竞争者

在获得足够的竞争者信息以后，企业将要分析与哪些竞争者进行有效的竞争，并使自己的竞争策略与之相适应。

一、竞争者类型

在企业进行竞争者分析后，需要选择企业对策，决定采取进攻策略，还是回避策略。在选择企业对策时，需要考虑以下因素。

1. 竞争者的强弱

竞争者的强弱是指企业在弱小竞争者与强大竞争者之间选择。大多数企业喜欢把目标瞄准弱小的竞争者，所谓"大鱼吃小鱼"。这样的选择可使企业市场份额增长所需投入的资金和时间较少，比较容易取得竞争优势地位。但是，这样的选择对于企业提高竞争能力没有帮助。企业也可以选择与强大的竞争者竞争，因为企业可以通过与它们竞争，努力提升目前的竞争实力与水平。再者，即使再强大的竞争者也有某些劣势，与强大的竞争者竞争有可能取得更大的市场回报。

2. 竞争者的远近

竞争者远近是指企业在近竞争者与远竞争者之间选择。大多数企业会与那些与其极其类似的竞争者即"近"的竞争者竞争。如肯德基与麦当劳的竞争。同时，企业应避免"摧毁"邻近的竞争者。否则,企业可能得到的结果是,虽然损害了其最近的敌手并取得了成功,但却引来了更难对付的更具实力的竞争者。

3. 竞争者的良莠

竞争者的良莠指企业在所谓的"良性"竞争者与"恶性"竞争者之间选择。每个行业都存在着良性竞争者和恶性竞争者。一个企业应明智地支持良性竞争者,攻击恶性竞争者。

良性竞争者的特点是,它们遵守行业规则;它们对行业的增长潜力所提出的设想切合实际;它们依照合理的成本来定价;它们把自己限制于行业的某一部分或细分市场里;它们推动其他企业降低成本,提高产品的差异化程度;它们接受为它们的市场份额和利润所规定的大致界限。良性竞争者不谋求互相倾轧,也不胡作非为。它们遵守规则,各自有些差别。

恶性竞争者则违反规则,它们企图花钱购买而不是靠自己努力去赢得市场份额;它们敢于冒大风险;它们的生产能力过剩但仍继续投资。总的来说,它们打破了行业的平衡。

企业从良性竞争者处能得百利而无一害。良性竞争者能给企业带来的战略利益包括:增加总需求;导致产品的更多差别;为效率较低的生产者提供了一把成本保护伞;分享市场开发成本和给新技术以合法地位;增强企业与劳工或管理当局讨价还价的能力;使企业更好地服务于吸引力不大的细分市场。

二、企业的一般竞争战略

由于企业所处的环境状况和目的不同,所以竞争战略也不相同。因此,企业需要根据不同情况来制订竞争战略。

制定竞争战略的本质在于把某公司与其所处的环境联系起来,而厂商环境的关键方面在于某公司的相关行业、行业结构,它们对竞争者战略的选择有强烈影响。所谓行业是指生产彼此可密切替代的产品的厂商群。行业吸引力在很大程度上取决于市场上竞争的性质和强度,竞争状况是决定行业吸引力的一个重要因素。

(一)波特的五力模型

迈克尔·波特从竞争的角度,提出五种力量决定了一个市场或细分市场的长期内在吸引力。这五种力量是:同行业竞争者、进入退出壁垒、替代产品、购买者和供应商,见图6-1。

这五种力量会影响到企业的竞争战略,具体表现在以下几个方面。

1. 细分市场内竞争的激烈程度

如果某个细分市场已经有了众多的、强大的或竞争意识强烈的竞争者,那么该细分市场就会失去吸引力。如果该细分市场处于稳定或者衰退的状态,其生产能力不断大幅度扩大,导致固定成本过高,退出市场的壁垒过高,而竞争者原来的投资很大,那么情况就会更糟。这些情况常常会导致该细分市场内爆发价格战、广告战和推出新产品,并使竞争者付出高昂的代价。

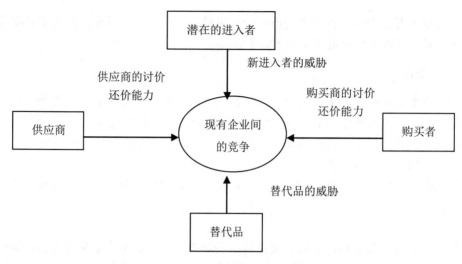

图 6-1　迈克尔·波特的行业竞争模型(五力模型)

2．进入/退出壁垒

某个细分市场的吸引力随其进退的难易程度而有所区别。根据行业利润的观点,最有吸引力的细分市场应该是进入壁垒高,而退出壁垒低的市场,在这样的细分市场里,新的企业很难打入,但经营不善的企业可以安然退出;如果某个细分市场进入和退出的壁垒都高,则该细分市场的利润潜力就很大,但也往往伴随着较大的风险,因为经营不善的企业难以退出,必须坚持到底;如果某个细分市场进入和退出的壁垒都较低,企业便可以进退自如,企业因此而获得的回报虽然稳定,但并不高;最坏的情况是进入细分市场的壁垒较低,而退出的壁垒却很高,这种情况导致在经济良好时,企业蜂拥而入,但在经济萧条时,却很难退出。其结果是企业生产能力过剩,收入下降。

3．替代产品

替代产品会限制细分市场内价格和利润的增长。如果在这些替代品行业中技术有所发展,或者竞争日趋激烈,这个细分市场的价格和利润就可能会下降。如果某个细分市场存在替代产品或者有潜在替代产品,那么该细分市场就有可能失去吸引力。

4．购买者的讨价还价能力

如果某个细分市场中购买者的讨价还价能力很强,该细分市场就可能会失去吸引力。在这种细分市场中,购买者会设法压低价格,对产品质量和服务提出更多要求,并且使竞争者互相斗争,都会使销售商的利润遭受损失。

5．供应商的讨价还价能力

如果企业的供应商提价,降低产品和服务的质量,或减少供应数量,那么该企业所在的细分市场就缺乏吸引力。供应商讨价还价能力较强的原因很多,其中包括:供应商集中;细分市场中的替代产品少;供应商提供的产品是重要的投入要素;企业转换成本高;供应商实行前向一体化。因此,与供应商建立良好关系和开拓多种供应渠道才是企业的上策。

显然,波特的五力模型为我们清晰地勾勒出了企业竞争者的状况。在今天,随着世界经济一体化的不断发展,企业的竞争对手已遍及全球,例如,为了使竞争更加有效,欧盟撤除了欧洲国家间的贸易壁垒。与此同时,北美自由贸易区也在撤除美国、加拿大和墨西哥间的贸易壁垒。随着市场经济及经济全球化的发展对企业营销活动产生深刻的影响,市场竞争会日益激烈和复杂,营销者必须识别竞争者的特点,分析企业战略、目标、优势与劣势,有针对性地制订出竞争性的营销战略。

通过对竞争者优势与劣势地位的确定,从而使企业能据此采取更为有效和准确的营销措施,并在受到竞争者攻击时进行强有力的反击。

(二)企业一般竞争战略

为了与这五种竞争势力相抗衡,并且能在行业中超过所有的竞争者,企业可选择以下三种一般性的竞争战略,即成本领先战略、差异化战略和集中性战略。

1. 成本领先战略

成本领先战略是指通过有效途径,使企业的全部成本低于竞争对手的成本,能获得同行业平均水平以上的利润。实现成本领先战略需要有一整套具体政策,即具有高效率的设备;积极降低经验成本;紧缩成本和控制间接费用以及降低研究开发、服务、销售、广告等方面的成本。要达到这些目的,必须在成本控制上进行大量的管理工作。如生产奇瑞汽车的企业,成本管理近乎吝啬,但却使其能够成为"价格屠夫",在激烈的市场竞争中逐步发展起来。

(1) 成本领先战略的优点:具有进行价格战的良好条件,即使处于低成本地位上的企业仍可以有较好的收益;在争取供应商的竞争中,具有较大的对原材料、零部件价格上涨承受能力,能够在较大的边际利润范围内承受各种不稳定经济因素所带来的影响;削弱了新进入者对低成本者的进入威胁;在与替代品的竞争中,可通过削减价格来稳定现有顾客的需求,使之不被替代产品所替代。

(2) 成本领先战略的缺点:投资较大;并给竞争对手造成以更低成本进入的机会;可能导致企业忽视顾客需求特性和需求趋势的变化,忽视顾客对产品差异的兴趣;由于企业集中大量投资于现有技术及现有设备,提高了退出障碍,因而对新技术的采用以及技术创新反应迟钝,甚至采取排斥态度。

(3) 成本领先战略的适用条件。当具备以下条件时,采用成本领先战略会更有效力:①市场需求具有较大的价格弹性。②本行业的企业大多生产标准化产品,从而使价格竞争可以决定企业的市场地位。③实现产品差异化的途径很少。④多数客户以相同的方式使用产品。⑤用户从一个销售商改变为另一个销售商时,不会发生转换成本,因而特别倾向于购买价格最优惠的产品。

2. 差异化战略

所谓差异化战略,是指为使企业产品与对手产品有明显的区别、形成与众不同的特点而采取的战略。这种战略的重点是创造被全行业和顾客都视为独特的产品、服务以及企业形象。实现差异的途径多种多样,如产品设计、品牌形象、技术特性、销售网络、用户服务等。

(1) 差异化战略的优点：可以使企业避开价格竞争，在特定领域形成独家经营的市场，保持领先；顾客对企业(或产品)的忠诚性形成了强有力的进入障碍；产品差异可以产生较高的边际收益，增强企业对付供应商讨价还价的能力；企业可以运用产品差异战略削弱购买者的讨价还价能力；由于企业具有特色，又赢得了顾客的信任，在特定领域形成独家经营的市场，便可在与替代品的较量中，比其他同类企业处于更有利的地位。

(2) 产品差异化战略的缺点：往往以高成本为代价；并非所有的顾客都愿意或能够支付产品差异所形成的较高价格；企业要想取得产品差异，有时要放弃获得较高市场占有率的目标。

【营销实战】

西瓜霜的差异化策略

西瓜霜中药牙膏为了形成了与其他牙膏的区别，特别定位于消炎、止血、清火，对口腔溃疡有特效，即使定价每支20多元也能被消费者所接受，并成为功能型牙膏的新贵。

(3) 差异化战略的适用条件。当具备以下条件时，企业可采取差异化战略：①有多种使产品或服务差异化的途径，而且这些差异化是被某些用户视为有价值的。②消费者对产品的需求是不同的。③奉行差异化战略的竞争对手不多。

3. 集中战略

集中战略是指企业把经营的重点目标放在某一特定购买者集团，或某种特殊用途的产品，或某一特定地区，以建立企业的竞争优势及其市场地位。由于资源有限，一个企业很难在其产品市场展开全面的竞争，因而需要瞄准一定的重点，以期产生巨大有效的市场力量。

(1) 集中战略的优点：经营目标集中；熟悉产品的市场、用户及同行业竞争情况，可以全面把握市场，获取竞争优势；由于生产高度专业化，在制造、科研方面可以实现规模效益。这种战略尤其适用于中小企业，即小企业可以以小补大，以专补缺，以精取胜，在小市场做成大生意，成为"小型巨人"。

(2) 集中战略也存在着一定的风险；主要包括：①以广泛市场为目标的竞争对手，很可能将该目标细分市场纳入其竞争范围，构成对企业的威胁。这时企业要在产品及市场营销各方面保持和加大其差异性，产品的差异性越大，集中战略的维持力越强；需者差异性越大，集中战略的维持力也越强。②该行业的其他企业也采用集中战略，或者以更小的细分市场为目标，构成对企业的威胁。这时选用集中战略的企业要建立防止模仿的障碍，阻止对手效仿。③如果营销环境发生变化，技术的突破和创新等多方面原因引起替代品出现或消费者偏好发生变化，导致市场结构性变化，此时集中化的优势也将随之消失。

【营销实战】

重庆青山工业公司的竞争策略

重庆青山工业公司面对汽车市场的激烈竞争，将经营重心放在微型汽车上，专门生产微车变速箱，成为我国生产规模最大的微车变速箱企业。

第六章 市场竞争策略

第四节 确定市场竞争地位

由于企业在某一目标市场上所处的地位不同，所以需要制订不同的竞争战略。通过对企业市场竞争实践的分析，一般可将企业按照竞争地位的不同划分为四种类型，其竞争策略也有明显的差异。

一、市场领导者战略

(一)市场领导者概念

一般的行业都存在公认的"市场领导者"。所谓的市场领导者具有这样的特征：在相应的市场上拥有最大的占有率；在价格变动、产品开发、促销强度等方面领导其他公司。市场领导者是竞争者的攻击目标，竞争者或者向其挑战，或者模仿，或者避免与之竞争。一些著名的市场领导者如IBM(计算机业)、可口可乐(饮料)、通用(汽车)、波音(飞机)等企业，广为人们所熟知。

(二)市场领导者采取的策略

这种居于支配地位的公司为保持其领导地位必须采取的措施有以下几种。

1．扩大整个市场

因为居支配地位的企业市场占有率最高，因而如果扩大整个市场，显然对之最有利。市场领导者往往会千方百计为自己的产品寻找新用户、新用途并扩大使用量，以此获取更多的利益。

(1) 新使用者。无论覆盖面多广的产品总有其没有触及的地方。就大多数产品而言，没使用过的潜在顾客往往为数众多，假若能扩大使用者队伍，则企业会获益匪浅。具体方法如：市场渗透策略，说服以前没使用过的用户使用；新市场策略，另辟蹊径，如劝男士使用香水；地理扩展策略，如向外国出口。

(2) 新用途。通过发现并推广产品新用途来扩大市场。企业应当留心注意顾客对本企业产品的使用情况，积极探索产品的多种用途，每发现一个新的用途就会为企业找到一个巨大的新市场。最典型的例子是杜邦公司的尼龙。尼龙首先是作降落伞的合成纤维，后来又被发明作女袜的纤维，再后来成为男女衬衫的主要原料，接着成为轮胎、地毯的原料……

(3) 扩大使用量。说服现有顾客扩大使用量，以适量方式引导用户多用，这样销售量自然扩大亦即市场扩大。

2．保护市场占有率

市场领导者必须保持自己的优势，保护市场占有率，免受竞争对手的攻击。市场占有率实际上是各竞争者力量平衡的结果，要保持支配地位，必须不断地去争取，不断进行抗争，以攻为守。如果采取了侧翼防御或以攻为守的策略，仍不能制止竞争品牌的攻击，那么，它必须向竞争者发动反击。在新产品的推出、服务、削减成本等各方面都进行改进，始终领先，只有这样，竞争者才会无机可乘。

3. 提高市场占有率

市场领导者也可以进一步努力提高市场占有率，以提高其利润率。有研究表明，市场占有率与其利润率存在一种线性关系，随着市场占有率提高，利润率也会提高。如市场占有率为10%时其利润率可为9.1%；当市场占有率为40%时，利润率达30%。提高市场占有率不仅是个很大的诱惑，而且对市场领导者来说也是可能的，因为它具有更大的实力和更大的优势。不过，企业切不可认为提高市场占有率就会自动增加盈利，这主要取决于企业为提高市场占有率所采取的策略。

二、市场挑战者战略

(一)市场挑战者概念

市场挑战者是指那些相对于市场领先者来说，在行业中处于第二、第三和以后位次的企业，并且有足够的力量向市场领导者发动持久的进攻。大多数市场挑战者的战略目标是提高市场占有率，进而达到提高投资收益率和利润率的目的。如美国汽车市场的福特公司、软饮料市场的百事可乐公司等企业。

处于市场挑战者地位的企业，面临着两种竞争策略：一是挑战市场领导者，向其发起正面进攻，以夺取更大的市场份额。二是小心谨慎，维持原状，以免自身难保，即甘心沦为市场追随者。

(二)市场挑战者采取的策略

如果企业是处于市场挑战者的位置，那么第一要务就是要明确竞争对手，然后再选取正确进攻策略，才有可能一击得手。

1. 明确竞争对手

挑战者在明确战略目标时，必须确定谁是主要竞争对手。一般说来，挑战者可以选择下列几种类型的攻击目标。

(1) 攻击市场领先者。这是一种既有风险又具潜在价值的战略。一旦成功，挑战者企业的市场地位将会发生根本性的改变，因此颇具吸引力。企业采用这一战略时，应格外谨慎、周密策划，以提高成功的可能性。

(2) 攻击与自身实力相当的企业。抓住有利时机，向那些势均力敌的企业发动进攻，把竞争对手的顾客吸引过来，夺取它们的市场份额，壮大自己的市场。这种战略风险小，若几番出师大捷或胜多败少的话，可以对市场领导者造成威胁，甚至有可能改变企业的市场地位。

(3) 攻击实力较弱的企业。当某些中、小企业出现经营困难时，可以通过兼并、收购等方式，夺取这些企业的市场份额，以壮大自身的实力和扩大市场占有率。

第六章 市场竞争策略

2．选择进攻策略

(1) 正面进攻。市场挑战者集中优势兵力向竞争对手的主要市场阵地正面发动进攻，即进攻竞争对手的强项而不是它的弱点。采用此种战略需要进攻者必须在提供的产品(或劳务)、广告、价格等主要方面大大超过竞争对手，才有可能成功，否则采取这种进攻战略必定失败。为了确保正面进攻的成功，进攻者需要有超过竞争对手的实力优势。

(2) 侧翼进攻。市场挑战者集中优势力量攻击竞争对手的弱点。实施此种战略进攻者可采取"声东击西"的做法，佯攻正面，实际攻击侧面或背面，使竞争对手措手不及。

(3) 围堵进攻。即市场挑战者开展全方位、大规模的进攻策略。市场挑战者必须拥有优于竞争对手的资源，能向市场提供比竞争对手更多的质量更优、价格更廉的产品，并确信围堵计划的完成足以成功时，可采用围堵进攻策略。例如，日本精工公司对美国手表市场的进攻就是采用围堵进攻战略成功的范例。

(4) 迂回进攻。市场挑战者完全避开竞争对手现有的市场阵地而迂回进攻。

(5) 游击进攻。以小型的、间断性的进攻干扰对方，使竞争对手逐渐衰落，不断削弱其力量。向较大竞争对手市场的某些角落发动游击式的促销或价格攻势，逐渐削弱对手的实力。游击进攻战略的特点是不能倚仗每一个战役的结果决出战局的最终胜负。

3．市场挑战者的特殊营销策略

(1) 价格折扣策略。挑战者可以用较低的价格提供与领导者品质相当的产品。

(2) 廉价品策略。即提供中等或者质量稍低但价格低得多的产品。这种战略只有在有足够数量只对价格感兴趣的购买者的细分市场上是可行的。而这种策略只是过渡性的，因为产品质量不够高，通过这一策略所造成的市场营销的优势是不能持久的，企业必须逐渐提高产品质量，才可能在长时间内向领导者挑战。

(3) 名牌产品策略。即努力创造一种名优产品，虽然价格也很高，却更有可能把领导者的同类产品和市场份额挤掉一部分。

(4) 产品扩张策略。即挑战者紧步领导者之后尘，创制出许多不同种类的新产品，此即产品创新策略的变相形式。这种策略是否成功决定于新产品市场的预测是否合理，也决定于"领导企业"和其他势均力敌的企业反应是否迅速和有效，以同样的方法和策略"回敬"该挑战者企业。

(5) 产品创新策略。前面的产品扩散策略主要是向广度发展的产品发展策略，而这里的产品创新策略主要是向深度发展的产品策略，即企业在新产品方面不断创新，精益求精。

(6) 降低制造成本的策略。这是一种结合定价策略和成本管理以及技术研究等因素的产品发展策略。挑战者可以靠有效的材料采购、较低的人工成本和更加现代化的生产设备，求得比竞争对手更低的制造成本，企业用较低的成本，制订出更具进攻性的价格来获取市场份额。

(7) 改善服务的策略。挑战者可以找到一些新的或者更好的服务方法来为顾客服务。

(8) 分销渠道创新策略。挑战者可以发现或发展一个新的分销渠道，以增加市场份额。

(9) 密集广告促销策略。有些挑战者可以依靠他们的广告和促销手段，向领导者发动进攻，当然这一策略的成功必须基于挑战者的产品或者广告信息有着某些能够胜过竞争对手的优越之处。

三、市场追随者战略

(一)市场追随者概念

市场追随者是指安于次要地位，不热衷于挑战的企业。在大多数情况下，企业更愿意采用市场追随者战略。市场追随者的主要特征是安于次要地位，在"和平共处"的状态下求得尽可能多的收益。

(二)市场追随者采取的策略

企业之间保持相对平衡的状态，不采用从对方的目标市场中拉走顾客的做法。在行业中形成这样一种格局，大多数企业追随市场领先者走，各自的势力范围互不干扰，自觉地维持共处局面。有很多时候向市场领导者直接发动攻击是不明智的。因为市场领导者时刻在警惕着，凭借其雄厚的实力会作出有力的反应。如挑战者以在价格、服务方面实现优于领导者的方式进攻，则领导者会相应跟进，也降价、提高服务质量，结果很可能是两败俱伤，而市场领导者更可能保持强大持久的作战能力，挑战者未必能得到什么好处。此时，企业还是保持对领导者的追随为好。

这种追随在资本密集型同质产品的行业中较为多见。此种行业中，产品差异化和形象差异化机会不多，服务相似，价格敏感，同业内不赞成激烈争斗，市场占有率稳定。追随者要懂得保持现有顾客，并尽可能地争取新的顾客。追随者必须避免挑战者的攻击，因而应保持低成本与优质产品和服务。其策略有以下三种。

1. 紧密追随

策略突出"仿效"和"低调"。追随企业在各个细分市场和市场营销组合中，应尽可能仿效领先者。以至于有时会使人感到这种追随者好像是挑战者，但是它从不激进地冒犯领先者的领地，在刺激市场方面保持"低调"，避免与领先者发生直接冲突。有些甚至被看成是靠获取主导者残余谋生的寄生者。

2. 距离追随

距离追随策略突出在"合适地保持距离"。追随企业在市场的主要方面，如目标市场、产品创新与开发、价格水平和分销渠道等方面都追随领先者，但仍与领先者保持若干差异，以形成明显的距离。对领先者既不构成威胁，又因追随者各自占有很小的市场份额而使领先者免受独占之指责。采取距离追随策略的企业，可以通过兼并同行业中的一些小企业而发展自己的实力。

3. 选择追随

选择追随策略突出在选择"追随和创新并举"。追随者在某些方面紧跟领先者，而在另一些方面又别出心裁。这类企业不是盲目追随，而是择优追随，在对自己有明显利益时追随领先者，在追随的同时还不断地发挥自己的创造性，但一般不与领先者进行直接竞争。采取这类战略的追随者之中有些可能发展成为挑战者。

四、市场补缺者战略

(一)市场补缺者概念

几乎每一行业都有一些小企业、小公司。它们主要经营大企业忽视或有意放弃的小市场上的业务。它们的经营对大企业来说是有机的补充，完善了市场。这种战略的核心在于能够发现既安全又能获利的细分市场，一般来讲，这种市场必须具备几个条件：①有足够的规模和发展潜力；②该市场为主要竞争者所忽视；③企业有占领该市场的资源；④企业有能力抗击大企业的攻击。

(二)市场补缺者采取的策略

作为市场补缺者要完成三个任务：创造补缺市场、扩大补缺市场、保护补缺市场。最适宜于拾遗补阙者采取的策略是实行专业化营销，企业必须在市场、产品、顾客系列方面实现专业化。市场拾遗补阙者可在下列方面发挥专业化作用。

1. 顾客方面

企业可专门为某一类型的最终用户实行专业化服务。如按照顾客规模专业化，按照特定顾客专门化，按照特定地区专门化等。

2. 产品方面

企业可从事某种产品生产的某一工序，或者专门生产某种规格产品，专门生产某一产品，专门生产经营某一质量或者价格的产品，专门提供某一种或者几种服务。

3. 渠道方面

专门服务于某一分销渠道，例如专门生产适合于超市销售的商品。

需要注意的是，小企业在选择细分市场时，不要"将鸡蛋装在同一个篮子"，一般应尽量选择两个或者两个以上的产品，以减少风险，获得利润。

本 章 小 结

从行业角度识别竞争者；从市场角度分析竞争者。

判定竞争者的战略需要辨别、评估它所处的竞争战略群体。判断竞争者营销目标一般包括的内容有：竞争对手的经营理念、组织结构、财务目标、控制系统。

竞争者资源条件的强弱会影响企业在竞争中的优劣势。通常只有在与本企业的比较中才能确认，企业可以从以下几方面来分析：产品、销售渠道、市场营销、生产与经营、研发能力、资金实力、组织、管理能力。

企业需要评估每个竞争者的实力，企业可以通过以下两个步骤来完成：搜集每个竞争者的信息和分析评价。

在对竞争者进行分析后，可以在下列分类的竞争者中挑选一个进行集中攻击。一般来说，企业面临三种类型的选择：强与弱、远与近和好与坏。

迈克尔·波特从竞争的角度，提出五种力量决定了一个市场或细分市场的长期内在吸引力。这五种力量是：同行业竞争者、进入退出壁垒、替代产品、购买者和供应商，企业可选择以下三种一般竞争战略，即成本领先战略、差异化战略和集中性战略。

企业采取何种竞争战略取决于企业在产业中所处的地位。其中市场领导者战略必须做三方面努力：扩大总需求，保护现有市场份额和扩大市场份额。市场挑战者可以采取以下战略：正面进攻、侧翼进攻、包抄进攻、迂回进攻、游击进攻。市场追随者也应当制订有利于自身发展而不会引起竞争者报复的战略：紧密跟随、距离跟随、选择跟随。市场补缺者发展的关键是实现专业化。

关 键 词

竞争者(Competitor)、竞争者的战略(Competitor Strategy)、竞争者的目标(Competitor Objective)、竞争者类型(Competitor Type)、市场领导者(Market Leader)、市场挑战者(Market Challenger)、市场追随者(Market Adherent)、市场利基者(Market Niche)

综 合 练 习

1. 竞争者分析一般包括哪些内容和步骤？
2. 如何从行业角度和市场角度分析竞争者？
3. 如何判断竞争者的战略和目标？
4. 如何评估竞争对手的优劣势？并举例说明。
5. 波特如何从行业分析企业的竞争战略？针对这五种力量企业的一般竞争战略有哪三种？各自的优缺点及适用范围有哪些？
6. 企业在市场竞争中的位置有几种？各自应采取什么样的竞争战略？

【案例分析】

如家营销的"为"与"不为"

坐落在上海天钥桥路 400 号的如家快捷酒店——上海徐家汇店在高楼林立的徐家汇商业圈显得并不起眼，然而每天来到这里住宿的客人却发现：他们必须提前三天预定该酒店，不然就很难预定到客房。

三年前，没有人想到在这里建造一家酒店会取得这样的经营业绩——全年 100%的入住率。然而这样的经营业绩在如家各连锁店中并不鲜见，在如家已经开业的酒店中，近一半以上的酒店全年平均出租率可以达到 100%，全部酒店年平均出租率也可以达到 95%以上。

从 2000 年开始，中国国内旅游总人次超过了全国总人口的 60%，已经基本上达到了大众旅游的标准。与大众旅游伴生的是相应旅游设施的改进和旅游行业结构的调整。以往，高星级饭店是商务客人的主要选择。现在，随着私有经济的发展以及一些公司对差旅经费的限制，人们在进行商务活动的同时更加注重性价比的选择。如家经济型快捷酒店，正是在这种商机下诞生的。

1. 经济型酒店的"天时"

传统的酒店行业，三星追四星、四星追五星，而且三星之间、四星之间、五星之间都在为追赶竞争对手而制订竞争策略。这就导致传统的高星级酒店失去了自身的独特性。我们可以想想传统的高星级酒店千篇一律的餐饮、灰白色的房间内饰、豪华的大厅。因此，在这种情况下，很多新建的酒店就倾向于勾勒出与其定位相似的战略轮廓。事实上，就如家而言，高星级酒店和传统的社会旅馆倾向于勾勒出自身相同的价值曲线。与之相反，如家的价值曲线则是通过剔除、减少、增加、创造这四个动作，把自己与星级酒店和社会旅馆区别开来，推出了中国的经济型酒店模式。

如家主要强调几个元素：给客人提供一个温馨、舒适的睡眠环境——即睡个好觉，同时能够洗个好澡。如家主要在客房的干净程度、房间的布局、床以及淋浴上突出重点，低于传统的三、四星级酒店的价格。它不在餐厅、桑拿、KTV、大厅等选择上做过多投资。相反，如家的传统竞争对手们，都在这些产业竞争元素上大力投入，在价格上也就越发难以与如家相竞争。这些公司投资过于分散，被竞争对手的行动牵着鼻子走，结果导致了高成本结构。

2. 有所为

如家和传统星级酒店的最大区别就在于，传统酒店讲究提供更多的服务，而如家则把自己的定位明确锁定在一点上——住宿。在如家看来，出差公干的商务人士业务繁忙，传统星级酒店提供的许多空间和服务他们都无暇享受，对他们而言最重要的东西只有两个：床和卫生间。所以床品和卫生间就是如家有所为的重点所在。卫生上达到甚至超越传统酒店的卫生条件，保持叫早服务，同时在房间的颜色上增添变化，增加温馨感。第二是提升客户在旅店中的服务质量。让如家的客户能享受到优异的住宿质量、有良好家具带来的舒适性、有市中心区位所带来的方便性、同时得到清洁和安全周到的服务。

在与传统星级酒店竞争与区分的过程中，采取连锁运营方式，布局在经济发达城市，选址在交通便利、生活设施齐全的地段，不像星级酒店那样附设大量休闲娱乐场所和服务设施，而是充分利用酒店附近已经成熟的社区服务网络；硬件环境也不追求奢华和排场，但是安全、卫生、住得舒适。最突出的是，平均房价在200元以内，这样的酒店自然具有吸引力。

3. 有所不为

如家倡导的"有所不为"就是超出"住宿"需求以外的不做。剔除传统星级酒店过多的豪华装饰，享受性服务以及娱乐设施。不设门童，改为自助；没有豪华、气派的大堂；舍弃投资巨大、利用率低的康乐中心，没有桑拿、KTV、酒吧等娱乐设施。剔除星级酒店很多旅客不需要或用得较少的功能服务，如购物区、康乐设施、会议场所等。原来中国星级酒店的评价指标好多都针对涉外旅游，一方面要考虑到代表中国的形象，另一方面是为各种会议提供各种功能。而如今越来越多的商务旅行人士和经济富裕出外旅游的人，他们需要充足的睡眠，方便的地理位置，同时不希望花费太多的金钱在住宿上。如家针对这些人群，直接把没有太多附加价值的购物区、康乐设施、会议场所等功能服务消除掉，这为顾客节约了很多额外费用。

实际上，传统的酒店都采取的是自建物业的形式，酒店从买地到投入运营的时间周期非常漫长，一般需要2~3年。而如家采取了租赁的形式。在选定店址时，开发部把论证的项目直接汇报给CEO，CEO到现场判断之后，将项目输入一整套投资分析的测算模板，直接上报给投资委员会。一两天之后，就可以立项签约。项目签约之后，一般只有三四个月的土地免租期，如果在这段时间内工程没有完成，就意味着还没开业就要支付租金。所以为了争取时间，如家不是按照设计、预算、施工的线性顺序，而是平行进行。通常，在工程部做土木的同时，市场推广、质量检查、组织培训各方面的工作也就同步展开，整个项目团队分工明确，并且有严格的时间约束：每个人在约定的时间内必须完成自己负责的工作，不能影响下一个阶段的工期。而这种通过租赁和系统建设的方式，使如家酒店的建设周期大大缩短。同时，如家的选址尽量靠近一些商务区和酒店配套比较匹配的地区。周围具有良好的购物、餐饮和娱乐场所。在做到有所不为的同时，客人需要的便利服务和条件并不减少。

4. 有所多为

为了增添房间的温馨感，如家打破星级酒店和旅社床单、枕套都用白色的传统，改用碎花的；淋浴隔间用的是推拉门而不是简陋的塑料布；毛巾则有两种不同颜色，便于顾客区别。

在如家酒店客房的书桌上，常常为客户摆放几本书，开展"书适如家"的活动，如家给每一个房间提供几本书籍，文学的、历史的、旅游的都有，客人可以随意阅读。一盏家用普通台灯，提供免费上网等，在细节上尽可能营造出家的温馨。

如家快捷的品牌服务受到中外客人的好评。国际主流财经杂志《福布斯》曾就如家提供给客人的读书活动——"书适如家"作深度报道，称赞如家提供给客人的读书体验活动增加了品牌服务的内涵，同时给客人营造了"家"的氛围。

在不断给客人提供细致、温馨服务的同时，如家积极为数十万会员提供额外的增值服务，同时与具有互补性产品的大品牌进行"异业联盟"，方便商务人士的商旅生活。例如，如家和世界知名汽车租赁公司推出的"租车"服务，受到了广大宾客的极度欢迎。

5. 有所少为

在保证服务质量的前提下，在非关键的方面也尽可能少为。该花钱的地方绝不吝啬，该砍下的成本也绝不手软。这些措施都为如家降低了整体服务价格，提高了服务水平和效率。

在人员管理方面，如家每百间房用人为30~35人，远远低于传统高星级酒店的每百间房100~200人的配置，人力成本仅为同业的1/6~1/3。扁平的组织结构促使效率得以提高。店长、值班经理、员工三层构成了一家酒店的组织机构图，放弃了传统酒店店长、部门经理、主管、领班、员工五个层级的矩阵。传统酒店的总经理需要诸如营销部、客房部的支持，而在如家，店长肩负营销、人员管理、客户管理、前后台支持等综合任务。如家与一般酒店相比少两个管理层次，没有部门经理，也没有领班，组织结构扁平化的结果就是店长大小杂事都得做。

如家使用分体式空调，冬天使用暖气，只建有占地 50～100 平方米的小餐厅，把更多的空间变成客房，餐厅不对外服务。甚至如果附近有餐馆，干脆就把餐厅省了。对于要住好几天的顾客并不天天更换牙刷。首先是降低了整体的服务价格，不太注重餐饮和其他过量服务，提高服务的水平和效率。如家降低成本的方法有很多，一般大堂不是很大，装修也并不豪华，但要求一定是整洁的。完善的如家订房中心系统也有效降低了劳动成本，提高了服务效率。

如家成立这几年来，得到了飞速的发展，成为中国经济型酒店的龙头，在中国酒店业激烈的竞争中赢得一片天地，找到了全新的蓝海。

如家的成功，绝非偶然，而是找出了竞争对手忽略的地方和客户尚未满足的需求。

（《成功营销》，2008-01-07，http://www.vmarketing.cn/index.php?mod=news&ac=content&id=323）

问题思考：
1. 如家快捷为什么有所为有所不为？
2. 如家快捷的成功为企业竞争提供了哪些借鉴？

第七章 产品策略

【内容提要】

1. 整体产品概念及对企业在产品方面展开竞争的意义
2. 产品组合及优化
3. 产品的包装策略及标签管理
4. 产品生命周期策略
5. 产品包装及标签管理
6. 新产品开发
7. 产品支持服务

【导入案例】

"共享汽车"时代来临

近段时间,一种新兴的出行方式——"共享汽车"——继共享单车在一些城市风靡以后,也纷纷亮相于北京、上海、广州、重庆、成都、武汉、杭州等十余个大中城市。消费者可以通过手机下单租用共享汽车,随叫随走,而租车费用却比城市出租车的运价更便宜。

汽车分时租赁在欧美已经有十多年的应用,这种共享经济模式最早起源于瑞士,后来在德国、意大利、荷兰、美国、澳大利亚、日本等各国陆续风靡起来。

国内有专家认为,随着国家"互联网+"发展战略的施行,在城市缓解交通拥堵、减少碳排放的发展诉求下,国内基于信息技术的汽车共享行业发展正当其时,市场潜力巨大。

但也有网民吐槽,初期体验存在车辆覆盖率低、停车网点太少等痛点。而随着共享汽车的推进,势必对城市管理提出更高的挑战。

下面就让小编为大家梳理一下其中的利弊。

共享资源 出行便捷

继"共享单车"后,"共享汽车"卷起了一阵旋风。有网民表示,"共享汽车"好处不言自明,不仅给城市民众带来用车便捷,还满足了"无车族"的用车需求,大受欢迎自在情理之中。

网民"张涨"表示,"共享汽车"的"随租随还"对用户来说很省事,下单开车、停车走人都可以在手机上一键完成,费用也不高,而且不用考虑限行问题。网民"丫丫韵"称,"家里已购置一辆汽车,但因限号及工作原因,一直'青睐'9.9元每小时的分时段租赁汽车。"

网民"关育兵"也表示,在城市车辆限行、车牌限购的大背景下,民众买车、养车的成本很高,城市停车难等问题制约了一部分人的买车欲望,"共享汽车"的出现,满足了"无车族"的用车需求。

还有网民表示,"共享汽车"通过共享的方式充分利用时空资源,让汽车的使用效率提

第七章 产品策略

升。此外，通过电动车对汽油车的替代，有效地减少了环境污染。

APP 注册 就近取车

在北京，有记者下载"Gofun 出行"手机 APP，上传身份证、驾驶证照片，缴纳押金 699 元。不到 5 分钟，就获得一个账号。登录账号，在距离最近的菜市口地铁站附近选择一辆奇瑞 EQ 新能源车下单，收费是每公里 1 元加上每分钟 0.1 元。开车行驶了 9 公里，用时 66 分钟，费用总计 15.6 元，远远低于北京市 2.3 元每公里的出租车运价。

西部城市重庆和成都，也是"共享汽车"的热门投放区域。戴姆勒智能交通服务集团旗下的"即行 car2go"押金只要 99 元。"car2go 取车停车并不需要到指定地点，凡是不违规的地方都可以停。"重庆市民、"90 后"小伙子黄伟说。

"共享汽车"提供保险服务

与"共享单车"不同，开车上路就有可能发生事故，更何况是这种面向不确定的社会大众提供的驾车出行服务。记者发现，除了在使用前需要验证消费者的身份证、驾照等信息外，不少平台还推出了保险服务。

比如，Gofun 在确认用车之前，需要选择是否购买价值 10 元的不计免赔服务。"即行 car2go"也投保了交通事故责任强制保险和综合商业保险。

使用过程中产生的停车和违章费用，则需要用户承担。此外，为避免出现人为锁车、毁车、圈车收费等不文明用车行为，各大平台都在相关条款中做了规定，并明确了用户需承担的相关费用及法律责任。

"押金也是一种管理方式，提醒用户对消费行为负责。""Gofun 出行"首席运营官谭奕说。

管理以扶持为主 但需设立规范

"共享汽车"的发展在国内尚处于萌芽和起步阶段，行业本身有待不断探索和完善。特别是在"网约车""共享单车"市场出现了一些乱象、引发争议的背景下，"共享汽车"该如何吸取前车之鉴？

有网民表示，迫不及待推行"共享汽车"，势必会给城市管理再"添堵"。"共享单车"至今未解决的"违规停放、过度占用公共空间、信用体系欠缺"等问题，在"共享汽车"领域照样存在。

北京市律师协会交通专业委员会秘书长黄海波认为，与"共享单车"不同的是，汽车占用的城市空间和道路资源是比较多的。城市管理者应该积极关注，研究是否需要控制规模、设立市场准入规范、定义车辆性质以及规范安全、保险等问题。

当然，多数专家也认同，对新生事物，城市管理者应在底线思维下营造一个良好的发展环境。对"共享汽车"行业的发展应以鼓励扶持为主，否则服务网点少、停车难等障碍会制约行业的健康发展。

此外，有专家指出，"共享汽车"的使用权下放至流动的个体，因此对使用者的素质和社会诚信度提出了很高的要求。建议加快实现企业内部信用信息与社会诚信体系建设的衔接，并以此为依据出台相关法律法规来约束使用者的消费行为。

特别要强调，监管并不是管制，是为了让共享汽车在有序规则范围内，更好地为消费

者提供便利，解决城市的交通出行问题，帮助企业更好地获得收益。这一监管原则，是监管者未来要重视的。

(资料来源：新华网 2017-02-21.)

产品是市场营销组合中最重要也是最基本的因素。企业制订营销组合策略，首先必须决定发展什么样的产品满足目标市场需求。产品策略还直接或间接影响到其他营销组合因素的管理。从这个意义上说，产品策略是整个营销组合策略的基石。企业如何认识现有产品、开发新产品、改进和完善产品性能，既是占领市场的需要，也是企业经营的根源和基础。

第一节 产品的整体概念与分类

一、产品的整体概念

关于产品的概念，传统的解释经常局限在某种物质的形态和具体的用途上，一般被理解或表述为：由劳动创造，具有使用价值和价值，能满足人类需求的有形物品。但在现代市场营销学中，产品概念具有极其宽广的外延和深刻的内涵。

产品是指能够通过交换满足消费者或用户某一需求和欲望的任何有形物品和无形的服务。有形物品包括产品实体及其品质、款式、特色、品牌和包装等；无形服务包括可以使顾客的心理产生满足感、信任感以及各种售后支持和服务保证等。

关于产品整体概念，学术界曾用三个层次来表述，即核心产品、形式产品和延伸产品(附加产品)。这种研究思路与表述方式沿用了多年。但近年来，以菲利普·科特勒为首的北美学者更倾向于按以下五个层次来表述产品整体概念，认为这样做能够更深刻而逻辑地表达产品整体概念的含义。

(一)核心产品

核心产品是指向顾客提供的基本效用或利益，从根本上说，每一种产品实质上都是为解决问题而提供的服务。比如，人们购买空调不是为了获取装有某些电器零部件的物体，而是为了在炎热的夏季满足凉爽、在寒冷的冬季满足温暖的需求。因此，营销人员向顾客销售的任何产品，都必须具有反映顾客核心需求的基本效用或利益。

(二)形式产品

形式产品是指产品的基本形式，或核心产品借以实现的形式，或目标市场对某一需求的特定满足形式。形式产品由五个特征所构成，即品质、式样、特征、品牌及包装。即使是纯粹的劳务产品，也具有类似的形式上的特点。产品的基本效用必须通过特定形式才能实现，市场营销人员应努力寻求更加完善的外在形式以满足顾客的需要。

(三)期望产品

期望产品是指购买者在购买该产品时，期望得到与产品密切相关的一整套属性和条件。

比如，旅馆的客人期望得到清洁的床位、洗浴香波、浴巾、衣帽间的服务等。因为大多数旅馆均能满足旅客的这些一般期望，所以旅客在选择档次大致相同的旅馆时，一般不是选择哪家旅馆能提供期望产品，而是根据哪家旅馆就近和方便而定。

(四)延伸产品

延伸产品是指顾客购买形式产品和期望产品时，附带获得各种利益的总和，包括产品说明书、保证、安装、维修、送货、技术培训等。国内外许多企业的成功，在一定程度上应归功于他们更好地认识了服务在产品整体概念中所占的重要地位。许多成功案例表明，新的竞争并非凭借各公司在其工厂所生产的产品，而是取决于公司能否正确发展延伸产品，即依靠附加在产品上的包装、服务、广告、顾客咨询、资金融通、运送、仓储及其他具有价值的形式。能够正确发展延伸产品的公司，必将在竞争中赢得主动权。

(五)潜在产品

潜在产品是指现有产品包括所有附加产品在内的，可能发展成为未来最终产品的潜在状态的产品，指出了现有产品的可能演变趋势和前景，如彩色电视机可发展为电脑终端机等。

产品整体概念的五个层次，清晰地体现了以顾客为中心的现代营销观念，见图 7-1。这一概念的内涵和外延都是以消费者需求为标准的，并由消费者的需求所决定。可以说，产品整体概念是建立在"需求=产品"这样一个等式基础之上的。没有产品整体概念，就不可能真正贯彻现代营销观念。

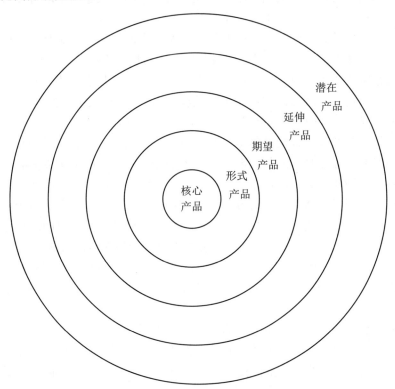

图 7-1　整体产品概念的五个层次

二、产品的分类

在产品导向下,企业只是根据产品的不同特征对产品进行分类。在现代营销观念下,产品分类的思维方式是,每一个产品类型都有与之相适应的市场营销组合策略。

1. 非耐用品、耐用品和服务

产品可以根据其耐用性和是否有形而分为3类。

(1) 非耐用品。非耐用品一般是指有一种或多种消费用途的低值易耗品,如啤酒、肥皂和盐等。非耐用品一般与人们的日常生活息息相关,购买频率比较高、价值相对较低。非耐用品售价中的加成要低,还应加强广告以吸引顾客试用并形成偏好。

(2) 耐用品。耐用品一般是指使用年限较长、价值较高的有形产品,通常有多种用途,如冰箱、彩电、机械设备等。耐用品不能一次性被消费,其折旧年限具有较长的时间跨度。耐用品倾向于较多的人员推销和服务等。

(3) 服务。服务是为出售而提供的活动、利益或满足,如理发和修理。劳务的特点是无形、不可分、易变和不可储存。一般来说,它需要更多的质量控制、供应商信用以及适用性。

2. 消费品分类

消费品是指由最终消费者购买并用于个人消费的产品。根据消费的特点可以区分为便利品、选购品、特殊品和非渴求物品4种类型。

(1) 便利品。指顾客频繁购买或需要随时购买的产品,如烟草制品、肥皂和报纸等。便利品可以进一步分成常用品、冲动品以及救急品。常用品是顾客经常购买的产品。例如,某顾客也许经常购买"可口可乐""佳洁士"牙膏。冲动品是因价值较低,顾客没有经过计划或搜寻而即兴购买的产品。救急品是当顾客的需求十分紧迫时购买的产品。救急品的地点效用也很重要,一旦顾客需要就必须能够迅速实现购买。

(2) 选购品。指顾客在选购过程中,对适用性、质量、价格和式样等基本方面要做认真权衡比较的产品,如家具、服装、旧汽车和大型器械等。选购品可以划分成同质品和异质品。购买者认为同质选购品的质量相似,但价格却明显不同,所以有选购的必要。销售者必须与购买者"商谈价格"。但对顾客来说,在选购服装、家具和其他异质选购品时,产品特色通常比价格更重要。经营异质选购品的经营者必须备有大量的品种花色,以满足顾客不同的购买偏好;他们还必须配备受过良好训练的销售人员,为顾客提供信息和咨询。

(3) 特殊品。指具备独有特征和(或)品牌标记的产品,对这些产品,有相当多的购买者一般都愿意作出特殊的购买努力,如特殊品牌和特殊式样的花色商品、小汽车、立体声音响、摄影器材以及男式西服。

(4) 非渴求品。指消费者不了解或即便了解也不想购买的产品。传统的非渴求品有人寿保险、墓地、墓碑以及百科全书等。对于非渴求品,需要付出诸如广告和人员推销等大量营销努力。一些最复杂的人员推销技巧就是在推销非渴求品的竞争中发展起来的。

第七章 产品策略

3. 产业用品分类

各类产业组织也需要购买各种各样的产品和服务。我们可以把产业用品分成三类:材料和部件、资本项目以及供应品与服务。

(1) 材料和部件。指完全转化为制造商产成品的一类产品,包括原材料、半制成品和部件,如农产品、构成材料(铁、棉纱)和构成部件(马达、轮胎)。上述产品的销售方式有所差异。农产品需进行集中、分级、储存、运输和销售服务,其易腐性和季节性的特点,决定了要采取特殊的营销措施。构成材料与构成部件通常具有标准化的性质,这就意味着价格和供应商的可信性是影响购买的最重要因素。

(2) 资本项目。指部分进入产成品中的商品,它包括两个部分:装备和附属设备。装备包括建筑物(如厂房)与固定设备(如发电机、电梯)。该产品的销售特点是:售前需要经过长时间的谈判;制造商需使用一流的销售队伍;需要设计各种规格的产品和提供售后服务。附属设备包括轻型制造设备和工具以及办公设备。这种设备不会成为最终产品的组成部分,它们在生产过程中仅仅起辅助作用。这一市场地理位置分散、用户众多、订购数量少。质量、特色、价格和服务是用户选择中间商时所要考虑的主要因素。促销时,人员推销要比广告重要得多。

(3) 供应品和服务。指不构成最终产品的那类项目,如打字纸、铅笔等。供应品相当于工业领域内的方便品,顾客人数众多、区域分散且产品单价低,一般都是通过中间商销售。由于供应品的标准化,顾客对它无强烈的品牌偏爱,价格因素和服务就成了影响购买的重要因素。商业服务包括维修或修理服务和商业咨询服务,维修或修理服务通常以签订合同的形式提供。

【营销小知识】

在我国改革开放后的相当长一段时期内,许多企业并不懂市场营销的本质,更不了解企业如何展开有效竞争。整体产品概念的提出,极大地开拓了人们的视野,并为企业就产品方面如何展开竞争获取竞争优势提供了理论依据。

本书认为,能够解决同一问题的产品为同一类产品,它们的核心产品是相同的,比如击石取火的石头(简称火石)、火柴、石油打火机和气体打火机,它们都具有"能够提供燃烧的火焰"的功能,能够满足人们需要燃烧火焰的需求,因而它们属于同种产品——"火柴"。那么,为什么"火柴"具有那么多形式?必须具有这么多形式吗?这么多形式的"火柴"能够共生共荣吗?让我们设置情景来探索一下"火柴"家族的粗略经历。(假想击石取火的石头已经成为可以买卖的商品)

市场场景1:当初许多人或组织从事火石的生产经营,竞争规律使火石市场由供不应求到供求平衡再到供过于求,一些新进的企业求新思变,不自觉地开始思考其他能够"提供燃烧的火焰"的方式,于是火柴被发明出来了。

市场场景2:虽然外观形式、材质(形式产品)不同但与火石具有相同功能(核心产品),火柴又较火具有点火效率高、便于携带和使用安全等特征,它逐渐在市场竞争中取得优势而将火石赶出了历史的舞台。

市场场景3:竞争的规律再次将火柴、石油打火机等过渡产品推进了历史的一隅。现在甲烷气体打火机(核心产品同而形式产品相异)由于无异味、携带方便、使用时间长和性价比高而独占鳌头。

今天，我们站在理论的高度对这个问题进行探讨，当然能够得出企业就产品方面如何展开竞争的结论：当众多企业同时生产相同产品(核心产品相同的产品)时市场竞争会愈演愈烈，一些先进的企业为避免激烈竞争并且夺取竞争优势，便会跳出核心产品层争夺，而在形式产品上研究以获取优势，比如生产高质产品得到竞争优势，待产品质量同质化后，转而美化包装，产品包装失去优势后，进而创造名牌……当形式产品完全同质化以后，企业应该转向附加产品层次的竞争就能轻松抢占先机。

这是产品竞争的铁律，企业只有认识到此规律后才能把获取产品竞争优势工作做到极致。

第二节 产品组合

大部分企业都拥有多个产品项目，经营多种产品。如何将多种产品合理地组织起来，这就是产品组合问题。

一、产品组合及其相关概念

1. 产品组合、产品线及产品项目

产品组合，是指一个企业生产经营的全部产品的有机构成和量的比例关系。产品组合由各种各样的产品线组成，每条产品线又由许多产品项目构成。

产品线，指密切相关的满足同类需求的一组产品。一个企业可以生产经营一条或几条不同的产品线。

产品项目，凡企业在其产品目录上列出的一个产品，就是一个产品项目。

例如，某自选采购中心经营家电、百货、鞋帽、文教用品等，这就是产品组合；而其中"家电"或"鞋帽"等大类就是产品线；每一大类里包括的具体品种、品牌为产品项目。

2. 产品组合的宽度、长度、深度和关联度

评价产品组合包含三方面的因素：宽度、深度和关联性。

(1) 产品组合的宽度，是指一个企业拥有多少条不同的产品线。产品线越多，说明该企业产品组合的宽度越广。产品组合的宽度反映了一个企业市场服务面的宽窄程度和承担投资风险的能力。

(2) 产品组合的深度，指每条产品线上的产品项目数，也就是每条产品线有多少个品种。产品线中包含的产品项目越多，产品组合的深度越深。产品组合的深度反映了一个企业在同类细分市场中满足顾客不同需求的程度。通过计算每一条产品线中的产品项目数，可得出企业产品组合的平均深度。

(3) 产品组合的关联性(或一致性)，是指每条产品线之间在最终用途、生产条件、销售渠道以及其他方面相互关联的程度。其关联程度越密切，说明企业各产品线之间越具有一

致性，反之，则缺乏一致性。

由于产品组合所包含的三个因素不同，因此构成了不同的产品组合。

产品组合的宽度、深度和关联性，与促进销售和增加企业的总利润密切相关。拓展产品组合的宽度，可以充分发挥企业特长，充分利用企业资源，开拓新市场，拓展服务面，分散投资风险，提高经济效益；增加产品组合的深度，可使各产品线有更多的花色品种，适应顾客的不同需要，增加总销售量；增加产品组合的关联性，可以充分发挥企业现有的生产、技术、分销渠道和其他方面的能力，提高企业的竞争力，增强市场地位，提高经营的安全性。

二、产品组合的分析

由于市场需求和竞争形势的变化，产品组合中的每个产品必然会在变化的市场环境下发生分化，一部分产品获得较快的成长，一部分产品继续取得较高的利润，也有一部分产品趋于衰退。为此，企业需要经常分析产品组合中各个产品品种销售成长的现状及发展趋势，作出开发新品、改进名品和淘汰衰退产品的决策，适时调整产品组合，以达到一种动态的最佳产品组合。

对产品组合进行分析，首先要对产品组合中现有产品线的状况进行分析，然后要对每一条产品线中产品品种的销售、盈利情况及定位状况作出分析评价。

1. 产品线组合的评估分析方法

对产品线组合进行评价的方法有若干种，这里只介绍比较简便和常用的两种方法。

(1) 波士顿矩阵法。该方法由波士顿咨询公司(BCG)首创。如图 7-2 所示，以市场占有率为横坐标，以市场增长率为纵坐标，每一坐标从低到高分成两部分，就会形成四个象限，每一个象限中可放入不同的产品线，然后加以分类评价。

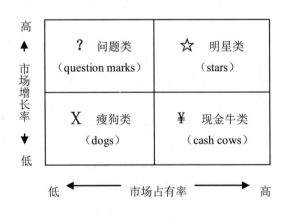

图 7-2 波士顿矩阵图

① 问题类。这类产品线具有较高的市场增长率和较低的市场占有率，需要投入大量资金，以提高其市场占有率，但有较大风险，需慎重选择。

② 明星类。这类产品线市场占有率和市场增长率都很高，具有一定的竞争优势。但是由于市场增长率很高，竞争激烈，为了保持优势地位需要投入许多资金，因而并不能为

企业带来丰厚的利润。然而当市场增长率放慢后，它就会转变为现金牛类，可大量为企业创造利润。

③ 现金牛类。这类产品线有较低的市场增长率和较高的市场占有率，收入多利润大，是企业利润的源泉。企业常要用现金牛类产品线的收入来支付账款和支持明星类、问题类和瘦狗类产品线。

④ 瘦狗类。这类产品线的市场增长率和市场占有率都很低，在竞争中处于劣势，是没有发展前途的，应逐步淘汰。

对产品线进行这样的分类评价后，企业就可以确定产品线组合是否健康。如果问题类和瘦狗类产品线较多，而明星类和现金牛类较少，则应当对不合理的组合进行调整：很有发展前途的问题类产品线应予以发展，努力提高其市场占有率，增强其竞争能力，使其尽快成为明星类；现金牛类产品线要尽量维持其市场份额，以继续提供大量的资金收入；处境不佳、竞争力小的现金牛类产品线和一些问题类、瘦狗类产品线应实行收缩，尽量减少投资，争取短期较多的收益；没有发展前途又不能盈利的那些瘦狗类和问题类产品线应放弃，进行清理、淘汰，以便把资金转移到更有利的产品线上。

(2) GE 矩阵法。该方法由通用电气公司(GE)首创。GE 矩阵法较之波士顿矩阵法，综合考虑了更多的重要因素，而不只局限于市场增长率和市场占有率，所以更加切合实际。

如图 7-3 所示，对每一产品线从行业吸引力和产品线实力两方面予以衡量。行业吸引力主要根据该行业的市场规模、市场增长率、历史毛利率、竞争强度、技术要求、通货膨胀、能源要求、环境影响以及社会、政治、法律因素等加权评分得出，分为高、中、低三档。产品线实力主要根据企业该产品线的市场份额、市场增长率、产品质量、品牌信誉、分销网络、促销效率、生产能力与效率、单位成本、物资供应、研究与开发实绩及管理人员等加权评分得出，分为强、中、弱三档。因此，在 GE 矩阵中有九个区域。

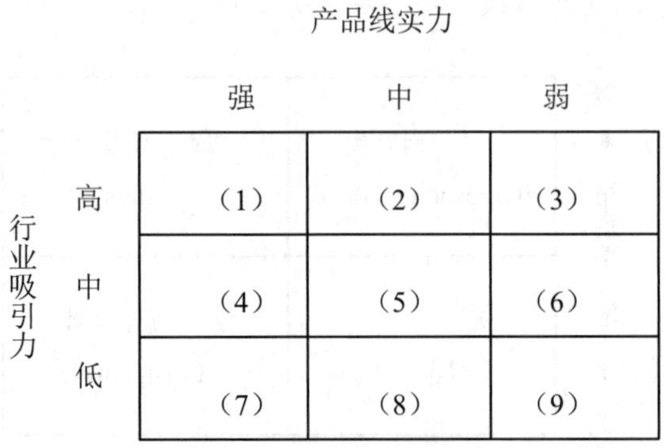

产品线实力

行业吸引力	强	中	弱
高	(1)	(2)	(3)
中	(4)	(5)	(6)
低	(7)	(8)	(9)

图 7-3 GE 矩阵图

GE 矩阵可以分为三大部分：左上角部分，包括(1)(2)(4)三个区域，表示最强的产品线，行业吸引力和产品线实力都较好，企业应采取增加投资、积极扩展的策略；左下角到右上角的对角线部分，包括(3)(5)(7)三个区域，表示产品线的总体吸引力处于中等状态，企业一般应维持投资，保持盈利；右下角部分，包括(6)(8)(9)三个区域，表示总体吸引力很低的产品线，企业一般应采取收缩和放弃策略。

2. 产品线中各品种的分析评价

要实现产品组合的动态优化，不仅需要对各条产品线进行分析评价然后予以调整，还要对每一条产品线中的每一个产品品种的销售、盈利情况逐一分析评价，并且还要分析产品定位与竞争者的对比情况。

(1) 产品品种贡献大小分析。产品线上的每一个产品品种对总销售额和利润所作的贡献是不同的。例如，某条产品线有 5 个产品品种，其中，第一个品种占总销售额的 50%和总利润的 30%，第二个品种占总销售额的 30%和利润额的 30%，两者共占总销售额的 80%和总利润的 60%。如果这两个品种遇到强烈的竞争，整条产品线的销售额和利润额将会急剧下降。把销售高度集中于少数几个品种之上，产品线往往具有较大的脆弱性。另一方面，对于最后一个品种，它的销售额和利润只占到整条产品线的 5%，管理者应考虑是否停止生产这一品种，以便抽出资源来加强其他品种或开发新产品(参见图 7-4)。

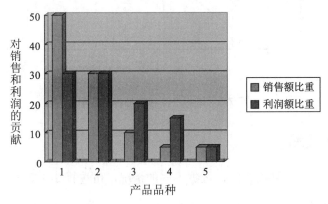

图 7-4　产品品种对销售和利润的贡献

(2) 产品线品种定位图。产品线品种定位图是一种有效的分析工具，有助于企业了解自己的产品线与竞争者产品线的对比情况，明确竞争形势。现举例说明。

H 造纸公司有一纸板产品线。纸板的两大属性是纸张重量和成品质量。纸重一般分为 90、120、150、180 四个级别，质量则有高、中、低三个水准。图 7-5 为纸板产品线的品种定位图，表明 H 公司与 A、B、C、D 四个竞争者纸板产品线中各产品品种的定位情况。如 A 公司的两个产品品种都为超重级，质量一个中等偏上，一个低等；H 公司在轻、中、重三个级别各有一个品种，质量在低等和中等之间变动。

产品品种定位图有如下作用。

① 它可以明确显示出互相竞争的产品品种。如 H 公司轻量级、中等质量的纸板与 D 公司的纸板相竞争，而重量级、中等质量的纸板没有直接的竞争对手。

② 它能提示新产品品种的开发方向。图 7-5 中表明轻量级、低质量的纸板无人生产，如果这种纸板确实有一定的市场需求，企业有能力生产并能合理定价，那么它就应积极开发这一新的产品品种。

③ 产品线品种定位图还有助于企业根据各类用户的购买兴趣和需要来识别细分市场。

H 公司的产品定位较适合于一般印刷业的需要，但其他两种只定位在办公品供应业的边界上，可见对售点陈列业、办公品供应业的满足程度较差，如果 H 公司有能力的话，应考虑生产更多品种以满足这些需要。

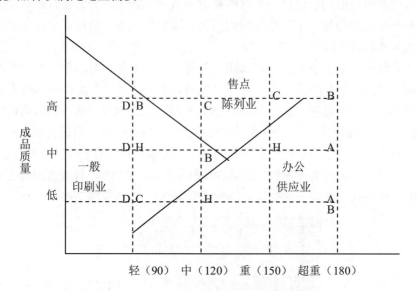

图 7-5　纸板产品线的品种定位图

三、产品组合策略

企业在调整和优化产品组合时，依据不同的情况，可选择如下策略。

1. 扩大产品组合

扩大产品组合包括拓展产品组合的宽度和增强产品组合的长度。前者是在原产品组合中增加一个或几个产品大类，扩大产品范围；后者是在原有产品大类内增加新的产品项目。当企业预测现有产品大类的销售额和利润额在未来一段时间内有可能下降时，就应考虑在现行产品组合中增加新的产品大类，或加强其中有发展潜力的产品大类。当企业打算增加产品特色，或为更多的子市场提供产品时，则可选择在原有产品大类内增加新的产品项目。一般而言，扩大产品组合，可使企业充分地配置资源，分散风险，增强市场应变能力和竞争能力。

2. 缩减产品组合

当市场不景气或原料、能源供应紧张时，缩减产品组合反而可能使总利润上升。这是因为从产品组合中剔除了那些获利很小甚至亏损的产品大类或产品项目，使企业可集中力量发展获利更多的产品大类和产品项目。通常情况下，企业的产品大类有不断延长的趋势，其原因主要有：生产能力过剩迫使产品大类经理开发新的产品项目；中间商和销售人员要求增加产品项目，以满足顾客的需要；产品大类经理为了追求更高的销售和利润而增加产品项目。

但是，随着产品大类的延长，设计、工程、仓储、运输、促销等营销费用也会随之增加，最终将会减少企业的利润。在这种情况下，需要对产品大类的发展进行相应的遏制，

删除那些得不偿失的产品项目，使产品大类缩短，提高经济效益。

3. 产品延伸

1) 产品延伸的主要方式

每一企业的产品都有其特定的市场定位。产品延伸策略指全部或部分地改变公司原有产品的市场定位，具体做法有向下延伸、向上延伸和双向延伸三种。

(1) 向下延伸。指企业原来生产高档产品，后来决定增加低档产品。企业采取这种策略的主要原因是：①企业发现其高档产品的销售额增长缓慢，因此不得不将其产品大类向下延伸。②企业的高档产品受到激烈的竞争，必须用侵入低档产品市场的方式来反击竞争者。③企业当初进入高档产品市场是为了建立质量形象，然后再向下延伸。④企业增加低档产品是为了填补空隙，不使竞争者有机可乘。

企业在采取向下延伸策略时，会遇到如下风险：①企业原来生产高档产品，后来增加低档产品，有可能使名牌产品的形象受到损害，所以，低档产品最好用新的商标，不要用原先高档产品的商标。②企业原来生产高档产品，后来增加低档产品，有可能会激怒生产低档产品的企业，导致其向高档产品市场发起反攻。③企业的经销商可能不愿意经营低档产品，因为经营低档产品所得利润较少。

(2) 向上延伸。指企业原来生产低档产品，后来决定增加高档产品。主要理由是：高档产品畅销，销售增长较快，利润率高；企业估计高档产品市场上的竞争者较弱，容易被击败；企业想使自己成为生产种类齐全的企业。

采取向上延伸策略也要承担一定风险，如：①可能引起生产高档产品的竞争者进入低档产品市场，进行反攻。②未来的顾客可能不相信企业能生产高档产品。③企业的销售代理商和经销商可能没有能力经营高档产品。

(3) 双向延伸。即原定位于中档产品市场的企业掌握了市场优势以后，决定向产品大类的上下两个方向延伸，一方面增加高档产品，另一方面增加低档产品，扩大市场阵地。

2) 产品延伸的利益

一般来说，产品延伸有下列好处。

(1) 满足更多的消费者需求。伴随着市场经济的发展，市场调研技术日益完善，使营销人员能够细分出更小的子市场，进而把复杂的市场细分体系变成立竿见影的促销计划。在这种情况下，往往是产品大类越长，机会越多，利润就越大。

(2) 迎合顾客求异求变的心理。随着市场竞争的加剧，企业越来越难以要求消费者对某一品牌绝对忠诚，越来越多的消费者在转换品牌，尝试他们未曾使用过的产品。产品延伸就是通过提供同一个品牌下的一系列不同商品来尽量满足这种求异心理。企业希望这种延伸成为一种既满足消费者愿望，又保持他们对本企业的品牌忠诚的两全之计。

(3) 减少开发新产品的风险。产品延伸所需要的时间和成本比创造新产品更加容易控制。在美国，大约需要3000万美元才能推出一个成功的新产品，而产品延伸只需500万美元。

(4) 适应不同价格层次的需求。无论产品大类上原有产品的质量如何，企业往往宣传其延伸产品质量如何好，并据此为延伸产品制订高于原有产品的价格。在销售量增长缓慢的市场上，营销者就可以通过提高价格来增加单位产品的利润。当然也有一些延伸产品的价格低于原有产品。

3) 产品延伸的风险

正是因为产品延伸具有上述优越性,许多企业对此很感兴趣。但是,产品延伸也会带来如下副作用。

(1) 品牌忠诚度降低。忠诚是对某种产品重复购买的行为。过去很长一段时间里,许多知名老牌子拥有两三代顾客。当企业增加产品品种时,就会冒打破顾客原来的购买方式和使用习惯的风险,这种风险往往会降低品牌忠诚度,并使消费者重新考虑整个购买决定。另外,尽管产品延伸使某一品牌能满足消费者的各种需要,但它也具有促使消费者追求新变化的作用,从而导致品牌更换。

(2) 产品项目的角色难以区分。产品延伸可能会导致过度细分。同一产品大类上各项目角色混乱,每个产品项目所针对的子市场过小以致难以区分,或各子市场之间的特征交叉太多。如果产品大类上各项目的角色难以区分,零售商只能凭借自己收集的信息来决定进什么货。只有极少数的零售商才会进产品大类上所有的产品。这样,满足顾客求异求变的心理就失去了意义。

(3) 产品延伸引起成本增加。产品延伸会引起一系列的成本增加。由此而产生的市场研究、产品包装、投产的费用是比较明显的,也便于掌握。但下列因素可能被忽略:频繁的产品大类变动使生产的复杂程度提高;研究和开发人员不能集中精力于真正新产品的开发;产品品种越多,营销投入就越大。

综上所述,产品延伸有利有弊,所以把握延伸的度至关重要。管理人员应当审核利润率情况,并集中生产利润较高的品种,削减那些利润低或者亏损的品种。当需求紧缩时,缩短产品大类;当需求旺盛时,延伸产品大类。

4. 产品大类现代化

在某些情况下,虽然产品组合的宽度、长度都很恰当,但产品大类的生产形式却可能已经过时,这就必须对产品大类实施现代化改造。如果企业决定对现有产品大类进行改造,产品大类现代化策略首先面临着这样的问题:是逐步实现技术改造,还是以最快的速度用全新设备更换原有产品大类?逐步现代化可以节省资金耗费,但缺点是竞争者很快就会察觉,并有充足的时间重新设计它们的产品大类;而快速现代化策略虽然在短时期内耗费资金较多,但可以出其不意,击败竞争对手。

第三节 品 牌

晋江名牌产品扎堆央视奥运资源

2008年北京奥运召开之前,晋江品牌正在上演一场大规模情景剧。拿到奥运"入场券"的赞助商们自不必说,其他行业也从场外来到同一跑道,争夺在这个领域的优势地位。目前,"中央电视台2008奥运节目广告资源说明会"在泉州召开,作为全国的四大站之一,泉州吸引了多家晋江品牌企业热情赴会。

第七章　产品策略

扎堆央视奥运资源

"对于奥运营销,我们打算投入 2 个亿。"特步(中国)有限公司丁水波告诉记者。事实上,在这之前,特步已经频繁出击。冠名"特步号奥运列车"、夺得央视奥运期间《赛场速递》的独家冠名权、中标"2008年奥运决赛直播贴片套装广告"、签订《与圣火同行》节目的贴片广告,特步的步子迈得不小。"这就好比每次出席活动,你总是搬张凳子坐在李嘉诚旁边,人家就会觉得你和李嘉诚有什么联系。"据透露,耐克和阿迪达斯的广告也将出现在央视奥运直播中,届时,特步将与这两大国际品牌同台竞争。

目前,央视关于北京奥运的投放计划正式浮出水面,将投入七个频道,全方位、多角度地报道北京奥运会,播出时间将达到 3000 小时以上,比上届雅典奥运会转播时间多 2000 多小时。曾经因为晋江企业扎堆而被誉为"晋江频道"的 CCTV-5,再次感受到了泉企的热情。2007 年 11 月 18 日,除特步外,来自福建的劲霸男装成功中标央视《2008 年奥运会赛事直播中插套装广告》,七匹狼夺得奥运关注度最高的 7 月、8 月期间《新闻联播》后的广告时段;在最新的央视奥运广告资源中,全程贴片 CCTV 北京奥运会火炬传递节目《与圣火同行》成为柒牌 2008 营销战役的重头戏。

品牌战略与"晋江模式"

在晋江 649 平方公里的土地上,现在已经聚集起以民营经济为主体的鞋业制造、纺织服装、化纤工业、建筑陶瓷、食品饮料、伞具、玩具等一批比较典型或者说较为成熟的产业集群,同时还拥有机械设备、精细化工、纸制品以及制药、家私等一批具有集群趋势的产业,并逐渐呈现出从以轻型加工为主向轻重并举、重化制造发展的态势。这些集群共聚集企业 6000 多家,年产值近 600 亿元,占全市工业总产值的 95% 以上。由于这些集群的存在,晋江被授予"中国鞋都""中国纺织工业基地""中国食品工业强县"等区域品牌,东石、永和、磁灶、深沪、英林等富有特色的产业集聚区被授予"中国伞都""中国石材之乡""中国建陶重镇""中国内衣名镇""中国休闲服装名镇"等称号。从仿样加工到贴牌生产再到打响自有品牌,晋江逐步塑造出"品牌之都"的雏形。目前,全市拥有"安尔乐""SBS""安踏""七匹狼""九牧王""劲霸""浩沙""柒牌"等 8 枚中国驰名商标;"梅花"牌雨伞,"雅客""金冠"糖果、"蜡笔小新"果冻、"福马"蛋黄派等 9 项中国名牌产品;拥有国家免检产品 27 项,省著名商标 76 枚,名牌产品 64 项、"国字号"的"鞋都""强市""重镇"等产业品牌 9 项,成为民族工业品牌最集中的地区之一。品牌集聚成为晋江经济发展的新动力和"晋江模式"的新特征、新内涵。

著名的晋江模式与苏南模式、温州模式、东莞(珠三角)模式一起,共同构成我国改革开放中县域经济发展的四大模式。今天的"晋江模式"旨在通过产业的聚集、品牌的打造,进而营造百年企业,成就传统产业和现代产业的"巨无霸","晋江模式"的一个成功之处和今后着力点在于品牌战略,品牌战略是当今企业特别是市场营销的一个重要课题。

(本案例根据吕振奎《"晋江模式"新内涵与晋江民企品牌发展策略》等资料汇编整理。)

一、品牌的含义

品牌属于整体产品中形式产品范畴,是产品的重要组成部分。一个好的品牌,有利于企业扩大市场占有率，扩大销量，提升产品价值。因此对于一个企业而言，正确认识品牌并运用好品牌策略具有重要意义。

品牌是商品商业名称及其标识的统称，通常由文字、标记、符号、图案、颜色以及它们的不同组合等构成。品牌通常由品牌名称、品牌标志和注册商标三部分构成。

(一)品牌名称

品牌名称是指品牌中可以用语言称谓的部分，也称为"品名"。如"麦当劳""长虹""联想""IBM""可口可乐"等。品牌名称有时同企业的名称一致，但有时也可能不一致。如松下公司名称为 Matsushita，而其音像产品品牌名称为 Panasonic。另外，有些企业的名称具有品牌名的同时，其产品系列名称也可能同时具有品牌名的特性，如微软公司的"视窗操作系统""IE 浏览器"、Office 等。

(二)品牌标志

企业品牌还可能包括其他可以识别却无法用语言读出来的部分，包括各种符号、文字或字母、设计、色彩或图案等。这些标志同品牌名称共同构成了企业品牌。

(三)注册商标

商标是企业采用的商品标识，通常是指经过注册登记，受到法律保护的品牌或品牌中的某一部分。通常有"注册""注册商标"或®等字样。如麦当劳的黄色拱门、IBM 的蓝色字母，小天鹅公司的天鹅图案等。商标是品牌的重要组成部分，而且它是一个法律名词，是商标注册者在注册期间享有的专用权，具有排他性，其他任何单位和个人都不能够非法使用和模仿。品牌只有根据商标法规定进行登记以后才能成为商标，受法律保护，因此，商标都称为品牌，但并非所有品牌都是商标。

二、品牌的作用

品牌是企业可资利用的重要无形资产，在营销活动中发挥着非常重要的作用，具体表现在如下几个方面。

(一)品牌有利于开展商品广告宣传和营销工作

品牌是一种直接、有效的广告宣传与推销形式，例如，一些航空公司在机身上绘制代表公司品牌的图案和文字，一些制造业企业在产品上和包装物上印上企业的品牌标识，都起到非常好的宣传效应。品牌以简单、醒目、便于记忆的方式，代表着企业提供的产品或服务，表明企业或其产品与服务具有的某种特性。设计精美的品牌，在广告宣传和商品推销过程中都有助于建立产品声誉，吸引顾客重复购买，提高市场占有率；有助于企业不断推出系列新产品进入市场。

(二)品牌有利于企业树立良好的形象

作为一种精心设计的标志及名称符号，品牌本身就是一种形象的体现。例如，索尼公司的Sony品牌名，迪斯尼公司的卡通米老鼠都凝聚了企业的创造性。而当企业提供产品和服务时，可以进一步赋予品牌更加丰富和深刻的内涵。随着企业品牌声誉的形成，企业的形象逐步得到确立。而良好的形象能够进一步促进产品与服务的销售，进而提升企业的品牌地位。因此，企业的品牌、形象和产品与服务销售可以形成了互相促进的关系。

(三)品牌有利于企业推出新产品

在企业推出新产品时，顾客会根据其先前推出的产品质量而对新产品给出先验的评价。对于已经在市场上形成较好品牌声誉的企业来说，品牌已成为企业综合实力的象征，即使是全新的产品，顾客根本没有使用的经验，也常常会给予很高的评价，并积极购买。

(四)品牌有利于企业保护自身的合法权益

品牌的重要组成部分是商标，即注册了的品牌，它具有法律的效力，受到法律的保护，其他任何企业都不能使用与此相似的标识，不得模仿、抄袭和假冒，从而使企业的市场形象、社会声誉等受到保护，保证了企业通过努力所获得的市场份额和顾客忠诚度，等等。而且，企业可以利用品牌进行投资，以工业产权的方式投资入股。

(五)品牌有利于经销商识别供应商

经销商可以将其经销的全部产品，按照品牌进行分类和管理，依据不同的品牌类别，采取相应的采购和销售政策，以最佳的方式促进产品销售。

(六)品牌有利于顾客选购商品

由于品牌、商标是区别不同质量水准商品的标记，因此，顾客可以依据品牌识别和辨认商品，并据以选购所需商品及维修配件。对于熟悉的品牌，顾客可以免除按照商品的名称、品种、规格等深入了解产品质量的工作，对于新推出的产品尤其如此。享有盛誉的品牌商标有助于顾客建立品牌偏好，促进重复购买。

三、品牌设计原则

(一)品牌标志要简易、新颖、形象

品牌标志应力求简洁。如果图案复杂，一方面，品牌视觉冲击力就会大受影响，因为消费者仅能够对简单的组合保持时间较长且持久的记忆，另一方面，会给恶意"借船出海"的投机者钻空子，因为他们只要在品牌标志上进行一些不易被人察觉的改动，进行注册后便成了自己的商标。品牌设计还要新颖，注意表现出本企业或产品别具一格的特色。同时还要做到形象，比如美国的一种眼镜用OIC三个字母作为商标，就非常简易、新颖和形象，构思巧妙，耐人寻味。

(二)品牌名称容易发音，各地通用

品牌名称要求简短。我国的品牌名称一般以两个字、三个字居多，太长了不容易上口。

另外品牌名称的选择应以"读音洪亮"和"声音远播"为原则，如我国的商品名称经常采用 Si、Da 等清澈音符，原因在于这些音节在人们讲话时重复率高，容易发音且能够清悠远播。同时品牌名称设计应避免产生歧义，否则会在目标市场上给产品的销售带来不必要的麻烦。

(三)品牌或商标要与目标市场相适应

品牌设计时应注意与目标市场的风俗习惯和情趣爱好相适应。企业最好是针对目标市场的特点专门命名和设计，投其所好。同时注意避其所忌，因为不同文化环境的人有着不同的风俗习惯和兴趣爱好，即使文化相同的人也往往存在着巨大的偏好差异。比如天津的"狗不理"包子到了港台地区由于上述原因不得不更名为"喜盈门"包子。"金利来"的更名过程也颇能说明问题，金利来原来的名称为"金狮"，这在港台商业文化中有"尽失"之意，因此后来便采用英文名称 Goldlion，并译作汉语名称"金利来"，极大地迎合了当地商业文化习惯。

(四)品牌联想

良好的品牌能够使人们在看到某种图案或听到某种音乐时马上联想到该品牌，联想到产品的特色和各种特征，并唤醒人们的需求和欲望。这在极大丰富的商品大潮中显得十分重要，因为在充斥着众多相似度极高的同类产品的货架前，消费者往往无所适从，此时品牌联想可以帮助品牌企业(产品)进行消费者视觉拦截，引导消费者进行购买决策。

(五)符合目标市场的法律规定

在设计之前，企业必须仔细研究与企业有关的法律，在品牌中避免使用目标市场法律禁止使用的人名、地名、图案等，避免使用与已经注册的其他公司的商标具有雷同的标识等。

四、品牌策略

在运用品牌推动企业营销工作过程中，企业必须进行相应的策略选择与组合，决定采取什么样的品牌策略。企业可以选择使用的品牌策略具体包括品牌化策略、品牌提供者策略、品牌地位策略、品牌质量策略、品牌族群策略、品牌延展策略、品牌重塑策略等。

(一)品牌化策略

企业是否使用品牌，这就涉及品牌归属问题。品牌归属包括以下几种情况：生产者品牌、中间商品牌和混合品牌。

1. 企业品牌

大多数企业都会选择使用自己的品牌。这样就可以保持自己生产经营的独立性，可以全面管控品牌，最大限度地获得品牌带来的利益。它适用于财力比较雄厚，生产技术和经营管理水平比较高的企业。

第七章 产品策略

2. 中间商品牌

制造商不为产品选择品牌,而是将产品出售给中间商,中间商在出售这些商品时采用自己的品牌。该策略可以使生产者节省品牌成本,进入新市场时借助中间商品牌可以迅速开拓市场。但是企业往往也会因此而丧失品牌控制权和许多品牌利益,并沦为中间商的OEM车间。

3. 混合品牌

制造商在商品销售过程中不仅能使用自有品牌,而且也能使用中间商的品牌。具体包括三种情形,一是在出售的商品上同时标记制造商的品牌和中间商的品牌,兼收两种品牌单独使用的效果,增加信誉,促进产品销售。在产品进入国际市场过程中,制造商常常使用该策略。二是制造商在出售部分产品上使用自有品牌,而另外一些产品出售给中间商,由中间商使用其自己的品牌进行销售。在生产能力过剩的情况下,制造商常常借此扩大销售。三是制造商先让中间商以其自己的品牌销售产品,等到产品打开销路有了一定的市场地位后,再改用制造商品牌。企业在进入新市场时,有时会选择采取这一策略。

(二)品牌统分策略

品牌的所有者必须考虑对所有品牌如何命名的问题,因此品牌统分决策包括:统一品牌策略、分类品牌策略、多品牌策略、"企业名称&个别品牌"策略等。

1. 统一品牌策略

这是指企业所有产品及系列均使用同一个品牌。好处是有声誉的老产品可以成功推出新产品,节省推广费用和时间。它适用于企业采用的品牌已在市场上获得一定的声誉,处于市场领先地位,企业的产品质量水平差异不大的企业。

2. 分类品牌策略

企业在产品分类的基础上,每个类别分别采用独立品牌的策略。这样既能显示和保持各类别产品的特征,又可分散经营风险。但意味着成本提高了。

3. 多品牌策略

企业的同一种产品使用两个及以上的品牌策略。这样做可以将市场较精准细分化,满足消费者差异化需求,提高市场满意度。但同时企业的品牌塑造成本会大增,分散企业资源,而且企业各品牌之间还可能发生互抢客户的"内讧"。

4. "企业名称&个别品牌"

该策略可以使新产品利用企业现有声誉迅速打开市场,同时又表明新产品又各具特色。即使某款产品在市场上失败,也不会影响企业全局。

(三)品牌延展策略

品牌延展策略是指企业将已经成功塑造形成的品牌用于同种类型或者不同类型的新产

品推广中,从而在更大的范围内使用品牌的策略。这一策略具体包括品牌延伸策略和品牌扩展策略。

1. 品牌延伸策略

企业将现有品牌用于经过改进的同类产品或者升级换代产品,新推出的产品同原有产品之间存在密切联系。例如,长虹将其品牌一步步延伸至纯平彩电、超平彩电、大屏幕彩电等。品牌延伸有利于企业节约推出新品牌所需要的大笔费用,且能够使消费者快速接受新产品。当然,现有品牌隐含了消费者对企业原先有产品的认知,在企业先前推出的产品美誉度很高的条件下,企业可以充分运用这一策略。当然,如果原有产品存在瑕疵,或者企业推出的新产品较之原有产品有很大的改进,为了更好地突出新产品,企业可以考虑使用新品牌。

2. 品牌扩展策略

企业将现有品牌用于新推出的不同类产品中,新推出的产品与原有产品之间存在很大的差异。例如,海尔将其在冰箱、洗衣机等领域形成的知名品牌用于空调、吸油烟机、电脑等产品。这一策略同样具有节约费用和快速推出产品的优点,缺点在于新推出的产品在品质上无法同品牌本身的特质保持一致时,企业的品牌声誉将受到严重损害。

(四)品牌重塑策略

品牌重塑策略是指企业重新确定自身的品牌,借助新品牌谋求竞争优势的策略。具体包括品牌改进策略和新品牌策略。

1. 品牌改进策略

企业仍然沿用原有的品牌,但在品牌的原有名称、图案组成、品牌地位、品牌质量等方面进行必要的改进,从而达到重新确立品牌的目的。例如,在上百年的发展中,百事可乐公司曾经多次改变公司的标志,以便与时代发展的潮流保持一致;联想电脑公司将其英文品牌名从 Legend 改为 Lenovo,七喜公司将"七喜"品牌定位为"非可乐"饮料。一般在市场竞争条件发生深刻变化的情况下,企业应该考虑对原有品牌进行改进。

2. 新品牌策略

企业放弃原先一度使用的品牌,选择全新的品牌名称、图案设计等,从而以全新的品牌面目出现。当然,推出全新的品牌需要大量的广告、宣传等费用开支。在原有品牌效果不佳或者有更好的品牌出现的情况下,企业可以考虑启用全新的品牌。

第四节 产品包装及标签

包装是将产品盛装于容器或包扎物内,以便于承载、保护流通和产品销售。产品包装的基本功能是保护商品。但在现代经济生活中,包装的重要性已远远超过作为容器,保护商品、方便运输的作用,而是促进和扩大产品销售的重要因素。特别是消费品的包装,还可起到塑造产品形象,增加附加值的作用。相同的产品,不同的包装,可能产生完全不同的销售效果。在国际市场上,我国曾有不少出口商品,有上等的质量,但因包装不佳,不仅价格上不去,甚至在国外市场上成为地摊货。如我国东北的人参,曾用 10kg 装的木箱包装出口,自改用精巧的小包装后,售价平均提高了 30%。随着科学技术日新月异的发展,包装方法和技术已经成为一门专门学问。许多营销专家把包装(packaging)称为继产品、价格、分销和促销之后的第 5 个 P,可见包装的作用之大。

一、包装分类

包装(packaging)涉及产品的容器和包装材料的设计和生产。一般而言,包装包括三个层次:第一,产品的内包装,也称为初级包装(primary packaging),如装着高露洁牙膏的塑料管;第二,中阶包装(secondary packaging),是指在产品使用时扔掉的外包装,如装着高露洁牙膏的纸盒;第三,运输包装(shipping packaging),是指存储、识别和运送产品所必要的包装,如装着 6 打高露洁牙膏的瓦楞纸箱。

二、包装的作用

(一)保护产品,方便运输

这是包装最基本的作用。即包装是为了防止风险和损坏,诸如渗漏、浪费、偷盗、损耗、散落、掺杂收缩和变色等。产品从生产出来到使用这段时间,保护性措施是非常必要和重要的。此外,良好的包装对产品的运输也是非常重要的。

(二)提供方便

这是指既方便厂商产品销售,也方便客户购买使用。良好的包装是商业现代化的重要条件。例如,超市当中的自助销售,如果没有良好的包装作保证是很难做到的。

(三)促进销售

近年来,众多因素使包装成为重要的营销工具。越来越激烈的竞争和零售商货架上日渐拥挤杂乱的局面,意味着包装现在必须担负起许多销售职责——从吸引人们的注意力到描述产品,再到促成销售。企业正意识到良好的包装在促使消费者迅速识别本企业或品牌方面的作用。比如在一个普通的超级市场,差不多有 1.5 万到 1.7 万种商品,一般的顾客每分钟经过 300 种产品,而 53%的购买行为是出于冲动。在高度竞争的环境,包装可能是卖者影响买者的最后一个机会。包装已成为"5 秒钟的商业广告"。据坎贝尔汤品公司估计,平均每个顾客每年会 76 次看到其倍感熟悉的红白相间的包装,这相当于做了 2600 万美元的广告。

(四)增加利润

优秀的包装具有增加附加值的功能。一般而言,为改善包装而增加的少量成本可以大幅提高商品售价而增加更多的利润回报。在国际市场上,改善包装可以避免"一等产品,二等包装,三等价格"的情形。优质的产品配上恰当的包装,可以使企业的产品锦上添花。

另外,包装还可以强化产品的定位。可口可乐为人们所熟知的曲线形瓶子,告诉人们里面的产品是什么。"即使是在昏暗之中,人们也知道,那是一瓶可口可乐。"一位包装专家经过观察说道。这是对包装如何影响消费者感知产品方式的精彩定义。对于装在曲线形瓶子中的可口可乐和装在普通包装中的可口可乐,人们品尝到的感觉是不一样的。

三、包装设计

产品的包装设计应符合下列原则。

(一)美观大方,特色突出

造型美观大方,图像生动形象,不落俗套,忌模仿雷同。尽量采用新材料、新图案、新形状,视觉瞩目性好。

(二)包装档次应与商品的质量水平或价值相吻合

贵重商品和艺术品、化妆品包装要烘托出商品的高雅和艺术性。一般来说,包装价值不超过商品本身价值的13%~15%。不过基本生活用品和大众消费品宜采用低价值包装,而奢侈品和享受型商品及礼品的包装可以采用高价值包装。

(三)包装能够显示商品的特色和风格

对于以外形和色彩表现其特点和风格的商品,如服装、装饰品和食品等,应考虑采用透明包装或在包装上附印彩色胶片。

(四)便于运输、保管和携带

包装的造型和结构应考虑陈列销售、使用、保管和携带的方便性。容易开启的包装结构便于密闭式包装商品的使用;喷射式包装便于液体、粉剂胶状商品等。

(五)符合法律法规

包装及图案色彩的应用在设计时不得违反相关国家的法律法规,否则有可能给企业带来不必要的政治麻烦。

(六)符合目标市场的宗教信仰和风俗习惯

整个消费者市场是由多元文化组成的,许多人有着不同的宗教信仰,同时即使具有同样宗教信仰,也会存在着"十里不同风,百里不同俗"的情况,因此包装设计应该根据目标市场消费者的宗教信仰和风俗习惯设计,尽量做到投其所好,避其所忌,才能够把营销工作做好。

第七章 产品策略

四、包装策略

为使包装在市场营销方面发挥更大的作用,成为强有力的营销手段,企业可以选择以下几种包装策略。

(一)类似包装策略

类似包装策略也称群体包装策略或统一包装策略。指企业的所有产品在包装上使用同一材料,采用相同的图案、颜色、标记和其他共有特征。使顾客一见到该包装就能联想到是同一家企业的产品,感到亲切。尤其是新产品上市时,容易消除顾客的疑虑,有助于打开产品销路;还可以降低包装成本,帮助企业树立形象。但类似包装策略主要适用于同样等级和质量水平的产品,否则有可能影响高档优质产品的销路和声誉。

(二)综合包装策略

综合包装策略也称配套包装策略、多种包装策略。指按照顾客的消费和使用习惯,将相互关联的多种产品置于同一包装容器内。如将胭脂、粉饼、口红、眼影粉、唇笔、眉笔、小镜子等放在同一精致美观的化妆盒内;又如将电工改锥、电工刀、克丝钳等放在一条电工五联皮带内。多种包装策略方便顾客购买、使用和保管,也有利于企业扩大产品销路,增加收益。

(三)复用包装策略

复用包装策略也称复用或双重用途包装策略。指将原包装的产品用完后包装容器还可再作它用。如蜂蜜、果酱等使用的玻璃杯式包装,空玻璃杯可用作旅行杯;饼干、糖果用的盒式包装,空盒可作多种用途使用。复用包装策略有利于提高顾客的购买兴趣和吸引力,又可使包装容器发挥长久的广告宣传作用。

(四)等级包装策略

等级包装策略指企业对不同质量、等级、档次的产品采用不同的包装,便于顾客选购和对产品质量进行监督,也有利于提高企业信誉,但包装成本相对较高。

(五)附赠包装策略

附赠包装策略指在商品的包装容器中附加赠送的物品或赠券,以激发顾客的购买欲望,增加商品销售量。

(六)不同容量包装策略

不同容量包装策略即根据产品的性质、顾客购买力大小和顾客使用、购买的习惯,按产品的重量、分量、数量设计多种不同大小的包装,以便于购买,促进销售。如10片装的小板药片供消费者用,百片、千片装的大瓶药片供医院使用。

(七)改变包装策略

改变包装策略指企业采用新的包装技术、包装材料、包装设计等,对原有产品包装加以改进,以改变产品形象的一种包装策略。例如,把瓶式包装改为易拉罐式包装,粉剂药的袋式包装改为胶囊包装等。这种改进不仅更方便顾客使用,还能有效地提升产品形象,对扩大销售有一定促进作用。

现代企业包装策略在考虑促销效果的同时,还要考虑其废弃物对环境的影响及是否存在对资源的浪费。中国是一个资源并不丰富的国家,人口众多,近年,随着人们收入水平的增加和企业竞争的加剧,包装过渡问题十分严重,大而不当、奢华过度,或包装物对环境造成永久污染等现象都应本着对社会负责任的态度而加以避免。

五、标签管理

从附在产品上简单的小标条到构成包装一部分的复杂图形,都属于标签。标签执行着数项职能。标签最起码能起到识别产品或品牌的作用,比如海尔集团的产品外包装上贴着海尔兄弟的品牌名。标签还能够描述产品其他一些方面的情况——制造厂商,原产地,生产时间,内装何物,用途,安全使用方法,标签可以通过具有吸引力的图形对产品起到促销作用。

(一)标签分类

标签可以分为警告性标签、指示性标签、商品说明性标签和商业性标签等。

1. 警告性标签

这种标签是为了避免产品在生产、运输、存储和使用过程中危害人身健康而标示的,如毒品的标识、"三品"的爆炸型标识、放射性物品的标识。

2. 指示性标签

这种标签是指为了避免产品在生产、运输、存储和使用过程中遭受损害而作出的图标指示说明,如最高堆放层标识、禁止翻滚标识、小心轻放标识、远离热源标识,等等。

3. 商品说明性标签

商品说明性标签是指对产品的状况、生产信息、使用方法及官方证明等方面的解释和说明,一般包括产品正规名称、产品主要配料表、生产日期和保质期、主要成分含量等,还包括生产厂家及联系方式、商标、产品等级、原产地和质量检查合格等内容。

4. 商业性标签

与前三者不同,这种标签并非强制性标签,是企业为了商品促销而在产品包装上做的标识,如"康泰克"感冒药标识"不含 PPA","娃哈哈"饮料外包装标识有"你今天喝了没有哇?"等。

(二)条形码作用

作为经济社会现代化标志之一的商品条形码具有以下几方面的优点：第一，可靠准确。键盘输入平均字符错误率 1/300，而条码输入的平均字符错误率为 1/15000。如果加上校验码检校，其出错率是千万分之一；第二，数据输入速度快。键盘输入，一个每分钟打 90 个字的打字员 1.6 秒可输入 12 个字符或字符串，而使用条码，做同样的工作只需 0.3 秒，速度提高了 5 倍；第三，经济。与其他自动化识别技术相比较，推广应用条码技术，所需费用较低；第四，灵活实用。条码符号作为一种识别手段可以单独使用，也可以和有关设备组成识别系统实现自动化识别，还可和其他控制设备联系起来实现整个系统的自动化管理，同时，在没有自动识别设备时，也可实现手工键盘输入；第五，自由度大。识别装置与条码标签相对位置的自由度要比 OCR（即光学字符识别 Optical Character Recognition）大得多。条码通常只在一维方向上表达信息，而同一条码上所表示的信息完全相同并且连续，这样即使是标签有部分缺欠，仍可以从正常部分输入正确的信息；第六，设备简单。条码符号识别设备结构简单，操作简便，无须专门训练；第七，易于制作，可印刷。条码标签易于制作，对印刷技术设备和材料无特殊要求。

(三)常用商品条形码——EAN13 码简介

EAN 码的全名为欧洲商品条码(European Article Number)，源于 1977 年，由欧洲十二个工业国家所共同发展出来的一种条码。目前已成为一种国际性的条码系统。EAN 条码系统的管理是由国际商品条码总会(International Article Numbering Association)负责各会员国的国家代表号码之分配与授权，再由各会员国的商品条码专责机构，对其国内的制造商、批发商、零售商等授予厂商代表号码。我国是 EAN 码的会员国之一。

EAN13 标准码共 13 位数，一般由"国家代码"3 位数、"厂商代码"4 位数、"产品代码"5 位数以及"检查码"1 位数组成。其排列顺序如下。

其中，国家或地区代码由国际商品条码总会授权，我国内地的代码为 690~694，凡由我国内地核发的号码，均以 690、691、692、693 和 694 为字头，以别于其他国家和地区，如图 7-6 中的 690。厂商代码由中华人民共和国物品编码中心核发给申请厂商，占 4 个码位，如图 7-6 中 690 后的 0000 数码段。产品代码占五个码位，是厂商单项产品的代码，由厂商根据相关规定和标准自由编定，如图 7-6 中的 12345 数码段。

9				95				9
左空白	起始码	系统码1位	左资料码6位	中间码	右资料码5位	检验码1位	终止码	右空白
		国别代码3位	厂商代码4位		产品代码5位			

图 7-6　EAN-13 码的结构与编码方式图

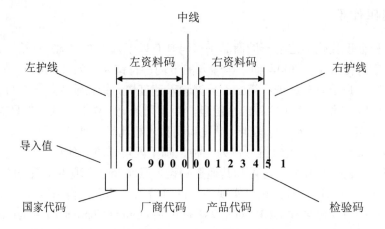

图 7-6　EAN-13 码的结构与编码方式图(续)

检查码占一个码位，系为防止条码扫描器误读的自我检查，系自动生成字符，其计算方法为：

N_1	N_2	N_3	N_4	N_5	N_6	N_7	N_8	N_9	N_{10}	N_{11}	N_{12}	C

$$C_1=N_1+N_3+N_5+N_7+N_9+N_{11}$$
$$C_2=(N_2+N_4+N_6+N_8+N_{10}+N_{12})\times 3$$
$$CC=(C_1+C_2)取个位数$$
$$C=10-CC(若值为10，则取0)$$

第五节　产品生命周期理论及其应用

产品生命周期是指产品从进入市场到退出市场所经历的市场生命循环过程。产品只有经过研究开发、试销，然后进入市场，它的市场生命周期才算开始。产品退出市场，标志着生命周期的结束。在现代市场经济条件下，企业不能只埋头生产和销售现有产品，而必须随着产品生命周期的发展变化，灵活调整营销方案，并且重视新产品开发，及时用新产品代替衰落的老产品。

一、产品生命周期阶段

典型的产品生命周期一般可分为四个阶段，即导入期、成长期、成熟期和衰退期(如图 7-7 所示)。

1. 导入期

新产品投入市场，便进入导入期。此时，顾客对产品还不了解，只有少数追求新奇的顾客可能购买，销售量很小。在这一阶段，由于市场及技术方面的原因，产品不能大批量生产，因而成本很高，销售额增长缓慢，企业不但得不到利润，反而可能亏损。

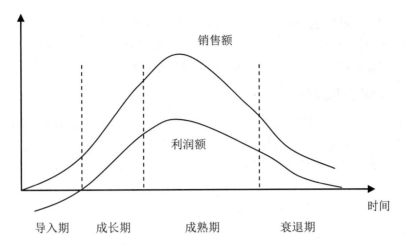

图 7-7 典型的产品生命周期

2. 成长期

当产品在导入期的销售取得成功以后，便进入成长期。这时顾客对产品已经熟悉，大量的新顾客开始购买，市场逐步扩大。产品已具备大批量生产的条件，生产成本相对降低，企业的销售额迅速上升，利润也迅速增长。在这一阶段，竞争者看到有利可图，将纷纷进入市场参与竞争，使同类产品供给量增加。而同时期需求的迅速增长，使产品价格维持不变或略有下降，市场竞争逐渐加剧。

3. 成熟期

经过成长期以后，市场需求趋向饱和，潜在的顾客已经很少，销售额增长缓慢直至转而下降，标志着产品进入了成熟期。这个阶段的持续期一般长于前两个阶段，并给营销管理层带来最难应对的挑战。大多数产品都处于生命周期的成熟阶段。成熟阶段还可分为三个时期：成长、稳定和衰退。第一时期是成长中的成熟，此时由于分销饱和而造成销售增长率开始下降，销售额增长缓慢；第二时期是稳定中的成熟，市场已经饱和，大多数潜在消费者已经试用过该产品，竞争空前激烈，未来的销售受到人口增长的制约；第三时期是衰退中的成熟，此时销售的绝对水平开始下降，顾客开始转向其他产品或替代品。

4. 衰退期

随着科学技术的发展，新产品或新的代用品出现，将使顾客的消费习惯发生改变，转向其他产品，从而使原来产品的销售额和利润额迅速下降。因此，产品又进入了衰退期。

二、产品生命周期的非典型形态

并非所有的产品都会呈现钟形产品生命周期，其中两种常见的产品生命周期形态如图 7-8 所示。

1. 产品生命周期的循环形态

当一种产品进入衰退期，销售量已经出现大幅下滑时，企业为了延长产品的寿命，必须引入新技术增添产品特色或加大营销力度，采用更具吸引力的营销手段，以吸引、维护原有顾客继续使用，使产品进入一个新的循环周期(通常规模和持续期都低于第一周期。见图 7-8(a))。此形态常常可以说明一些新药品、饮料等的销售。

2. 产品生命周期的扇形形态

图 7-8(b)显示的是另一种常见的产品生命周期形态——扇形，它基于产品新的特征、用途或用户的不断发现，使产品的销售量不断呈波浪形上升。例如，尼龙销售就显示了这种扇形特征，因为许多新的用途——降落伞、袜子、衬衫、地毯，一个接一个地被发现。

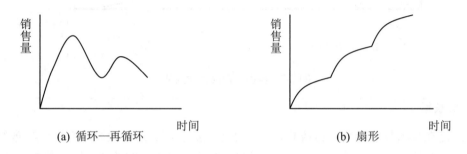

图 7-8　两种常见的产品生命周期形态

3. 产品生命周期的其他形态

在社会生活中，还有三种互有区别的产品生命周期类型——风格、时尚和热潮(见图 7-9)。

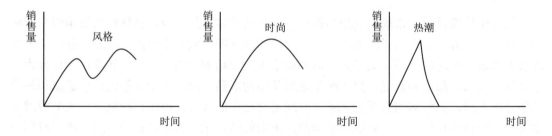

图 7-9　风格型、时尚型、热潮型产品生命周期

风格是人们活动的某一领域中所出现的一种主要的和独特的表现方式，例如，衣着(正式、休闲、奇装异服)。一种风格一旦成型，会延续很长时间，在此期间时而风行，时而衰落。由于人们对风格兴趣的反复，使之生命周期呈现出循环形态。

时尚是在既定的领域里被广为接受的一种风格。时尚的发展要经过四个阶段，即导入阶段、模仿阶段、风行阶段和衰退阶段。由于时尚一般不能满足广泛的需求，因而生命力较弱。真正的营销赢家是那些较早地认识时尚并能把它们应用到产品中去，使其发挥持久力量的人。

热潮是那些迅速进入公众视线的时尚，它们被狂热采用，很快地达到高峰然后迅速衰退。曾经一度风行的"呼啦圈"就属此类产品。

三、产品生命周期策略

1. 导入期营销策略

导入期开始于新产品首次在市场上普遍销售之时。新产品进入导入期以前，需要经历开发、研制、试销等过程。进入导入期的产品，其市场特点是：产品销量少，促销费用高，制造成本高，销售利润常常很低甚至为负值。在这一阶段，促销费用很高，支付费用的目的是要建立完善的分销渠道。促销活动的主要目的是介绍产品，吸引消费者试用。

在产品的导入期，一般可由价格、促销、地点等因素组合成各种不同的营销策略。若仅考察促销和价格两个因素，则至少有以下四种策略(如图 7-10 所示)。

	促销水平	
	高	低
价格水平 高	快速撇脂策略	缓慢撇脂策略
价格水平 低	快速渗透策略	缓慢渗透策略

图 7-10 基于促销和价格因素的产品生命周期导入期的营销策略

1) 快速撇脂策略

这种策略采用高价格、高促销费用，以求迅速扩大销售量，取得较高的市场占有率。采取这种策略必须有一定的市场环境，如大多数潜在消费者还不了解这种新产品；已经了解这种新产品的人急于求购，并且愿意按价购买；企业面临潜在竞争者的威胁。在这种情况下，应该迅速使消费者建立对自己产品的偏好。

2) 缓慢撇脂策略

以高价格、低促销费用的形式进行经营，以求得到更多的利润。这种策略可以在市场面比较小，市场上大多数消费者已熟悉该新产品，购买者愿意出高价，潜在竞争威胁不大的市场环境下使用。

3) 快速渗透策略

实行低价格、高促销费用的策略，迅速打入市场，取得尽可能高的市场占有率。在市场容量很大，消费者对这种产品不熟悉，但对价格非常敏感，潜在竞争激烈，企业随着生产规模的扩大可以降低单位生产成本的情况下，适合采用这种策略。

4) 缓慢渗透策略

以低价格、低促销费用来推出新产品。这种策略适用于市场容量很大，消费者熟悉这种产品但对价格反应敏感，并且存在潜在竞争者的市场环境。

2. 成长期营销策略

新产品经过市场导入期以后，消费者对该产品已经熟悉，消费习惯已形成，销售量迅速增长，这种新产品就进入了成长期。进入成长期以后，老顾客重复购买，并且带来了新的顾客，销售量激增，企业利润迅速增长，在这一阶段利润达到高峰。随着销售量的增大，企业生产规模也会逐步扩大，产品成本逐步降低，新的竞争者会投入竞争。随着竞争的加剧，新的产品特性开始出现，产品市场开始细分，分销渠道增加。企业为维持市场的继续成长，需要保持或稍微增加促销费用，但由于销量增加，平均促销费用有所下降。

针对成长期的特点，企业为维持其市场增长率，延长获取最大利润的时间，可以采取下面几种策略。

(1) 改善产品品质。如增加新的功能，改变产品款式等。对产品进行改进，可以提高产品的竞争能力，满足顾客更广泛的需求，吸引更多的消费者。

(2) 寻找新的子市场。通过市场细分，找到新的尚未满足的子市场，根据其需要组织生产，迅速进入这一新的市场。

(3) 改变广告宣传的重点。把广告宣传的重心从介绍产品转为建立产品形象，树立产品品牌，维系老顾客，吸引新顾客，使产品形象深入顾客心中。

(4) 在适当的时机，可以采取降价策略，以激发那些对价格比较敏感的消费者产生购买动机和采取购买行动。

3. 成熟期营销策略

产品经过成长期的一段时间以后，销售量的增长会缓慢下来，利润开始缓慢下降，这表明产品已开始走向成熟期。进入成熟期以后，产品的销售量增长缓慢，逐步达到最高峰，然后缓慢下降；产品的销售利润也从成长期的最高点开始下降；市场竞争非常激烈，各种品牌、各种款式的同类产品不断出现。

对成熟期的产品，只能采取主动出击的策略，使成熟期延长，或使产品生命周期出现再循环。为此，可以采取以下三种策略。

(1) 调整市场。这种策略不是要调整产品本身，而是发现产品的新用途或改变推销方式等，以使产品销售量得以扩大。

(2) 调整产品。这种策略是以产品自身的调整来满足顾客的不同需要，吸引有不同需求的顾客。整体产品概念的任何一层次的调整都可视为产品再推出。

(3) 调整营销组合。即通过对产品、定价、渠道、促销四个营销组合因素加以综合调整，刺激销售量的回升。例如，在提高产品质量、改变产品性能、增加产品花色品种的同时，通过特价、早期购买折扣、补贴运费、延期付款等方法来降价让利；扩展分销渠道，广设分销网点，调整广告媒体组合，变换广告时间和频率，增加人员推销，开展公共宣传，"多管"齐下，进行市场渗透，扩大企业及产品的影响，争取更多的顾客。

4. 衰退期营销策略

在成熟期，产品的销售量从缓慢增加达到顶峰后，会发展为缓慢下降。衰退期的主要特点是：产品销售量急剧下降；企业从这种产品中获得的利润很低甚至为零；大量的竞争者退出市场；消费者的消费习惯已发生改变等。面对处于衰退期的产品，企业需要进行认真的研究分析，决定采取什么策略，在什么时间退出市场。通常有以下几种策略可供选择。

(1) 继续策略。继续沿用过去的策略，仍按照原来的子市场，使用相同的分销渠道、定价及促销方式，直到这种产品完全退出市场为止。

(2) 集中策略。把企业能力和资源集中在最有利的子市场和分销渠道上，从中获取利润。这样有利于缩短产品退出市场的时间，同时又能为企业创造更多的利润。

(3) 收缩策略。大幅度降低促销水平，尽量降低促销费用，以增加目前的利润。这样可能导致产品在市场上的衰退加速，但也能从忠实于这种产品的顾客中得到利润。

(4) 放弃策略。对于衰退比较迅速的产品，应该当机立断，放弃经营。可以采取完全放弃的形式，如把产品完全转移出去或立即停止生产；也可采取逐步放弃的方式，使其所占用的资源逐步转向其他产品。

产品生命周期注重的是某一特定产品或品牌发生的情况，而不是全部市场的演变情况，因此它不一定是市场导向的写照。当企业受到新的需求、竞争者、技术等影响时，需要一种预测市场演进过程的方法。如同产品一样，市场演进也经历了四个阶段，即出现阶段、成长阶段、成熟阶段和衰退阶段。

本 章 小 结

整体产品概念是一个复杂的概念，它具备三个层次，即核心产品、形式产品和附加产品。核心产品是产品所固有的、消费者购买的必备利益；形式产品是有形的，包括产品质量、特色风格、规格、品牌、包装装潢等；附加产品是指消费者在购买核心产品的同时厂商提供的额外服务和利益，比如免费送货安装、信贷和厂商的各种保证等。

产品组合由产品线(或产品类别)构成，每条生产线包括许多产品项目，每一个产品项目又包括核心产品、形式产品和附加产品。企业必须确定其产品组合、产品线等诸方面的策略，决策的恰当与否，会直接影响企业的经营效益。

包装是将产品盛装于容器或包扎物内，以便于承载、保护流通和产品销售。产品包装的基本功能是保护商品。但在现代经济生活中，包装的重要性已远远超过作为容器，保护商品、方便运输的作用，而是促进和扩大产品销售的重要因素。包装包括初级包装、中阶包装和运输包装。

产品生命周期是指产品从试制成功投入市场开始，直到最后被淘汰退出市场为止所经历的全部时间，这段时间称为产品生命周期。将整个产品生命周期过程的销售额用一条曲线连接起来，就可以得到产品生命周期曲线。根据产品生命周期曲线的变化规律，我们一般又将产品生命周期分为四个阶段，即引入期、成长期、成熟期(或饱和期)和衰退期。产品生命周期各个阶段有着不同特征，企业可以根据实际情况选定相应的营销策略组合。

随着科学技术日新月异的进步，市场竞争不断加剧，产品的生命周期日趋缩短，每个企业不可能单纯依赖现有产品占领市场，必须适应市场潮流的变化，不断推陈出新，开发适销对路的新产品，才能继续生存和更好地发展壮大。因此，新产品开发是企业经营的一项重大决策，是产品策略中的重要一环，是企业未来发展的新源泉。新产品开发程序包括形成构思、构思筛选、概念产品的形成与测试、商业分析、产品研制、试产试销和市场推广等阶段。

为了在激烈的市场竞争中取胜，企业在销售产品的同时往往向消费者提供一些额外的服务，这就是产品支持服务。通常，人们往往把服务注意力都集中于服务行业，但这并不意味着以产品为基础的行业可以不重视向它们的顾客提供服务。事实上现在的许多生产制造商都在向其顾客提供支持服务，产品支持服务已成为取得竞争优势的重要战场。在全球市场上，有些公司有好产品但其提供的产品支持服务较差，结果造成一系列的不利影响。

关 键 词

整体产品(Product)、产品组合(Product mix)、包装及标签(Packaging & Labeling)、产品生命周期(Product life cycle)、新产品(New-product)、产品支持服务(Product-support Services)

综 合 练 习

1. 什么是整体产品？它对于企业竞争有何意义？
2. 产品进行组合时应考虑哪些因素？
3. 简述包装的作用及策略。
4. 标签的分类有哪些？
5. 什么是产品生命周期？其各阶段有哪些特征？有哪些营销策略可以选择？

【案例分析】

客户群分析

销售队伍刚建立起来，每个季度的销售额要增加30%～50%。销售代表人数有限，几乎每个订单都不容许有失误，怎么能够保证销售团队的获胜概率？

2014年7月，A君加入了刚进入中国市场的戴尔计算机公司，负责华北和东北地区的电信业务。在最初的时间里营销策略是：首先集中精力在北京的客户上，这样可以节约大量的旅行时间和费用；其次优先向重复采购的大客户进行推销，使初期销售投入可以继续得到回报；另外将低于5万美元的小订单交给内部的销售代表，然后将力量集中在大订单上；最后我们非常谨慎对待超过50万美元的大订单。这些订单会面临激烈的竞争，而且需要投入很多人力和时间，一旦丢失将对每个季度的销售任务造成很大的影响。当年第三季度，他们向北方地区的电信客户销售了大约50万美元的产品，第四季度完成了150万美元的销售任务。

到2015年中期，仅仅赢得中小订单已经不能完成不断增长的销售任务，只有争取到大型客户，才能保证销售额的成长。他们调整了销售策略：开始进军北方各省的主要邮电和电力系统的省级管理机构，并开始参与国家各大部委的投标，集中力量拿下一些大型的有影响的大型项目。策略的改变很成功，由于已经在前面一年里与客户建立了良好的互信关系，客户已经采购了很多的产品，并对他们的产品和服务口碑很好。各个省的邮电和电力部门很快地接受了他们。他们同时在一些主要的部委也赢得了几个较大的订单。2016年第三季度，他们的销售额比去年同期增长了大约6倍。

(案例来源：htt: //www.cmmo.cn)

第七章　产品策略

【案例分析】

　　客户群分析是进行客户活动和销售的基础。根据客户和经销商的采购潜力，客户可以被分成大型、中型和小型三种类型(经销商/区域)。根据自己公司在这个客户(经销商/区域)中的份额，市场份额低于10%的客户(经销商/区域)处于增长区，市场份额介于10%和30%之间的客户(经销商/区域)处于发展区，份额大约30%的客户(经销商。区域)处于巩固区。这样所有的客户和经销商都被分成了九类，对处于不同区域的客户(经销商/区域)应该采取不同的销售策略。对于消费品市场，还可以在客户分析表中填入经销商的名字或者销售区域来分析销售区域或者经销商。

　　采购潜力：小型客户(经销商/区域)的特点是数量多，平均每个客户的采购金额较小。大型客户(经销商/区域)的数量很少，但是每个客户的采购金额非常巨大。中型客户的数量和采购潜力处于中间。

　　份额：处于增长区的小型客户(经销商/区域)对自己的公司产品和服务所知不多，或者没有认识到公司的价值和潜力。处于发展区的客户和经销商已经开始接受这家公司的产品，但是这个公司的产品只是客户(经销商/区域)的几个可选品牌之一。处于巩固区的客户(经销商/区域)已经接受了自己的产品并建立了一定的忠诚度，在没有什么变化的情况下，客户(经销商)将继续使用这家公司的产品。

　　根据客户群分析，销售团队可以制订正确的销售策略。处于增长区的客户往往很少使用自己公司的产品，这时销售团队的销售重点应是对客户的宣传和介绍，销售方式包括各种广告、新闻发布会、展览会。对于处于发展区的客户，销售团队的重点是深入了解客户需求并建立互信的关系，销售方式包括拜访、在客户现场的技术交流、重要客户的参观和考察、提供测试环境和样品等。巩固区的客户已经大量使用了自己的产品，这时最重要的是提高他们的满意程度，帮助客户解决使用过程中的难题是确保客户满意的第一步，这是一个系统的工程，销售团队往往扮演协调者的角色，使用公司的资源来提高客户的满意程度。案例中我们刚开始进入市场的时候，客户都处于增长区，我们的销售策略是通过大型展会进入中小客户市场，由于竞争对手对中小客户的忽视，迅速使销售额增长起来。当销售团队的力量和资源成长起来的时候，才进入大型客户市场，这样确保了很高的获胜概率。

　　客户分析表也可以用于销售任务和区域的划分。公司往往设置多个销售团队来负责不同的销售区域，在这个区域里就像农民耕种的土地一样，怎么耕种都可以，而且收获都属于这个销售团队。一个销售团队不能耕到别人的区域，并且衡量业绩也要依据这个区域的销售情况。每个销售团队都有自己专属的销售区域，不能在没有沟通的情况下跨界销售。

　　问题思考：

　　结合实际案例，如何利用客户群分析来提高销量？

第八章 定价策略

【内容提要】

1. 定价目标、需求、成本和竞争对企业定价的影响
2. 企业定价的主要方法
3. 企业定价策略的主要内容
4. 企业的价格变动对顾客需求的影响
5. 制订价格策略的程序

【导入案例】

高铁调价，市场之外当有大目标

2017年4月，中国高铁迎来第一次跨省调价，东南沿海高铁的车票价格从4月21日起不再实行"一刀切"。以往高铁票价，无论时间段，只要旅程和席别一样，只有D字头和G字头两种标准。今后，东南沿海高铁车票价格将根据各车次的客流状况，呈现差异化，有涨有降。以深圳北去往潮汕的路线为例，调整前，D字头高铁二等座车票统一售价为89.5元，调整后，价格有四档，最高价与最低价之间相差34元，价格波动幅度超过35%。

买车票不仅要考虑时刻表，还得参考价格表，高铁如此改革，旅客怎么看？跑了几趟火车站询问，得到的反馈大概分成三派。

否定质疑派。有旅客算账，"涨价的车次多，降价的车次少，而且涨价幅度也高于降价幅度，现在坐高铁出行都成刚需了，变相涨价不好！而且春运时怎么办？会不会全都调到最高价？"

妥协容忍派。有旅客直言，"与其热门车票被网络黄牛加价倒票，还不如把价格涨上去，给铁路部门自己挣。只要铁路部门收入多了，乘务员服务态度好点，涨价也算物有所值。"

积极乐观派。还有旅客对调价不太敏感，"热门短途的二等车票调价幅度不是很明显，也不会影响我坐高铁出行。就是有点像坐飞机，不同航班价格不一样，选择更多了。"

乍听起来，旅客的态度天差地别。可仔细回味，却有两个方面的共识：首先高铁已经从七八年前国人眼中"运椅子"的"奢侈品"，变为了出行的主要选择，这种刚需不能只靠价格调整。其次，高铁要面向市场的，不仅是价格，从产品开发到服务体验都要同步考虑。

那么，高铁动态调价，究竟是不是朝着大家期待的方向发展呢？

从短期看，价格调节有利于客流与运力的再平衡，提升铁路企业的运输效率。还以深圳北至潮汕的车票为例，票价涨幅最高的D3108次，是深圳始发、终点到上海的热门长途车。就客运大数据看，从深圳赴沪的旅客多，从潮汕去上海的旅客少，但以往因为不少旅客抢占了深圳到潮汕的短途票，导致深圳赴沪的旅客买不到这趟车的票，而高铁驶出潮汕后空座又明显增多，造成了运力短缺与运量不足并存的尴尬。调价后，对于价格比较敏感但时间自由的旅客，就可以避开黄金时段，选择D7406短途直达车，尽管早发车1小时，却能节省出一盒高铁盒饭钱。通过提价将短途客流从长途客车中剥离，解决供需错配问题，

第八章 定价策略

显然有其合理性。

从长期看，运价灵活可以提高铁路对市场的敏感度，加快铁路总公司融入市场的步伐。另外，价格改革可以使铁路行业的收入预期与经营环境有所改善，提高铁路行业对社会资本的吸引力，从而让高铁的运营开发模式更多元化，让行业资源配置更有效率与活力，最终造福百姓出行。

当然，和所有行业的改革一样，价格改革可以一马当先，却难以包打天下。过去，中国铁路多是依靠强调社会责任、自我透支以实现运输目标，这种方式已经难以为继。现在，铁路走向市场，就得打出一套符合市场规律的组合拳，除了价格改革，还需要更多的改革实招、妙招相配套，才能实现亲民、便民、利民的终极目标。希望一小步的调价，成就中国高铁驶入提质增效良性轨道的一大步。

(资源来源：中国政府网，2017年4月18日)

价格是反应市场供求变化最灵敏的因素，也是市场营销组合中最活泼的因素。在市场营销组合当中，价格是唯一一个产生收益的因素，定价方法选取科学与否、价格策略选取是否准确，直接关系着市场上消费者的接受程度，进而影响企业的营销业绩和利润。因此价格在营销组合策略当中是一个关键的要素。但是，价格同时又是一个难以管控的因素，任何价格行为不但会直接影响到厂商本身的利益，还会影响到分销过程中各渠道成员的利益，甚至会影响竞争者的利益。因此，企业必须重视价格策略的选择和使用。

第一节 影响价格决策的主要因素

消费者对商品价格的接受程度是由多方面因素决定的。企业为使自己的产品为消费者所接受，实现经营目标，需要制订相应的价格。因此，企业在给自己的产品定价时必须充分考虑影响和制约价格策略选择的种种因素，如产品成本、产品的供求状况、消费者心理、市场竞争状况以及政策法律等。

一、企业定价目标

乍看起来，企业定价目标似乎都是获取尽可能高的销售额和利润，但这充其量只能说是企业长远的整体目标，具体到某一时期为某一产品定价时，企业的目标是有差异的。设想一下某家电器公司的目标是使产品"以合理的价格，获取更大的市场份额"，与目标为"下一年获取最大利润"，其产品定价策略将会有很大不同。归纳起来，企业有以下定价目标可供选择。

(一)以利润为中心的定价目标

1. 最大利润目标

即企业以获取最大限度利润为定价目标。为了实现这个目标，企业将采取高价政策。最大利润目标还有单个产品和全部产品之分，也有短期和长期之分。如果是追求单个产品的短期利润最大化,企业势必采取高价政策,以获取超额利润。如果是单个产品长期利润最大化,则不同时期的价格可能有高有低。如果是追求全部产品长期总利润最大化,则并不是每种产品都实行高价,都力图获取最大利润,而是每种产品的价格可能有高有低,最终实现长期总利润最大化的目标。

采取利润最大化目标,适合企业产品在市场上处于绝对有利地位的情况,可实行高价、高利政策。但是这种目标不可能长期维持,必然遭到多方抵制、竞争、对抗,甚至政府干预。

2. 投资收益率目标

投资收益率目标就是企业以其投入资金的预期收益作为定价目标,它反映了企业的投资收益水平。计算投资收益率的公式为:

$$投资收益率 = (总投资额 \div 投资回收年限)/总投资额$$

为实现这一目标,定价时需在产品成本的基础上加上预期收益。预期的投资收益率一般应高于银行存款利率。投资收益目标也有长期和短期之分。要求短期内回收投资,则投资收益率高,定价也高;如果是在长期内回收投资,则投资收益率和定价相对降低。一般在行业中,实力雄厚、处于主导地位或拥有独家产品的企业,适宜采用投资收益率定价目标。

3. 满意利润目标

满意利润目标即企业以适当的基本满意的利润作为定价目标。也就是企业不求最大利润,满足于适当的利润,以减少风险。

(二)以销售为定价目标

1. 销售增长率目标

销售增长率目标即企业以销售收入增长率或销售量增长率为定价目标。以销售收入为目标,商品定价一般较高;若为增加销售量,则往往采取薄利多销的策略。

2. 提高市场占有率目标

企业以产品的市场占有率,或若干细分市场的渗透作为定价目标,一般采取低价策略,以求增加销售,提高市场占有率。

(三)以保持现状为定价目标

所谓保持现状是指保持企业现有的经营地位、保持销量、保持市场占有率或保持现有的利润水平等。企业为保持现状,一般应采取稳定价格策略,或采用非价格竞争手段。此定价目标一般适合有实力的大企业,这些大企业已有了相当的市场占有率和利润保障。为保持现状,阻止带有风险的价格竞争,而采用稳定价格的方针。

(四)以适应竞争为定价目标

企业为避免在激烈的市场竞争中发生价格竞争,两败俱伤,互伤元气,以适应竞争作为定价目标,即以略低于、略高于或等于竞争者的价格销售商品。此目标主要适用于中小企业,或在竞争中处于追随者地位的企业。

二、产品成本

产品成本是指产品在生产过程和流通过程中所花费的物质消耗及支付的劳动报酬的总和。一般来说,产品成本是构成价格的主体部分,且同商品价格水平呈同方向运动。产品成本是企业实现再生产的起码条件,因此企业在制订价格时必须保证其生产成本能够收回。随着产量增加以及生产经验的积累,产品的成本不断发生变化,这便意味着产品价格也应随之发生变化。

产品成本有个别成本和社会成本两种基本形态。个别成本是指单个企业生产商品所耗费的实际生产费用。社会成本是指部门内部不同企业生产同种商品所耗费的平均成本即社会必要劳动时间,又称部门平均成本,它是企业制订商品价格时的主要依据。由于各企业的资源条件和经营管理水平不同,其个别成本与社会成本必然会存在着差异,因此企业在定价时,应当根据本企业个别成本与社会成本之间的差异程度,分别谋取较高利润、平均利润、较低利润甚至不得不忍受亏损。

就单个企业而言,其个别成本即总成本由固定成本和可变成本组成。固定成本是指用于厂房、设备等固定资产投资所发生的费用,在短期内它是固定不变的,并不随产量的变化而变动。可变成本是指用于原材料、动力等可变生产要素支出的费用,它随产量的变化而变化,如图8-1所示。

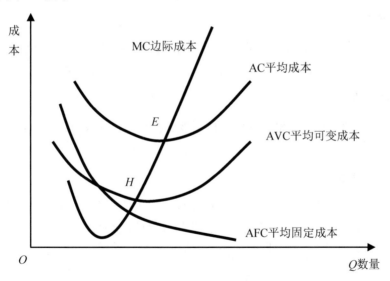

图8-1 各种成本关系图

为使总成本得到补偿,要求产品的价格不能低于平均成本。平均成本包含平均固定成本和平均可变成本两部分。显然,平均固定成本可随着产量的增加而下降;在一定产量范围内,平均可变成本最初也是下降的,但受边际报酬递减规律的影响,平均可变成本最终会出现上升现象。受二者的共同作用,平均成本呈现先下降后上升的U形形状。

为便于进一步分析产品价格与平均成本之间的关系，这里需要引入边际成本的概念。边际成本是指增加单位产品所增加的总成本，当产量很低时，边际成本随产量增加而下降；当产量达到一定数量时，边际成本随产量增加而上升。

取得盈余的初始点只能在产品的价格补偿平均变动成本后等于平均固定成本之时，也就是图8-1中的E点，该点称为收支相抵点。在E点，MC曲线一定交于AC曲线最低点，即当AC等于MC(MC=AC)时，产品的价格正好等于产品的平均成本(AC=MC=P)成为企业核算盈亏的临界点。当产品价格大于平均成本时企业就可能盈利；反之则会形成亏损。

企业亏损并不意味着企业会停止生产。在图8-1中，E点和H点之间，企业还有可能继续进行生产，因为价格除了能够弥补全部平均可变成本外，还能抵偿一部分平均固定成本。当产品的价格低于H点，企业将会停止生产，故该点称为厂商停业点，因为市场价格如果低于该点，企业连变动成本也赚不回来，自然不再生产。H点是MC曲线与AVC曲线最低点的相交点，即当产品价格等于AVC时，企业将不得不停止生产。

三、营销策略的一致性

价格作为营销策略中的一个重要组成部分，在选用时必须考虑到价格与其他营销变量之间的相互影响，尽量使价格策略与其他营销策略匹配，从而发挥最大综合效应。

(一)产品的特点将直接影响企业价格策略的选择

应考虑的主要方面包括下述几点。

1. 产品的性质

产品性质不同，价格对消费者需求和购买行为的影响也不同。日用品购买频率较高、周转快，宜实行薄利多销的低价策略，而高档商品和奢侈品的价格应该制订得高一些。

2. 需求价格弹性

需求弹性越大，制订较低价格或降低价格则能够提高企业的收益；需求弹性小的商品，企业宜采用高价策略。

3. 产品生命周期状态

处于生命周期不同阶段，产品的定价策略差异是很大的。在导入期，定价既要考虑成本，又要考虑价格能否为市场所接受；在成长期和成熟期，产品销量较大，稳定的价格策略有利于企业取得投资收益；衰退期的产品，一般采取降价策略。

4. 相关产品

市场上同类产品(替代品)越多，产品价格就不能过高；互补品价格低，则产品可以适当提高价格。

5. 品牌知名度

品牌知名度高的商品，其价格往往较同类产品高，普通品牌的产品价格往往偏低。

(二)分销渠道对价格策略的影响

分销渠道的长短、宽窄以及分销方式和中间商的构成等,都是定价应该考虑的重要因素。企业制订的产品价格应因环节多少和渠道长短而高低不同。一个基本原则是:低成本、高效率,让企业和各级分销商都有利可图。若企业采用多渠道策略,既有直销,又有代理分销商和经销商等形式,那么给予中间商的价格就应相对低一些,以利于鼓励中间商分销的积极性。可见,分销方式对价格策略有较大影响。

(三)促销也是影响价格的一个重要因素

企业的各种促销活动,如广告、人员推销、公共关系和营业推广等,都将增加企业的经营成本。一般而言,促销费用高,企业成本上升,被促销产品的销售价格就不得不抬高,促销费用低,产品的销售价格就相应低一些。

四、供求关系

供求规律是商品经济的内在规律,产品价格受供求关系的影响,围绕价值发生变动。

(一)价格与需求

这里说的需求,是指有购买欲望和购买能力的有效需求。影响需求的因素很多,这里只讨论价格对需求的一般影响。在其他因素不变的情况下,价格与需求量之间有一种反向变动的关系:需求量随着价格的上升而下降,随着价格的下降而上升,这就是通常所说的需求规律。需求规律通常由需求曲线来反映。根据表8-1可绘制出如图8-2所示的需求曲线图。

表8-1 某物品需求表

价格(元)	数量(公斤)
5	1 000
4	2 000
3	3 000
2	4 000
1	5 000

(二)价格与供给

供给是指在某一时间内,生产者在一定的价格下愿意并可能出售的产品数量。有效供给必须满足两个条件:有出售愿望和供应能力。在其他因素不变的条件下,价格与供给量之间存在正相关关系:价格上升供给量增加,价格下降供给量下降。供给曲线反映了这一规律,如图8-2所示。

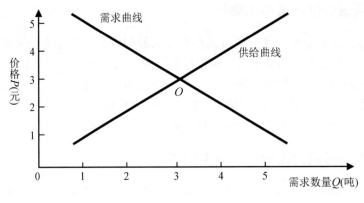

图 8-2　需求—供给曲线

(三)供求与均衡价格

受价格的影响，供给与需求的变化方向是相反的。如果在一个价格下，需求量等于供给量，那么市场将达到均衡。这个价格称为均衡价格，这个交易量称为均衡量。图 8-2 反映了均衡价格是如何形成的。当市场价格偏高时，购买者减少购买量使需求量下降。而生产者受高价吸引增加供应量，使市场出现供大于求的状况，产品积压必然加剧生产者之间的竞争，使价格下跌。当市场价格偏低时，低价引起购买数量的增加，但生产者因价格降低减少供给量，使市场供小于求，购买者之间产生竞争导致价格上涨。如此变化的结果，迫使价格趋向供求曲线的交点 O 这一平衡点。O 点对应的价格轴上的 P 点便是均衡价格，对应的数量轴上的 Q 点便是均衡量。均衡价格即理论上的销售价格是相对稳定的价格。但需要指出的是，由于市场情况的复杂性和多样性，供求之间的平衡只是相对的、有条件的，不平衡则是绝对的、经常性的。

(四)价格与需求弹性

1. 需求弹性

所谓需求弹性，又称需求价格弹性，是指因价格变动所引起的需求呈相应的变动率。它反映了需求变动对价格变动的敏感程度。

需求弹性用弹性系数 E 表示，该系数是需求量变动百分比与价格变动百分比的比值。

$$E=\Delta Q/\Delta P=\Delta Q\times P$$

式中：

Q——原需求量；P——原价格；ΔQ——需求变动量；ΔP——价格变动量。

2. 需求弹性类型

由于价格与需求一般呈反方向变动，因此弹性系数是一个负值，采用时取其绝对值。不同的产品具有不同的需求弹性。从弹性强弱角度决定企业的价格决策，主要有以下几种类型。

(1) $E=1$，称为需求无弹性，反映需求量与价格等比例变化。对于这类产品，价格无论怎么变化都不会对总收入产生多大影响。因此企业定价时，可选择实现预期盈利率为价格或选择通行的市场价格，同时把其他营销策略作为提高盈利率的手段。

(2) $E>1$，称为需求弹性大或富有弹性，反映了价格的微小变化都会引起需求量大幅度变化。定价时，应通过降低价格、薄利多销来增加盈利。反之，提价时务求谨慎以防需求量锐减，影响企业收入。这种弹性的商品如计算机、汽车、昂贵装饰品等高档产品、奢侈品等。

(3) $E<1$，这类产品缺乏弹性，需求量的变化小于价格自身的变动。定价时，较高水平的价格往往能增加盈利，低价对需求量的刺激不大，薄利不能多销，相反会降低企业的总收入。如粮食、盐、煤气等生活必需品便属于此类，人们不会因为价格上涨而少买，也不会因价格下跌而多买。

图 8-3 分别表示不同需求价格弹性下企业收入的变动。图 8-4 为不同弹性的需求曲线，价格从 P_1 降至 P_2，需求量从 Q_1 增至 Q_2，但增加幅度因需求弹性不同而表现不同，致使企业收入变化呈现差别。企业收入等于 P 乘以 Q 所表示的矩形面积。弹性为 1 时，$P_1Q_1=P_2Q_2$，收入不变；弹性大于 1 时，$P_1Q_1<P_2Q_2$，收入增加；弹性小于 1 时，$P_1Q_1>P_2Q_2$，收入减少。

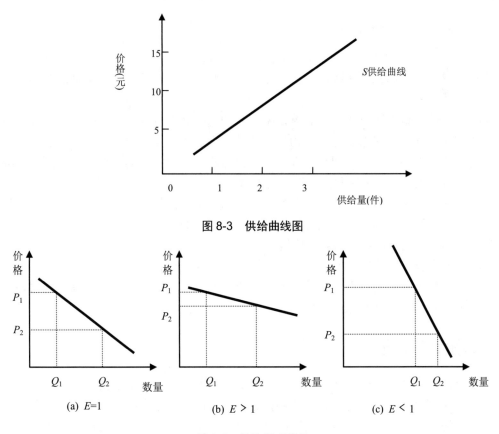

图 8-3　供给曲线图

图 8-4　价格需求弹性

3．影响价格需求弹性的因素

(1) 消费品占消费者家庭预算中的分量。如果该商品在家庭预算中所占的分量小，消费者往往对价格变化的反应小，即该商品的价格需求弹性就小，反之则大。

(2) 有无代用品。如果一种商品具有满足消费者特殊需求的特定功能，而没有其他商品可以代替，那么消费者可能不管价格如何也会购买；如果一种商品有其他的商品能代替它的功能,那么该商品一提价,消费者就会转而去购买代替品。因此,有代用品的商品价格弹性大,无代用品的商品价格弹性小。一种商品的代用品种类越多,代用品能代替的功能越强,其价格弹性就越大。例如洗染店里的熨衣项目和干洗项目,两者的价格弹性不一样,熨衣在一般家庭里自己能够进行,因而它的价格弹性就大,而干洗在家里就难以做到,因而它的价格弹性就小。

(3) 是否必需品。一般来说,必需品是消费者生活中不可缺少的商品,因此它的价格弹性小,即使价格上升,消费者也必须买。奢侈品的价格弹性大,因为它对消费者来说是可有可无的,价格上升,消费者就会抑制自己的消费欲望。

(4) 时间的长短。价格弹性会随着消费者为适应价格变化而需要进行调节的时间长短而有所不同。在价格变动最初的短时间内,消费者可能对价格的变化很敏感,因而价格弹性相对大一些。随着时间的推移,消费者已经逐渐习惯了的价格,这时,价格弹性就会变小。

4. 估算需求价格弹性的方法

目前,专家已经可以用数学模型的方法对价格弹性进行计算。但是这种方法很复杂,一般企业难以实行。在营销实践中,人们总结出一些简单易行的方法用来估算商品的价格弹性。

(1) 直接购买意向调查法。即对潜在购买者的购买意向进行直接调查,以估算出价格变动后的需求,并以此得出某种商品的价格弹性。企业先估算出自己的潜在购买者数量,然后在潜在购买者中进行抽样调查,询问他们价格降低后的实际购买意向。最后,企业可以根据实际购买人数的百分比与潜在购买者的数量计算出商品的价格弹性。

(2) 统计分析法。即对企业历史上的某一商品价格与销售量之间的相关性进行分析,得出商品的价格弹性。例如,企业可以根据商品历年来的销售统计资料,通过对商品价格变动后的实际销售数量,最终估算出价格弹性。

(3) 市场实验法。即通过实验来估算价格弹性,因此估算比较准确,但是费用与时间的花费较大。如企业对现在市场上销售的商品进行调价,在一定时间和范围内观察该商品的销售情况,并据此计算出价格弹性。

五、市场竞争状况

一般而言,产品的最低价格取决于生产产品的成本费用,最高价格取决于产品的市场需求强度。在上限和下限之间,企业能够把这种产品的价格定多高,则受制于竞争者提供的同种产品的价格水平。对许多种类的产品而言,竞争因素是影响产品价格最为重要的因素。企业一方面要调查研究本企业产品和竞争对手产品在成本上的差异,另一方面还要了解本企业产品与竞争对手产品在功能、质量、品牌、渠道等方面的差异。然后企业根据不同的竞争环境和状况制订相应的价格策略。竞争对企业的自由定价造成了限制,企业不得不适应市场的价格。除非企业的产品独一无二并且受到专利保护,否则不可能实行高价策略。

根据行业内企业的数目、企业规模以及产品是否同质三个条件,市场竞争结构一般可划分为以下三种类型。

(一)完全竞争

所谓完全竞争，是指市场上存在数量众多的买家和卖家，且卖家所提供的产品是同质产品，买卖双方都不能对市场上商品的价格发生影响，买卖双方都同时是市场价格的接受者和决定者。在这种市场格局下，价格主要取决于市场供求条件。一般而言，这种格局在现代市场中是不存在的。

(二)不完全竞争

不完全竞争即垄断竞争，是指同类产品在质量、款式、品牌和包装等方面差异化的竞争。在不完全竞争格局下，企业可以根据不同产品的成本、质量、促销力量等因素来制订价格。同时，应特别注意替代产品的价格竞争。

(三)寡头竞争

寡头竞争是指市场由几家大企业所控制，市场价格由这些寡头企业所共同制订。在寡头竞争格局下，由于竞争者少，价格主要受竞争者行为的影响。倘若存在价格协议或同盟，就会出现垄断价格，别的企业只能采用跟随价格。

六、法律政策因素

市场经济的最基本特征是自由企业制度，企业在对其资产完全负责的前提下，有充分地处理与经营有关事务的自由，这其中包括定价的自由权。但是，现代市场经济是政府干预调节下的市场经济，政府往往通过行政的、法律的、经济的手段对企业定价及社会整体物价水平进行调节和控制。因此，企业定价也必须考虑政府的影响。

(一)行政手段

主要在某些特殊时期、对某些特殊产品采取限价措施。这包括在物资严重匮乏时期实行的最高限价和为保护生产者利益而对某些产品实行最低限价。限价措施在一定时期内对保护消费者和生产者利益具有积极意义。但从长远看，不利于市场机制的自由发挥，而且可能导致市场上出现许多经济假象。

(二)立法手段

采用立法手段管理价格主要是为了保护竞争、限制垄断。例如，美国1936年通过的《罗宾逊·彼德曼法案》，为了防止大制造商的价格歧视，保护中小批发商和零售商，规定地理上的价格歧视和对人的价格歧视为非法。此外还有若干法律条款都涉及企业的定价策略。

(三)经济手段

经济手段是政府反通货膨胀的重要措施。对企业定价的影响主要表现为：为抑制需求、减少投资而采取的提高利率或者增加营业税措施会影响企业的成本，减少企业利润；而为了限制工资的增长速度，以征税为基础的收入政策，对于制止成本推动价格上升有一定的效果。

第二节 定 价 方 法

定价方法是企业综合考虑定价的影响因素，对产品价格进行计算或者确定的方法，是将企业定价战略与具体价格水平联系起来的重要环节。定价的影响因素有很多，如产品成本因素、产品的供求状况、市场竞争状况、消费者心理和政策法律等，其中主要是成本因素、需求因素和市场竞争三个因素，它们是企业制订价格的基础。

一、成本导向定价法(Cost-based Pricing)

以成本为中心的定价因素最为简便，也最为企业所常用，具体方法又可分为四种。

(一)成本加成定价法

这种定价法是按单位产品总成本加上一定比例的预期利润或再加上税金的一种定价方法。单位产品的总成本由单位产品的固定成本与变动成本之和组成。固定成本是不随产量的变化而变化的成本。变动成本是随产品产量的变化而变化的成本。成本加成定价法的计算公式如下：

$$单位产品价格=单位产品总成本\times(1+利润加成率)\div(1-税金率)$$

例如，某产品的产量为 5 万件，所耗固定成本 15 万元，变动成本 10 万元，总成本为 25 万元，预期利润率为总成本的 20%，产品的税率为 5%，则该产品的售价应是：

(1) 只考虑预期利润：

$$单位产品总成本=(15+10)\div5=5(元)$$
$$单位产品售价=5\times(1+20\%)=6(元)$$

(2) 加上对税金的考虑：

$$单位产品售价=5\times(1+20\%)\div(1-5\%)=6.3(元)$$

成本加成定价法简单易行，只要产品能销售出去，就能实现预期利润。缺点是只考虑了产品成本，忽视了市场供求、竞争因素、季节和不同产品生命周期阶段的影响。

另外，加成率的确定必须认真分析产品性质、竞争程度、市场需求等情况，否则定价过高或过低对企业都不利。

(二)收支平衡定价法

收支平衡定价法又称盈亏平衡定价法。即以总成本和总销售收入保持平衡为定价原则。总销售收入等于总成本，此时利润为 0，企业不盈不亏，收支平衡。其计算公式为：

$$P=C_1/Q+C_2$$

式中：

P——单位产品售价；Q——预计销售量；C_1——产品的固定成本；C_2——产品的单位变动成本。

例：某产品的固定成本为 15 万元，单位变动成本为 2 元，预计销售 5 万件，该产品的销售价格应是：

$P=15/5+2=5(元/件)$

也就是说该产品在达到收支平衡(该产品的总成本和总销售收入均为25万元)时的价格为5元。这种方法的优点是计算简便，可使企业明确在不盈不亏时的产品价格及最低销售量。缺点是要先预测产品销售量，若销售预测不准，成本算不准，价格就定不准；而且它是根据销售量倒过来推算出价格，但现实中，价格高低本身对销售量就有很大影响。

(三)目标利润定价法

这种方法以总成本和目标利润作为定价原则。使用时先估计未来可能达到的销售量和总成本，在保本分析(收支平衡)的基础上，加上预期的目标利润额，或是加上预期的投资报酬额，然后再计算出具体的价格。其计算公式如下：

单位产品价格=(总成本+目标利润额)÷预计销售量

投资报酬额=总投资额÷投资回收期

例：某产品预计销售量为5万件，总成本25万元，该产品的总投资约40万元，要求5年回收投资，投资回收率为20%，该产品的售价应为：

年投资报酬额=40×20%=8(万元)

单位产品价格=(25+8)÷5=6.6(元)

这种方法简便易行，可提供获得预期利润时最低可能接受的价格和最低的销售量。它常为一些大型企业和公用事业单位采用。西方许多大型公用事业公司亦按此法定价。美国通用汽车公司就以总投资额的15%～20%作为每年的目标利润，计入汽车售价中。

这种方法的缺点与收支平衡法相同，都是以销售量倒过来推算出价格，而价格却是销售量的重要影响因素。

(四)变动成本定价法

变动成本定价法又称边际贡献定价法。此法是在定价时，不考虑价格对总成本的补偿，只考虑价格对变动成本的补偿，并争取更多的边际贡献来补偿固定成本。所谓边际贡献，就是只计算变动成本而不计算固定成本时的收益，其计算公式为：

边际贡献=销售收入-变动成本

边际贡献大于变动成本，其超过部分的收益可用以补偿固定成本。若边际贡献能全部补偿固定成本，则企业不盈不亏，若边际贡献大于总成本，企业就盈利。反之，边际贡献小于总成本，只能补偿变动成本，不能全部补偿固定成本，企业就亏损。

例：某产品固定成本40万元，变动成本5元/件，产品年产量可达8万件，每件售价12元。目前订货量为6万件，生产能力有富余，现有用户出价9元，订购1.5万件。企业经再三考虑决定接受订货比不接受为好，因为每件仍能获得4元(9-5)的边际贡献，短期内仍能使企业增加收入，减少损失。

这种方法在市场供过于求，企业生产任务不足，承接临时生产任务时，暂时不考虑以总成本定价，而采用变动成本定价，可以期维持生产、保住市场。因此，它是可供短期内采用的一种灵活定价方法。

二、需求导向定价法(Buyer-based Pricing)

这种定价方法是按市场需求的强弱情况制订不同的价格。市场需求量大，定价就高，需求量小，定价就低。

采取高定价，一般适用于竞争者产品未上市前；愿付高价购买的人数相当多时；或者提高价格诱使竞争者进入市场的风险也不大时采取低定价，一般适用于以下情况：①市场对价格呈现高度敏感，降低价格，需求量将大幅提高；②当低定价可阻止已有的或潜在的竞争者时；③单位生产成本与销售成本能因大量生产和销售而降低时。

需求导向定价的做法主要有两种。

(一)理解价值定价法

该法以消费者对商品价值的认知和理解程度作为定价的依据。消费者对商品价值的认知和理解程度不同，可以形成不同的价格上限，如果恰好将价格定在这一限度内，消费者即能满意地购买，企业也更为有利可图。

实施这一方法的要点在于提高消费者对商品的效用认知和价值理解度。企业可以通过实施产品差异化和适当的市场定位，突出企业产品特色，再辅之以整体营销组合策略，塑造企业和产品形象，使消费者感到购买这些产品能获取更多的相对利益，从而提高他们可接受的产品价格上限。

(二)需求差异定价法

这种方法根据销售对象、销售地点、销售时间不同而产生的需求差异对商品进行差别定价。例如，对饮料的需求，在旅游景点或舞厅中比在超市中的需求强度要高，因此在前一种情况下可较高定价。又如，旅游旺季对车票、机票和旅馆的需求强度大大高于旅游淡季，旅游旺季时可将价格适当调高。

实行差别定价是有条件的：①市场必须能细分，且不同的细分市场能显示不同的需求强度；②要确知并防止高价细分市场的竞争者以较低的价格进行竞销；③要确保低价细分市场的买主不会向高价细分市场转售；④划分细分市场所增加的开支不能超过高价销售的所得；⑤差别定价不会引起顾客的反感；⑥差别定价是合法的。

三、竞争导向定价法(Competition-based Pricing)

竞争导向定价以市场上相互竞争的同类产品为价格的基本尺度，并随竞争变化调整价格水平。主要做法也有两种。

(一)通行价格定价法

这种定价法即将竞争产品的价格作为本企业产品定价的基本依据。实施这种定价方法主要为避免挑起竞争。而且，通行价格在人们的观念中常被认为是"合理价格"，一方面易为消费者接受；另一方面，也能保证企业获得合理、适度的利润。这种随行就市的定价方法也很普遍，有时是因为成本难以估算，有时是因为难以估计采取进攻性定价会引起对手什么反应。对小公司来说，追随大企业定价更是一条常规。

(二)密封投标定价法

即企业在投标时用的价格。企业的目的是中标，占领市场，因此，可根据企业投标任务的成本、预期利润、中标的概率以及预计竞争者投标的报价水平，确定自己的投标价格。为了中标，企业往往以低于预计竞争者报价的水平来确定自己的报价，而不是严格按照本公司的成本或顾客的需求。

对经常参与投标的公司，制订一个预期利润标准，然后以此为基础确定投标价格是最为合理的。但如果公司只是偶尔投一次标，且志在必得，预期利润指标用处就不大了。

第三节　定　价　策　略

定价策略是为了达到一定经营目的而制订的具体的定价手段和方法。在市场营销方面，有许多定价策略，下面介绍几种为企业经常采用的策略。

一、心理定价策略

心理定价策略是为适应消费者的购买心理所采用的定价策略，它是根据消费者对商品价格在心理上的不同感觉和理解，运用价格上的细微差别来刺激引诱消费者，企业由此实现扩大产品销售量和增加企业利润的目标。心理定价策略普遍适用于零售商业尤其是大型零售商业。主要做法有下述几种。

(一)尾数定价策略

这种定价策略是依据消费者以为零数价格比整数价格便宜的消费心理而采取的一种定价策略，这种策略又称奇数或非整数价格策略。例如一件商品定价9.8元，给顾客的感觉是还不到10元钱，比较便宜，从而乐意购买，达到促进顾客购买，企业增加销售的目的。同时，尾数定价还给人们一种"并非漫天要价而是经过精密计算后的科学定价"印象。此外尾数定价往往也采用人们的数字审美观念来吸引消费者，比如原定价170元的商品现定价为168元，意味着"一路发"，其销售效果必定会出人意料，再如定价4.9元的商品，可以利用华人忌讳"4"的心理而定价为5.1元，也会收到良好的效果。

不过尾数定价并非在任何时间、任何地点和任何条件下都适合采用。比如在一个大型的购物中心或者新年购物高峰期，消费者蜂拥而至，收银台前队伍弯弯曲曲人满为患，许多消费者会因为排队付款问题取消在本商场的购物计划。如果此时变尾数定价为整数定价策略会减少找零困扰并增加收银效率，将留住更多消费者。

(二)整数价格策略

这种策略是把商品价格制订为一个整数，不带尾数。对高档商品，奢侈品常采用整数价格策略。如一辆高级小轿车，定价50万元，而不定价49.9万元，以给人一种"完美齐整和高档豪华"的感觉，满足一些消费者通过汽车等高档商品来彰显自己能力、身份和地位的心理。

(三)声望价格策略

声望价格策略是一种利用厂商以及产品的声誉，对产品高定价的策略。这种策略有利于提高企业和产品的形象，有助于吸引注重名牌的顾客去购买。

这是一种针对收入较高人群经常采用的价格促销方法，不过近年来，许多商家抓住一些收入不高的消费者既求声望又不愿花大价钱的心理，经常抛出"某某商品，原价×××元，现价××元"的促销手段，取得了很好的销售效果。

(四)招徕定价策略

这是一种利用消费者求廉的心理，将少数几种商品价格暂时降至极低，借此吸引和招徕顾客购买的策略。这种策略有助于在招揽顾客购买特价商品的同时，促其选购非特价商品。

实行招徕定价策略应考虑的因素有：第一，特价商品往往是人们日常生活必需品，消费者对此类商品购买频繁，关注度高，实行特价对人们招徕效果大；第二，招徕定价更适用于大型零售商场，因经营面积大，商品数量巨大，品种丰富，可以选择较多的商品"招徕"，同时又有更多的非特价商品以待顾客购买；第三，实行特价的商品范围要适中，范围过大影响利润，过小又起不到招徕作用；第四，特价商品一般会以成本价或低于成本价销售，以便实现"轰人气、聚人气和养人气"的促销效果；第五，商场中正在实行特价销售的产品，布局和路线设置仅仅以吸引客户光顾为前提，以便引导客户光顾更多的商场经营地方；第六，招徕定价促销应将促销时段设计得科学合理，并将特价产品有机组合起来，以实现在促销期间的每个时间段都能够吸引足够多的客户前来购物。

(五)需求习惯定价

这种定价方法是指企业根据消费者的需求习惯制订商品的营销价格。有许多商品的销售价格在市场上已为客户所习惯。在此情况下，厂商应该以客户习惯的价格定价销售，并且一般不可变价。倘若遇到成本上涨等压力价格必须上调，也要向公众澄清原委，同时举办一些促销活动如买赠活动以降低消费者的"习惯"影响，等到消费者适应和习惯新的价格以后，再取消促销活动。

(六)分级定价

指企业将其经营的某一类商品按照商品综合质量的差异划分为几个不同档次，每一档次制订一种营销价格。例如，某皮鞋店将其经营的多种质量、款式的皮鞋分为 5 个档次，分别定价为 68 元、98 元、128 元、168 元和 268 元。这样做，可以使消费者在心理上感觉价格的差异意味着商品档次的差别，从而便于消费者根据自己的实际情况来选购商品。对于企业来说，分级定价既可简化管理，又便于进货。

分级定价有利于营销员向消费者展示"一分价钱一分货"，还可以使商家经常利用"断码"现象策划促销活动。

第八章 定价策略

(七)综合定价

综合定价指在定价时将产品本身或零配件的供应免费送货上门，维修等费用项目包含在内。这种定价方法可以给顾客以免费送货上门等优惠感觉，能够增加消费者的信任感。

二、新产品定价策略

新产品定价时，面临较困难的境地，此时对消费者的认知价值难以确定，又无竞争者价格作参考，尤其对全新产品和革新型产品。新产品定价通常可采用以下几种基本定价策略。

(一)撇脂定价策略(Market-Skimming Pricing)

这种定价策略又称"撇奶油"定价策略，即在新产品刚进入市场的阶段(产品生命周期的引入期)，采取高价政策，在短期内赚取最大利润。就好像在牛奶中撇取奶油一样，尽快获取产品利益。采取这种策略的理由，首先是认为新产品刚投放市场，需求弹性小，竞争力弱，以高价刺激用户，再配合产品本身的特点，有助于提高产品地位，刺激需求，开拓市场。其次是采取这种定价策略，一旦发现高价使产品难以推销时，容易改变策略，降低价格，迎合消费者，而如果一开始就实行低价以后再提价，就会影响销售量。最后是利润高，资金回收快。这些理由也是这种定价策略的优点。

撇脂定价的缺点，首先是新产品刚投放市场，产品声誉尚未建立，即以高价投入，不利于市场开拓，有可能影响销售量，甚至由于价格太高，不能被顾客所接受，而使新产品夭折。其次是价格高，销售量可能达不到预期值，反而使利润更少。最后是高价带来的高额利润，可能吸引众多竞争者迅速跟进，与之竞争的结果是价格迅速下跌。所以，撇脂定价策略主要是一种短期价格策略。一般来说，撇脂定价适用于产品有明显创新或独特性，消费者对价格相对不敏感，并对产品的认知价值要求高的市场。

(二)渗透定价策略(Market-Penetration Pricing)

这是以低价投放市场的策略。这种策略的优点是产品能很快被市场所接受，有利于迅速打开新产品的销路；由于是低价薄利，能有效地排斥竞争者进入市场，使企业较长期占据市场优势地位，竞争相对较弱。缺点是利润低，投资回收期长；当新产品大量上市时，不易再降价与竞争者竞争；若成本上升，需调高价格时，也会引起顾客不满，影响销售量；由于低价出售新产品，会使顾客误认为产品质量不高，影响购买，还有可能影响企业和产品的形象。

渗透价格策略是一种长远的价格策略，适用于需求弹性较大，竞争对手较多，竞争者易进入市场和企业在成本方面有一定优势的产品。显然，当生产的规模经济性明显或存在竞争者进入的威胁时，采用以牺牲短期利润换取销售规模的渗透定价更为合适。

(三)满意价格策略(Mean Pricing)

在菲利普·科特勒的营销理论中，并没有这种新产品价格策略，它是国内一些专家根据我国企业实际情况补充的一种价格策略。具体来讲，满意价格策略是介于撇脂定价和渗透定价两种策略之间的适中价格策略。在既不适合采取撇脂定价策略，也不适合采取渗透价格策略时，可采用满意价格策略，达到产品价格能被顾客接受，企业又有一定利润的目的。这种定价策略比较适合于我国市场中的中小企业，也适合于实力不强的市场后来者。

三、产品组合定价策略

(一)同类产品分组定价

所谓同类产品分组定价，即把同类商品分为价格不同的数组，每组商品制订一个统一的价格。例如将各种西装分为 1000 元一件、800 元一件、500 元一件三组。这样，同类商品的品种、规格、花色虽多，但只有几种价格，便于卖方结算货款，有助于消费者节省选购时间，迅速作出购买决定。缺点是每组的价差不易确定，且产品生产成本升高时，必须全面调整价格，使消费者有涨价的感觉而影响购买。

(二)副产品定价

副产品是在生产主要产品的过程中同时产出的产品。这些产品的定价一般低于主产品。

(三)关联产品定价

关联产品有时也称为互补产品，是指必须和主要产品一起使用的产品。例如手电筒和电池、照相机和胶卷、录音机和录音带。一些既生产主要产品又生产关联产品的企业，有时将主要产品的价格定低，而将关联产品定价较高，靠关联产品赚钱。如柯达公司将照相机价格压低，胶卷价格提高。

四、折扣与折让策略

这是一种优惠价格策略，即在原定价格的基础上有条件地减收一定比例的货款。

(一)现金折扣

现金折扣是对按约定付款日期付款的顾客给予一定的折扣，对提前付款的顾客则给予更大的折扣。采用这种策略的目的是鼓励顾客提前付款，不拖欠货款，以加速资金周转。

(二)数量折扣

数量折扣是根据顾客购买货物数量或金额的多少，按其达到的标准，给予一定的折扣，购买数量越多，金额越大，给予的折扣越高。数量折扣可分为累计与非累计数量折扣。

1. 累计(数量)折扣

累计折扣是指规定在一定时期内顾客购买商品达到或超过一定数量或金额时，按其总量的多少，给予不同的折扣。这种策略能够鼓励顾客长期向本企业采购，与顾客建立长期稳定的关系，因而有助于企业掌握销售规律，预测销售量。它还适于推销过时的和生鲜易腐产品。

2. 非累计(数量)折扣

非累计折扣是指顾客一次购买的数量或金额达到一定标准时，即给予一定的折扣优待。采用这种策略不仅对顾客有利，企业也可以节省销售费用，因企业每销售一次商品，不论数量多少，其支付的费用都差不多。

(三)交易折扣

交易折扣也称功能折扣或贸易折扣，是由企业向中间商提供的一种折扣。不同的中间商，企业可根据其提供的各种不同服务和担负的不同功能，给予不同的折扣优待。中间商承担的功能往往有：中间商在目标市场上做促销广告；协助制造商储存货物；提供市场信息记录。但对同一层次的渠道成员一般应提供同样的交易折扣，如对所有一级批发商均给予同样的折扣点。当然，同时还可以结合数量折扣等。

交易折扣一般不作为直接价格竞争手段，其目的往往在于在中间商中树立形象，与中间商建立良好的、长期的合作关系。

(四)季节性折扣

季节性折扣是生产季节性商品的企业向在季节前后购买非时令性商品或提前定购季节性商品的中间商给予一定的价格折扣。这对中间商有好处，也有利于企业安排生产。如一些季节性明显的服务行业，在淡季时给予顾客一定的价格折扣；再如，圣诞节礼品，季节性很强，中间商订购时间越早，给予的折扣将越大。这种做法，第一可以调节供求，第二对顾客有利，第三总体上对企业来说，仍有利可图。

(五)推广折扣

推广折扣是企业向为其产品进行广告、橱窗布置、展销、空箱陈列等促销活动的中间商提供的一定的价格折扣或让价，作为给中间商开展促销工作的补偿，以鼓励中间商积极为企业产品扩大宣传。

五、地理价格策略

这是根据买卖双方地理位置的差异，考虑买卖双方分担运输、装卸、仓储、保险等费用的一种价格策略。

(一)产地价格策略

产地价格又称离岸价格。是卖方在产地将货物送到买方指定的车船上，卖方只负担货物装上车、船之前的一切费用和风险。交货后，商品所有权即归买方所有，商品的运杂费、保险费等亦全部由买方自行负担。这种价格策略实行单一价格，适合于各个地区的顾客，对卖方最便利省事，也最节省费用，但有时对扩大销售和市场占有率不利。

(二)目的地交货价格

这种价格是按照合同规定，卖方产地价格加上到达买方指定目的地的一切运输、保险等费用所形成的价格。目的地交货价格，在国际贸易中又分为目的地船上交货价格、目的地码头交货价格、买方指定地点交货价格。

(三)统一交货价格

统一交货价格又称到岸价格或送货制价格。即不分买方路途远近，一律由卖方将商品送到买方所在地，收取同样的价格，也就是运杂费、保险费等均由卖方承担。这种策略适用于重量轻、运杂费低廉、其占变动成本的比重较小的商品。它能使买方认为运送商品是一项免费的附加服务，从而乐意购买，以扩大产品辐射力和市场占有率。

(四)分区运送价格

分区运送价格也称地域价格。是卖主将市场划分为几个大的区域，根据每个区域与卖方所在地距离远近分别定价，在各个区域内则实行统一价格。

(五)津贴运费定价

津贴运费定价主要为弥补产地价格策略的不足，减轻买方的运杂费、保险费等负担，由卖方补贴其一部分或全部运费。这种策略对扩大销售有利。

第四节 价格变动与企业对策

企业处在一个不断变化的环境，为了生存和发展，有时候需主动降低价格或提价，有时候又需对竞争者的变价作出适当的反应。

一、企业降价与提价

1. 企业降价

在现代市场经济条件下，企业降低价格的主要原因有下述几点。

(1) 企业的生产能力过剩因而需要扩大销售，但是企业又不能通过产品改进和加强销售工作等来扩大销售。在这种情况下，企业就需考虑降低价格。

(2) 在强大竞争压力下，企业市场占有率下降。例如，美国的汽车、消费用电子产品、照相机、钟表等，曾经由于日本竞争者的产品质量较高、价格较低，丧失了一些市场。在这种情况下，美国一些公司不得不降价竞销。在我国国内市场上，1996年彩电行业的降价风潮也说明了类似问题。当时，长虹降价幅度高达30%，TCL曾试图以保持原有价格、提高产品质量、加大宣传力度、扩大与竞争者的差异来应对，但因产品价格弹性较强未能奏效。为保持市场占有率，TCL被迫采取降价策略。

(3) 企业成本费用比竞争者低，企图通过降价掌握市场或提高市场占有率，从而扩大生产和销售量，进一步降低成本费用。

在实践中，有实力的企业率先降价，往往能给弱小竞争者以致命打击。例如，格兰仕一直信奉"价格是最高级的竞争手段"，以确立成本领先优势，其价格目标十分明确，就

第八章　定价策略

是消灭散兵游勇。每当其规模上一台阶，就要打一次价格战。当其生产规模达 125 万台时，它立即把出厂价定在规模 80 万台的企业成本价以下；达到 400 万台时，又把出厂价调到规模 200 万台的企业成本线以下；生产能力达 1 200 万台时，它又再次调低价格，将出厂价定在规模 500 万台的企业成本线以下。这使微波炉行业的"成本壁垒"站到了"技术壁垒"之前，让很多年产几万台、几十万台的家电企业对"微波炉生意"失去兴趣，甚至连海尔、荣事达这样的大集团在它面前也显得一筹莫展。

2. 企业提价

虽然提价会引起消费者、中间商和推销人员的不满，但是一次成功的提价可以使企业的利润大大增加。引起企业提价的主要原因如下：

(1) 由于通货膨胀，物价上涨，企业的成本费用提高，因此许多企业不得不提高产品价格。在通货膨胀条件下，许多企业往往采取种种方法来调整价格，对付通货膨胀，诸如：

① 采取推迟报价定价的策略，即企业决定暂时不规定最后价格，等到产品制成时或交货时方规定最后价格。在工业建筑和重型设备制造等行业中一般采取这种定价策略。

② 在合同上规定调整条款，即企业在合同上规定在一定时期内(一般到交货时为止)可按某种价格指数来调整价格。

③ 采取不包括某些商品和劳务定价策略，即在通货膨胀、物价上涨的条件下，企业决定产品价格不动，但原来提供的某些劳务要计价付费，这样一来，原来提供的产品的价格实际上提高了。

④ 减少价格折扣，即企业决定削减正常的现金和数量折扣，并限制销售人员以低于价目表的价格拉生意。

⑤ 取消低利产品。

⑥ 降低产品质量，减少产品特色和服务。企业采取这种策略可保持一定的利润，但会影响其声誉和形象，失去忠诚的顾客。

(2) 企业的产品供不应求，不能满足其所有顾客的需要。在这种情况下，企业就必须提价。提价方式包括：取消价格折扣，在产品大类中增加价格较高的项目，或者开始提价。为了减少顾客不满，企业提价时应当向顾客说明提价的原因，并帮助顾客寻找节约途径。

此外，还有一些企业提价是出于市场竞争策略的考虑，谋求竞争中的差异化优势，比如金利来在 20 世纪 70 年代面对经济危机所采取的提价策略就是一个成功的案例。

【营销小知识】

价格优惠与价格降低的区别

从表面上看，价格优惠和价格降低都是企业下调价格的行为，它们的目的也似乎一致。但严格说来，优惠定价和价格降低有着本质的区别，这些区别主要有以下几点：

1. 二者出发点不同

一般来说，价格优惠是指企业从内部考虑主动将价格调低；而价格降低是指企业遇到了一些外部市场的压力而不得不作出的价格调低行为。

2. 二者活动期限不同

价格优惠一般是企业有目的地选择在节假日或公司重要节日期间举行的间断的优惠活

动,优惠时期届满,产品价格自动恢复,是一种短期活动;而价格降低则往往是企业在遇到巨大经营压力时而作出的长期性行为,而且价格一旦降低,很难恢复到原来的价位。

3. 二者目的不同

价格优惠的目的是企业回报老客户和吸引新客户,而价格降低一般是企业为了减轻经营压力,即处理即将过期或库存产品、应付竞争对手的进攻以及抢占市场占有率等。

4. 消费者反应不同

价格优惠会使消费者觉得优惠时间有限,如果有购买需要和能力,他会在优惠期间把握适当的时机采取购买行动;但价格降低往往使消费者感觉到企业是出于为自己考虑而不得已采取的价格行为,价格一旦降低就不会再上升,因而往往不会立即采取购买行为,从而出现客户"持币待购"的现象。

二、顾客对价格变动的反应

企业无论提高或降低价格,都必然影响到购买者、竞争者、中间商和供应商的利益,而且政府对企业变价也不能不关心。在这里,首先分析一下购买者对企业变价的反应。

1. 顾客对企业降价的反应

顾客对于企业将某种产品降价销售可能会这样理解:①这种产品的式样过时了,将被新型产品所代替;②这种产品有某些缺点,销售不畅;③企业财务困难,难以继续经营下去;④价格还要进一步下跌;⑤这种产品的质量下降了。

2. 顾客对企业提价的反应

企业提价通常会影响销售,但是购买者对企业将某种产品提价销售,也可能会这样理解:①这种产品很畅销,不赶快买就买不到了;②这种产品很有价值;③卖主想尽量取得更多利润。

一般来说,消费者对于价值不同的产品价格反应有所不同。消费者对于那些价值较高、经常购买的产品的价格变动较为敏感,而对于那些价值低、不经常购买的小商品,即使单位价格较高,购买者也不大注意。此外,购买者虽然关心产品价格变动,但是通常更关心取得、使用和维修产品的总费用。因此,如果卖主能使顾客相信某种产品取得、使用和维修的总费用较低,那么,就可以把这种产品的价格定得比竞争者高,获得更多的利润。

三、竞争者对价格变动的反应

企业在考虑改变价格时,不仅要重视消费者的反应,而且必须关注竞争对手的反应。一个行业企业很少,产品同质性强,消费者颇具辨别力与知识,竞争者的反应就越发显得重要。

1. 了解竞争者反应的主要途径

企业估计竞争者的可能反应,至少可以通过两种方法:内部资料和统计分析。取得内部情报的方法有些是可接受的,有些则近乎于刺探。例如,从竞争者那里挖来经理,以获得竞争者决策程序及反应模式等情报;雇用竞争者以前的员工,专门建立一个部门,任务是模仿竞争者的立场、观点、方法思考问题。类似的情报也可由其他渠道,如顾客、金融机构、供应商、代理商等处获得。

企业可从以下两方面来估计、预测竞争者对本企业价格变动的可能反应。

(1) 假设对手采取老一套的办法对付本企业价格变动。在这种情况下,竞争对手的反应是能够预测的。

(2) 假设对手把本企业每一次价格变动都看作新挑战,并根据当时的利益作出反应。在这种情况下,企业就必须断定当时对手的利益是什么。企业必须调查研究对手的财务状况、近来的销售和产能情况、顾客忠诚情况及企业目标等。如果竞争者的目标是提高市场占有率,就可能随本企业的价格变动而调整价格;如果竞争者的目标是利润最大化,就会采取其他对策,如增加广告预算、加强广告促销或者提高产品质量等。总之,在实施价格变动时,必须善于利用企业内部和外部信息来源,观测竞争对手的思路。

实际情况是复杂的,因为竞争者对本企业降价可能有种种理解,如可能认为企业想偷偷侵占市场阵地;或企业经营不善,力图扩大销售;还可能认为企业想使整个行业价格下降,刺激整个市场需求。

上面假设的是企业只面临一个大的竞争者。如果面对若干个竞争者,还要估计每个竞争者的可能反应。如果所有竞争者反应大体相同,就可集中力量分析典型的竞争者,因为其反应可以代表其他竞争者。如果各个竞争者规模、市场占有率及政策等重要因素有所不同,他们的反应也会有所不同,此时就必须分别对各个竞争者进行分析;如果某些竞争者随本企业价格变动而变价,那么其他竞争者也有可能会这样。

2. 竞争者反应的主要类型

竞争者对调价的反应,主要有以下类型。

1) 相向式反应

你提价,他涨价;你降价,他也降价。这样一致的行为对企业影响不太大,不会导致严重后果。只要企业坚持合理的营销策略,就不会失掉市场和减少市场份额。

2) 逆向式反应

你提价,他降价,或维持原价不变;你降价,他提价或维持原价不变。这种相互冲突的行为影响很严重,竞争者的目的也十分清楚,就是乘机争夺市场。对此,企业要进行调查分析,首先摸清竞争者的具体目的,其次要估计竞争者的实力,还要了解市场的竞争格局。

3) 交叉式反应

众多竞争者对企业调价反应不一,有相向的也有逆向的,还有不变的,情况错综复杂。企业在不得不进行价格调整时,应注意提高产品质量、加强广告宣传、保持分销渠道的畅通等。

四、企业对竞争者价格变动的反应

在现代市场经济条件下,企业经常会面临竞争者变价的挑战。如何对竞争者的变价作出及时、正确的反应,是企业定价策略的一项重要内容。

1. 不同市场环境下的企业反应

在同质产品市场上,如果竞争者降价,企业必须随之降价,否则顾客就会转而购买竞争者的产品。如果某一个企业提价,且提价对整个行业有利,其他企业也会随之提价;但是,如果有企业不跟随提价,那么最先发动提价的企业和其他企业就有可能不得不取消提价。

在异质产品市场上,企业对竞争者变价的反应有更多选择余地。因为在这种市场上,顾客选择卖主不仅会考虑价格因素,而且还会考虑质量、服务、性能、外观、可靠性等,因而对于较小的价格差异可能并不在意。

面对竞争者的变价行为,企业必须认真研究以下问题。
(1) 为什么竞争者要变价?
(2) 竞争者是暂时变价,还是打算永久变价?
(3) 对竞争者的变价行为置之不理,对本企业的市场占有率和利润会有何影响?
(4) 其他企业是否也会作出反应?
(5) 竞争者和其他企业对本企业每个可能的反应,又会有什么样的反应?

2. 市场主导者的反应

在市场上,居于主导地位的企业经常遇到一些较小企业的进攻。这些企业的产品可与市场主导者的相媲美,往往通过进攻性的降价争夺主导者的市场阵地。在这种情况下,市场主导者有以下策略可供选择。

1) 维持价格不变

因为市场主导者认为,如果降价,会减少利润和收入;维持价格不变,尽管对市场占有率有一定影响,以后还能恢复市场阵地。当然,维持价格不变的同时要改进产品质量、提高服务水平、加强促销沟通等,运用非价格手段反击竞争者。许多企业的实践证明,这种策略比简单的降价和低利经营合算。

2) 降价

市场主导者采取这种策略是因为:①降价可促使销售量和产量增加,从而使成本费用下降;②市场对价格敏感,不降价会使市场占有率下降太多;③市场占有率下降以后就很难恢复。但是,降价以后企业仍应尽力保持质量和服务水平。

3. 提价

提价的同时必须致力于提高产品质量或推出新品牌,以与竞争对手争夺市场。

4. 企业应变需要考虑的因素

受到竞争对手进攻的企业必须考虑以下几点。
(1) 产品在其生命周期中所处的阶段以及在企业产品投资组合中的重要程度。
(2) 竞争者的意图和资源。
(3) 市场对价格和价值的敏感性。
(4) 成本费用随销量和产量的变化而变化的情况。

第八章 定价策略

面对竞争者的变价，企业不可能花很多时间去分析应采取的对策。事实上，竞争者很可能花了大量时间准备变价，本企业必须在几天甚至数小时内明确、果断地作出反应。缩短价格反应决策时间的唯一途径，就是预料竞争者可能的价格变动，并事先准备适当对策。

五、中国企业的价格战

价格战是企业的一种重要营销手段，是指一段时间内，某行业大量企业以集中的大幅度降低价格为主要竞争手段，并导致该行业一批企业利润下滑、生存困难甚至破产倒闭的竞争态势。价格战的根源在于产品供过于求、同类产品过剩，各个企业之间产品雷同，外观、造型、质量与性能没有明显的区别，同质化现象严重，售后服务不到位等。

在实践中，企业采用竞争性的降价而发起或参与价格战，多半是为了扩大市场占有率，提高价格竞争能力；有些企业有时是为了盘活资金以用于开发新产品而处理积压产品；有些则是为了提高行业的进入壁垒；还有一些是生产能力过剩需要扩大销售，而通过其他营销策略扩大销售的余地很小。另外一些企业则是由于同类产品发起了价格战，为了巩固已有市场而不得不动，被卷入到价格战中。

1. 价格战的形式

价格战作为一种营销策略，其战略目标相对单一，就是通过价格上的短兵相接，以达到企业战略部署的真正实现。价格战有以下几种形式。

(1) 进攻型价格战。这是企业主动采取的一种市场攻击行为，其表现为快速占领市场，尽可能地抢占对手的市场份额，打击面大，一般较为主动。进攻型价格战从企业的角度来说，往往都是出于战略考虑，比如为迎合整个行业竞争需要，或企业自身为实现快速增长、达到规模效应，从而更好地参与市场竞争。

(2) 狙击型价格战。企业在细分市场上瞄准目标，有效打击竞争者，瓜分对手的市场份额。通常针对性较强，打击面较窄，专注有力。狙击型价格战是企业采取的介于进攻型与防御型之间的一种行为，是企业为了更好地进行市场细分而采取的一种"突击"行动。

(3) 防御型价格战。这种价格战一般是企业迫不得已采取的一种市场行为。当领地有"强敌"入侵，为保全市场，往往采取这种价格战。防御型价格战要注意以下三点：第一，参与价格战的产品要有侧重点，针对竞争品的主要规格，选取相应产品参与价格战，不可全线参与；第二，参战产品尽量采用新产品，因为价格战过后，这种"炮灰"产品往往不再具有保留价值；第三，防御与进攻完美结合，于防御中体现进攻，乘机扩大市场份额，"一箭多雕"。

2. 价格战的效果

不可否认，价格战的出现有它的积极意义。有关专家总结了价格战的七大作用。

(1) 价格战是市场经济的必然产物，是市场营销的重要组成部分。
(2) 价格战可迅速促进市场扩容，提高社会购买力和扩大内需。
(3) 价格战可淘汰一批劣质产品生产商及谋求短期利益者，制止重复投资，使社会资源得到合理的整合与利用。
(4) 价格战可使消费者直接得益，用更少的代价尽享现代化的生活品质。

(5) 价格战可以提升民族品牌搏击海外市场的竞争力。
　　(6) 价格战可以加快产品创新与营销实践的升级。
　　(7) 价格战能够促使中国企业优化管理水平和人力资源素质。
　　与此同时，我们也应看到，价格战会使企业付出意料不到的代价。
　　(1) 从消费者角度而言，尝到价格战的甜头后，那些对品质要求不太高或价格敏感型消费者，就会选择价格最低的产品，而不再考虑企业的品牌。消费者还会采取观望态度，等待下一次厂家、商家的价格比拼。这意味着企业不降价就无法推动自己的销售。这一点以消费者在超市购买特价商品的行为表现最为明显。
　　(2) 在价格战第一回合落败的竞争对手，极可能选择再压低自己的价格，力争在第二回合中扳回一局。对于对手的这一轮降价行为，企业又不得不采取相应的回应策略。周而复始形成一种循环，成为一种经常性行为，陷入价格战的怪圈，价格一降再降，市场却不断萎缩，企业盈利日渐减少。
　　(3) 价格战过后，竞争者或许淘汰出局，原有资产却仍然留在市场。他们可能用极低的价格出售资产，创造出成本更低、行为更不可预测的新竞争者。
　　(4) 每经历一次价格战，幸存竞争者的力量又衰弱一分，因而他们能够拿来继续作战的筹码越来越少。20世纪90年代末彩电企业多年彼此恶斗的结果，是财务状况一家比一家糟，这就是最好的例证。
　　因此，认清价格战可能带来的风险，将有助于企业制订正确的价格战略：要不要参与价格战；参与程度多大；应如何制订防御性竞争策略，将自己与对手价格战的伤害降至最低；等等。价格决策绝不能只为达到短期销售目的，而应强化长期获利能力。
　　有鉴于此，企业一定要根据自己所处的营销环境，并根据自己的经营目标来决定是采取价格优惠活动还是价格降低行为。

本 章 小 结

　　影响企业定价的因素有很多。企业在给自己的产品定价时必须充分考虑影响和制约价格策略选择的产品成本、产品供求状况、消费者心理、市场竞争状况以及政策法律等。
　　定价方法是企业综合考虑定价的影响因素，对产品价格进行计算或者确定的方法，是将企业定价战略与具体价格水平联系起来的重要环节。由于影响定价的因素主要是成本因素、需求因素和市场竞争因素，因此产品定价方法也就相应地可分为成本导向定价法、需求导向定价法和竞争导向定价法。
　　定价策略是为了达到一定经营目的而运用的具体的定价手段和方法。在市场营销活动中，这些定价策略包括新产品定价策略、心理定价策略、产品组合定价策略、折扣与折让策略和地理定价策略等。
　　价格调整是指当公司经营环境或企业经营战略发生变化时面临的提价或降价问题。在以下几种情况发生时，企业可能主动降价：生产能力过剩；市场占有率下降；经济不景气。另外，当成本上升，市场供不应求，或通货膨胀发生时，企业可能不得不提价。
　　最后，不管企业打算提价还是降价，预先都应对顾客、竞争对手、供应商和分销商会有何反应作出估计，并准备好相应的对策。

第八章 定价策略

关 键 词

定价目标(Pricing Objectives)、定价方法(Pricing Approaches)、定价策略(Pricing Strategies)、价格调整(Pricing Adjustment)

综 合 练 习

1. 简述影响定价的因素。
2. 企业定价时，为什么会考虑定价目标？
3. 定价方法有哪些？
4. 结合零售商店的定价情况，谈谈心理定价策略的应用。
5. 价格优惠和价格降低有哪些不同？请简述之。

【案例分析】

价格屠夫——格兰仕

格兰仕在微波炉市场上频频以"价格武器"清理门户，令不少竞争者望而却步，从而在市场上占据了国内微波炉市场70%的市场份额，全球35%的市场份额。2002年，格兰仕率先在国内挑起空调产品价格战，其近20款主打机型全面降价，欲将空调发展成为继微波炉之后的第二个世界级生产中心。

格兰仕通过自身努力，用自己的比较竞争优势整合了全球制造资源，在全球大生产、大流通、大配套的产业链中将自己定位于大生产制造环节当中，力求使其成为微波炉、空调的世界工厂。

1. 规模每上一台阶，价格就大幅下调一次

格兰仕以"价格屠夫"著称，它信奉"价格是最高级的竞争手段"，以确保总成本领先的优势，其目标就是消灭散兵游勇。

规模每上一台阶，价格就大幅下调一次。当其生产规模达到300万台时，它就把出厂价调至规模为生产200万台企业的成本线以下，不给对手追上其规模的机会，在家电业创造了市场占有率达到61.43%的壮举。格兰仕之所以这样做，就是要构筑行业壁垒，同时摧毁对手的信心，让这个产业成为"有市无价"的特区。尽管格兰仕在微波炉市场已占有75%的份额，海外市场也稳拿30%的份额，但格兰仕始终没有放下"价格屠刀"。

2. 价降质不降

格兰仕在坚持总成本领先战略的前提下，价格不降则已，一降就是"下狠手"，其降价幅度均在20%以上，有时高达40%之多！格兰仕目前已经成功地通过九次降价抢夺市场份额。

降价归降价，格兰仕对产品质量毫不含糊。经国家质量技术监督部门多次抽查的结果

表明，格兰仕产品次次合格。从格兰仕的经营战略来看，它是不会杀鸡取卵的。为保证产品质量，它把每年盈利上千万元的羽绒事业部、毛纺织事业部卖掉，以全心全意运作微波炉。

3. 降价秘密

格兰仕能够如此慷慨地让利于民，其真正的秘密在哪里？答案就是成本领先。

为实现成本领先，格兰仕很少在广告业露面，尤其是电视广告，它主要是通过软性广告和新闻来保持一种与消费者之间的亲和力。格兰仕每次降价都配合有大量的广告和宣传活动，并辅以其他促销手段，同样获得较佳的效果。

格兰仕另一个保持成本领先的武器是生产规模效应。当格兰仕在国内市场占有70%的市场份额后企业挥师海外，在全球整合优势资源，开始采用贴牌生产(OEM)等手段，形成了一个全球大工业化生产、全球大流通、大配套的专业化分工协作的产业链体系。

当然格兰仕的成本领先与其先进的物流系统管理也是分不开的。物流被认为是一个降低成本的"黑大陆"，格兰仕在这方面无疑尝到了甜头。

(资料来源：贺炜. 低价革命[M]. 北京：中国纺织出版社，2003.)

问题思考

1. 运用相关原理和案例中的事实，试分析格兰仕降价的动因有哪些？
2. 格兰仕降价的秘诀在哪里？对企业有什么启示？
3. 有人说，东西便宜了不一定好卖，消费者感觉占便宜了才好卖。你对此如何理解？

第九章 促销策略

【内容提要】

1. 促销工具及其组合
2. 广告及其策略
3. 人员推销的含义、特征及销售人员的选拔与培训
4. 公共关系的对象及策略
5. 营业推广的分类及其作用

【导入案例】

《人民的名义》引发天地精华矿泉水悄然走红

近日,反腐良心剧《人民的名义》引爆收视率。剧中40多位老戏骨集体飙戏,饰演"达康书记"的吴刚更是走红网络,表情包几度翻新。伴随着达康书记走红的还有达康书记同款产品也悄然走红。在多款"达康书记同款"的产品中,有一瓶矿泉水出现在《人民的名义》多个经典场景中,迅速成为"书记同款"新宠。这瓶水就是天地精华矿泉水。

(1) "一一六大火后",一一七早上,政府救灾慰问时使用的矿泉水是天地精华矿泉水。

(2) 达康书记主持召开关于一一六事件善后工作会议,会议使用的水也是天地精华矿泉水。

(3) 侯亮平局长深入敌人内部,破案时喝的还是天地精华矿泉水。

这么多天地精华矿泉水出现的场景,笔者一开始认为天地精华和百草味、三只松鼠等品牌经常出现在热播剧中一样,是做了大手笔植入呢。这引发了笔者的好奇心,于是对天地精华矿泉水进行了深入了解。

根据笔者对天地精华的进一步全面了解,逐渐发现天地精华能够跟着《人民的名义》热播剧迅速火起来,是偶然的,也是必然的。

《人民的名义》大火,引发了"书记同款"热潮,天地精华矿泉水不管是作为电视道具或者是刚需的饮用水,能够伴随着热播剧风靡银幕,都是收视率飙升引发的品牌IP狂潮效应。谁也没有想过,国人现在忽然口味大转,热衷于反腐倡廉剧。根据网上介绍,《人民的名义》这部剧刚开始找投资方挺难,甚至有些投资方选择毁约退出,怕担风险。初期遇到的困难反倒使该剧大热后引发众多偶然传播或者经济效应。可见,天地精华矿泉水也跟着大火,有偶然因素。

但是,偶然的背后却是必然的沉淀。对比市场上其他饮用水产品,这款名叫"天地精华"的天然矿泉水,坚持矿泉定位,矿泉布局,品牌定位于矿泉宝藏发现者,敢于承诺绝不使用一滴地表水,每一滴天地精华均采自地下矿泉宝藏。它拥有国土资源部颁发的采矿许可证,不仅符合中国矿泉水GB8537健康饮水指标,更是达到欧盟、日本、法国等多项国际指标,率先通过了欧盟认证。笔者之前是非常热衷欧盟认证的,一直坚持喝的慈生堂蜂

蜜也是拥有欧盟认证背书,但是第一次听说矿泉水通过欧盟认证,着实惊讶,这可不是所有饮用水企业都拥有的硬件背书!

更为必然的是天地精华矿泉水的颜值,确实非常适合出镜。

笔者特意在天地精华天猫店铺中购买了一箱 350ML 规格的矿泉水,一箱总共 20 瓶。物流非常快,上午拍的,下午就到货了。打开包装看到瓶子的那刻,被天地精华矿泉水的颜值打动了:简单利落的瓶形设计,手握感细腻舒适;标签的设计极其生动,全瓶只有一张大气标签,产品参数和详细内容在标签反面,利用水的透明折射,带来不一样的新鲜感受。这是一瓶大气清新、颜值非常高的矿泉水,难怪受到《人民的名义》青睐。并不是所有的矿泉水都适合做影视剧道具,必然是这种别具匠心的产品设计能引发很多人共鸣。

出于对产品的喜爱,笔者多渠道了解天地精华各渠道的销售情况和客户反馈。就在 2016 年"双 11",天地精华首次参加天猫双 11 全球狂欢节便一鸣惊人,摘取了饮料类目销量第一的桂冠。这家公司以独特的产品设计加上创新的"F2C+O2O"的商业模式,在传统包装饮用水行业进行突围,用"新零售"商业模型,把"互联网+矿泉水"演绎成可持续发展的健康产业。

最后,通过对天地精华品牌总监的采访,笔者被天地精华公司"敬天爱人"的企业理念深深打动。这是一家致力于"让更多人喝上健康水"的公司,公司数十年只做一件事,就是找水,发现真正的好水,然后分享给更多人。天地精华真正将做一瓶好水的决心表现得淋漓尽致,与《人民的名义》宣扬的正能量、全心全意为人民服务的理念不谋而合。

《人民的名义》现在如此火热,前期付出的定然是大家所不知道的努力和坚持。笔者相信天地精华这瓶水能够跟着热播剧一起火起来绝不是品牌 IP 短时间效应,这是产品和市场沉淀的结果,所以相信这瓶水未来会走的更远,也期待这瓶水能带来更多精彩故事!

(资料来源:中国网 2017-04-17.)

做好市场营销活动,所要求的不仅仅是开发适销对路的优质产品,制订适当的价格,并适时适地地提供产品给客户,还必须制订行之有效的促销策略,并运用各种促销手段,扩大本企业及产品的影响,促使广大消费者对本企业的产品产生兴趣,进而实施购买行为。

促销实质上是一个沟通过程,其主要任务是将有关企业和产品的信息传递给目标市场上的顾客,以达到扩大销售的目的。在今天这样一个"信息爆炸"时代,如何开展有效的促销活动对企业的生存发展至关重要。企业可供选择的促销工具有四大类:广告、人员推销、营业推广和公共关系。

第一节 促销组合

促销,是促进销售的简称,意指营销人员通过各种方式将有关企业及产品的信息传递给消费者或用户,影响并说服其购买某项产品或服务,或至少是促使潜在顾客对该企业及其产品产生信任和好感的活动。促销的实质是卖方企业与顾客之间进行信息沟通的过程。

现代促销方式可分为人员促销和非人员促销两大类。人员促销指派出推销员直接访问潜在顾客;非人员促销又分为广告、营业推广和公共关系等多种。促销组合,即对这几种促销方式进行选择、运用与搭配的策略,同时还要决定促销预算的分配。

第九章 促销策略

现代企业处于一个复杂的市场信息沟通环境之中。企业要将信息传递给中间商、消费者和公众，中间商也要与其顾客及各种社会公众保持信息沟通，同时，各组织、群体又要对来自其他群体的信息给予反馈，整个营销大系统中各个单位之间活跃着频繁的信息往来。为科学地开展促销活动，我们有必要首先了解信息沟通的一般过程。

一、信息沟通过程

一个信息沟通模式应能回答 5 个问题：①谁；②说什么；③通过什么渠道或媒介；④对谁说；⑤有何效果。据此，我们可用下述信息沟通模型图表示。由图 9-1 可见该模式由 9 个要素组成。

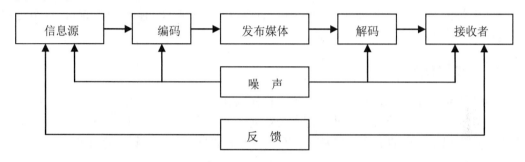

图 9-1　信息的一般传播过程

（1）信息发送者，也称信息源，在促销活动中，信息发送者是卖方企业的营销人员。

（2）编码，指将打算传递的事实或意图转换成可供传播的信息或符号。这信号可以是语言、文字、音像、图片，视信息发送者意图的内容、设计者的选择和传递途径的不同而定。

（3）信息，即发送者传送的整套信号。

（4）媒体，指信息从发送者到接收人所经过的渠道或途径，即促销信息的载体，如报纸、广播、电视等。

（5）译码，指信息接收者对发送者所传信号进行解释的过程。

（6）接收者，接收信息的一方，也称目标受众。在促销信息传递中则指目标市场上的现实和潜在的顾客。

（7）反应，接收者在接收该信息影响后采取的有关行动。如目标顾客看到广告以后，决定购买某种产品。

（8）反馈，被返回给信息发送者的那部分信息接收者的反应。当然这反馈有些是信息接收者主动对发送者的反向沟通，如顾客向开展促销活动的企业提出对产品的意见和要求；另一些则是信息发送企业通过市场调研，搜集到的顾客反应。

（9）噪声，指在信息沟通过程中发生的意外干扰和失真，以致接收者收到的信息与发送者发出的信息不一样。

9 个要素中，发送者和接收者是信息沟通的两个主要方面：发送者是信息传递的主体，接收者是信息沟通的对象；媒体和信息是沟通的手段。为达到有效沟通的目的，发送者必须清楚他们打算将信息传给谁，他们希望得到什么反应；在编码的时候，他们必须考虑到目标受众通常会如何解码,以免二者不相吻合;他们还必须熟悉通过何种媒体可使信息顺利到达目标受众;最后,他们还要广开反馈渠道,才能尽可能多地了解接收者对信息的反应。

一般认为,最理想的信息沟通,应该对消费者的购买行为过程的五个环节产生良好影响,即在其信息搜集阶段能够让他产生注意(Attention),消费者在信息比较时能够产生兴趣(Interest),能够激起欲望(Desire),促使其产生购买行动(Action),并在购后的消费体验中获得满意感(Satisfaction)。那些能够同时达到这几方面的影响的促销是最理想的信息沟通。

二、促销组合决策过程

既然促销的实质是信息沟通,促销决策的过程也就是制订沟通计划的过程。这个过程一般包括以下步骤。

(一)确定目标受众

在促销决策中指确定企业产品或服务的目标顾客,包括实际使用者、影响者、购买决策者等与购买活动有关的人员,他们都是企业促销的目标受众。发送信息的企业应了解谁参与购买决策以及他们的需要、偏好、态度和各方面的特点,以做到有的放矢。

(二)确定沟通目标

发送信息的企业要确定自己希望从目标顾客那里得到什么反应,即沟通的目标。当然,最好的反应是购买行动,但我们通过研究消费者购买决策的心理活动过程可以知道,实际的购买行为是一个漫长决策过程的最终结果,你不能指望顾客初次接触有关某种商品的信息就马上决定购买。所以,促销活动的目标实际是使潜在顾客从目前的心理准备阶段进入更接近作出购买决策的下一个层次。为此,信息发送者首先要了解目标顾客现在处于购买准备过程的哪一个层次;然后,促其转入下一层次,使其成为促销的目标。

有各种模型可说明购买者决策的准备过程,我们这里仅以一种为例。该模型认为购买决策的准备过程包括5个层次。

(1) 认知。如果大多数目标顾客对该企业或产品还一无所知,那么,促销的任务就是使他们知晓。换言之,建立认知度也是要花时间的,如企业可以将使品牌认知度从 20%的家庭提高到40%的家庭作为沟通目标。

(2) 了解。目标顾客可能仅仅是知晓了某公司及其产品的名称,而对进一步的情况了解甚少,此时的促销目标是使目标顾客对产品性能、特点等有清楚的了解或认识。

(3) 偏好。如果目标顾客已对产品有足够的了解,此时企业最关心的是他们的感觉如何,是喜欢还是不喜欢,并展开促销活动,着重宣传本企业及产品的特色和长处,使目标顾客形成对某一特定企业或产品的特殊偏好。

(4) 确信。目标顾客已经形成了对某个企业或产品的偏爱,但不一定会下决心购买,此时的促销目标是促使目标顾客建立或强化购买的信念。

(5) 购买。已下定了购买决心的目标顾客仍不一定会马上购买,他们可能还要观望一段时间再采取行动,这时的促销目标应是采取必要措施促使购买行为实现。如提供试用、降价、分期付款等优惠。

(三)信息设计

理想的设计应能引起目标顾客对促销信息的注意，产生兴趣，引起购买欲望，直至采取购买行动。信息设计需要解决以下问题：要有一个极富感染力和说服力的主题；表达要合乎逻辑；表达的形式要引人注目；必要时选择可信度高的专家或名人充当信息发送者，请名人作广告即是一例。

(四)选择信息传播媒体

信息传播媒体主要包括人员和非人员两大类信息沟通渠道。人员沟通渠道通过面对面交谈或电话访问达到信息的传递，这是一种双向的沟通，能立即得到对方的反馈，因此效果较好。非人员渠道是一种单向沟通，包括大众传播媒介和为向目标顾客传递促销信息而设计的各种活动，如新闻发布会、开幕式、展销会等。

(五)制订促销预算

制订促销预算即决定在促销方面花多少钱。这是企业面临的最难制订的营销决策之一。曾有著名的企业巨头说过：我知道我的一半广告是白费的，但问题在我不知道是哪一半。下面是几种常见的促销预算制定方法。

1. 量力支出法(Affordable Method)

这种方法即企业根据财力决定促销预算的大小。优点是简便易行，缺点是预算额可能随销售变化忽高忽低，难以制订长期的促销计划，同时，完全忽视了促销支出作为一种投资对销售量的直接影响。

2. 销售比例法(Percentage-of-Sales Method)

销售比例法也是一种简便易行的方法，问题在将促销费用与销售额的因果关系弄颠倒了，而且系数也很难确定，多是参考过去的习惯或竞争者的比率。

3. 竞争均势法(Competitive-Parity Method)

这种方法即与竞争对手保持大体相等的促销预算，以维持平衡，避免促销大战。不过，谁也无法证明竞争对手的促销预算水平是合理的，或者势均力敌就不会发生促销大战。

4. 目标任务法(Objective-and-Task Method)

目标任务法是最科学的方法，做法是先确定通过促销要实现的销售增长率、市场占有率、品牌知名度等目标，然后确定为实现这些目标所要做的促销工作，再根据工作量估算所需费用。这种方法将促销费用与所要实现的目标联系在一起，进行成本——效益分析，逻辑上最为合理，但前提是企业须对市场情况有充分的了解，方可能制订出合理、可靠的促销目标，确定促销工作量和预算水平。

(六)制订促销组合

制订促销组合即如何将人员推销、广告、营业推广和公共关系几种促销方式既经济又有效地配合起来,发挥最大作用。为此,营销人员应了解各种促销方式的特点、适用性及影响组合决策的其他因素。

广告是一种高度大众化的信息传递方式,可多次重复,并因可充分利用文字、音像和色彩而极富表现力,特别适合向分散在各地的众多目标顾客传递销售信息。就向单个目标顾客传递信息而言,其成本也是很低的。

人员推销是面对面的直接信息传递,说服的效果最好。与广告相比,它有 3 个最显著的特点:一是灵活,由于是直接接触,可就近观察到目标顾客的态度和需要,随时调整自己的促销策略;二是促进买卖双方建立友谊,保持长期联系;三是推销人员能及时得到购买与否的反馈。因此,对某些产品来说,人员推销是最有效的促销方式,特别在取得顾客信任,建立顾客偏好和促成购买行为方面,效果更为突出。不过,人员推销也是一种最昂贵的促销方式。

营业推广是企业在某一段时间内采用特殊的手段或方法对消费者或中间商进行强烈刺激,以激励他们较快和大量地购买特定产品或服务。与其他促销方式不同,营业推广多用于短时期的特别促销。可以说,广告提供了购买理由,营业推广提供的是购买刺激,推动顾客快买多买。营业推广有多种具体做法,包括针对消费者的促销工具(样品、优惠券、以旧换新、减价、免费试用、保证、示范、竞赛等);对中间商的促销工具(购买折扣、免费商品、商品津贴、合作广告、广告和展示津贴、经销商销售竞赛等)。营业推广一方面对消费者和中间商能够产生强大的吸引力,有"机不可失,时不再来"的紧迫感,促使其当机立断、马上购买。但另一方面,营业推广的许多做法显示了卖者急于出售商品的意图,过于频繁的营业推广将降低商品的身价。所以,企业运用营业推广前必须慎重考虑。

公共关系是一种间接的促销方式,并不要求达到直接的销售目的,但它对企业仍具有特殊意义,主要因为多数人认为新闻报道较广告更为客观、可信。通过公关,企业可有效地将营销信息传递给那些避开推销员和广告的顾客,并特别有助于提升企业形象。如自洛杉矶奥运会以后,越来越多的企业加入奥运会资助商的行列。

在促销计划付诸实施之后,企业还需对其效果进行评估,即评估促销投资是否带来了预期的收益。评估主要通过向目标受众或促销对象询问获得第一手资料,如询问他们是否注意到这则信息,见到过几次;他们是否能识别或记起这则信息;他们对该信息的感觉如何;他们接收信息前后对该企业及产品的态度是否发生了变化;有多少人买了该产品;有多少人向其他人谈到了该产品,等等。促销效果的评估是一件颇复杂的工作,需要根据实际情况采用适当的方法。

三、制订促销组合时应考虑的因素

(一)促销目标

确定最佳促销组合,需要考虑促销目标。各种促销工具均有其优势和劣势,他们在执行促销任务时侧重点和花费成本各异。在产品市场导入期或以宣传和塑造形象为目的,则宜采用广告和公共关系;在产品的成熟期或者增加短期内销售业绩,则宜采用人员推销和销售促进；如果企业主要目标是推介某种产品的性能和使用方法，则印刷广告、人员推销或现场展示是好办法。

总体来看，企业在长期的促销目标中宜采用广告、人员推销和公共关系活动等促销工具，在短期的促销目标中宜采用销售促进手段。一般情况下，常用的促销工具是广告和人员推销，而公共关系活动和销售促进使用频率较低。

(二)市场类型与产品特点

产业市场和消费者市场在顾客数量、购买量和分布范围上相差甚远，各种促销方式的效果也不相同，最大的区别在产业市场上更多采用人员推销，而消费者市场上大量采用广告促销。因为产业市场上的顾客数量少，分布集中，购买批量大，适宜人员推销；反之，消费者市场顾客数量多而分散，通过广告可以较低的相对成本达到广而告之。

从产品特点看，技术复杂，单价昂贵的商品适用人员推销，如生产设备、系统集成、房屋装修。一方面，因为需要懂技术的推销人员做专门的介绍、演示操作、售后技术保障；另一方面，价格昂贵才能承担相对昂贵的人员推销成本。反之，结构简单、标准化程度较高、价格低廉的产品适合广告及促销，如绝大多数消费品。

(三)"推"与"拉"的策略

企业促销活动的总构想有"推"与"拉"之分，如图9-2和图9-3所示。显然，如果采取"推"的策略，生产企业将积极把产品推销给批发商，批发商再积极推销给零售商，零售商再向顾客推销。这种策略必须以人员推销和适当的营业推广方式为主。

此策略的目的是使中间商产生"利益分享意识"，促使他们向那些打算购买，但没有明确品牌偏好的消费者推荐本企业产品。如果采取"拉"的做法，则最终消费者是主要的促销对象，即首先靠广告、公共关系等方式引起潜在顾客对该产品的注意，刺激他们产生购买的欲望和动机。当消费者纷纷向中间商指名询购这一商品时，中间商自然会找到生产厂家积极进货。

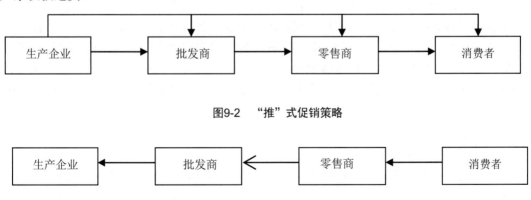

图9-2 "推"式促销策略

图9-3 "拉"式促销策略

(四)产品生命周期所处阶段

对处于生命周期不同阶段的产品，促销目标通常有所不同，适合采取的促销方式自然也不相同。一般来说，在产品引入阶段，需要广泛宣传，以提高知名度，广告和公关宣传覆盖面广，成本效益最优，同时辅以营业推广和人员推销，可以促成顾客首次购买。在成长阶段，通过消费者相互口传信息，需求会保持自然增长的势头，促销仍可以广告为主，但内容上应突出宣传本企业产品的品牌、特色和优势。进到成熟期，促销强度要加大，营业推广的效果超过广告，因为此时大多数目标顾客已了解这一产品，只需做少量提示性广告即可。对产业用户，这一阶段则要大力进行人员推销，以与竞争者争夺客户。到衰退期，促销规模要降到最低限度，公共宣传可完全停止，只保留提示性广告和各种营业推广即可。

四、促销效果及层次

企业策划促销活动，都希望获得一定的效果，比如有企业欲通过促销活动树立企业及品牌形象，有的意图增加短期销量，有的在于回报老客户培育忠诚顾客，有的在于吸引和开发新客户等。总而言之，企业进行促销活动一般想获得以下三方面的效果：第一，轰动人气；第二，积聚人气；第三，哺养人气。从时间顺序来看，每一个促销活动都应该具备这三个层次，轰动人气为促销基本层次，较高层促销为积聚人气，最高层为哺养人气。

(一)轰动人气

企业搞促销活动的目的不外乎增加销量和树立声誉。无论增加销量，还是树立企业及品牌的声誉，要想获得既定促销效果，都必须引起足够多消费者的注意。新产品上市时或者产品在新市场推广时，企业都欲借促销之势轰动人气，因为这是产品迅速打开销路的捷径。比如某国手表初次在澳大利亚上市时的"飞机摔打"促销策略，就在当地引起了轰动，该品牌手表在澳洲的销路迅速打开。如果一项促销活动没有获得这一效果，那么它的促销活动就失败了一半。

(二)积聚人气

这是促销活动的第二个层次，它是指一项促销活动在取得"人气"之后，紧接着采取具体的促销手段以使消费者立即采取购买行动，增加企业产品销量，以积聚人气。否则，一项促销活动仅有人气而没有成绩，是不会成功的。当然有时企业为树立社会声誉，塑造忠诚客户群，也可能短期内"赔本赚吆喝"。但从长期来看，积聚人气是企业促销活动的重中之重，因为不能积聚人气就等于企业没有销量，没有销售量的企业是没有资格在市场上立足的。

(三)哺养人气

哺养人气往往被认为是企业促销活动的最高层次，它具体是指企业在一项促销活动中，不仅要取得轰动效应，让消费者产生行动，更重要的是要让他们经常性地重复购买，成为忠诚顾客，这就是哺养人气。企业在市场竞争中，忠诚客户是至关重要的，因为有了忠实客户，企业就能够立稳市场，就能够获得良好的口碑效应，企业就能以之为基础进一步考虑发展问题。

第二节 广 告 策 略

广告是诸促销方式中采用最为普遍的一种,也是改革开放以来我国发展速度最快的促销方式。广告业已成为发展迅速的一项大产业。从定义上看,广告是利用大众传播媒介传递信息的促销方式,因此,随着大众传播媒体的发展和深入社会生活的各个角落,广告亦以空前的速度发展起来。

一、广告的含义

广义的广告指一切利用传播媒体向公众传递信息的活动,包括经济和非经济两大类。狭义的广告专指企业通过各种付费传播媒体向目标市场和社会公众进行的非人员式信息传递活动。广告的目的是为了传播有关企业及产品的信息,促进目标顾客增加购买。

广告的定义有以下几个要点。

(1) 广告要由明确的广告主公开支付费用,这点与一般的新闻报道不同。

(2) 广告要通过诸如电视、广播、报刊、网络等传播媒体来实现,是一种非个人间的信息传递,这点不同于人与人之间面对面的人员推销和口传信息。

(3) 广告是一种有计划的信息传播、说服活动,有特定的受众、明确的主题和目标,并在广告设计、时机选择、媒体、效果评估等方面进行了周密的策划。

制订广告计划时,企业首先须确定目标市场及购买者动机,然后据此作出所需的 5 项主要决策,即 5M:广告目标(Mission)、广告预算(Money)、所传送信息(Message)、媒体(Media)和评估效果的方法(Measurement)。

二、确定广告目标

广告的最终目标无疑是增加产品销量和企业利润,但它们不能笼统地被确定为企业每一具体广告计划的目标。广告目标取决于企业整体的营销组合战略,还取决于企业面对的客观市场情况,如前述目标顾客处于购买准备过程的哪个阶段。换言之,企业在实现其整体营销目标时,需分为若干阶段一步一步往前走,在每一阶段,广告起着不同的作用,即有着不同的目标。归纳起来,企业的广告目标有以下几类。

(一)告知

当一种新产品刚上市时,广告的目标主要是将此信息告诉目标顾客,使之知晓并产生兴趣,促成初始需求。如说明产品名称、效用、价格、使用方法、企业提供的各项附加服务等。

(二)说服

当目标顾客已经产生了购买某种产品的兴趣,但还没有形成对特定品牌的偏好时,说服性广告的目的在于促其形成选择性需求，即购买本企业的产品。说服性广告可突出介绍本企业产品、品牌的特色，或通过与其他品牌产品进行比较来建立一种品牌优势。

(三)提示

提示性广告主要用于产品成熟阶段，目的不在于提供信息或说服人们去购买，因为此阶段中的目标顾客对该产品已了如指掌，形成了固定的信念和态度，广告的目的只是随时提示人们别忘了购买某种他们十分熟悉的"老"产品。

综上所述，广告目标的选择不是随意的，而应建立在对市场营销实际透彻分析的基础之上。

三、确定广告预算

确定广告目标后，企业即可为每一产品编制广告预算。编制广告预算的方法可参考前述促销预算的几种基本方法，当然，其中最为合理的是目标任务法。此外，编制广告预算时还要考虑以下因素的影响。

(一)产品生命周期的阶段

在产品生命周期不同阶段，所需广告支出水平不同。一般来说，引入期需较高的广告预算，以建立市场知名度；已建立了认知度且处于成熟期产品的广告预算可以在销售额中占较低的比例。

(二)竞争情况

在一个有众多竞争对手且竞争激烈的市场上，只有编制较高的广告预算，才能压过竞争对手，尤其是在企业打算扩大市场占有率，销售上一个台阶时。

(三)产品的替代性

在同一类商品中，不同品牌的产品越多，越需要大量做广告，通过宣传本企业产品的优越性将其在目标顾客心目中与竞争对手的同类产品区别开来。反之，一种产品若很少具有替代性的竞争产品，或确实独具特色，广告预算则可相对较低。

(四)产品需求特点及目标顾客对广告的态度

例如，青少年对时尚品的追求需要大量广告投入，而中老年人对日用消费品的需求，广告过多可能反而引起疑虑。

四、广告制作

广告制作即设计广告内容，包括收集、确定广告所要传递的信息，以及将这些信息和广告发送者的意图编制成具体的音像、图片、语言、文字等。

广告制作中要特别强调创新性。不少学者花时间研究广告预算对销售的影响，但忽略

第九章　促销策略

了虽然许多公司的广告预算相差不多，却只有少数公司的广告给消费者留下了深刻印象，这就是广告制作的差异或创意的成功。正如一位学者所说："光有事实是不够的……不要忘记莎士比亚曾使用了一些陈旧而拙劣的故事情节，但他的生花妙笔却将腐朽化为神奇。"研究表明，在广告活动中，创意比所花金钱数额更重要，因为只有给人以深刻印象的广告才能引起目标顾客的注意，进而增加产品销量。

广告制作的第一步是收集素材，提出供选择的若干广告主题。广告主题最重要的是突出产品能够给买者带来的利益，因此，收集素材可通过与目标顾客、中间商、经销商、专家、甚至竞争对手谈话，归纳出目标顾客期望从购买中获得利益的内容，再结合本企业产品特点确定广告主题。广告创作人员可提出多个供选择的广告主题，每一主题突出一种买主强调的利益。如人们购买软饮料时期望获得的利益包括：营养、卫生；有利健康；口感好，是一种享受。符合潮流，被认为是现代生活方式的一个侧面等。不同的顾客，强调的利益可能有所不同，这正是市场细分的基础。一种产品，不可能满足所有顾客的需求，因此一个广告最好只突出一种买主利益，强调一个主题，即使不只涵盖一种利益，也必须分清主次。

广告公司应在收集素材和选择广告主题上花更多的时间和精力，以找到最好且最有吸引力的主题。企业甚至可同时聘请多家广告公司为自己制作广告，最后从中选择最佳者。而现实是，许多企业往往忽视了广告制作，却在购买媒体上大把大把地花钱。

广告制作的第二步是对提出的各广告主题进行评价和选择。评价的标准可归纳为三点。
(1) 具有吸引力，能引起目标顾客的购买兴趣。
(2) 具有独特性，即具有其他品牌产品没有的优点或特色。
(3) 广告内容具有可信性，能够被证实。评价可通过市场调查来进行，如召开意见征求会或散发问卷。

此外，还要考虑信息的表达，即通过什么形式将广告主题及事实、意图表达出来。如果说前两步是决策"说什么"，这一步就是决定"怎么说"了。特别是那些差异性不大的产品，如啤酒、洗涤剂、化妆品，广告的表达方式在吸引目标顾客、树立产品独特形象方面就显得更为重要了。应该说，再好的广告主题也要寓于一定的表达形式之中，标题、语言、音像、图片的不同可使广告产生完全不同的效果，创意的重要性在这里得以延伸。

五、广告媒体选择与效果评估

(一)广告媒体选择

广告最显著的特点之一是广而告之，在传播业发达的今日，企业可选择多种传播媒介传递广告信息，达到迅速、准确和低成本。

广告媒介的种类很多，主要有报纸、广播、杂志、电视、直接邮寄、户外广告和近年来兴起的网络。每种媒介各有其特点，在时间性、灵活性、视觉效果、传播面、成本等方面相差甚远，各有短长。了解不同媒体的优点和局限性，对正确地选择媒体十分重要。

1. 报纸

报纸是最重要的传播媒介，它的优点是读者稳定、面广，传播覆盖面大；时效性强。

特别是日报，可将广告及时登出，并马上送抵读者；地理选择性好；制作简单、灵活；收费较低。缺点主要是保留时间短，读者很少传阅，表现力差，印刷质量不能保障，多数报纸不能表现彩色画面或色彩很简单。因此，刊登形象化的广告效果较差。

2. 期刊

期刊也是一种印刷媒体，与报纸相比，杂志的专业性较强，读者更为稳定、集中，特别适合刊登各种专业产品的广告。由于针对性强，保留时间长，传阅者众多，名声好，画面印刷效果好等优点，广告效果较好。缺点是一般发行量不如报纸，因此广告覆盖面小；由于多为月刊，广告截稿时间早，信息传递速度不如报纸、广播、电视及时。

3. 电视

电视是现代最重要的视听型广告媒体。它将视觉影像和听觉综合在一起，充分运用各种艺术手法，能最直观最形象地传递产品信息，具有丰富的表现力和感染力，因此是近年增长最快的广告媒体，我国也不例外。电视广告播放及时，覆盖面广，选择性强，收视率高，且能反复播出，加深收视者印象。但缺点也很明显：一是绝对成本高；二是展露瞬间即逝，无法保留；三是众多广告一起拥挤在黄金时段，混杂且容易被收视者忽视。

4. 广播

广播是一种广泛使用的听觉媒介，地理和目标顾客选择性强，成本低，但随着电视的普及及电视广告的大幅增长使其相对重要性大大下降。另外，广播也有展露即逝，信息无法保留的缺点。不过，在城市，随着今后家用汽车的普及，人们在车上听广告的机会有可能大大增加，如在交通拥挤的城市，交通台现在就很受欢迎。

5. 直接邮寄

即将印刷的广告物，如商品目录、商品说明书、样本、订单、信函、明信片等通过邮政系统直接寄给目标买主、中间商或代理人，也有直接寄给个人消费者的。邮寄广告最显著的优点是地理选择性和目标顾客针对性都极好，灵活，提供信息全面，反馈快；缺点是可信度低，如目标顾客为个人消费者，成本也较高。

6. 互联网广告

互联网广告为最新的广告媒体，因其成本低，针对性强，近年在国内得到迅速发展。

(二)广告效果评估

对广告进行评估的内容很多，就效果而言，主要有两方面：一是销售效果，二是传播效果。

1. 广告传播效果测定

即评估广告是否将信息有效地传递给了目标顾客，具体表现为受众对广告注意、理解和记忆的程度。这种测试可在广告刊出前也可在广告播出后进行。具体做法一是阅读率、视听率、记忆率测定；二是在事后找一些看过或听过的人请他们回忆广告内容；三是在刊登广告的报刊读者中抽取若干读者,看有多少人阅读并记住了该广告;四是直接请顾客对广告依次打分。西方国家也有利用仪器在实验室测量消费者对广告的心理反应的,如心跳、血压、瞳孔放大及流汗情况。

2. 广告促销效果研究

研究广告的传播效果并不能准确揭示其对销售增长的影响,企业当然更希望知道某一广告到底带来了多少销售增长。但客观上,销售增长除受广告影响外,还受其他众多因素影响,而且很难把这些因素的影响一一剔除。一般来说,其他因素的影响越少或可控制的程度越高,对广告销售效果的评估越容易;另外,邮购广告的效果较易估测,而目的在树立品牌或公司形象的广告促销效果最难估测。

在实践中,企业尝试着采用实验法和历史资料分析法评估广告的促销效果。实验方法如在不同地区支付不同水平的广告费用,或广告费用相同,但选择不同的广告媒体,然后将销售结果进行比较。历史资料法则是将企业历年的销售额与广告支出额用统计学方法进行处理,得出二者之间的相关关系。

第三节 人员推销

人员推销是最古老的促销方式,并且直至今天,仍是最重要的促销方式。许多国家广告业的经营额虽扶摇直上,但总量仍不抵人员推销的开支大,特别是在组织市场上。

一、人员推销的作用与任务

(一)推销人员的作用

人员推销之所以长盛不衰,关键是其具有不可替代的优点和作用。这些优点和作用可归纳如下。

(1) 人员推销是面对面的双向信息沟通,因此有很大的灵活性。一方面,推销人员将有关产品特性、用途、使用方法、价格等方面的信息传递给潜在的目标顾客;另一方面,又将顾客对产品的性能、规格、质量、价格、交货时间等要求及时反馈给企业。推销人员可根据每位潜在客户购买动机、要求和问题的不同,随时调整自己的策略和方法,有针对性地进行推销,充分地说服顾客,使客户的要求得到最好的满足。

(2) 人员推销的选择性强。推销员大多是一次访问一位潜在客户,完全可以根据目标顾客的特点选择每位受访者,并在访问前对其作一番研究,拟定具体的推销方案,而广告对目标顾客的选择性就差得多。所以,尽管广告的覆盖面远较人员推销大得多,但成功的概率却比后者小得多,因为广告的受众中有相当部分的人根本不可能购买该产品。

(3) 人员推销具有完整性。推销人员的任务不仅是访问客户,传递信息,说服顾客购买,还包括提供各种服务,达成实际的交易。如签订购买合同,协助安排资金融通,准时交货,甚至承担安装、调试、技术指导、维修服务的任务,特别是一些结构复杂的产品,人员推销的效果更优。此外,推销员大多还承担为企业收集市场信息的任务。

(4) 人员推销具有公关作用。好的推销员善于与客户建立起超出单纯买卖关系的友谊和信任，为企业赢得一批忠实的客户，实际上起到了公关或客户经理的作用。

不过，人员推销并非处处适用，它的最大问题在访问客户的数量受到时间和费用的限制，因此主要适用于买主数量有限，分布区域集中或购买批量大的情况。而在买者众多，分布范围广的消费者市场上，显然不可能大量采用人员推销。

(二)推销人员的任务

推销人员的任务可归纳为 6 方面的内容。
(1) 寻找潜在顾客，确定访问对象，培养新客户。
(2) 向目标顾客传递有关企业和产品的信息。
(3) 推销产品，包括接近顾客，回答顾客的问题，解除顾客疑虑，促进交易达成。
(4) 提供服务，推销员有责任为顾客提供各种服务，包括咨询服务、技术帮助、安排交货事宜等。
(5) 收集信息，主要是为企业进行市场调研和情报收集工作。
(6) 分配货源，主要在货源短缺时，根据顾客的信誉和急需程度，合理分配货源，调剂余缺。

企业对人员推销的管理，主要体现在两方面：一是确定推销队伍的组织结构；二是对推销员的招聘、训练、监督与激励。

二、推销队伍的组织

推销队伍的组织结构，也是一个推销员如何分工最有效率的问题。有 3 种主要的组织方式。

(一)地区式组织

地区式组织即按地理区域划分推销队伍，是最常见、最简单的组织结构。通常给每位推销员划分一个地区，全面负责该地区内所有客户和产品的推销。不过，由于不同地区的顾客密度、销售潜量和工作量不等，每位推销员负责地区的面积并不相同。除此之外，划分销售地区时还要考虑到自然界限的位置、交通是否便利等。今天的企业已可利用计算机程序来划分销售区域，因此可以在工作量、销售潜量、出差时间和费用的合理匹配方面达到最佳。

(二)产品式组织

地区式组织主要适用于产品和市场都较单纯的企业。当企业经营众多各不相同的产品，且这些产品的技术性较强，差异较大时，选择产品式组织更为合适，即由一位或几位推销员负责一种产品在所有地区的销售。

(三)顾客式组织

对采取多角化经营战略的企业来说，产品式组织并不一定都是最好的选择，如果该企业生产的多种产品都被相同的顾客买去了，按产品分工，就会出现分属不同部门的推销员都跑到同一位客户那里去推销产品的情况。此时，按用户行业或为某个产品单独组建销售队伍更为合理。如 IBM 公司分别为金融业和经纪人设立销售处，在底特律专为通用公司设立一个销售处，在附近的迪邦又为福特公司设立了另一个销售处。

有时企业还可采取复式推销组织结构，即混合运用上述 3 种推销结构，并根据市场和经营范围的变化，重新调整其推销组织结构。

在销售组织的最新发展模式中，还出现了功能式组织和团队式组织。功能式组织是一种高度专业分工的营销团队。当企业面临各种不同的任务，且要完成的任务需要不同的知识与技能时，功能式组织特别有用。它的优点是可以让各种专业人员各司其职，整体效率达到最高。特别是能充分发挥销售人员的个人能力，将时间和精力全部用在向顾客推销上。缺点一是细致的分工要求更多的人员，若协调不好，可能反而会增加成本；二是客户面对销售代表、技术代表、服务代表等卖方若干人员，可能会感到困惑和不便；三是对销售人员的要求相应提高；四是需要管理一个更为复杂的系统。

团队式推销指将一组专业人士，如销售人员、工程师、生产经理与来自客户组织的人员组合在一起开展工作。这使企业能为客户参与购买决策的每个人提供各种专业的支持。在具备以下条件时可采用团队销售方式：产品非常复杂或非常个性化；产品需要多方面的售后服务；公司目标顾客采用团队采购。团队式推销同样需要高度的协调和多方面的管理技能，如果组织不当，团队缺少凝聚力，事情会更糟。本章利乐公司的案例就是关于团队式销售的典型案例。

三、推销人员的选拔与培训

(一)推销人员的选拔

推销人员素质的高低对实现企业目标、开拓市场、扩大销售的影响举足轻重。研究表明，普通推销员和优秀推销员的业务水准和销售实绩都相差甚远。因此，企业不能不十分重视推销员的招聘与训练。

理想的推销员应具备什么特质？一般认为他们应该富有自信，精力充沛，工作热情，性格外向，能说会道。但实际上，也有很多成功的推销员性格内向，温文尔雅、不善言辞，故关于特质问题的研究还在继续进行之中。不过，一般认为，企业招聘推销员时会考虑以下几个素质。

1. 能够处在客户角度思考问题

具备现代营销观念的推销员都知道他们应该具备双重身份，即一方面代表生产厂家说服客户，另一方面代表客户利益反映消费者的呼声。实际上当代推销员是一个生产厂家和客户或消费者之间利益的平衡器，那些能够平和二者关系的推销员才能胜任竞争日益激烈的推销工作。

2. 不屈不挠，勇于进取

推销工作是非常艰苦的，在拜访客户的过程中必定会遇到许多阻力甚至难堪的局面，那些能够正确应对和处理推销压力，把压力作为挑战自我极限的推销员往往会最终取得胜利的果实。

3. 良好的文化适应力

广大的市场是推销员的工作场所，而市场上客观地存在着不同的风俗习惯和待人接物方式，推销员也会遇到各种各样具有不同修养的人。因此，推销员必须学会适应周围环境，否则营销工作很难做好。

4. 市场调研能力

世界上许多跨国公司的推销网络遍布世界各地，而推销网络同时又是公司的市场信息网络，有了高质量的信息，企业就能够作出正确的决策和迅速的营销反应，及时指导推销员的市场营销活动。因此，一个合格的推销员必须具备良好的市场调研能力。

5. 既能独当一面，又能协同作战

优秀的业务人员，在专业技能上必定能够主动承担并顺利完成企业的销售任务。除此之外，优秀业务人员还应具备良好的管理技能，即能够协同或管理其他的业务人员完成既定任务或实现目标。事实上，对业务人员而言，业务能力是立身之本，管理能力是职业化之路。

6. 可靠的品格

由于工作性质，推销员的行踪没有办法全程监控，即使能够监控，推销员也未必在市场上努力地工作，因此业务员必须自己管理好自己，具备可靠的品格，否则既害了企业，又耽误了自己。

7. 善于聆听

优秀的业务员并不是喋喋不休、没完没了地说服消费者，而是在经常聆听消费者的呼声，弄清楚他们的需求和偏好或者抱怨，以便有针对性地说服客户，如果能够做到这一点，必定会事半功倍。

8. 亲和力

有的推销员也许并不潇洒和漂亮，但具备了别人不具备的亲和力，有能力又待人真诚，交谈时具有磁性，人们愿意和他交谈，办事时果敢坚决又富有人情味儿，人们愿与其共事，等等，这就是亲和力。具备了亲和力，相信推销工作要容易得多。

【营销小知识】

营销人员的选拔

如果一个公司知道他想选择具备什么特征的人作为营销人员，问题就显得十分简单。譬如他认为优秀的业务员是性格外向、具有进取心、精力充沛，那么只要从履历表上挑选并进行面试就够了。但事实是，许多成功的业务人员都具有害羞、说话慢声细语和脾气随和的特征，当然，他们当中还有高有矮，有的口若悬河而有的不善言辞，有的打扮入时而

有的穿着朴素。

我国许多企业在招聘营销人员的时候，往往设置相貌、身高和性格限制，甚至还对应聘人员的性别、家庭住址和人际关系等条件提出要求。其实这样找寻非所求的做法是对公司的不负责任，也是对广大应聘人员的变相歧视甚至是人才的浪费。那么，一个优秀的业务员究竟应具备哪些特征呢？一项研究表明，优秀的业务人员应该具有热情、坚持、开创精神、自信和工作担当品格。他们甘愿献身于销售工作并把它当作生活方式，时刻秉承客户就是上帝的工作理念。另外一项研究表明，优秀的业务人员应该独立、自我驱动，善于倾听客户的意见甚至抱怨。还有研究者认为，优秀的业务人员应该数十年如一日地对客户热情、服务周到，做客户的贴心人，他们必须有上进心、自律和工作努力，能够建立与客户的长期战略合作关系。

公司怎样根据自己的产业特点来选择符合自己的优秀业务人员呢？工作内容法(Job duties)给出了一些建议。一般来说，公司可以从以下四个方面问一下自己对即将选拔的业务人员有什么要求：第一，需要他们做大量的规划和文书工作吗？第二，要求他们经常出差吗？第三，销售人员推销你的产品经常会面临拒绝吗？第四，销售人员面临的购买者是高水平(老奸巨猾)吗？通过对这四方面问题的回答，公司需要的适合自己的业务人员的特征就凸显出来了，接下来的工作就是按图索骥了。

(资料来源：[美]菲利普·科特勒，加里·阿姆斯特朗．《市场营销原理》[M]．原文影印 11 版．北京：清华大学出版社，2007.)

(二)推销员培训

应聘的推销员仅有较好的个人素质还不够，今日的企业在推销员上岗前大多还要对他们进行系统的知识和技能培训。培训内容主要有以下几点。

(1) 关于公司的情况，如公司的历史、目标、职能机构、财务状况、主要产品和设施。
(2) 关于产品的情况，如产品的性能、结构、质量、制作过程、用途和使用方法等。
(3) 关于市场的情况，包括目标顾客的类型、需求特点、购买动机与购买行为。
(4) 竞争对手的情况，如竞争者的产品、实力、营销策略。
(5) 推销技巧，包括了解推销员的工作任务，推销工作程序，如何制订推销计划和分配时间，如何选择访问对象，如何介绍产品、说服顾客、揣摩顾客心理和讲究语言艺术等。
(6) 必要的法律知识和商务知识。

四、对推销员工作的监督、激励与评估

对推销员的管理不仅是招聘、培训、分给一个销售区域就完了，还有日常工作中的监督、激励和业绩评估。

(一)推销员的监督

企业可从以下几个方面监督推销员的工作。
(1) 规定对客户访问次数的标准。一般来说，销售量的增长与访问客户的次数呈正比，

企业可根据购买潜力给客户分类，然后规定一定时期内对各类客户的访问次数。

(2) 规定访问新客户的定额。企业只有不断发展新客户才能有效地增加销售，若听其自然，推销员可能会把大部分时间用于访问老客户，因此有必要规定发展新客户的任务。

(3) 制订访问客户和组织专门活动的时间表，监督推销人员提高时间利用率。

推销员自身的积极性对其工作成效有极大的影响，适当的激励将使他们更努力地工作。企业有必要规定奖励的方式和标准，使推销人员认识到，通过更加努力地工作，他们将获得额外的奖励，包括加薪、提升、受到表扬、享受休假、公费外出旅游等。

(二) 推销员工作评估

对推销人员的酬报要建立在对其工作实绩作出正确评估的基础之上，为此，需建立有效的评价标准。常见的评价标准有：完成的销售额、毛利、销售访问次数、访问成功率、每次访问成本、平均客户数、新客户数、丧失客户数、销售总费用与费用率等。不过，由于各销售区域的销售潜力及单个客户购买规模、分布状况不同，很难用同一数量标准衡量不同推销员的工作，因此，通常还会配合使用以下方法。

1. 横向比较

即将不同推销员在同一时期完成的销售额等进行比较，但只有在他们各自负责区域的市场潜量、工作量、竞争情况、公司促销努力程度均差别不大的情况下，这种比较才有意义。

2. 纵向比较

即将同一推销员现在与过去完成的销售额等指标进行比较。这种比较能反映出该推销员工作的改进程度。

3. 对推销员的工作态度、品行、素质等进行评价

这种评价方法包括他对本公司、产品、顾客、竞争对手、所负责区域与工作职责的了解程度，言谈举止是否合乎要求等。

(三) 推销员激励

推销员激励方法有很多，比如职务晋升、授予某种名誉等，但最重要最有效的激励方式为报酬激励。一般来说，推销人员的报酬有3种形式。

1. 薪金制

即固定工资制，适用于非推销工作占很大比重的情况。这种形式的优点是便于管理，给推销员以安全感，情况发生变化时，容易根据企业需要调整推销员的工作。缺点是激励作用差，容易导致效率低下，能人离开。

2. 佣金制

即推销员按销售额或利润额的一定比例获得佣金。佣金制可最大限度地调动推销人员的工作积极性，形成竞争机制。缺点是可能造成推销员只顾追求高销售额，忽视各种销售

服务和企业长期利益等短期行为,以致损害了企业声誉。

3. 薪金与佣金混合制

此形式将薪金制和佣金制结合起来,力图避免两者的缺点而兼有两者的优点。至于两者各占多大比例,则可依具体情况而定。据资料显示,美国约50%的企业采取这种混合制。

第四节 公 共 关 系

一、公共关系的含义和作用

(一)公共关系的含义

公共关系是指企业为搞好企业与社会各方面的关系、树立和改善企业形象,增进社会公众对企业了解所进行的一切活动的总称。与广告、人员推销、营业推广相比,公共关系是一种间接的促销手段,它也许不会产生立竿见影的效果,但对树立企业良好的社会形象、促进企业的未来发展起着十分重要的作用。

(二)公共关系的作用及工作对象

在当今的市场营销活动中,公共关系起着越来越重要的作用。因为当今市场竞争更加激烈,企业面临的营销环境更为复杂,冲突越来越多,因此企业需要通过公共关系活动来减缓或消除可能发生的摩擦,以赢得消费者、当地政府和新闻媒介等社会公众的理解、信任,努力在当地市场树立良好形象,最终实现市场营销目标。

从企业实践来看,一般来说,企业最重要的是要处理好与政府、消费者与新闻媒体的关系。

与政府的关系。近年来各地政府部门对经济的干预正在加强。企业如果能够搞好与当地政府部门的公共关系,就可以享受到当地政府的优惠政策和政策支持。

与消费者的关系。企业市场营销活动最主要的对象和终极目标是消费者。企业搞好与目标市场消费者之间的关系,就能够在他们心目中树立良好形象,取得他们的理解和信任,就能够得到他们的"货币选票"。

与新闻媒介的关系。企业与新闻媒介之间的沟通和联系,往往通过报纸、杂志或者广播电视等新闻媒体进行。因此,处理好与当地新闻媒介之间的关系,是企业与社会公众增进了解,获取他们信任的基础。企业应注意通过公共关系活动,与当地新闻媒介保持经常性的接触与联系,为新闻采访提供有关资料及各种方便,争取新闻媒介的信任,建立良好的双边关系。

二、企业公共关系策略

市场营销活动中,企业可以采取的公共关系策略有下述几种。

(一)宣传型公共关系

这种策略是利用大众传播媒介，如报纸、杂志、广播电视和互联网络等，为企业进行宣传，达到建立良好的公共关系的目的。这是企业最常用的公共关系策略，也是最省事的公共关系方式。其具体做法有以下两种：第一，公共关系广告，即把企业的形象塑造作为广告的中心，并以此提高企业形象和知名度；第二，软文宣传，也就是平常所说的企业宣传报道，比如新闻报道、企业经验推广和记者专访等，这是一种不花钱的宣传，公众也容易接受，而且效果较好。

(二)社会型公共关系活动

这种策略是通过举办各种社会性活动，如纪念会、庆祝会、运动会、企业赞助等来扩大企业的社会影响，提高企业的社会声誉，获得公众的了解、信任和支持，为树立良好的企业形象创造条件。另外，还可以通过与社会团体联系，参加或赞助一些社会活动，来提高企业的知名度和声誉、信誉。

(三)服务型公共关系活动

这是一种以提供优惠服务为主要方式的公共关系策略。其特点是企业通过自己的行为，通过向公众提供优质服务来宣传自己、建立与顾客良好的关系。

(四)社交型公共关系策略

这种策略不借助媒介，仅在人与人之间的交往中展开公共关系活动，这实际上是感情投资方式，即逐渐与有关人员建立联系后，在此基础上达到互惠互利之目的。

(五)征询型公共关系策略

这种策略是听取、搜集、整理和反映公众对企业的产品、服务和政策等方面的意见和态度的公共关系活动。常用的方法是信息采集、舆论调查和民意测验等。采用这种策略的目的是让企业了解民情民意和市场发展趋势，使企业能够顺应市场的需要，顺应社会的发展。

(六)矫正型公共关系策略

这种策略也称为危机公关策略，是指当企业的市场营销活动发生突发事件或者当企业的形象受到损害时，为挽回声誉所开展的公关活动。企业在与社会和公众接触的过程中，难免有不足或失误之处，这都会影响企业形象，必须采取一定的矫正措施给予补救，以挽回不良影响。实行矫正型公共关系策略，重要的是及时发现，及时纠正。

【营销实战】

克兰梅危机公关

克兰梅(Cranberry)是一种美国人感恩节餐桌上必不可少的深红色酸果。1959年11月9

日感恩节前夕，时任美国卫生教育福利部长弗莱明突然宣布：当年的克兰梅由于除草剂的污染，在实验室内小白鼠身上做的试验中发现了癌；虽然没有证实这种果实会在人的身体上产生癌，但敬请公众慎重购买。

当弗莱明的讲话在报纸上出现的时候，正是食品店里克兰梅水果及果制品的销售旺季。在传媒极其发达的美国，"克兰梅致癌"的消息不胫而走，家喻户晓。一时间，克兰梅及其果制品销量直线下降，谁还敢买这样的克兰梅呢？

突然受到了"克兰梅"事件沉重打击的美国负责制造克兰梅果汁果酱的海洋浪花公司，犹如大海上受到狂风暴雨袭击而不停打转的航船一般，摇摇欲坠。

海洋浪花公司的副总裁蒂文斯在纽约BBDS广告公司公关部门指导下，立即发动反击。他们首先组成了7人小组，向新闻界阐明：并非所有克兰梅作物都遭受污染，海洋浪花公司采用的克兰梅是纯净无污染的，并宣布在第二天——1959年11月10日，将要举行记者招待会，并在全国广播公司"今日新闻"电视节目中安排了一个食品杂货制造商会议，让副总裁蒂文斯有机会澄清此事。

解铃还须系铃人，他们同时又致电给弗莱明，要求他收回不慎言论并立即采取措施，挽回由于他的失言而给公司造成的不可估量的损失。

11月12日，海洋浪花公司特邀了即将竞选总统的尼克松和肯尼迪上电视，让尼克松食用了四份克兰梅果品，安排肯尼迪喝了一杯克兰梅果汁。

11月13日起，公关人员就在卫生教育福利部与海洋浪花公司之间斡旋，试图寻求摆脱危机的最佳方法。

9天后，当法院开庭时，双方已经在庭外达成和解：对克兰梅对人体是否有害重新进行化学试验。而后，他们又及时向公众宣布了与弗莱明的协议及化学试验的结果。

经过一系列的危机公关，克兰梅(Cranberry)在感恩节前夕又被重新放回了货架。

这一年的克兰梅水果及果制品的销量虽然低于前一年，但公司却从一个即将临头的灾祸中挽救了克兰梅市场，使海洋浪花公司避免了破产之灾。

(资料来源：万力. 质量振兴与名牌战略[M]. 北京：中国人民大学出版社，1997.)

第五节 营业推广

营业推广，也称销售促进(Sales Promotion)，是指在促销组合中除广告、人员推销和公共关系以外，企业在特定目标市场上，为短期内刺激消费者需求、鼓励他们购买而采取的各种促销活动的总称。

近些年来，营业推广的预算费用越来越高，特别是在消费品行业，其营业推广费用已经超过广告费用。营业推广之所以发展较快，主要是因为：①其短期效果明显，经常被营销人员采用以弥补销售业绩；②产品相似度不断提高，市场竞争加剧，而营业推广成为刺激消费者购买的主要营销因素；③销售效果明显，容易测量，企业常用来调整营销策略。

一、营业推广方式

(一)针对消费者的营业推广

针对消费者的营业推广(Consumer Promotion)可以鼓励老顾客继续使用并促进新顾客使用，鼓励顾客购买新产品或更新设备；可以引导顾客改变购买习惯，或培养顾客对本企业的偏爱行为等。其方式如下所述。

(1) 赠送。向消费者赠送样品或试用样品，样品可以挨户赠送，或在商店或闹市区散发，也可以在其他商品中附送，还可以公开广告赠送，赠送样品是介绍一种新商品最有效的方法，费用也最高。

(2) 优惠券。给持有人一个证明，证明他在购买某种商品时可以免付一定金额的钱。

(3) 廉价包装。是在商品包装或招贴上注明，比通常包装减价若干，它可以是一种商品单装，也可以把几件商品包装在一起。

(4) 奖励。可以凭奖励券购买一种低价出售的商品，或者凭券免费以示鼓励，或者凭券买某种商品时给一定优惠，各种摸奖抽奖也属此类。

(5) 现场示范。企业派人将自己的产品在销售现场当场进行使用示范表演，把一些技术性较强的产品的使用方法介绍给消费者。

(6) 组织展销。企业将一些能显示企业优势和特征的产品集中陈列，边展边销。

(二)针对中间商的营业推广

针对中间商的营业推广(Intertrade Promotion)目的是鼓励批发商大量购买，吸引零售商扩大经营，动员有关中间商积极购存或推销某些产品。其方式如下所述。

(1) 批发折扣。企业为争取批发商或零售商多购进自己的产品，在某一时期内可给予购买一定数量本企业产品的批发商以一定的优惠折扣。

(2) 推广津贴。企业为促使中间商购进产品并帮助自己推销产品，还可以支付给中间商以一定的推广津贴。

(3) 销售竞赛。根据各个中间商销售本企业产品的实绩，分别给优胜者以不同的奖励，如现金奖、实物奖、免费旅游奖、度假奖等。

(4) 交易会或博览会、业务会议。

(5) 工商联营。企业分担一定的市场营销费用，如广告费用、摊位费用，建立稳定的购销关系。

(三)针对销售人员的营业推广

针对销售人员的营业推广(Salesforce Promotion)鼓励批发商或零售商热情推销产品或处理某些老产品，或促使他们积极开拓新市场。其方式如下所述。

(1) 销售竞赛。如有奖销售、比例分成。

(2) 免费提供人员培训，技术指导。

(3) 超额销售提成、奖金或津贴。

二、营业推广方案的制订

为了充分发挥营业推广的积极作用,避免出现消极现象,企业在开展营业推广活动之前,应该事先拟定好营业推广方案,然后加以实施。营业推广方案,应包括以下内容。

(一)营业推广活动的对象和目标

企业必须首先明确谁是营业推广的对象,中间商、推销员还是消费者,是企业用户还是消费者用户等;然后进一步明确,活动目的是培育老客户还是吸引新客户,是鼓励回头购买还是争取试用等。

(二)营业推广措施

由于营业推广方式和手段繁多,各种方式和手段又各有特点,因此营业推广方式必须根据企业的活动目标经过比较后选定。同时应该注意,在单一一次营业推广活动中,选择的手段不应该太多。

(三)活动的时机与规模

营业推广活动的时机选择会对经营结果产生重大影响。活动时机一般应选择在客流量比较大的时间,如节假日。其规模可以根据能够吸引到的可能目标顾客数量来确定,如果客源面比较广大,就可以采取较大的活动规模,反之则小规模推广。

三、营业推广活动中应注意的问题

(一)辅助促销

在促销组合中,营业推广活动是一种辅助性促销活动,它一般不作为主要促销手段单独使用,而往往和其他促销手段结合在一起进行。例如广告提供消费者消费某一产品的理由,而营业推广活动则间断配合刺激消费者,使其产生购买行动。

(二)营业推广的活动期限设定

由于促销信息的传递需要一个过程,因此营业推广活动期限不能太短,否则会丢失极有可能争取到的客户,影响营业推广活动的效果,同时应该注意,营业推广活动时间不宜太长,以免客户产生怀疑或逆反心理,失去应有的吸引力。

(三)活动不宜太频繁

作为一种辅助性促销手段,营业推广活动应该间断进行,否则消费者会对营业推广活动失去兴趣,甚至产生"持币待购"现象,因此不能获得在短期内促使其购买的活动效果。

本 章 小 结

促销,是促进销售的简称,意指营销人员通过各种方式将有关企业及产品的信息传递给消费者或用户,影响并说服其购买某项产品或服务,或至少是促使潜在顾客对该企业及其产品产生信任和好感的活动。促销的实质是卖方企业与顾客之间进行信息沟通的过程。

现代促销方式可分为人员促销和非人员促销两大类。人员促销指派出推销员直接访问潜在顾客;非人员促销又分为广告、营业推广和公共关系等多种。促销组合,即对这几种促销方式进行选择、运用与搭配的策略,同时还要决定促销预算的分配。

广告指一切利用传播媒体向公众传递信息的活动,包括经济和非经济两大类。狭义的广告专指企业通过各种付费传播媒体向目标市场和社会公众进行的非人员式信息传递活动。广告的目的在于传播有关企业及产品的信息,促进目标顾客增加购买。广告包括以下要点:广告要由明确的广告主公开支付费用;广告要通过诸如电视、广播、报刊、网络等传播媒体来实现,是一种非个人间的信息传递;广告是一种有计划的信息传播、说服活动,有特定的受众、明确的主题和目标,并在广告设计、时机选择、媒体、效果评估等方面进行了周密的策划。

人员推销是指企业选拔培训销售人员,并通过他们销售企业的产品或劳务的一种促销方式。人员推销是最古老的促销方式,并且直至今天,仍是最重要的促销方式。许多国家广告业的经营额虽扶摇直上,但总量仍不抵人员推销的开支大,尤其是在组织市场上。

公共关系是指企业为搞好企业与社会各方面的关系、树立和改善企业形象,增进社会公众对企业了解所进行的一切活动的总称。与广告、人员推销、营业推广相比,公共关系是一种间接的促销手段,它也许不会产生立竿见影的效果,但对树立企业良好的社会形象、促进企业的未来发展起着十分重要的作用。

营业推广,是指在促销组合中除广告、人员推销和公共关系以外,企业在特定目标市场,为短期内起到刺激消费者需求、鼓励他们购买而采取的各种促销活动的总称。

近些年来,营业推广的预算费用越来越高,特别是在消费品行业,其营业推广费用已经超过广告费用。营业推广之所以发展较快,主要是因为:其短期效果明显,经常被营销人员采用以弥补销售业绩;产品相似度不断提高,市场竞争加剧,而营业推广成为刺激消费者购买的主要营销因素;销售效果明显,容易测量,企业常用来调整营销策略。

关 键 词

促销(Promotion)、广告(Advertising)、人员推销(Personal Selling)、公共关系(Public Relations)、营业推广(Sales Promotion)

第九章 促销策略

综合练习

1. 什么是促销组合？在促销组合当中常用的形式有哪些？哪些属于"推销"？哪些属于"拉销"？
2. 与其他促销形式相比，人员推销具备的优势是什么？
3. 简述广告策略。
4. 促销预算的方法有哪些？
5. 什么是营业推广？它通常有哪些形式？

【案例分析】

销售员揭秘保健品销售"套路"

"我辞职了，因为我不愿意再骗那些善良的老年人。"日前，省会一家保健品销售公司的优秀销售员小张辞职了。他致电本报揭露其所在的保健品公司销售的重重套路，讲述如何一步一步套走老人的钱。尤其让他不能容忍的是，他所在的保健品公司除了卖给老年人昂贵的保健品，还开始鼓动老年人在公司"存钱"，只要存款就许给高额的利息，"我觉得这钱很可能血本无归，骗老人的事我不能再干了。"小张说。

针对保健品销售"套路"，相关专家一一给出"破解"之道，提醒老年人谨慎购买保健品，尤其要警惕披着保健品销售外衣的"非法吸存"。

第一招："免费送鸡蛋"引人上钩

"其实保健品销售的那些套路我们都很熟了，从聚人、留人到卖货、家访，一步一步进行下去，效果很显著。"小张虽然只有 25 岁，但已有两年的保健品销售经验，他是公司的优秀销售顾问。

根据小张的介绍，保健品销售的第一步是聚人，怎么聚人？当然是发传单免费送礼。他所在公司销售的主要是一些调节血压、血脂的普通保健品，成本不高，售价却很贵，利润非常高。公司惯用的招是"保健品空盒换鸡蛋"。在小区周边发传单，凡持传单前来听讲座的，可凭三个保健品空盒换 2 斤鸡蛋。"这一招主要是为了锁定经常吃保健品的老年人，这样的老年人有保健意识，家庭条件也比较好，是我们的重点发展客户。"小张说。

旁白：利用一些老年人爱贪便宜的心理，引人上钩。

第二招："专家""医生"依次上场忽悠

等到一批老年人拿着传单和保健品空盒来领鸡蛋时，"专家"就该上场了。"专家"是公司请的，负责讲健康养生方面的知识，当然重点还是讲保健品的成分与效果，引起老年人的兴趣；然后，"医生"上场，为听讲座的老年人免费体检、看病，所谓的"医生"只是穿个白大褂，说自己是某某医学院毕业的。但是小张知道，这些"医生"没有一个是医学院毕业的，现场"把脉"只是做做样子，重要的是交流，比如老年人的身体状况如何，"医生"在"把脉"时都会自己说出来，根本不需要靠脉象来判断，在交流中，"医生"会推荐老年人购买几个疗程的保健品吃吃试试，很肯定地表示："肯定有效果，吃了就知道了。"

在"专家"和"医生"的双重游说中，一些老年人就会心动，购买产品。"销售产品时再给点优惠，比如买一个疗程赠半个疗程，买两个疗程赠一个疗程，再赠点生活用品。这种方式挺管用的，为了多要赠品，老年人会加大购买量，一般情况下都是一次买几千块钱的产品。"小张说。根据他的统计，他所在公司每组织一次健康讲座，来20多人，当场至少能成交四五个客户，一次收入数万元，其他客户再后期培养。

旁白：利用老年人迷信权威的心理和对健康的迫切追求，推销保健品；利用老年人爱贪便宜享受优惠的心理，加大保健品销售量。

第三招：服务到家，亲情回访

一次购买几千元保健品的老年人肯定没带那么多钱，接下来上场的就是像小张这样的"销售员"了，陪老人回家取钱，或者回家取卡，再陪着一起去银行取钱，总之，一路服务到底，直到钱款到账。

那没有买保健品的老年人呢？别急，白送的鸡蛋也有用，一定要替老人把鸡蛋送回家。借此机会，了解老年人的家庭状况，比如是独居还是和儿女同住、家庭财务状况好不好等，确定为重点客户后，就会经常"亲情回访"，买点水果看望一下，陪老人聊聊天，只要老人高兴了，买点保健品不算啥。

旁白：天下没有免费的午餐，为了2斤免费的鸡蛋，自己打开家门请进陌生人，是赚了还是亏了呢？

第四招："免费旅游"实则大卖产品

该保健品销售还有一个常用的"套路"是免费旅游。小张所在的公司每年都会组织老客户去安徽"免费旅游"1~2次，一路上的交通、食、宿公司全包，名义是回馈老客户。但是内部人都知道，这趟"免费旅游"实际上是一个"洗脑"的过程，陪同人员一路上会给大家讲健康的重要性，进一步夸大保健品的效果。"大招"是参观保健品的生产车间，让老年人亲眼看到保健品的生产线，看到"真材实料"，增强对保健品的信心。参观完生产线，现场就会推出一次大规模的"回馈老客户"活动，很多老年人会批量订货，一次买上一两万元的产品。

"公司每次组织免费旅游都会去四五十人，每次都能卖出十几万元的货，抵去旅游成本，还是很赚钱的。"小张说。

旁白：家有老人须谨记，免费旅游不要去。

"存款"不靠谱，不能再骗人了

卖保健品时，看着老年人大把大把地花钱，小张心里还是有点愧疚的。不过，真正让他决定离职的，还是他所在的保健品公司新出的"存钱"政策。

小张说，从今年春节后开始，公司出了新政策，鼓励老年人往该公司"存钱"，给10%的年息，而且存钱的客户买保健品还可以享受更多优惠。公司老板也给他们几个销售骨干开会，根据前期的上门"摸底"调查，找出一批家庭条件较好的重点客户，让销售人员上门去做工作，鼓励客户存钱。

在老板的要求下，小张去给一个客户做工作，那是一位80多岁的老大爷，平时对小张印象很好，交流也比较顺畅，说了存钱给高息以及买保健品的优惠后，老人很痛快地答应了。从老大爷家里出来，小张意外地在路上碰到了以前维护过的一位客户，是一位80多岁的老奶奶，半年多没见，这位老奶奶的状态已大不如前，看起来迷迷糊糊。老奶奶的家人告诉他，老人去年参与了一个公司的集资，把一生的积蓄都投了进去，结果那个公司老板卷钱跑路，老人血本无归。这件事对老人打击很大，老人现在已经神志不清了。

老奶奶的遭遇让小张很震惊。思来想去，他又返回了老大爷的家，委婉地告诉老大爷，钱还是存在银行最安全，其他社会渠道虽然许给的利息高，但风险也大，万一出现问题，也许就真回不来了。说完这番话，他觉得心里轻松多了。第二天，小张就向老板提出了辞职。

"我不知道老板向这些老年人借钱要做什么，到底能不能还上，这些我心里都没底。所以我不干了，我准备换个行业做。"小张说。

记者调查：某些保健品销售"套路"类似，出现问题维权难

据记者调查，小张讲的他所在公司的保健品销售"套路"并不新鲜，而是多数保健品销售公司的常用"套路"。

石家庄市工商局 12315 的工作人员介绍说，他们经常接到老年人对保健品的投诉，但是解决起来并不容易。目前我国药品、保健品市场由工商与食药监部门分工管理，工商部门主要负责企业的虚假宣传，食药监部门主要负责药品和保健品的质量，有没有正规批号，是不是假冒产品。事实上老年人投诉的很多保健品是有正规批号的，只是在销售过程中进行了夸大宣传，但是老年人又没有留存夸大宣传的证据，有的老年人甚至连销售发票都没有，这些都给维权造成了困难。

工商人士再次提醒老年人，不要轻信夸大的保健品宣传，也不要轻信"健康专家"的推介，购买保健品时要选择固定的销售场地，还要认真阅读保健品的说明书，记得索要正规发票。一旦出现问题，持药品和发票尽快向相关部门投诉。

律师说法：涉嫌"非法吸存"可举报

针对小张提到的保健品销售公司鼓励客户"存款"问题，河北冀华律师事务所的何佳律师表示，这种行为涉嫌非法吸收公众存款，他建议小张向公安机关举报，由公安机关介入调查，避免更多老年人上当受骗。

何佳律师说，根据《最高人民法院关于审理非法集资刑事案件具体应用法律若干问题的解释》，违反国家金融管理法律规定，向社会公众(包括单位和个人)吸收资金的行为，同时具备下列四个特征的可认定为"非法吸收公众存款或者变相吸收公众存款"，一是未经有关部门依法批准或者借用合法经营的形式吸收资金；二是通过媒体、推介会、传单、手机短信等途径向社会公开宣传；三是承诺在一定期限内以货币、实物、股权等方式还本付息或者给付回报；四是向社会公众即社会不特定对象吸收资金。

何佳律师也提到了当前普遍存在的民间借贷现象。民间借贷属合法行为，但是最高人民法院也规定了民间借贷的利率最高不得超过银行同类贷款利率的 4 倍，超出此限度的利息法律不予保护。他提醒公众，如果参与民间借贷，一定要对借款主体和借款用途有充分的了解和考察，切不可盲目放贷，最终本息全无。

(资料来源：中国新闻网 2016-09-21.)

案例讨论：

1. 结合以上案例，讨论保健品促销的手段都有哪些？
2. 试分析，当下保健品市场销售乱象的根源是什么？如何治理？

第十章　分销渠道策略

【内容提要】

1. 分销渠道的概念、类型与构成
2. 渠道绩效评估
3. 分销渠道的双向选择
4. 分销渠道的冲突
5. 分销渠道中的物流管理

【导入案例】

> **新零售的"盒马"实践：**
>
> **从消费者的角度出发，把"吃"做好**
>
> 零售业的发展已进入一个全新的时代！
>
> "盒马鲜生"是阿里巴巴对线下超市完全重构的新零售业态。盒马是超市，是餐饮店，也是菜市场，但这样的描述似乎又都不准确。消费者可到店购买，也可以在盒马APP下单。而盒马最大的特点之一就是快速配送：门店附近3公里范围内，30分钟送货上门。2017年7月14日，阿里巴巴董事局主席马云和CEO张勇等人在盒马鲜生品尝刚刚出炉的海鲜。盒马鲜生在阿里内部低调筹备两年多，随着阿里巴巴董事局主席马云到店走访，这个不为人知的阿里"亲儿子"被推到了聚光灯下，正式成为阿里"动物园"在天猫、菜鸟、蚂蚁金服之后的新成员。
>
> 盒马鲜生在与消费者互动中做过一个案例：在一个城市做了1000份的问卷调查。第一部分在45岁的人，他们几乎每天都去超市；而35岁这个阶段，他们觉得偶尔会去一下；25岁这个阶段基本上就不去了。问他们为什么不去？他说这不是他们想要的。
>
> 现在年轻人基本上是手机和网上购物。他们强调的是最快、最好、最优地满足他们的需求，只有这样的购物体验，才能为新零售的竞争中获得一席之地。另外，一个零售模式的成立，至少要具备两个条件：①是否为消费者创造了新的增值服务；②是否解决了商业的痛点。盒马就是这样一家致力于打造"吃"为核心，为用户打造完美购物体验的企业。

得渠道者得天下！分销渠道是企业的生命线，是企业活力的源泉。分销策略是企业营销策略的重要组成部分，是企业能否成功地将产品打入市场，扩大市场占有份额，进而实现企业的既定销售目标和市场战略。比如日化快销品，一定要占领百货商场和超市，高档白酒一定要进入品牌酒店。但遗憾的是，目前有些企业缺乏竞争和渠道管理意识，得过且过，采取"怎么省力，就怎么做"的方法。这些企业的渠道管理不是朝着精益化方向发展，占领"最佳"渠道位置，而是占领最易获取的渠道位置。然而商业发展的事实一再证明，分销渠道的管理已关系到企业的营销战略实施，是企业必争的主战场，企业只有把自身渠

第十章 分销渠道策略

道管理好，才能占领渠道的最优位置，获得话语权，进而形成长期的竞争优势。

第一节 分销渠道概念及类型

市场经济发展日益完善，制造商的产品不再和终端客户直接对话，而是通过专业的中介结构形成的分销销售系统实现向消费者的销售和服务。越来越多的企业依赖这种中间商来组织构建自己的销售渠道，以便把自身产品以最合适的方式，在最恰当的地点，以合理的价格推广到终端客户手中，在满足市场需求的同时，完成其销售任务。

一、分销渠道概念

(一)分销渠道概念

分销渠道亦称营销渠道、交易渠道或配销通路，是指产品或服务从制造商向消费者转移所经过的通道。企业的产品和服务必须通过交换才能进入市场，满足销售者需求。在这一交换的过程中，企业通常要完成不止一次的购销活动，实现这些活动离不开各种组织，甚至消费者的参与，而由此组成的活动链条即称之为渠道。它主要包括代理商、中介以及位于渠道首尾两端的生产者和消费者。在市场经济环境下，产品必须通过交换，进而发生价值形式运动，使产品或服务从一个所有者转移到另一个所有者，直至消费者手中，称之为商流。但同时，伴随着其商流，还有产品的实体空间移动，称之为物流。商流与物流相结合，使产品从生产者到达消费者手中，便是渠道或分配途径。

(二)分销渠道特征

分销渠道通过其组织成员的协调运作，产生形式效用、所有权效用、时间效用和地点效用，为最终用户创造价值。概括地说，分销渠道具有以下特征。

(1) 分销渠道反映的是某一产品或服务价值产生全过程的整个通道，其首尾两端连接着生产者和消费者。如饮料从厂家到批发商，再经过零售商最后到达销售者手中这一完整过程即为饮料产品的渠道。

(2) 分销渠道是一群相互依存的组织和个人的集合。这些组织或个体为解决其产品和服务的销路问题自主发挥其功能，并因共同的商业目标和利益相互合作，进而形成稳定的商业关系；但同时也会因利益不同产生隔阂和矛盾，此时关系紧张就需要行业协会或仲裁结构为其协调。渠道成员一般包括制造商、中间商和消费者。

(3) 分销渠道的实体是购销环节。产品和服务经过多重中间商的购销活动，最后进入销售者手中。在特殊环境下，生产者可以脱离中间商直接把产品和服务推送给消费者，此时的购销环节最短，分销渠道距离也最短。但多数情形下，生产者要借助中间商的运输、保存、推广、示范等多个环节来多次转移产品和服务的所有权或使用权，拉长其分销渠道才能实现最终的交易活动。如水稻从农田到餐桌，必须通过采购、加工、包装等环节才能进入消费者的视野。

(4) 分销渠道是一个多功能系统。它不仅需要在合适地点以合理价格销售给有需求的消费者，而且还要通过中间环节的协助和配合挖掘消费者的潜力，以扩大市场份额，实现销售的不断增长。分销渠道是通过形式效用、所有权效用、时间效用和地点效用，为最终消费者创造价值并协调运作的网络系统。

二、分销渠道的类型

按流通环节的多少，可将分销渠道划分为直接渠道与间接渠道，间接渠道又可分为短渠道与长渠道。

(一)直接渠道与间接渠道

直接渠道，指生产企业不通过中间商环节，直接将产品销售给消费者，是工业品分销的主要形式。如大型机械设备、专业性要求极高的服务或产品均需要采用直销的形式，与最终用户直接对接。

间接渠道，指生产企业通过中间商环节把产品传送到消费者手中。间接渠道是消费品分销的主要形式。工业品中有许多产品如化妆品也采用间接分销形式。

(二)长渠道和短渠道

分销渠道的长短一般是按通过流通环节的多少来划分的。具体有四种类型，如图 10-1 所示。

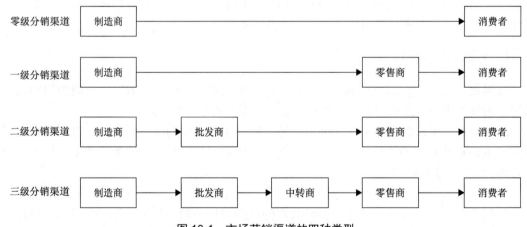

图 10-1　市场营销渠道的四种类型

1. 零级分销渠道

即由制造商——消费者。没有中间环节，制造商直接向消费者销售。

2. 一级分销渠道

即由制造商——零售商——消费者。有一个中间环节。在消费者市场，这一个一般是零售商。

第十章 分销渠道策略

3. 二级分销渠道

即由制造商——批发商(或代理商)——零售商——消费者。有两个中间环节：一个批发商，一个零售商。多见于消费品分销。

4. 三级分销渠道

制造商——批发商——中转商——零售商——消费者。有三个中间环节：中转商通常从批发商那里购买产品，再卖给小型零售商，原因是一般大型批发商不向小型零售商直接供货。

由此可见，零级分销渠道是最短的，也是一般制造商所期待的，因为制造商的渠道层次越多，其控制渠道所需要解决的问题也会越多，控制难度自然会加大。

(三)宽渠道与窄渠道

渠道宽窄取决于渠道每一个环节中其同类型中间商数目的多寡。企业的同类中间商越多，其产品在市场的分销面就越广，称之为宽渠道。如一般的日用消费品，如衣服、鞋帽、饮料、酒水等，由多家批发商进行经销，又转卖给更多零售商，以最大限度接触消费者，进而实现大批量地销售产品。同时如果企业使用的同类中间商越少，其渠道也就越窄，称之为窄渠道，它一般适用于专业性强的产品，或贵重耐用消费品，由其一家中间商统包，其他多家经销。它使生产企业容易控制渠道，但市场分销面极易受到限制。

(四)单渠道和多渠道

当企业全部产品都由其门市部销售，或相反全部交给批发商经销，则称之为单渠道。多渠道则可能在本地利用直接渠道，而在外地利用间接渠道；在某些地区独家经销，但在其他地区多家分销；一般而言企业会对消费品市场采用长渠道，而对生产资料市场则采用短渠道。

三、分销渠道系统的发展

20世纪80年代以来，渠道系统已突破由制造商、批发商、零售商和消费者组成的传统模式，形成垂直渠道系统、水平渠道系统和多渠道营销系统等新的发展形式。

(一)垂直渠道系统

这是由生产企业、批发商和零售商组成的统一系统。垂直渠道的特点是专业化管理、集中计划，销售系统中的各成员为共同的利益目标，都采用不同程度的一体化经营或联合经营。主要有三种形式。

1. 公司式垂直系统

这种垂直系统一般由一家公司拥有，并统一管理若干工厂、批发机构和零售机构，控制渠道的若干层次，甚至整个渠道，综合经营生产、批发、零售等业务。

2. 管理式垂直系统

由制造商和零售商共同管理销售业务，其主要业务涉及产品的销售、库存、定价、陈列、购销等。

3. 契约式垂直系统

这种垂直系统指不同层次的独立制造商和经销商为获得单独经营达不到的经济利益而以契约为基础实行的联合体。主要有以下三种形式。

(1) 特许经营组织。如制造商倡办的零售特许经营或代理商特许经营，制造商倡办的批发商特许经营系统，服务企业倡办的零售商特许经营系统。

(2) 批发商倡办的连锁店。

(3) 零售商合作社。

(二)水平式渠道系统

水平式渠道系统指由两家以上的公司联合起来的渠道系统。它们可实行暂时性或永久性的合作。这种系统可发挥群体作用，共担风险，获取最佳效益。

(三)多渠道营销系统

多渠道营销系统指对同一或不同的分市场采用多条渠道营销系统。这种系统一般分为两种形式：一种是生产企业通过多种渠道销售同一商标的产品，该形式易引起不同渠道间激烈的竞争；而另一种则是生产企业通过多渠道销售不同商标的产品。

【营销实战】

HP 公司多渠道营销

HP 公司为了减少成本，增加销售，开发了三个直销网站，为了避免与现有经销商渠道发生冲突，HP 公司将这些网站都转交给经销商管理，让他们去处理订单，运送产品，并获取佣金。通过这种方式，HP 公司既获得了直销的好处，扩大了经销商的销售，又有效地避免了直销与通过经销商销售渠道的矛盾冲突。

(资料来源：[美] 菲利普·科特勒. 市场营销原理学[M]. 北京：清华大学出版社，2003.)

四、渠道的构成

(一)批发商

批发商是指供转售、进一步加工或变化商业用途而销售商品的经销商。批发商处于商品流通的起点和中间的阶段，一方面它向生产者采购商品，但同时它又向零售商批发商品，并按批发价格经营大宗商品，待业务活动结束以后，其商品仍处于流通环节中，不直接服务于最终用户。批发商是企业商品的流通大动脉，是连接生产企业和商业零售最为关键的枢纽，也是调节商品供求的蓄水池，对企业改善经营管理及提高经济效益、满足市场需求和稳定市场都具有极为重要作用。

批发商可分为四大类。

(1) 商人批发商。它是独立企业，所经营的商品拥有自己的所有权，也被称为中盘商(批发商)、分销商，或者配售商，他们也可进一步细分为完全服务批发商和有限服务批发商。

(2) 经纪人和代理商。它不拥有商品所有权，还可获得销售佣金。经纪人的作用是为买卖双方牵线搭桥，由委托方付给佣金。他们不存货，不卷入财务，不承担风险。代理商的常见类型有制造代理商、销售代理商、采购代理商、佣金商。

(3) 制造商与零售商分部和营业所。销售分部和营业所，制造商开设自己的销售分部和营业所。销售分部备有存货，常见于木材、汽车设备和配件等行业，营业所不存货，主要用于织物和小商品行业；另一个是采购办事处，其作用与采购经纪人和代理商的作用相似。

(4) 其他批发商，如农产品集货商、散装石油厂和油站，拍卖公司等。

(二)零售商

零售商是指将商品直接销售给最终消费者的中间商，它处于商品流通的最终阶段。零售商的主要任务就是直接为最终用户服务，其职能是购、销、调、存、加工、拆零、分包、传递信息、提供销售服务等。在地点、时间与服务方面，既方便消费者购买，它又是联系生产企业、批发商与消费者的桥梁，在分销途径中具有重要作用。

零售商可按不同标准进行分类。

1. 按经营商品范围划分

(1) 专业商店。专门经营一类商品或某一类商品中的某种商品，经营特点是品种、规格齐全。

(2) 百货商店。指经营的商品类别多样，每一类别的商品品种齐全，经营部门按商品的大类进行设立，经营特点是类别多、品种规格全，服务程度高。

2. 按商品售价划分

(1) 廉价商店。

(2) 仓库商店。

(3) 样品图册展览室。

3. 无店铺零售业

(1) 邮购和电话订购零售业。

(2) 挨户访问推销零售业。

(3) 购买服务。购买服务是一种专门为特定顾客如学校、医院、工会、政府机关等大型机构的雇员提供服务的无店铺零售业。

(4) 自动售货。

(5) 电子销售，主要指计算机网络销售、电视销售等形式。

4. 按是否连锁划分

连锁商店是指由一家大型商店控制，许多家经营相同或相似业务的分店共同形成的商业销售网。连锁商店的特征是总店集中采购，分店联购分销，其形式主要有以下几类。

(1) 正规连锁店。这种连锁店同属于某一个总部或总公司，统一经营，所有权、经营权、监督权三权集中，也称联号商店，公司连锁，直营连锁。分店的数目因各国规定不一而有所区别，美国将其数目定为 12 个或更多；日本为 2 个及以上；英国则是 10 个以上分店。它们的共同特点是：所有成员企业必须是单一所有者，归一个公司、一个联合组织或单一个人所有，由总公司或总部集中统一领导，包括集中统一人事、采购、计划、广告、会计等；成员店铺不具企业资格，其经理是总部或总店委派的雇员而非所有者；成员店标准经营，商店规模、商店外貌、经营品种、商品档次、陈列位置基本一致。

(2) 自愿连锁。即各店铺保留单个资本所有权的联合经营，多见于中小企业，也称自由连锁。自愿连锁是小企业的联合，用以抵制大企业的垄断。自由连锁的特点是成员店铺均为独立形式存在，成员店的经理是该店所有者。自由连锁总部的职能一般为：确定组织大规模销售计划；共同进货；联合开展广告等促销活动；业务指导；店堂装修；商品陈列；组织物流；教育培训；信息利用；资金融通；开发店铺；财务管理；劳保福利；帮助劳务管理等。

(3) 特许连锁。它是主导企业把自己开发的商品、服务和营业系统包括商标、商号等企业象征经营技术、营业场合和区域，以营业合同的形式向规定区域的加盟店授予统销权和营业权，加盟店则须缴纳一定的营业权使用费、承担规定的义务。它的特点是经营商品必须购买特许经营权；经营管理高度统一化、标准化。

第二节　渠道绩效评估

一、渠道绩效评估的概念

营销渠道绩效评估，简称渠道绩效评估，是指厂商通过系统化的手段或措施对其营销渠道系统的效率和效果进行的客观考核和评价的活动过程。渠道绩效评估的对象是渠道系统中某一层级的渠道成员或者整个渠道系统。在渠道扁平化趋势下，企业更多的是加强对渠道系统中具体渠道成员的绩效评估，以利于其决定是否对某些层级的渠道成员绩效评估进行扁平化。

二、渠道绩效评估的内容

渠道绩效既包括宏观方面，同时也包括微观方面；既包括渠道系统绩效，也包括单个层级渠道成员绩效。从宏观上来讲，渠道绩效就是其渠道系统对社会的贡献，是站在社会的高度来衡量；从微观上来说，是指渠道成员对企业所创造的价值，是从企业这一角度来评价的。一般情况下，企业在评估一个渠道系统时，可以分不同层次，从多方面入手，其对渠道系统评估主要包括以下五个方面的内容。

第十章 分销渠道策略

(一)渠道系统管理组织评估

渠道系统管理组织评估包括两方面内容：一是要考察渠道系统中销售经理的素质和能力，例如，在企业的某一渠道系统中，从事销售工作 5 年以上，且学历在一定水平之上的比重越大，则表明该组织的销售管理能力和素质就越高。另一个是要考察企业的分支机构对零售商的控制和影响能力，比如在企业分支机构是否有自控的零售终端，如果有，自控零售终端的销售份额占企业的分支机构所在地销售比例情况如何，若比例越高，则表明该分支机构是在做市场，而不是在做销售。

(二)客户管理评估

客户管理评估内容有以下三点：一是最终客户，二是组织客户，或称商业客户，三是渠道成员的业务人员。

(1) 对最终客户管理而言，企业需要考察其是否建有数据库。如果有，包括的字段有哪些，这些字段是否合适，各条记录的字段填写是否完整清楚等。一般情况下，最终客户数据库应包含如下字段：客户姓名、地址、邮编、联系电话、E-mail 地址、产品型号、购买价格、购买日期、记录建立时间、记录建立人、是否回访、回访时间、回访人等，如果可能，还需记录下回访时了解的一些信息，设置字段客户使用的意见、使用频率和客户其他建议等。

(2) 对组织客户管理而言，企业更需要考察其是否建有数据库。如果有，包括的字段有哪些，这些字段是否合适，各条记录的字段填写是否完整清晰等。通常情况下，组织客户数据库应该包含如下一些字段：联系人、客户名称、所属行业、地址、邮编、电话、E-mail 地址、产品型号、购买价格、购买数量、购买日期、记录建立时间、记录建立人、是否回访、回访时间、回访人等，如果可能，还需记录下回访时了解的信息，对其设置字段客户使用的意见、使用频率、客户是否有再购计划以及客户的其他建议等。

(3) 对厂商来讲，渠道成员的业务人员，和上述两类客户一样，只是更加特殊的"客户"而已，因此也需要建立数据库来统一管理。一般情况下，业务人员数据库需要包括如下一些字段：姓名、性别、年龄、住址、家庭联系电话、家庭 E-mail 地址、负责区域、负责客户类别(最终客户还是组织客户)、负责客户数量等。

完成上述数据库建设之后，就可以考察企业渠道系统。客户管理评估方面一般都包括以下两个指标：一是厂商分支机构中最终客户和组织客户数量分别占该地区同类客户比例；二是厂商分支机构掌握多少渠道成员的业务员档案。前者指标比例越高，后者的指标数量就越大，同时也就表明厂商分支机构工作做得就越深入细致，厂商渠道系统抗风险能力也就越强。

(三)渠道成员铺货管理评估

渠道成员铺货管理评估一般可分为两个步骤：第一步是对构成渠道系统及其相关层级渠道成员的信用进行评估，这是至关重要的一步，它直接关系到厂商后面铺货的风险问题。厂商随后便可根据对评估的等级情况确定其是否铺货或者铺多少货等。第二步则是厂商控制铺货的金额。一般的零售终端都要确定一个合适的铺货量，既不能太低，太低有可能会造成缺货或者断货；又不能太高，太高可能增加压货风险。而相对规模大一些的主要负责分销的渠道成员来说，则需要根据其信用状况确定其他的铺货量。

在渠道成员铺货管理评估中，还有一项极为重要的指标，就是看整个渠道系统成员的质量状况。若在综合评定后，存在较高信用级别渠道成员的数量占到厂商所有渠道成员总数比例越高，则说明该渠道系统的质量就越高，否则可认为质量一般或较差。

(四) 渠道成员沟通评估

渠道成员的沟通评估，主要是通过厂商对渠道成员培训以进行间接考察。通常来讲，厂商渠道系统都是由其在资本上分离的不同渠道成员所构成，故厂商需要通过培训，把分散的渠道成员归于其企业文化之中。

同时厂商在该项评估上，还可以通过考察参加培训的渠道成员占其渠道系统成员的比例、接受其规定的渠道成员占所有渠道成员的比例或参加其员工活动渠道成员占所有渠道成员的比例三项指标进行衡量。若三项指标都比较高，则反映出厂商与渠道成员沟通比较有效、合作比较融洽，否则，厂商与渠道成员在有效沟通上可能存在一些不足或问题。

(五) 市场促销活动评估

不论是由厂商自身组织或由渠道成员辅助实施，抑或是由渠道成员自行组织、厂商进行辅助实施的市场促销活动，一般情况下都需要如下三个方面，即促销目的、促销原则和促销中间环节等来达到促销的既定要求。

1. 促销目的是否明确

市场上种类繁多的促销活动，其最终目的不外乎以下几种：一是因企业的新产品上市，为快速打开市场而吸引顾客；二是抵制竞争对手对其市场份额的蚕食；三是与竞争对手争夺顾客，拓展其市场宽度或深度；四是回馈顾客，留住老顾客，吸引潜在的新顾客以增加销售等。

2. 促销原则是否正确

无论是厂商主持还是渠道成员主持，市场促销活动都需要遵循娱乐和让利这两个原则。娱乐原则在于争取更多人员参与，让利原则在于争取更多人员购买，打压竞争对手。

3. 是否把握好三种力

在促销活动过程中一般都存在以下三种力：一是终端顾客拉力、二是渠道成员推力，三是厂商自身的引力。如何协调和平衡这三种力，其结果直接关系到厂商最终的促销效果。

三、渠道绩效评估的财务指标

渠道绩效评估一般都可通过多种指标表达出来。在营销实践中，厂商用得最多的一般是财务指标。下面就对渠道绩效评估中最为常用的几种财务指标进行介绍。

(一) 渠道成本

厂商渠道系统成本直接关系到其自身的利润。故厂商能否对渠道系统成本实施有效的

第十章 分销渠道策略

控制，对其来说意义非凡。渠道系统中的成本通常包括以下几个方面：一是直接推销费，主要包括直销人员工资、奖金、差旅费、培训费以及招待费等；二是市场促销费，主要包括宣传海报、产品介绍等的印刷费、赠品费、展览费、促销人员劳务费等；三是渠道成员的代理费，即给予渠道成员的佣金；四是厂商自建渠道成本，包括初始投资成本以及此后的营运成本等。

(二)销售利润率

渠道成员和厂商一般都把销售利润率作为衡量一个渠道系统获利能力最为重要的指标之一。同时对于渠道成员来说，销售利润率在一定程度上也会影响其渠道成员的积极性，从而影响到整个渠道系统的稳定性。对厂商来讲，销售利润率则影响到其持续发展能力和潜力。所谓销售利润率，就是指渠道系统当期利润与当期销售收入之间的比率，用公式表示为：

$$销售利润率=(当期利润÷当期销售收入)×100\%$$

(三)资产收益率

资产收益率，就是指厂商所创造的总利润与厂商自身全部资产的比率，用公式表示为：

$$资产收益率=(当期利润÷资产平均总额)×100\%$$
$$=(税后息前利润÷资产平均总额)×100$$

其中，资产平均总额=(年初资产总额＋年末资产总额)÷2。

(四)净资产收益率

净资产收益率，就是指税后利润与净资产所得的比率。净资产是指厂商总资产减去负债总额后的净值。净资产收益率用公式表示如下：

$$净资产收益率=(税后利润÷净资产平均余额)×100\%$$

(五)资产管理比率分析

资产管理比率分析主要体现为资金周转率和存货周转率各个指标。

1. 资金周转率

资金周转率，就是指一个厂商以资产平均占用额去除产品销售收入净额。该指标用以衡量一个厂商投资的利用率，资金周转率高，说明投资效率高。资金周转率用公式表示如下：

$$资金周转率=(产品销售收入净额÷资产平均占用额)×100\%$$

2. 存货周转率

存货周转率是指产品销售成本与存货平均余额之比。该指标一般是用来说明厂商某一时期内存货周转的次数，以考核其存货流动性。存货平均余额取年初和年末余额的平均数。一般来说，存货周转率次数越高越好，说明存货水准低，周转快，资金使用率高。存货周转率用公式表示如下：

存货周转率=(产品销售成本÷存货平均余额)×100%

(六)渠道成本与销售额比率分析

渠道成本与销售额比率是用当期渠道成本去除以当期销售总额的比率。该指标主要用来衡量厂商的渠道系统的运作效率，若该比率较高，表明厂商的渠道效率较低，应注意渠道成本费用的控制；若该比率较小，则说明厂商现行的渠道系统效率较高，应继续保持。渠道成本与销售额比率，用公式表示如下：

渠道成本与销售额比率=(当期渠道成本÷当期销售总额)×100%

四、渠道评估的标准

分销渠道方案确定后，制造商就要根据各种备选方案，进行评价，找出最优的渠道路线，通常渠道评估的标准有三个：经济性、可控性和适应性，其中最重要的是经济性标准。

(一)经济性标准

经济性标准主要是比较每个方案可能达到的销售额及费用水平。
(1) 比较由本企业推销人员直接推销与使用销售代理商哪种方式销售额水平更高。
(2) 比较由本企业设立销售网点直接销售所花费用与使用销售代理商所花费用，看哪种方式支出的费用大，企业对上述情况进行综合权衡，可从中选择最佳分销方式。

(二)可控性标准

厂商采用中间商的可控性要小些，其直接销售可控性大，若渠道增长，厂商的可控性难度就增大，若渠道短则可控性就较容易些，厂商必须进行全面比较、权衡，选择最优方案。

(三)适应性标准

若生产厂商同所选择的中间商合约时间较长，同时在此期间使用其他销售方法如直接邮购则会更加有效。但生产厂商若不能随时解除合同，这样厂商选择渠道便缺乏较大自由度和灵活性。故生产厂商必须考虑选择策略的便捷性，不轻易签订时间过长的合约，除非厂商可以在经济或控制方面具备特别优越的条件。

五、渠道绩效评估的方法

厂商应定期对渠道系统或渠道系统中的渠道成员进行绩效评估，以确保整个渠道系统或渠道系统中的渠道成员能够按照厂商制订的相关管理措施高效运转。渠道绩效评估的常用方法有两种，一种是历史比较法，另一种是区域比较法。

(一)历史比较法

历史比较法是将渠道系统或渠道成员当期销量与上期销量进行比较，进而得出上升或下降的一个比值,再与整体市场的升降百分比来进行比较。厂商会对高于整体市场平均水平渠道系统或渠道成员进行奖励,同时也会对低于整体市场平均水平的渠道系统或渠道成员做进一步的具体分析,以便找到准确原因帮助其改进。该方法的难点就在于厂商需要准确把握其所在市场的平均水平。

(二)区域比较法

区域比较法是将各渠道成员的绩效与该区域销售潜量分析所得出的数值来进行比较。具体做法就是将某区域内各渠道成员在某一特定的时段实际销售量与厂商通过分析得出的该区域销售潜量来进行比较并作出排序,再通过测算相关指标,以确定这些渠道成员在该时段是否达到了一个既定标准。该方法的难点就在于需要厂商客观地把握其所在区域内的销售潜量。

第三节 分销渠道管理

选择什么样的营销渠道成员作为厂商合作伙伴将直接影响到其生产的产品或服务能否及时而准确地转移到终端消费者的手中;影响到厂商的分销成本、服务质量;影响到厂商既定的销售目标;影响到厂商提供的产品及其在消费者心目中的形象。激励则是渠道管理的重要内容,厂商对营销渠道成员的激励是否能顺利实施并且有效,这都直接关系到渠道管理目标能否顺利实现。

一、影响分销渠道选择的因素

企业在分销渠道选择中,要综合考虑渠道目标和各种限制因素,主要制约因素有下列各点。

(一)市场因素

1. 目标市场的大小

如果目标市场范围大,则渠道较长,反之,则渠道较短。

2. 目标顾客的集中程度

如果顾客分散,宜采用长而宽的渠道,反之,宜用短而窄的渠道。

3. 消费者的购买数量

如果消费者购买数量小、次数多,可采用长渠道;反之,购买数量大,次数少,则可采用短渠道。

4. 竞争者状况

当市场竞争不激烈时,可采用同竞争者类似的渠道;反之,则应采用与竞争者不同的渠道。

(二)产品因素

1. 产品的易毁性或易腐性

如果产品易毁或易腐，则应采用直接或较短的渠道。

2. 产品单价

如果产品单价高，可采用短渠道或直接渠道，反之，则应采用间接促销渠道。

3. 产品的体积与重量

体积大而重的产品应选择短渠道；体积小而轻的产品可采用间接销售方式。

4. 产品的技术性

产品技术性复杂且需要安装及维修服务的产品，可直接销售，反之，则应选择间接销售方式。

(三)生产企业本身的因素

1. 企业实力强弱

主要包括人力、物力、财力，如果企业实力强可建立自己的分销网络，实行直接销售，反之，应选择中间商推销产品。

2. 企业的管理能力强弱

如果企业管理能力强，又有丰富的营销经验，可选择直接销售渠道，反之，应采用中间商推销产品。

3. 企业控制渠道的能力

企业为了有效地控制渠道，多半会选择短渠道，反之，如果企业不希望控制渠道，则可选择长渠道。

(四)政府政策法规

如专卖制度、进出口规定、税收政策、价格政策等因素都会影响厂商对渠道的选择，例如烟酒实行专卖制度时，烟草专卖企业选择渠道就受到政策法规的制约。

(五)中间商特性

各家中间商实力及在广告、运输、储存、信用、人员培训、送货频率等方面的特点影响着生产企业对渠道的选择。

按中间商数目的多少，可分为密集分销，选择分销，独家分销。

第十章 分销渠道策略

1．密集分销

密集分销指生产企业同时选择较多的经销代理商销售产品。一般来说，日用品多采用这种分销形式。工业品中的一般原材料、小工具、标准件等也可用此分销形式。

2．选择分销

选择分销指在同一目标市场上，厂商选择一个以上的中间商销售其产品，而不是选择所有愿意经销产品的中间商。这有利于提高产生的经营效益。一般来讲，消费品中的选购品和特殊品，工业品中的零配件等均宜采用此分销形式。

3．独家分销

独家分销指厂商在某一目标市场上，只选择一个中间商销售其产品，且双方要签订合同，规定中间商不得经营竞争者的产品，同时厂商也只为选定的经销商供货。一般来讲，该分销形式只适用于消费品中的家用电器，工业品中的专用机械设备。这种形式利于厂商和经销商双方的协作，以便厂商能更好地控制市场。

二、厂商与渠道成员的双向选择

营销渠道成员选择，是厂商和中间商进行的一种双向互动过程。我们在本部分中所讲解的营销渠道成员选择，主要是指厂商从众多相同类型的渠道成员中选择出适合其渠道结构的，并且能够与厂商协作有效地完成其制订的营销目标的渠道合作伙伴的一个过程。而对于厂商来讲，营销渠道成员的选择必须是一个严格、谨慎的过程，必须与厂商自身的渠道设计一脉相承。

(一) 厂商选择渠道成员的原则及标准

对于选择渠道成员的决策者来说，在选择之前，首先确立一套选择渠道成员的原则及标准是至关重要的。

1．选择渠道成员的原则

不同行业的厂商，其选择渠道成员的原则也不尽相同。在市场的不同发展阶段，厂商选择渠道成员的原则也会不同。但总的来说，厂商选择的渠道成员，需要遵循以下几个基本原则。

(1) 相互认同原则。这是最基本的原则。厂商与渠道成员之间的合作前提在于厂商与渠道成员之间的相互认同。

(2) 进入目标市场原则。这是最重要的原则。让厂商的产品迅速地进入目标市场，以方便目标市场的消费者就近地购买到本厂商的产品。这就要求渠道经理、渠道总监或其他决策者在选择渠道成员时需要注意该渠道成员当前是否在目标市场拥有分销通路及拥有销售场所等。

(3) 产品销售原则。这是最核心的选择。厂商选择渠道成员的核心目的在于通过渠道成员帮助厂商完成营销目标，因此厂商在选择渠道成员作为合作伙伴的时候，通常都比较注重渠道成员的实际销售能力。

（4）形象匹配原则。这是最普遍的原则，也就是我们通常所说的"门当户对"。一个渠道成员的形象自然代表着厂商的形象。而对于拥有卓越品牌的厂商来讲，极为重视对渠道成员形象的考虑。一般情况下，知名厂商总是与资金实力雄厚、商誉好的渠道成员结为合作伙伴或战略合作伙伴关系。比如 IBM、HP 之与英迈、佳杰；IBM、HP、Toshiba 之与神州数码等。

2. 选择渠道成员的标准

20 世纪 80 年代，西普雷(D. D. Shipley)在研究了美国 70 家和英国 59 家制造商的基础上提出了一套大家认可的选择标准，包括 12 个关键因素，分为三大类：销售和市场因素；产品和服务因素；风险和不确定因素。

下面我们对罗杰·潘格勒姆提出的其中 10 个标准进行简单的介绍。

（1）信用和财务状况。多数的厂商都提到了对渠道成员的信用和财务状况进行调查是一个必不可少的环节。故渠道成员的信用和财务状况就成了厂商选择渠道成员首要考虑的指标因素。

（2）销售能力。多数厂商提到销售能力是选择渠道中间商的重要标准之一。而对于批发商来讲，其考虑更多的是销售人员素质以及数量，对他们影响更为直接。在某一特殊领域，如在 IT 领域，渠道成员销售人员的素质重点则是技术能力和服务意识。

（3）产品线。一般情况下，厂商会考察渠道成员产品线的四个方面：竞争性产品、相容性产品、补充性产品和代理产品线的质量。研究发现，一般厂商都愿意选择那些销售与自己产品相容或具有补充性产品的渠道成员作为其合作伙伴，通常不愿意选择那些销售与其产品有竞争性渠道成员作为它的合作伙伴，因为多数厂商都认为在前者情况下渠道成员能够为终端的消费者提供更为全面的产品组合和服务。从代理产品线的质量这个角度来看，多数厂商更愿意选择能够销售与其产品质量相近或更好的渠道成员作为合作伙伴服务终端消费者。

（4）声誉，即"口碑"效应。通常情况下，厂商都会回避或避免与当地市场没有良好声誉的渠道成员建立合作关系。在如今竞争激烈的市场上，声誉又通常与渠道成员的信用及财务状况息息相关。信用和财务状况良好的渠道成员，一般都是具有良好声誉的渠道成员，故它们也更容易获得厂商的青睐。

（5）市场覆盖范围。渠道成员销售能力所覆盖的厂商预期的地理范围就称为市场覆盖范围。厂商一般希望被选择的渠道成员能够拥有最大的市场覆盖范围，但也同时希望被选中的渠道成员之间只有很小的重叠范围，当然最为理想的情况下是没有重叠的范围。

（6）销售绩效。销售绩效被完全看作是市场份额。厂商往往只关心被选择的渠道成员是否能够完成其所期望的市场份额。

（7）管理的连续性。厂商通常情况下也会考虑渠道成员的管理阶层任职是否具有连续性。若渠道成员的管理阶层频繁发生变动，厂商就会慎重考虑是否将其作为渠道成员。而与此形成鲜明对比的是，在中国 IT 市场环境中，渠道管理阶层频繁变动，这往往会影响厂商在选择渠道时的判断，从侧面反映出当前的中国 IT 市场中多数厂商存在浮躁和急于求成的心态。

(8) 管理能力。良好的销售队伍被认为是具有良好的管理能力的标志。

(9) 态度。主要用于判断渠道成员是否具有进取心、信心和工作热情。

(10) 规模。尽管厂商选择渠道成员会不可避免地受到多种因素的影响和干扰,但多数厂商在选择渠道成员时都会根据其规模大小来认定是否可以成为合作伙伴。因为厂商通常会认为,渠道成员的组织规模越大、销售产品的数量越多,就越有可能销售其更多的产品。

(二)影响渠道成员选择厂商的因素

正如我们在前面提到的一样,营销渠道成员选择是厂商和中间商两者之间进行的一种双向互动的过程。当然,在这一过程中,厂商对渠道成员选择是占据主导地位的,但同时渠道成员也对厂商的选择存在一定优势,比如对于那些规模大、实力雄厚、市场覆盖范围广泛的渠道成员来说,更是如此!

从渠道成员的角度来看,一般情况下,具备良好产品形象和品牌形象的厂商通常比较容易得到渠道成员认同,从而更容易获得渠道成员的信赖与合作。除产品形象和品牌形象外,厂商其他因素也会在不同程度上影响到系统渠道成员的选择。

1. 产品本身,尤其是产品是否对路

产品对路是指厂商生产的产品是否与渠道成员自身的经营方向吻合,是否适合渠道成员销售,消费者是否乐意接受等。如果产品不对路,无论厂商提供的条件多好,渠道成员都很难建立与厂商的合作关系。

2. 厂商的规模、信誉和代理政策

厂商在关注渠道成员的规模与信誉之时,同样地渠道成员也在关注厂商的规模和信誉。代理政策则直接决定着渠道成员与厂商合作过程中的利益关系。一般情况下,代理政策包括代理价格、广告支持、供货及时、技术支持、售后服务、销售返点等。因此,代理价格会成为渠道成员与厂商合作谈判的焦点,同时也是渠道成员首先关注的因素;其次是广告的支持,对渠道成员来讲,争取到厂商更多广告上的相关支持,实际上就是为自身争取更多的利润。

三、厂商对渠道成员的激励

在实践中,对渠道成员的激励不仅是渠道管理的重要组成部分,同时也是厂商实现渠道管理目标的重要手段之一。

分销渠道成员激励,简称为渠道激励,就是指厂商为促进渠道成员努力完成公司制订的分销目标而采取的各种激励或促进措施的总称。

(一)渠道激励的作用

渠道激励存在的根本原因在于,通常情况下,构成分销渠道系统的各渠道成员和厂商属于完全独立的经济实体。故这种渠道系统的构成基础决定了厂商与渠道成员之间的关系并不是严格意义上的上令下行的关系或隶属关系,它是一种相互作用的合作关系。当然,

在维系这种渠道成员之间、渠道成员与厂商之间关系的纽带过程中，双方有着共同的利益追求。

通常情况下，渠道成员对自己处于渠道系统中的位置并不十分清楚，故对自身应该扮演怎样的角色认识也是不清楚的。在实践活动中，大多数渠道成员均是以独立的企业法人存在的，它们认为自己并未真正受雇于厂商，尽管它们是厂商营销渠道系统中的一个组成部分。

在当前营销实践中，多数渠道成员首先是顾客的采购代理，其次才是厂商的销售代理。同时在当前"渠道扁平化"的形势之下，这种表现就更加突出，多数渠道成员都认为必须向厂商提供尽可能详细的销售记录，否则在某种程度上无异于在帮助厂商把自己在整个渠道系统中"扁平"掉。

(二)渠道激励的类型

渠道激励的分类方法有多种形式。根据激励措施针对的对象不同，可分为针对总代理、总经销的激励以及针对二级代理甚至零售终端的激励。依据激励实施的时间不同，可以分为年度激励、季度激励和月度激励等。依据激励采取的手段不同，可以分为直接激励和间接激励等。

在实际操作中，多数厂商会同时采用两种或两种以上的激励方式配合使用，既可以根据厂商自己设计的渠道激励目标组合成各种各样的激励方案，同时也可以获得最大的激励效果。下面我们将重点讲解依据激励对象分类和依据激励手段分类几种常用的激励方案。

1. 依据激励对象分类

(1) 针对总代理、总经销的激励。

① 年终奖励。厂商会事先设定一个销售目标，若总代理商或总经销商在规定的时间内实现了这一目标，厂商则会按照事先的约定给予奖励。同时对区域总代理制或总经销制来讲，厂商为兼顾不同地区差异，一般会分别设立不同等级的销售目标，当然奖励额度也会随不同销售目标而不同。

② 阶段性奖励。厂商会根据不同的特定发展阶段，为总代理商或总经销商制订不同的销售目标，若在这个特定阶段内，总代理商或总经销商顺利或超额实现这一销售目标，厂商则会给予阶段性奖励。

(2) 对二级代理商或经销商的激励。对二级代理商或经销商的激励，不仅可以加速产品的流通和加强经销商的分销能力，而且还能够起到培养渠道成员忠诚度的作用。

厂商在执行对二级代理商或经销商实施激励政策时，应该把握好一个度的问题，使激励效果合理化、最大化。厂商应该着重将奖励的考核内容和依据放在实际的销售量上，否则可能造成急于求成的代理商之间出现"窜货"现象，造成整个渠道系统出现短期的"销售繁荣"，这将直接导致其价格体系混乱，影响到整个市场的正常发展。

(3) 厂商对零售终端的激励。除应鼓励总代理商或总经销商、二级代理商或二级经销商之外，厂商还应该激励零售商，以增加他们进货和铺货的主动性和积极性。通常的激励方法有提供一定数额的产品进场费、货架费、堆箱陈列费、人员促销费、店庆赞助、年终返利、商店 DM 的赞助等。厂商在对零售终端的激励过程中，售点服务人员或营业员，在

第十章　分销渠道策略

作为最小单位的特定的"零售终端"时，应加强对其管理并有效调动他们的积极性，这对于厂商实现或超额完成预定目标是至关重要的。

(4) 对消费者的激励。消费者不仅是厂商产品或服务的最终购买者或使用者，也是渠道系统中最基本的渠道成员之一。但消费者与其渠道系统中其他基本渠道成员相比，又具有其自身的特殊性。若厂商不能针对消费者采取有效激励，即便对系统内的渠道成员制订多么完善的激励措施，恐怕其激励效果也不能达到最大化。对消费者的常见激励方法有即买即送、免费试用、累计消费数量或次数或消费金额后优惠、折扣或降价、免费送货、上门服务等。

2. 依据激励手段分类

(1) 直接激励。所谓直接激励，就是指通过厂商给予渠道成员物质或金钱的奖励进而激发其积极性和主动性，以实现厂商的销售目标。在实践过程中，厂商通常采用返利的形式奖励渠道成员的业绩。

① 过程返利：这是最为常见的一种直接管理销售过程的激励方式，其目的是厂商通过考察市场运作的规范性以确保其所在行业健康发展。一般情况下，过程激励包括以下内容：铺货率、售点气氛(即商品陈列生动化)、安全库存、指定区域销售、规范价格、专销(即不销售竞品)、守约付款等。

② 销量返利：这是为直接刺激渠道成员的进货力度而设立的一种奖励，其目的在于提高销售量和利润。在营销实践中，有3种形式的销量返利。

A、销售竞赛：就是对在规定的区域和时段内销量第一的渠道成员给予奖励。
B、等级进货奖励：就是对进货达到不同等级数量的渠道成员给予一定的奖励。
C、定额返利：就是对渠道成员达到一定数量的进货金额给予一定的奖励。

销量返利的实质就是厂商在进行一种变相的降价，这既可以提高渠道成员的利润，同时也能促进渠道成员的销售积极性。但在实践过程中，销量返利往往只能创造即时的销量。但销量返利的优点在于可以挤占渠道成员的资金，为其竞品厂商的市场开发设下路障。但其缺点就是若处理不好，可能造成渠道成员越区销售，导致窜货，扰乱市场。

(2) 间接激励。所谓间接激励，就是指通过帮助渠道成员进行销售管理，以提高销售的效率和效果来激发渠道成员的积极性和销售热情的一种激励手段。间接激励的方法有很多，比如，帮助渠道成员建立进销存报表；帮助渠道成员进行客户管理；帮助渠道成员确定合理的安全库存数以及帮助渠道成员进行客户开发、攻单等。

四、分销渠道之间的冲突

随着全球化浪潮和规模经济的出现，厂商关注的焦点不再是生产出更好的产品，而是改进其分销渠道以降低成本，获取更多的经济效益。因此，这就决定厂商的分销渠道设计和管理在整个过程中将起到至关重要的作用。厂商分销渠道管理的主要内容就是对现有分销渠道进行评估、改进、重建以及加强渠道合作。但不管厂商如何对渠道进行设计和管理，其渠道之间的竞争和冲突是始终客观存在的。这就需要厂商对其进行不断的管理和协调，以促进其持续、健康地发展。

一般来说，渠道冲突可分为三种类型：垂直渠道冲突、多渠道冲突和水平渠道冲突。垂直渠道冲突是指同一渠道中不同层次渠道成员之间的冲突。多渠道冲突是指一个制造商建立了两条或两条以上的渠道向同一市场出售其产品而发生的冲突。水平渠道冲突是指存在于渠道中同一层次的渠道成员之间的冲突。一般情况下，水平渠道冲突在渠道管理中是比较常见的，故我们将着重讨论水平型分销渠道的冲突问题。

水平渠道中各个成员之间的联系通常是一种横向的关系，在这一层次里，成员之间都是平等的，既他们在权力上是处于同一水平线，但在利益上却是独立的。因各渠道成员资本、技能、素质、认识等各方面存在的客观差异性，极易产生矛盾。若一旦发生冲突，通常厂商也很难协调。但相对于制造商来讲，实践中更多的是其内部中间商即渠道成员间的矛盾，我们姑且称之为"商商矛盾"。

【营销实战】

宝洁公司在渠道新政中出现的失误

宝洁公司面对渠道上的窜货、假货等严重扰乱价格体系的问题，从2007年7月1日起实施新政。即针对目前分销商的三类客户——零售终端、大批发商、二级批商，分别定出了三个不同的价格区间，全国分销商都必须按统一价格发货，不得逾越，否则将受到宝洁的罚款处分，甚至被取消分销资格。

新政的实行使超市流出来的低价产品冲击了分销商生意。宝洁的两大销售渠道：分销商渠道和大型连锁超市零售渠道，冲突很厉害。

据河南信阳的一家零售终端负责人透露，它们销售的宝洁产品 60%是从武汉调货的，这部分货是以批发商为中间人，从麦德龙、家乐福等卖场流出来的。

分析原因，主要有三点：

1. 限价只针对分销商，而宝洁对直供的大零售终端却没有什么要求。以前有大的零售终端搞团购，分销商们还可以给4～5个点的优惠来对抗，可现在新政规定了最高、最低限价，只留 3 个点的上下浮动空间。造成了大零售终端出来的货的价格比分销商给批发商的价格还低，导致货物直接流到批发市场，冲击了分销商的生意。

2. 大的零售终端以低价高品质策略吸引消费者，所以常拿大品牌开刀，宝洁对其的"不作为、不约束"，也使它们有恃无恐。这说明在大的零售终端与厂家的对弈中，处于劣势。

3. 违背了公平竞争原则，宝洁新政对于分销商来说是不公正的，这相当于一辆自行车和一辆汽车赛跑。这样的不公正政策导致许多异议。

(资料来源：中华品牌管理网，作者：尚丰)

"商商矛盾"的本质是各分销渠道成员是不同的利益主体造成的，每个渠道成员所追求的都是自身利益的最大化。其次才是各渠道成员在目标上存在的差异，因各自愿景不一，一部分渠道成员有长远目标，而另一部分渠道成员则只追求短期效益；制造商(企业)提供给渠道的政策不同也会引发渠道间成员的矛盾；制造商(企业)对渠道成员的管理力度可能不够，进而没有形成一股强有力的凝聚力，使各渠道成员紧紧团结在其自身周围。

虽然渠道之间的竞争具有一定的促进作用，它会激励渠道成员去创新，但更多的冲突肯定是具有危害性的，厂商必须进行管理和协调。当然，厂商要想完全消除这种冲突也是不现实的,重要的是对其进行正确的管理、引导和协调。

首先,厂商对渠道成员在选择上要进行严格的评估和审核,按照经济性、适应性和控制性的原则来选择最为合适的渠道成员。其次,厂商在管理上要设立专业的情报部门,以便及时了解和反馈渠道成员之间的动态和信息,只有这样厂商才有可能防患于未然,在冲突未发生之前予以控制。第三,厂商最重要的解决方法是合理运用超级目标法,即建立共同愿景,在整个渠道系统中有了共同愿景,当渠道再面临外部威胁时,成员会自动联合起来排除威胁。第四,冲突双方要进行自我协商调解,派遣人员进行谈判,谈判是解决冲突的一个有效方式。第五,由第三方(企业或仲裁机构)出面调解和仲裁,但是也需要有力度的第三方出面协调。最后一种方法是一棍子打死法,即厂商在不得已的情况下,删除某个渠道成员,以保全另一渠道,或者就干脆重新建立一个全新的渠道方式在市场上分销产品,当然这是下策。

在市场营销过程中,分销渠道是实现企业经济效益的重要源泉和保障。伴随着我国市场的不断完善和发展,市场将会不断出现一体化管理和销售,那么渠道之间的合作将变得越来越重要,也是必不可少的一环,渠道成员之间不再是单一的冲突和竞争,应该是协作基础上的竞争与合作,进而形成双赢的结果。

五、分销渠道中的物流管理

营销不单单意味着发掘并刺激消费者或用户的需求和购买欲望,也意味着适时、适地、适量地提供商品给终端消费者或用户,从而最大程度上满足其需求和购买欲望。因此厂商就要进行商品的仓储和转移,即进行物流管理。厂商制订合理、有效的物流决策,这对于降低渠道成本费用、增强自身竞争实力、提供较为优质的服务、促进和便于顾客购买、提高效益等都具有非常重要的意义。

(一)物流的概念

物流是供应链运作中,以满足用户的需求为目的,对原材料、在制品、制成品及其相关信息,在生产地和销售地、消费地之间实现高效率和低成本的正向和反向的流动和存储所进行的计划、执行与控制的过程。

物流管理范围很广,首要任务就是销售的预测,厂商在预测的基础上制订其生产计划和存货水平。企业在制订其生产计划时就应明确采购部门必须订购的原料,这些原料通过内部运输送到工厂,进入相应部门,同时被作为原材料存入仓库。随后原材料即被转变为制成品,制成品存货是顾客订购和公司制造活动之间的一个桥梁。顾客的订货减少了制成品的库存,此时,企业的制造活动则充实了库存商品。制成品在离开装配线,经过包装、厂内储存、运输事务所的处理、厂外运输、地区储存、最后送达顾客,并提供相应的服务。

物流管理必须解决订单处理、商品储存、货物储备量、如何运送商品的问题,物流管理的目标就是妥善处理这四个问题。

1. 订单处理

物流管理开始于顾客的订货。订货部门备有各种多联单,分发给各部门。仓库中缺货的商品品目以后补交,发运的商品要附上发运和开单凭证并将单据副本送各部门。

2. 仓储

仓库数目多仓储成本将增加，因此数目必须在顾客服务水平和分销成本之间取得平衡。可选择的仓库包括：私人仓库、公共仓库、储备仓库、中转仓库、旧式的多层建筑仓库、新式的单层自动化仓库。

3. 存货

存货水平代表了另一个影响顾客满意程度的物流管理决策。存货决策的制订包括何时进货和进多少货，其主要指标是最佳订货量。

最佳订货量可以通过观察在不同的可能订货水平上订货处理成本与存货维持成本之和的情况来决定。单位的订货处理成本往往会随着订货量增加而下降，这是因为订货成本被分摊到更多的单位中去。同时，单位存货维持成本则会随订货量增加而上升，这是因为每单位的储存时间相对延长，这两条成本曲线垂直相加，即为总成本曲线。总成本曲线上弯向横轴的最低点 就是最佳订货量 Q。最佳订货量的数学公式如下：

$$Q = 2DS/IC$$

式中，D=每期需求，S=一次订货成本，IC=每期单位维持成本。该公式一般被称为经济订货量公式。其假设前提是进货成本不变，单位存货维持成本不变，需求已知，无数量折扣。

4. 运输

公司可以选择的运输方式包括铁路、公路、水路、管道、航空运输、集装箱联运。运输决策还必须考虑运输方式和其他分销要素的权衡与选择。当不同的运输方式所伴随的成本随时间的推移而发生变化时，公司应该重新分析其选择，以便找到最佳物流管理安排。

(二)物流管理的战略方案

在设计物流管理系统时，常常要在几种不同的战略中进行选择，一般来讲，可供选择的战略主要有以下几种。

1. 单一工厂，单一市场

这些单一工厂通常设在所服务市场的中央，这样可以节省运费。但是，设在离市场较远的地方，也可能获得低廉的地租、劳动力、能源和原料成本。企业在两个设厂地点进行选择时，不仅应审慎地估计目前各战略的成本，更须考虑到未来各战略的成本。

2. 单一工厂，多个市场

(1) 直接运送产品至顾客。这必须考虑该产品的特性，如易腐性和季节性；所需运费与成本；顾客订货多少与重量；地理位置与方向。

(2) 大批整车运送到靠近市场的仓库。与直运相比，将成品大批运送到靠近市场的仓库，再从那里根据每一订单运送给顾客的方式，要比直运费用少。通常情况下，厂商增加新地区仓储所节约的运费与所能增加的顾客惠顾利益若大于建立仓储所增加的成本，则应在这一地区增设仓储。

(3) 将零件运到靠近市场的装配厂。建立装配分厂的最大好处是运费较低，有利于增加销售额；不利之处是要增加资金成本和固定的维持费用。建厂必须考虑该地区未来销售量是否稳定，以及数量是否会多到足以保证投入这些固定成本后仍有利可图。

(4) 建立地区性制造厂。在诸多因素中，最重要的是该行业必须具有大规模生产的经济性，在需要大量投资的行业中，工厂规模必须较大才能得到经济的生产成本。

3. 多个工厂，多个市场

对此企业有两种选择目标：一是短期最佳化，即在既定的工厂和仓库位置上制订一系列由工厂到仓库的运输方案，使运输成本最低；二是长期最佳化，即决定设备的数量与区位，使总分配成本最低。短期最佳化的有效工具是线性规划技术，而长期最佳化的有效工具是系统模拟技术。

本 章 小 结

分销渠道是公司面临的最重要的问题之一。各个渠道系统带来的收益和成本不同，到达的目标市场也有所不同。因此，了解分销渠道的结构，将现今的需求和未来可能的销售环境结合起来考虑，明确选择渠道应该考虑哪些因素？

分销渠道状况评估是一个多维和纵深的结构，既包括宏观的方面，也包括微观的方面；既包括渠道系统的绩效，也包括单个层级渠道成员的绩效，甚至单个渠道成员的绩效。事实上，厂商和渠道成员一般是以独立的经济实体的身份组织在一起，形成一个营销渠道系统。因此，在营销实践中，微观层面的渠道绩效评估又包括厂商对渠道系统的绩效评估和渠道成员对渠道系统的绩效评估。

选择怎样的分销渠道成员作为厂商的合作伙伴直接影响到厂商生产的产品是否能够及时地、准确地转移到消费者手中；影响到厂商分销的成本和厂商的服务质量；影响到厂商制订的营销目标的顺利实现；影响到产品及厂商在消费者心目中的形象。因此，应该准确地对中间商、零售商进行分类，发挥整个渠道的系统功能，协调目标和行动，合作达成总体渠道目标。

分销渠道管理的重要内容是对现有分销渠道的评估、改进、重建以及加强渠道合作。以此来提高分销渠道的绩效，增强分销渠道的活力。

关 键 词

渠道结构(Channel Structure)、渠道选择(Channel Choice)、中间商(Middleman)、零售商(Retail Dealer)、渠道成员(Channel Member)、评估(Estimate)

综 合 练 习

1. 简述分销渠道的含义及特征。

2. 选择分销渠道应该考虑哪些因素？
3. 简述中间商的分类。
4. 简述零售商的分类。
5. 渠道冲突产生的原因有哪些？应如何解决渠道冲突？
6. 分析某一公司可行的主要渠道选择。

【案例分析】

OPPO：渠道再定义

线下渠道，可能是中国手机市场2017年的关键词。线下渠道该怎么玩？

强硬且统一的价格体系，将有效推动品牌形象进步，并且在线上线下统一价格的体系中，线下渠道的用户体验会变得更加重要，会促成销售向线下倾斜，这也是当下互联网手机式微的根本原因。相应的厂商需要对渠道有更准确的把握，了解市场与消费者的动态，并及时作出反应和推进营销。对渠道商来说，渠道的互联网化、信息化是降低渠道成本、发挥渠道作用的新趋势。

一场线上线下一体化、厂商到销售的上下游一体化整合正在发生。未来，OPPO该怎样理解渠道的新趋势？

价格统一的必然性

早年3G、4G的运营商渠道换机热潮，成就了"中华酷联"，但OPPO没有赶此潮流。按他们的说法，运营商定制机并不是消费者需要的手机。而随着"中华酷联"运营商定制的糟糕千元机换代，成就了小米等互联网手机，OPPO又一次没有赶上潮流，依然在经营自己的社会渠道。

随着手机市场的进一步饱和，已铺好渠道的华为、OPPO和vivo大放异彩，但简单地将华为、OPPO与vivo过去一年内的快速增长仅仅归结于线下渠道铺得广，这样的逻辑并不成立。OPPO对于谈论渠道并不抵触，厂商有自己的考量。

1) 卡死官方价

OPPO的渠道代理分为两个层级，省一级的总代理以及销售终端店面。在OPPO的体系中，线上销售与线下销售的商家是分开处理的，一方面禁止小商家私自将产品上网售卖，另一方面将专门经营线上渠道的商家进行利润的再分配。在OPPO现有的销售中，仅有不到10%的市场份额来自在线销售，虽然线上对OPPO来说确实有更高的利润率，但它仍将这一部分利润分摊到线下渠道的成本当中，实现了线上销售反哺线下利润的目标。

不论线上还是线下，OPPO都将手机的价格牢牢卡死在官方定价上，甚至有过一旦发现一家低价销售，整条街停止手机供货的传言。

统一价格、保证利润，是让零售商们愿意支持某品牌手机的根本，也是小米等互联网手机的线下渠道一定会出问题的原因。直接走线上的互联网模式对手机厂商来说是低成本运作，但也只能是小规模的游戏，从广告到购买之间最有效的二次影响是线下渠道的真机体验。对于实体商品来说，除非科技已经发展到完全替代实体购物体验，线下渠道的生命力才能宣告终结。

2) 黄牛歧途

这是一个简单的逻辑，但小米们依然在渠道这条路上一错再错：当产品的利润空间被压缩到很低甚至负利润时，线下渠道将被迫用"黄牛价"来进行销售，否则将面临生存危机。比如近期的一则新闻，乐视建的LePar体验店，80%以上都在亏本运行。但LePar亏本的原因并不是手机卖不出去，而是卖得太好，有媒体称乐视手机出货很高，乐2的线下渠道甚至超越了华为Mate 8与P9两款市场上的热卖机型。但是，这其中有多少是按原价赔本卖出，又有多少是加黄牛价的"毒药"，我们无从得知。

按原价则没有利润，按黄牛价则没有客户，让你开手机店你会卖这样的手机吗？

小米在线下投放的最后一款机型是小米4，自信满满的小米决定不再使用分销体系，意图将全部线下小米客户的进货渠道视为最终消费者的购买行为，于是便有了小米线下非官方渠道的手机全部是黄牛价。反映在老生常谈的出货量上，即是年初1亿台出货目标，年中目标下降至8 000万台，而最后实际出货7 000万台的"小米危险了"的结果。

那么，这里一个有趣的问题是，宣称"互联网"的手机，却在走着传统的分销渠道，这样的事情不知道小米们该怎样面对。

3) 品牌隐患

混乱的价格体系还会导致品牌价值的崩溃，而这个混乱，不仅包括线下的黄牛加价，也包括线下渠道间恶性的降价竞争。

三星自Galaxy S4面世后，就一直面临着渠道价格跳水、渠道行货比官方报价相差近千元的问题，品牌影响力逐年下降。到了第二年推出S5产品，销售一路走低，国内市场从峰值的8 000万部下降到今年渠道商预估的2 000万部。随着销售不力、份额下降，原本三星自有销售渠道变成了费力不讨好的生意，裁撤自有渠道、销售终端反水，当年的三星店铺相当一部分已转售华为等其他品牌。线下渠道本身不是问题，而问题在于怎样让渠道健康发展。

长远看来，随着网络的普及，是否会将线上线下的比例进行一个倒转？由线上成为主要的出货渠道，售价进行一定程度的调整，线下渠道作为补充的线下体验，利润主要依赖线上渠道反哺？但按照上面的逻辑，一旦线上线下同价，线下渠道的发展不会差到哪里去，比如零售业单位面积营业额的最高纪录，就是由Apple Store保持的。这里比例反转的路径可能根本不通。

4) 利益共同体

那么，OPPO是怎样去磨炼渠道的呢？

首先是牢固的三级体系。

几十年形成的内部人体系——工厂、省代、地/县包，完成了制造到分销惊险的三级跳，也确保了价格控制与窜货控制等管控体系能够有效落实。历史上的风云品牌由于没有这种血浓于水的关系，一碰到震荡，不到一年都烟消云散，曾经亲密的伙伴各自纷飞。

其次是保姆式终端服务。

在经济下行资产荒的今天，你会发现投资做这两个品牌的商业伙伴会有稳定的回报：合适的利润空间、可退换的政策、让店面更提气的形象、年轻熟练的驻店销售、接地气的促销活动和礼品，老百姓喜闻乐见，自然货畅其流。欲使产品定价不停往上走，这种风险保障尤其重要，确保高端产品第一时间能够与终端消费者见面，建立品牌认知。

最后是企业文化的落地。

无论你去哪个专柜，除了韩式质感的品牌风格，你看到的都是年轻开朗的笑脸，专注、激情、高颜值，再配合代言人广告，对同龄人的感染力如此强烈，代入感极强。几十万人异口同声地说一个产品一个卖点，这就是口碑的开始。

分销渠道"雁过拔毛"？

手机的销售链条是一种"少对多"的模式：上游的品牌商数量并不多，马太效应明显，少数大厂把持了绝大多数市场份额；而下游的销售渠道则包括运营商、网络 B2C 比如京东、实体 B2C 如苏宁和迪信通以及诸多的品牌加盟、网络 C2C 淘宝店甚至夫妻手机商铺等形式。与之相对的则是家电行业"多对少"的行业格局，多门类多品牌，对应到京东、苏宁、国美三大渠道中。

手机线下渠道把持了中国手机销量的大头——去年通过线下渠道销售的手机占比为74%，但各渠道所占比重不均，地域分布广泛。而想打通这里的渠道，并尽可能保证手机厂商的利益，于是就有了分销这样的概念。

除去厂商自营的分销渠道，仅有份额足够高的大厂才有可能依靠自己实现，比如现在的成功者 OPPO 与当年如日中天的三星。而其他的分销渠道则面对这样的博弈：在厂家与分销商中间是绝对的卖家市场，厂商按机型交由不同分销商负责，但当分销商变得足够强大时，其拥有的议价能力将压低采购价格，导致厂商转投别处。

这样的市场博弈直接导致了上游厂商们养出了三四家量级相当的分销商同时占据市场，而像运营商、京东或苏宁等大型 B2C 也可以直接向厂商订购抢占分销商的份额。现在的市场中，来自 B2C 的销量在逐年上升，当然同样面临着议价博弈，导致京东或迪信通也会从分销商手中进货，成为第二级的销售代理。在全国 6 000 亿元的手机市场中，一家典型的手机分销商，市场份额会占 10%左右。

以上所说，也仅仅是分销渠道最基本的作用：将产品从厂商派发到下线的"雁过拔毛"。对于分销商的作用给出了详尽的解答：大分销渠道将成为生产供应链条中的"蓄水池"，提供统计数据与生产建议，协助管理终端零售商。但对于整个分销行业来说，随着互联网模式手机的冲击，分销与渠道也在进行快速的互联网化，而不变的是手机行业"少对多"特性带来的分销渠道间的合作与竞争。

"蓄水池"与"参谋"

分销商在生产销售链条中的定位，产品的铺货和流转是相当重要的一部分。罗永浩曾向雷军道歉，称定时抢购模式是互联网手机一定会面临的问题，也在于缺少了渠道这样"蓄水池"带来的生产缓冲。分销商们巨额的现金流可以为手机厂商分担存货压力，并将资金快速投入产能爬坡中，而分销商手中的产品将转化成渠道商手中的现货。

另外一方面，比起依靠消费者订单用脚投票，根据结果滞后的生产方式，分销商们对于市场的把握则可以在更早的时间点判断一款机型的销售轨迹。三星出货量的快速下滑，留出了几千万的市场空间，现在看来这部分市场已经被华为等分割。

分销商的数据参考一方面是整体的宏观市场，另一方面是解决手机市场地域分布差异过大的问题。对于厂商而言，是小营业厅和加盟店可靠还是大型的品牌店更容易得到消费者的青睐？在来自分销商的数据统计中，后者的单位效率要远高于前者，比如一家华为的大线下店日销量可以达到 300 部。一家一线城市、核心商圈的大型体验店会为品牌带来怎样的作用？这样统计看来，不仅仅是面向高端市场树立品牌形象，也是实打实的高效率销售。

自然，除了生产的"蓄水池"和销售的"参谋"，如同 OPPO 一样，分销商也承担着对渠道窜货和价格把控的任务，以及厂商希望在销售终端进行促销活动等计划的落实等。具体的事务使分销商的规模变得异常庞大，因此，提出一套更有效的整合方式势在必行。

在某国有分销商的办公室中，有一台大屏幕电视在循环播放着他们的新思路——在线分销商城，产生实时订单及统计数据。

每隔几秒，我们就可以看到屏幕上位于某地，甚至下沉到乡镇的商家下了订单，手机订单的数量甚至可以低至一部。如此看来，分销渠道的商家进货变得像淘宝购物一样简单。这样的系统已快速取代了传统的电话订购、银行汇款确认这样烦冗的程序。

而实时的统计数据：月销量排行、每天订单的机型和金额比重等，也都在电视上展示着，这当然是不会允许拍照的。工作人员告诉我，"电视上的数据是每个厂商都想得到的资料，但实际上出于与厂商合作的保密协议，一个手机品牌的销售数据不能透露给其他厂商，因此我也无法做过多评价。"

一场整合正在进行

从产品与渠道整体看来，我们看到了这样的结论：野蛮生长过后，手机市场面临的变化远不只是"向线下渠道走"一句话这么简单，在线下渠道增长的背后是由厂商、代工厂生产，到分销再到零售店全方位的整合。

首先是线上线下的一体化，差异化的渠道正在融合，这与先前有作者所称"OPPO 等的差异化渠道将受到互联网手机冲击渠道的挤压"是完全不同的概念。这场整合先从互联网手机影响力尚未完全触及的线下开始，先是传统既有的运营商渠道与社会渠道自发演进，发展至今年的所有厂商都宣称要建立更多的店面。

当然，也会有更多的手机厂商意识到价格体系的重要性，而在这样的大环境下，纯粹互联网品牌的价格策略会成为下一阶段的关注目标。而在接下来线下渠道的争夺中，同时切走线上线下两块蛋糕的反而很可能还是线下的品牌们。逻辑同上。

另外，则是上下游统计数据、订单需求、资金等全方位的一体化，其中信息化的分销系统功不可没，分销渠道从销量上带来的价值将大于渠道的成本，并且随着信息化的推进，渠道成本还在逐渐下降的过程中。

在这样的环境中，厂商又可以做些什么？OPPO 称，"结果导向"本可以指导他们沿着现在的思路继续走下去。但由下而上发力的 OPPO 被扣上"二线手机"的帽子，树立新的品牌形象、补齐缺失的一线城市高端市场则是新的市场增长点。

现有求稳的思路下，不求有功、但求无过地满足大众口味的手机，这是 OPPO 产品从硬件到软件系统的设计主线。然而一款舒适但没有特色的手机恐怕不能满足更苛刻的消费者，设计与审美的提升，OPPO 产品总监白剑认为会是接下来产品方面的重点。

而品牌形象方面，OPPO 的市场部已经试图在一线城市改变品牌形象，也会有旗舰店的形式做成自己的 OPPO Store，但在我看来，缺失的品牌个性才是 OPPO 需要关注的重点。

问题思考：

1. 手机电子产品行业竞争特点有哪些？
2. OPPO 的深度分销渠道是怎样设计的？与以往有什么不同？
3. 本案例中 OPPO 成功的因素有哪些？

第十一章 市场营销计划、组织与控制

【学习目标】

1. 市场营销计划的内容
2. 制定市场营销预算的方法
3. 市场营销组织结构的演变
4. 市场营销部门的组织形式
5. 市场营销控制的方法

【案例导入】

家乐福经营的黄金定律

法国家乐福集团成立于1959年,是大型超级市场(hypermarket)概念的创始者,其于1963年在法国开设了世界上第一家大型超市。1999年8月30日家乐福兼并普罗莫代斯组成世界第二大零售集团。如今家乐福已发展成为欧洲最大、全球第二大的零售商。拥有11 000多家营运零售单位,业务范围遍及世界30个国家和地区。集团以三种主要经营业态引领市场:大型超市、超市以及折扣店。此外,家乐福还在一些国家发展了便利店和会员制量贩店。家乐福的成功在于精细、科学的管理,主要表现在下几个方面。

1. 选址科学化

(1) 开在十字路口。Carrefour(家乐福,法文意为十字路口)第一家店是1963年开在巴黎南郊一个小镇的十字路口,一火爆,大家都说去十字路口,把店名给忘了。十字路口成为家乐福选址的第一准则。

(2) 3~5千米商圈半径。这是家乐福在西方选址的标准。在中国一般标准是公共汽车8千米车程,不超过20分钟的心理承受力。

(3) 外聘公司进行市场调研。一般需要分别选两家公司进行销售额测算,两家公司是集团之外的独立公司,以保证预测的科学性和准确性。

(4) 灵活适应当地特点。家乐福店可开在地下室,也可开在四五层,但最佳为地面一、二层或地下一层和地上一层。家乐福一般占两层空间,不开三层。

2. 强大的商品管理机构

1) 在全球采购商品

一款商品进入家乐福,厂商首先要与总部谈判取得认可,各分店通过系统订货,不进系统,无法结算。家乐福设有国际商品部,负责在全球寻找资源,介绍给各国家乐福店的采购部门,采购部门向他们订货。家乐福通常是一种商品全球销售。

家乐福对全球供应商的素质要求是:拥有出口权厂商或出口公司;价格具有竞争力;良好的品质保证;大批量生产与供货能力;有乐意学习新知识的欲望。

第十一章 市场营销计划、组织与控制

2) 建立强大的商品管理机构

商品是店铺运营的中心，家乐福十分重视商品管理。公司设立商品部总监，管理 5 个商品部，即快速消费品、生鲜、日用百货、家电用品、纺织品。每个商品部设有总监，管理 7 个职能部门，即销售发展部、全国谈判部、业务发展部、物价部、品牌部、开发部、培训部。

3．强大的电脑支持功能

1) 电脑功能

家乐福电脑发挥着 11 大功能，即订单管理、自动补货、收货、退还厂商、价格变动、店间移库、课部门间移库、库存调整、盘点、查询、报告。

2) 查询与报举功能

发挥电脑查询和报告功能，进行相应的分析，提高业绩。

(1) 销售查询(即时性)：销售额、销售量(从而算出平均价)、顾客数。

(2) 商品流动报告：某种产品从生到死的报告(单品记录)，这些商品的具体走向。它是寻找损耗原因的工具。

(3) 自动补货报告：提供建议订单，供货商编码、定件数量、进价、售价、毛利率、赠品量件数、到货天数、目前存货、在途商品量、每天每月平均销售、现月销量、建议采购量。

(4) 促销分析报告：促销商品、价格、当天销售量、销售额、前四周平均销售额。

(5) 最大销售额分析报告(20% A 类商品如何管理)：单品、售价、排名、前四周占全店的百分比(前 500 名商品要占店营业额的 50%～52%，占不到，品种有问题)。

(6) 每日变价报告：商品、销售量、旧价格、新价格、减价损失钱数、促销名称、时间。

4．简洁的组织结构

开店前有三件事要做：选址、选址、选址；开店后有三件事要做：建立机构、树立经营理念、进行现场管理。

1) 建立简洁的机构

家乐福店铺由店长负责管理，店长有了，指定一个处长负责。另外有值班经理(处长或服务部门课长)。

2) 树立特有的经营理念

家乐福经营理念有 5 条：一次购足、超低售价、免费停车、自助服务、新鲜品质。超低售价不是每种商品都是超低售价，有的零毛利，有的可达 15%。超市不是百货店、不是五星宾馆，但必须提供自助服务条件，让顾客方便找到，不开口说话，就能找到商品和价格。

3) 现场管理

家乐福店铺的现场管理主要表现为巡查管理。

(1) 巡视管理。用巡检表控制，可分为好、差和有待改进三个标准。具体项目包括：高价品店房是否上锁、有无开箱、卖场是否缺货、仓板谁好、无条形码商品是否放在待加工区、照明浪费否、卫生整洁否。

(2) 商品部经理每日必做：详细巡查货架；条形码与价格相符；商品是否缺货；检查系

统报告；促销商品单独订货；依每月报告制订促销、订货方案；检查价签和说明书；根据总部电脑指导改变陈列面，销售额大的加大陈列面。100个品种不超过3次补货；检查安全和清洁。

(3) 细致巡查：清洁、缺货与订货、重要商品、促销区、陈列标准、扫描测试、安全等。

5. 强烈的防损意识

1) 日常损失防范(保安)队伍

(1) 三米原则：每个员工在三米之内就问候顾客，非贼会认为有礼貌，贼会担心而放弃偷窃。

(2) 后仓管理：不许有开箱、不许有代用箱；高于商品平均价，高单价商品锁上，并有保安见证。

(3) 条码管理：条码掉换是损失重要的原因。供货商买条码同去购，很危险。

(4) 收银管理：每月允许40元以内长短额。

(5) 磁码原则：纺织品、鞋、烟、酒都贴，每家商场用2万～2.5万元。

(6) 提包控制原则：采取存包制度。提供防盗包，女士背包随便。

2) 周期盘点/大盘点

作出不流动商品报告(条形码错或丢等)、负库存报告(一查到底，找到原因)，进行免费赠品控制(单独控制)。

3) 审计制度

定期对商场日常营运主要环节进行核查、汇报，以保持商场营运标准，提供现场培训指导。家乐福每天把空箱登记，进入系统作为当日损耗；每天顾客打翻的瓶子，进入系统作为当日损耗；生鲜食品1.5%～2%损耗，进入系统作为当日损耗。

家乐福日常经营管理对你有哪些启示？

企业必须制订市场营销计划并进行管理。市场营销管理必须依托于一定的机构或部门——市场营销组织。所有的市场营销战略和战术都必须落实到能有效执行的市场营销计划内。市场营销组织必须具备制订、实施稳健的市场营销计划、评估和控制市场营销活动的能力。

第一节 市场营销计划

企业的整体战略规划确定了企业的任务和目标，市场营销战略在其中发挥着关键性的作用。为了使企业的营销努力能够有效地为整体战略规划服务，应该制订更为具体的营销计划，使企业目标、资源与它的各种环境机会之间能够建立和保持一种可行的适应性，从而实现企业的市场战略目标。同时，营销计划也可为营销实施提供指导，为营销控制提供参照系。

一、市场营销计划的内容

市场营销计划(Marketing Planning)的内容一般由下列八个步骤构成，如图11-1所示。

第十一章 市场营销计划、组织与控制

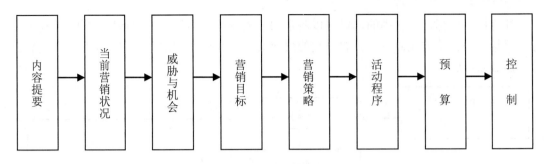

图 11-1 营销计划的内容

1. 内容提要

营销计划首先要有一个内容提要，即对主要营销目标和措施进行简明概括地说明。

2. 当前营销状况

在内容提要之后，营销计划的第一个主要内容是提供该产品当前营销状况简要而明确的分析，包括下列各点。

(1) 市场情况。市场的范围有多大？包括哪些细分市场？市场及各细分市场近几年营业额有多少？顾客需求状况及影响顾客行为的各种环境因素是什么等。

(2) 产品情况。产品组合中每个品种的价格、销售额、利润率等。

(3) 竞争情况。主要竞争者是谁，各个竞争者在产品质量、定价、分销等方面都采取了哪些策略，他们的市场份额有多大以及变化趋势等。

(4) 分销渠道情况。各主要分销渠道的近期销售额及发展趋势等。

3. 威胁与机会

营销计划中第二个主要内容是对市场营销活动中所面临的主要威胁和机会的分析。"威胁"是指营销环境中存在着的对企业营销的不利因素；"机会"是指营销环境中对企业营销的有利因素，即企业可取得竞争优势和差别利益的市场机会。营销管理人员应对威胁和机会进行评估。

一个市场机会能否成为企业的营销机会，还要看它是否符合企业的目标和资源。每个企业都在自己的任务和业务范围内追求一系列的目标，如利润水平、销售水平、销售增长率、市场占有率以及商誉，等等。有些市场机会并不符合上述的目标，因而不能成为企业的营销机会。例如，有些机会在短期内能提高利润率，但会造成不良影响，破坏企业的声誉，那是绝不可取的。还有些市场机会虽然符合企业的目标，但企业缺少成功所必需的资源，如在资金、技术、设备、分销渠道等方面力所不及，那也是不可贸然取之的。但如果能以合理的代价取得所必需的资源，也可能取得成功。企业可运用图 11-2 根据目标和资源评估市场机会。

4. 营销目标

营销目标是营销计划的核心部分，是在分析营销现状并预测未来威胁和机会的基础上制订的。营销目标也就是在本计划期内要实现的目标，主要是市场占有率、销售额、利润率、投资收益率等，如市场占有率要提高 15%，销售利润率要增加 20% 等。

注意：①目标是不含糊的，以可以测定的方式表达，不如数据和指标；②如果是双目标，目标之间应该彼此协调，具有一定的层次关系；③设置一定的期限；④目标具有挑战性，但必须可达。

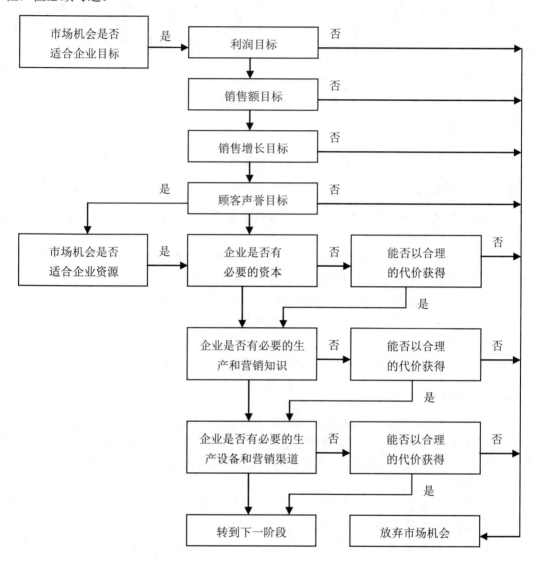

图 11-2　根据企业目标和资源评估市场机会

5. 营销策略

营销策略是指达到上述营销目标的途径或手段，包括目标市场的选择和市场定位策略、营销组合策略、营销费用策略等。

(1) 目标市场。在营销策略中应首先明确企业的目标市场，即企业准备服务于哪个或哪几个细分市场，亦即市场定位。

(2) 营销组合。企业准备在各个细分市场采取哪些具体的营销策略，如产品、渠道、定价和促销等方面的策略。

第十一章 市场营销计划、组织与控制

(3) 营销费用。根据上述营销策略确定营销费用水平。

6. 活动程序

营销策略还要转化成具体的活动程序，内容包括：要做些什么？何时开始，何时完成？由谁负责？需要多少成本？按上述问题把每项活动都列出详细的程序表，以便于执行和检查。

7. 预算

营销计划中还要编制各项收支的预算，在收入一方要说明预计销售量及平均单价，在支出一方要说明生产成本、实体分配成本及营销费用，收支的差额为预计的利润(或亏损)。上层管理者负责审批预算，预算一经批准，便成为购买原材料，安排生产、人力资源及营销活动的依据。

8. 控制

营销计划的最后一部分，是对计划执行过程的控制。典型的做法是将计划规定的目标和预算按月份或按季度分散，以便于企业的上层管理部门进行有效的监督检查，督促未完成任务的部门改进工作，以确保营销计划的完成。

二、市场营销预算的制订

市场营销预算是营销计划中的重要内容，西方企业制订营销预算常用两种方法：一是目标利润计划法(target profit planning)，二是最大利润计划法(profit optimization planning)。

1. 目标利润计划法

假定某企业的一位产品经理负责经营的产品是番茄酱，下面利用表 11-1 来说明该产品经理如何制订年度营销预算。

表 11-1 目标利润计划法表

(1)	预计市场总销售量	25 000 000 箱
	本市市场总销售量(23 600 000 箱)×(1+近期增长率(6%))	
(2)	市场占有率	28%
(3)	预计销售量(1)×(2)	7 000 000 箱
(4)	出厂价(单价)	4.45 元(每箱)
(5)	预计销售额(3)×(4)	31 150 000 元
(6)	预计变动成本	2.75 元/箱
	番茄及调料(0.50 元)+瓶子和盖子(1.00 元) +人工(1.10 元)+物流成本(0.15 元)	
(7)	预计贡献毛益[(4)-(6)] ×(3)	11 900 000 元
(8)	预计固定成本	7 000 000 元
	固定成本(每箱 1 元)×预计销量(700 万箱)	

续表

(9)	预计毛利(包括利润和营销费用)(7)-(8)	4 900 000 元
(10)	预计目标利润	1 900 000 元
(11)	可供营销支出的数额(9)-(10)	3 000 000 元
(12)	营销预算的分配：	
	广告	2 000 000 元
	营业费用	900 000 元
	营销调研	100 000 元

(1) 预测下一年番茄酱的市场销售总量，预测的方法是用今年的销售总量乘以近几年的增长率(1+6%)，结果计算出明年的市场规模为 2 500 万箱。算出市场规模总量之后，再乘以该公司历年的市场份额(28%)，从而得出该公司明年的总销售量为 700 万箱。然后，依照今年的价格以及劳动力和原材料可能上涨的幅度，将明年的出厂单价定为 4.45 元，这样就可计算出明年的销售收入为 3 115 万元。

(2) 估计下一年的每箱变动成本为 2.75 元，这就意味着包括固定成本、利润和营销费用在内的贡献毛益为 1 190 万元。假设这种产品的固定成本是每箱 1 元，那么固定成本总额为 700 万元，包括利润及营销费用在内的毛利则只有 490 万元。假定上级所要求的利润为 190 万元，则用 490 万元减去 190 万元的目标利润，余下的 300 万元就是可用于营销活动的费用，即营销预算。

(3) 将营销预算分配在各项营销活动中。通常的分配方法是：在今年分配比例的基础上，根据实际情况的变化进行调整，制订出明年的分配方案(表 11-1 中的数字均系假设)。

尽管这种营销预算方法简便可行，在西方企业中使用也较普遍，但西方的营销学专家们仍然对这一方法提出了若干意见。

(1) 上述预计的市场规模和市场份额只是根据过去几年的销售额和增长率推算出来的，如果考虑到营销环境可能出现的变化，就有可能得出不同的预测。

(2) 上述计划是沿用过去的营销策略，在确定了营销策略之后预测公司的市场份额，而没有考虑到未来的营销策略对公司销售和利润的影响。

(3) 制订下一年度的价格时，主要是依据成本可能上涨的幅度，这种定价方法是成本导向而不是市场导向。

(4) 这种计划方法只是为了找到一个能让上级满意的计划，而不一定能产生一个最佳的计划。换言之，在确定产品价格及预算时，只是为了达到上级规定的利润水平，而不是为了达到利润最大化。

2. 最大利润计划法

最大利润计划法要求管理人员必须确定销售量与营销组合各因素之间的关系，可利用销售-反应函数(sales-response function)来表示这种关系。所谓销售—反应函数，是指在一定时间内营销组合中一种因素或多种因素的变化与销售量变化之间的关系。图 11-3 是一个假设的销售-反应函数，这个函数图形表明，在某一特定时期内营销预算大则销售量大。销售-反应函数的曲线可呈现出多种形状，但较为常见的是 S 状。在营销预算较小时，广告和人员推销等活动都因经费不足而受到限制，产品难以达到起码的知名度，因此销售增长速度较慢。随着营销预算的增加，销售增长速度开始加快。但是，当营销预算增加到一定水平时，销售增长速度又开始下降。这是因为受到下述各种因素的影响。

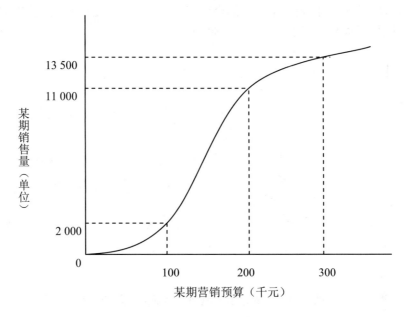

图 11-3　销售-反应函数

(1) 任何产品的潜在需求量都是有极限的，当销售量达到一定限度后，很难甚至不可能再通过增加营销预算来保持原来的增长速度。

(2) 在企业加强营销活动的同时，竞争者也会采取同样的举措，而市场容量有限，因此，每一个企业的销售增长速度都可能下降。

(3) 如果营销预算的增加可导致销售增长速度永远呈递增趋势，那就会出现完全垄断的局面，这显然是不可能的。

企业的营销管理者如何将销售-反应函数应用于企业经营呢？主要有三种方法。

(1) 统计法，即由管理人员收集过去销售和营销预算方面的数据，采用统计方法来预测销售-反应函数。

(2) 实验法，即在不同销售区域或单位之间制订不同的营销预算，过一定时期后观察其销售效果的差异。

(3) 判断法，即邀请一些专家对营销预算与销售量之间的关系作出判断。

在对销售反应函数进行预测之后，如何将其应用在最大利润计划之中呢？可通过图 11-4 进行分析。在该图中，关键的一条曲线是销售-反应函数曲线，这条曲线虽然也是 S 状，但与图 11-3 中的曲线有两点区别。

(1) 销售反应用货币额表示，而不是用销售单位表示，以便于找出导致利润额极大化的营销支出。

(2) 销售-反应函数起点就高于原点，表示有时在没有任何营销支出的情况下仍有一定的销售额。

为了找出最佳营销支出点，营销经理可将营销支出以外的所有费用从销售-反应函数中扣除，得出毛利函数，再用一条直线表示营销支出函数，该直线起自原点，向右上方倾斜，假设该直线上每一点横坐标与纵坐标之比为 10∶1。然后，将营销支出函数从毛利曲线中扣除，即可得出净利曲线。净利曲线表明，当营销支出出现在 M_L 之间时，销售该产品有利可图，就是说，M_L 到 M_U 之间是营销支出的合理范围；净利曲线还表明，当营销支出为 M 时，利润达到最大值。这就是使利润最大化的预算计划法。

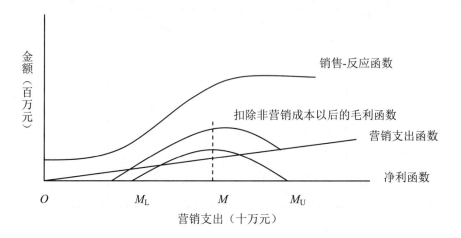

图 11-4　营销支出与销售额、利润额之间的关系

第二节　市场营销的组织

一、市场营销部门组织结构的演变

企业的营销部门是实现企业目标，实施营销计划，面向市场和顾客的职能部门，是企业内部连接其他职能部门使整个企业经营一体化的核心。但这样的组织形式并不是自然形成的，企业营销部门的组织形式受以下三方面因素的制约。

(1) 宏观环境和国家经济体制。
(2) 企业的营销管理哲学，即企业经营的指导思想。
(3) 企业自身所处的发展阶段、经营范围、业务特点等内在因素。

在上述诸因素的影响下，西方企业营销部门的组织结构经历了一系列的发展过程(如图 11-5 所示)，大体上经历了五个显著的阶段。

1. 第一阶段：单纯的推销部门

20 世纪 30 年代以前，西方企业以生产观念作为指导思想，大部分都采用这种形式。一般说来，所有企业都是从财务、生产、推销和会计这四个基本职能部门开始发展的。财务部门负责资金的筹措，生产部门负责产品制造，推销部门负责产品销售，会计部门则负责记账和计算产品成本。推销部门通常由一位副总裁负责，管理推销人员，并兼管若干市场调研和广告宣传工作(见图 11-5(a))。在这个阶段，推销部门的职能仅仅是推销生产部门生产出来的产品。生产什么，销售什么，生产多少，销售多少，产品生产，库存管理等完全由生产部门决定。

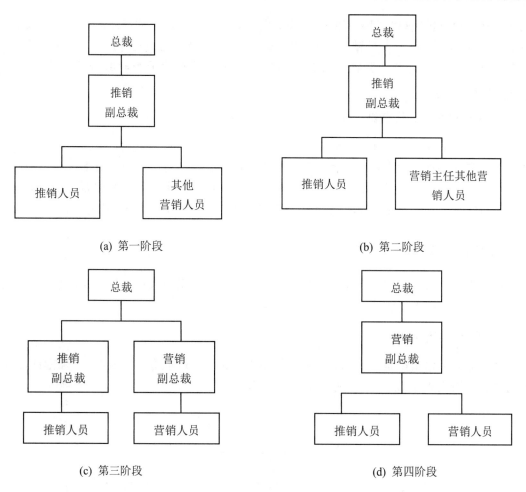

图 11-5　营销组织的演变

2. 第二阶段：具有辅助功能的推销部门

20 世纪 30 年代大萧条以后，市场竞争日趋激烈，企业大多数以推销观念作为指导思想，需要进行经常性的营销调研、广告宣传以及其他促销活动，这些工作逐渐演变成为专门的职能，当工作量达到一定程度时，便会设立一名营销主任负责这方面的工作(见图 11-5(b))。

3. 第三阶段：独立的营销部门

随着企业规模和业务范围的进一步扩大，原来作为辅助性工作的营销调研、新产品开发、广告促销和为顾客服务等营销职能的重要性日益增强。因此，营销部门开始成为一个相对独立的职能部门，作为营销部门负责人的营销副总裁同推销副总裁一样直接受总裁的领导，推销和营销成为平行的职能部门(见图 11-5(c))。但在具体工作上，这两个部门是需要密切配合的。

4. 第四阶段：现代市场营销部门

尽管推销副总裁和营销副总裁需要配合默契和互相协调，但是他们之间实际形成的关系往往是一种彼此敌对、互相猜疑的关系。推销副总裁趋向于短期行为，侧重于取得眼前的销售量；而营销副总裁则多着眼于长期效果，侧重于制订适当的产品计划和营销战略，以满足市场的长期需要。推销部门和营销部门之间矛盾冲突的解决过程，形成了现代市场营销部门的基础，即由营销副总裁全面负责，下辖所有营销职能部门和推销部门(见图 11-5(d))。

5. 第五阶段：现代营销企业

一个企业仅仅有了上述现代营销部门，还不等于是现代营销企业。现代营销企业还取决于企业内部各种管理人员对待营销职能的态度，只有当所有的管理人员都认识到企业一切部门的工作都是"为顾客服务"，"市场营销"不仅是一个部门的名称而且是一个企业的经营哲学时，这个企业才能算是一个"以顾客为中心"的现代营销企业。

二、市场营销部门的组织形式

现代企业的营销部门有若干不同的组织形式，但不论采取哪种组织形式，都要体现以顾客为中心的营销指导思想，都不外乎以下四种基本类型。

1. 职能型组织结构

最常见的营销组织是在营销副总裁领导下由各种营销职能专家构成的。营销副总裁负责协调各营销职能专家之间的关系，如图 11-6 所示。

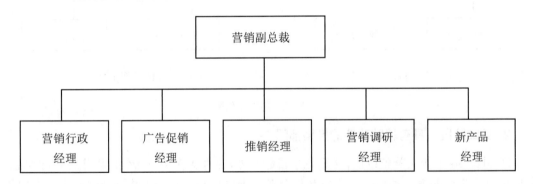

图 11-6　职能型营销组织

除了这五种营销职能专家外，还可能包括的营销职能专家有：顾客服务经理、营销计划经理和产品储运经理等。

职能型营销组织的主要优点是行政管理简便。不过，随着产品的增多和市场的扩大，这种组织形式会失去其有效性，这是因为下述各点。

(1) 由于没有一个人对一项产品或一个市场负全部责任，因而没有按每项产品或每个市场制订的完整计划，有些产品或市场很容易被忽略。

(2) 各个职能部门为了获取更多的预算和较其他部门更高的地位而竞争，使营销副总裁经常面临调解纠纷的难题。

2. 地区型组织结构

在全国范围内行销的企业往往按地理区域组织其推销人员，如图 11-7 所示。推销部门有 1 个负责全国的经理和 4 个大区推销经理、24 个区域推销经理、192 个地区推销经理和 1 920 个推销人员。从全国推销经理依次到地区推销经理，其所管辖的下属人员的数目即"管理幅度"(span of control)逐级增大。在推销任务复杂，推销人员的工资很高，并且推销人员对利润影响极大的情况下，这种分层的具体控制是很有必要的。

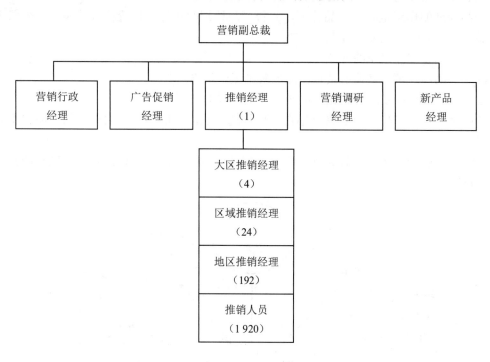

图 11-7　地区型营销组织

3. 产品管理型组织结构

生产多种产品或多种不同品牌的企业，往往按产品或品牌建立管理组织，即在一名总产品经理领导下，按每类产品分设一名经理，再按每个具体品种设一名经理，分层管理，如图 11-8 所示。

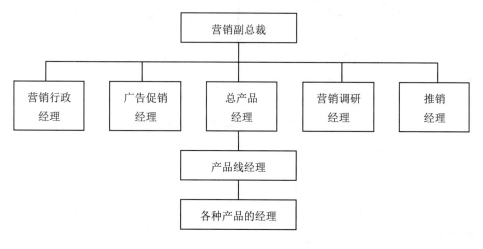

图 11-8　产品管理型营销组织

如果一家企业生产经营的各种产品之间差别很大，并且产品的绝对量又太多，超过了职能组织所能控制的范围，则适于建立产品管理型组织。

产品管理型组织最早于1927年为宝洁公司所采用，以后许多厂商尤其是食品、肥皂、化妆品和化学工业的厂商，纷纷效法。

产品经理的作用是制订产品计划，监督产品计划的执行，检查执行结果，并采取必要的调整措施；此外，还要制订竞争策略。

1) 产品管理型组织的优点

(1) 产品经理可协调他所负责产品的营销组合策略。

(2) 产品经理能及时反映该产品在市场上出现的问题。

(3) 由于产品经理各自负责推销自己所管的产品，因而即使不太重要的产品也不会被忽略。

(4) 产品管理是培训年轻管理人员的最佳场所，因为产品管理涉及业务经营的几乎所有方面(见图11-9)。

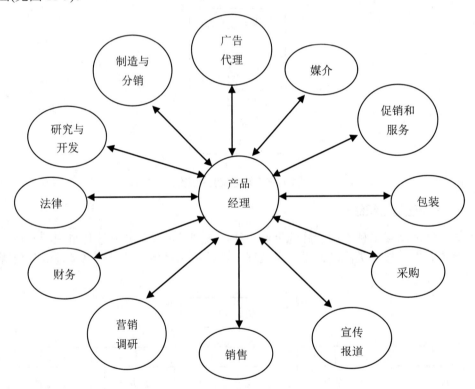

图11-9　产品经理的相互关系

2) 产品管理型组织的缺点

(1) 由于产品经理权力有限，他们不得不依赖于同广告、推销、制造部门之间的合作，而各部门又往往把他们看作是低层协调者而不予重视，从而造成一些矛盾冲突。

(2) 产品经理较易成为他所负责的产品方面的专家，但不容易熟悉其他方面(如广告促销等)的业务。

(3) 因为产品管理人员的增加导致人工成本的增加，同时企业还要继续增加促销、调研、信息沟通和其他方面的专家，结果使企业承担了巨额的间接管理费用。

4. 市场管理型组织结构

当客户可按其特有的购买习惯和产品偏好细分和区别对待市场时，就需要建立市场管理型组织。它同产品管理型组织相类似，由一个市场总经理管辖若干细分市场经理，各市场经理负责制订自己所辖市场的年度销售利润计划和长期销售利润计划。这种组织结构的主要优点是：企业可围绕着特定客户的需要开展一体化的营销活动，而不是把重点放在彼此隔开的产品或地区上。在以市场经济为主的国家中，越来越多的企业组织都是按照市场型结构建立的。有些营销专家认为，以各主要目标市场为中心来建立相应的营销部门和分支机构，是确保企业实现"以顾客为中心"现代营销观念唯一正确的办法。

5. 产品市场管理型组织结构

面向不同市场、生产多种不同产品的企业，在确定营销组织结构时面临着两难抉择：是采用产品管理型，还是采用市场管理型？为了解决这个难题，企业还可以建立一种既有产品经理，又有市场经理的二维矩阵组织(见图 11-10)。然而，这样的组织结构管理费用太高，而且极易产生内部冲突。矩形组织结构面临新的两难抉择。

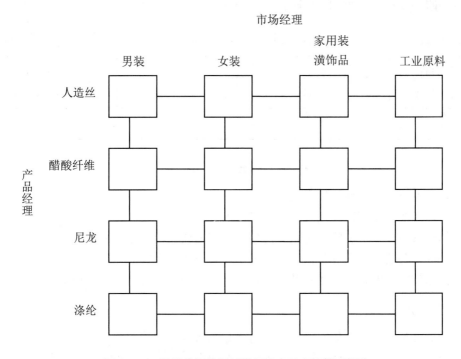

图 11-10　杜邦公司纺织纤维部的产品市场管理矩阵

(1) 如何组织推销人员？如图 11-10 所示，究竟应按每一类化纤产品组织推销队伍，还是按各个市场组织推销队伍？或者推销队伍不实行专业化？

(2) 在各个产品市场上由谁定价？绝大多数经理认为，只有对那些相当重要的产品和市场才需要同时分设产品经理和市场经理。但也有些经理认为，这种组织结构高昂的管理费用和潜在的矛盾并不可怕，它所能带来的效益远远高出所付出的代价。

第三节　市场营销的控制

企业营销部门的工作是计划、实施和控制营销活动。由于营销计划在实施过程中往往会发生许多意外的事件，营销部门必须对营销活动进行控制。营销控制是企业进行有效经营的基本保证。

营销控制包括年度计划控制、盈利控制和效率控制三种不同的控制过程。年度计划控制主要是检查营销活动的结果是否达到年度计划的要求，并在必要时采取调整和纠正措施；盈利控制是为了确定在各种产品、地区、最终顾客群和分销渠道等方面的实际获利能力；效率控制则是要找出高效率的方式，使之更好地管理销售人员、广告、销售促进及分销工作。

一、年度计划控制

年度计划控制的目的是确保年度计划中所确定的销售、利润和其他目标的实现。控制过程可分为四个步骤，如图 11-11 所示。

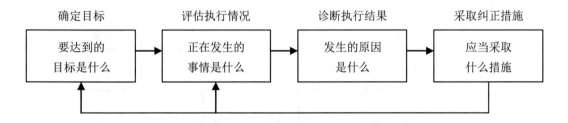

图 11-11　年度计划控制过程

(1) 管理者要确定年度计划中的月份目标或季度目标。
(2) 管理者要监督营销计划的实施情况。
(3) 如果营销计划在实施中有较大的偏差，则需要找出发生的原因。
(4) 采取必要的补救或调整措施，以缩小计划与实际之间的差距。

年度计划控制的内容主要是对销售额、市场占有率、费用率等进行控制。

1. 销售分析

销售分析就是衡量并评估实际销售额与计划销售额之间的差距。

(1) 销售差距分析。这种办法是用来衡量不同因素对造成销售差距的影响程度。例如，某公司年度计划中规定：某种产品第一季度出售 4000 件，单价 1 元，总销售额 4000 元。季度末实际售出 3000 件，且售价降为 0.8 元，总销售额为 2400 元，比计划销售额少 40%，差距 1600 元，原因是售价下降和销售量减少，但两者对总销售额的影响程度是不同的，计算如下：

$$售价下降的差距 = (S_P - A_P)A_Q$$
$$= (1.00 - 0.8) \times 3000 = 600(元)$$

第十一章 市场营销计划、组织与控制

$$销售减少的差距=(S_Q-A_Q)S_P$$
$$=(4\,000-3\,000)\times 1.00=1000(元)$$

式中：

S_P——计划售价；

A_P——实际售价；

S_Q——计划销售量；

A_Q——实际销售量。

由此可见，将近 2/3 的差距是由于没有完成销售计划造成的。因此，应该进一步深入分析销售量减少的原因。

(2) 地区销售量分析。这种方法是用来衡量导致销售差距的具体地区。例如，某公司在 A、B、C 三个地区的计划销售量分别为 1500 件、500 件和 2000 件，共 4000 件。但实际销售量分别为 1400 件、525 件和 1075 件，与计划的差距分别为-6.67%、+5%和-46.25%。

可见，引起销售差距的原因主要在于 C 地区销售量的大幅度减少。因此，应进一步查明减少的原因，加强对该地区营销工作的管理。

2. 市场占有率分析

销售分析不能反映出企业在市场竞争中的地位，只有市场占有率分析才能揭示出企业同其竞争者在市场竞争中的相互关系。例如，某公司销售额的增长，可能是由于公司营销绩效较其竞争者有所提高，也可能是由于整个宏观经济环境的改善使市场上所有的公司都受益，而某公司和竞争对手之间的相对关系并无变化。

衡量市场占有率有以下几种度量方法。

(1) 总体市场占有率。这以企业的销售额占整个行业销售额的百分比来表示。注意，一要正确认定行业的范围，即明确本行业所应包括的产品、市场等；二要以单位销售量或销售额来表示市场占有率。

(2) 可达市场占有率。以企业的销售额占企业所服务市场的百分比来表示。可达市场一是指企业产品适合的市场，二是指企业市场营销努力所及的市场。企业可能有近 100%的市场占有率，却只有相对较小百分比的全部市场占有率。

(3) 相对市场占有率(相对于市场领导者)。以企业销售额相对于市场领导者的销售额的百分比来表示。相对市场占有率超过 100%，表明该企业是市场领导者；相对市场占有率等于 100%，表明企业与市场领导者同为市场领导者；当相对市场占有率小于 100%且增加时，表明企业正在接近市场领导者。

(4) 相对市场占有率(相对于三个最大竞争者)。以企业销售额对最大的三个竞争者的销售额的总和的百分比来表示。如某企业有 30%的市场占有率，其最大的三个竞争者的市场占有率是 $\dfrac{30\%}{20\%+10\%+10\%}=75\%$。一般来说，企业的相对市场占有率高于 33%即被认为是强势的。

但是，这种分析还应考虑下列情况：外界环境因素对于所有参与竞争的企业的影响方式和程度是否始终一样；是否有新的企业加入本行业的竞争；是否企业为提高利润而采取的某种措施不当，导致市场占有率下降等。

年度计划控制要确保企业在达到销售计划指标时营销费用无超支。例如，某公司营销费用占销售额的比率为 30%，其中所包含的五项费用占销售额的比率分别为：人员推销费 15%，广告费 5%，营业推广费 6%，营销调研费 1%，营销行政管理费 3%。

管理者应该对各项费用率加以分析，并将其控制在一定限度内(见图 11-12)。如果费用率变化不大，处于安全范围内，则不必采取任何措施。如果变化幅度过大，或是上升速度过快，以致接近或超出控制上限，则必须采取有效措施，如图 11-12 中时间 15 的费用率已超出控制上限，应该立即采取措施。有的即使费用率落在安全控制范围之内也应加以注意，如图 11-12 中从时间 9 起费用率就逐步上升，如能及时采取措施则不至于升到超出控制上限的地步。

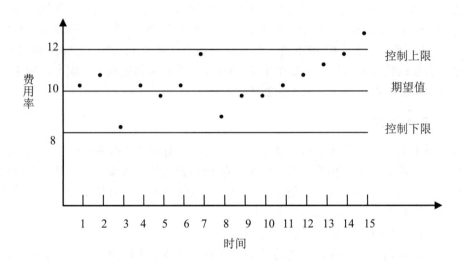

图 11-12　费用率控制曲线

二、盈利控制

盈利能力控制是用来测定不同产品、不同销售区域、不同顾客群体、不同渠道以及不同订货规模盈利能力的方法。由盈利能力控制所获取的信息，有助于管理人员决定各种产品或市场营销活动是扩展、减少还是取消。

1. 市场营销成本

市场营销成本直接影响到企业利润，它由如下项目构成。

(1) 直销费用，包括直销人员的工资、奖金、差旅费、培训费、交际费等。
(2) 品牌宣传费用，包括企业 CIS 导入费用、各类公关费用、展览会费用。
(3) 促销费用，包括广告费、产品说明书印刷费用、赠奖费用、促销人员工资等。
(4) 仓储费用，包括租金、维护费、折旧、保险、包装费、存货成本等。
(5) 运输费用，包括托运费用等，如果是自有运输工具，则要计算折旧、维护费、燃料费、牌照税、保险费、司机工资等。
(6) 其他市场营销费用，包括市场营销人员的工资、办公费用等。

营销费用和生产成本构成了企业的总成本，直接影响着企业的经济效益。其中有些与销售额直接相关，称为直接费用；有些与销售额并无直接关系，称为间接费用；有时二者也很难划分。

2. 盈利能力的考察指标

取得利润是每一个企业最重要的目标之一，正因为如此，企业盈利能力历来为市场营销人员所重视，因而盈利能力控制在市场营销管理中占有十分重要的地位。在对市场营销成本进行分析之后，应该考察盈利能力指标。

(1) 销售利润率。销售利润率是指利润与销售额之间的比率，表示每销售 100 元使企业获得的利润，它是评估企业获利能力的主要指标之一。

$$销售利润率=(本期利润/销售额)\times100\%$$

(2) 资产收益率。资产收益率是指企业所创造的总利润与企业全部资产的比率，其计算公式是：

$$资产收益率=(本期利润/资产平均总额)\times100\%$$

(3) 净资产收益率。净资产收益率是指税后利润与净资产所得的比率。净资产是指总资产减去负债总额后的净值。其计算公式是：

$$净资产收益率=(税后利润/净资产平均余额)\times100\%$$

(4) 资产管理效率。可通过资产周转率来分析，资产周转率是指一个企业以资产平均总额去除产品销售收入净额而得出的比率，其计算公式如下：

$$资产周转率=产品销售收入净额/资产平均占用额$$

资金周转率可以衡量企业全部投资的利润效率，资产周转率高说明投资的利用效率高。

(5) 存货周转率。存货周转率是指产品销售成本与产品存货平均余额之比，其计算公式如下：

$$存货周转率=产品销售成本/产品存货平均余额$$

存货周转率是说明某一时期内存货周转的次数，从而考核存货的流动性。存货平均余额一般取年初和年末余额的平均数。一般来说，存货周转率次数越高越好，说明存货水准较低，周转快，资金使用效率较高。

三、效率控制

效率控制，目的是分析效率，找出提高效率的方式，使之更好地管理销售人员、广告、销售促进及分销工作。

1. 销售人员效率控制

企业各地的销售经理要记录本地区内销售人员效率的几个主要指标，包括以下几点。

(1) 每个销售人员销售访问次数。
(2) 每次会晤的平均访问时间。
(3) 每次销售访问的平均收益。
(4) 每次销售访问的平均成本。
(5) 每百次销售访问而订购的百分比。
(6) 每期间的新顾客数。

(7) 每期间丧失的顾客数。

(8) 销售成本与总销售额的百分比。

在销售人员效率评估之后，营销管理人员需要比照计划的差距促使企业对效率低下的环节加以改进。企业从以上的分析中，可发现一些非常重要的问题。例如，销售代表每天的访问次数是否太少，每次访问所花时间是否太多，在每百次访问中是否签订了足够的订单，是否增加了足够的新顾客并且保留住原有的顾客。

2. 广告效率控制

企业市场营销人员为了做好广告效率分析，可以作以下统计。

(1) 各种媒体类型、媒体工具接触每千名购买者所花费的广告成本。

(2) 顾客对每一媒体工作注意、联想和阅读的百分比。

(3) 顾客对广告内容和效果的意见。

(4) 广告前后顾客对产品态度的比较。

(5) 受广告刺激而引起的询问次数。

企业市场营销管理人员可以采取若干步骤来改进广告效率，包括进行更加有效的产品定位；确定广告目标；选择广告媒体；进行广告后效果测定等。

3. 促销效率控制

对每次促销活动，企业的市场营销管理人员应该对促进的成本及销售的影响作好记录，可作下列统计。

(1) 由于优惠而销售的百分比。

(2) 每一销售额的陈列成本。

(3) 赠券收回的百分比。

(4) 因示范而引起询问的次数。

企业还应观察不同销售促进手段的效果，并使用最有效果的促销手段。

4. 分销效率控制

分销效率是指对企业存货水准、仓库位置及运输方式进行分析和改进，以达到最佳配置并寻找最佳运输方式和途径。例如，面包批发商遭到了来自面包连锁店的激烈竞争，他们在面包的物流方面尤其处境不妙，面包批发商必须作多次停留，而每停留一次只送少量面包。不仅如此，卡车司机一般还要将面包送到每家商店的货架上，而连锁面包商则将面包放在连锁店的卸货平台上，然后由商店工作人员将面包陈列到货架上。这种物流方式促进美国面包商协会提出是否可以开发更有效的面包处理程序。该协会进行了一次系统工程研究，他们以分钟为单位具体计算面包包装上卡车……

例如分销网点的市场覆盖面，销售渠道中的各级各类成员，分销系统的结构、布局以及改进方案，存货控制、仓库位置和运输方式的效果，等等。

第十一章 市场营销计划、组织与控制

本 章 小 结

市场营销计划的内容一般由下列八个步骤构成：①内容提要；②当前营销状况；③威胁与机会；④营销目标；⑤营销策略；⑥活动程序；⑦预算；⑧控制。

市场营销预算是营销计划中的重要内容。西方企业制订营销预算常用两种方法：一是目标利润计划法；二是最大利润计划法。

企业的营销部门是企业内部连接其他职能部门使整个企业经营一体化的核心。企业营销部门的组织形式受以下三方面因素的制约：①宏观环境和国家经济体制；②企业的营销管理哲学即企业经营的指导思想；③企业自身所处的发展阶段、经营范围、业务特点等内在因素。

西方企业营销部门的组织结构大体上经历了五个显著的阶段：①单纯的推销部门；②具有辅助功能的推销部门；③独立的营销部门；④现代市场营销部门；⑤现代营销企业。

现代企业的营销部门不论采取哪种组织形式，都要体现以顾客为中心的营销指导思想，而且不外乎以下五种基本类型：①职能型组织结构；②地区型组织结构；③产品管理型组织结构；④市场管理型组织结构；⑤产品市场管理型组织结构。

企业营销部门的工作是计划、实施和控制营销活动。营销控制是企业进行有效经营的基本保证。营销控制包括年度计划控制、盈利控制和效率控制三种不同的控制过程。

综 合 练 习

1. 市场营销计划主要包括哪些内容？
2. 西方企业制订营销预算的常用方法有哪些？
3. 市场营销组织发生过哪些变化？
4. 市场营销组织有哪几种基本形式？
5. 市场营销控制包含哪些内容？

【案例】

案例 M 公司治理窜货

自销售产生，窜货便随之发生，至今令众多厂家头痛不已。窜货不仅破坏厂家的区域管理体系，更伴随着低价销售，严重伤害厂家辛苦构建并致孜维系的价格体系。如果窜货得不到有效控制，在沉重打击市场信心的同时，利润分配体系将发生混乱，最终导致产品销售萎缩，甚至走向衰亡。因此，如何有效治理窜货，始终是营销人应该时刻思考的问题。

背景

M公司产品自90年代初上市销售以来，经过多年的努力，品牌已在广东省一带具有较高的知名度，业内口碑良好。市场营销操作方面，采用扁平化渠道管理模式：总经销——

地级分销——终端,在这种模式下,与商业客户展开合作,合作有三点要求:价格配合、区域终端配送配合、物流信息配合,在三点要求达成的前提下,客户完成额定的销售额后即可获得相应的折扣。同时,M 公司以不定期的通路促销活动予以支持。因产品畅销,在销售过程中,M 公司对客户实行限量跟踪管理,以便更好地对客户销售过程进行监测。

M 公司产品为进口药品,未对单位产品进行物流编码,因在现有渠道架构运作下,实现这一操作相对复杂、烦琐,难度颇大,因此,在最近几年不予考虑。

M 公司产品销售淡旺季相对明显,每年年初及年末旺销,7～8 月偏淡,合作客户在旺季进货量大,淡季量小。

A 市为广东省乃至华南的药品集散中心,辐射力强,当地医药公司众多,药品进出频繁,供需状况、价格波动等市场信息较为透明,由此引发的同业竞争,手段极为直接,价格是其最重要的竞争手段之一。

事件

M 公司在 A 市设有正式合作客户 1 家,在当地终端配送能力极强,厂商关系相当融洽。从 7 月份开始,销售 M 公司产品的非正式合作客户逐步增加至 8～9 家之多,其货源及流向数据均不明确,无法进行监控,同时批发价格大幅下滑,市场波动明显。

(1) A 市客户反应极为强烈。据反馈,A 市产品批发价格下降近 5%,并且仍有下行趋势,同时压缩了该客户市场份额,实际销售量缩减至正常销量的 1/3,客户经营信心严重不足,要求 M 公司采取措施解决异常货源问题的呼声最为强烈,甚至要求 M 公司拿出约 10%的利润空间,用以打击低价货源。

(2) 异地客户反应。近距的 B 市客户均反馈,有货物从 A 市流出,报价远低于正常批发价,对当地批发价格、市场份额造成冲击,距离较远的 C 市等地的客户亦有同样反馈。

分析

收到 A 市客户反馈信息后,M 公司第一时间核查了该客户的历史进、销数据,并未发现异常,随后查询了近期的促销档案,也无反常之处。通过实地走访,初步认定,此种情况的发生并非 A 市合作客户经营所致,而是源于窜货,并且,属于恶性低价窜货。

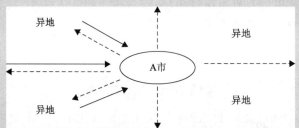

上图为 A 市的物流现况,在物流链上,A 市相当于供应链上的一个发散节点,在物流控管方面处于较为重要的位置。基于 A 市特殊的市场影响,如不对窜货及时治理,影响的将不仅仅是 A 市,甚至可能波及整个广东市场,因此,解决 A 市的窜货问题犹如箭在弦上,刻不容缓。

那么,该怎么治?打蛇打七寸,治窜抓关键。从所掌握的信息来看,治窜要解决的几个关键问题是:

(1) 核查、封堵源头。源头不止,窜货难禁。

(2) 稳定、提升价格。价格下滑，客户利益受损，经营信心不足。

(3) 疏导、消化市场异动流存量。流存量不疏不导，将埋下价格崩盘的伏弹，甚至可能引发不必要的商业冲突。

(4) 安抚、提振客户情绪。客户信心不振，无法配合工作。

为解决上述问题，M 公司对可用的资源及工具作了一番盘查，确定主要有以下几点可供运用。

(1) M 公司总部限量控制记录结合物流信息，可以迅速找到异动源头，并确定流量。

(2) 良好的厂商关系，能保证公司治窜措施执行到位。

(3) 促销活动支持，不仅能有效促进销售，更可作为治窜的工具之一。

(4) 折扣的给予及扣减，用以奖励守约者，惩罚违规者。

难点在于，M 公司产品没有物流编码，无法直接监控物流，核查货源难度非常大，但并非没有解决方法，有效利用 M 公司的流向信息及控量记录显得格外重要，具有一定的技术性。

方案

在分析的基础上，M 公司迅速商定了一套治窜方案，如下图所示：

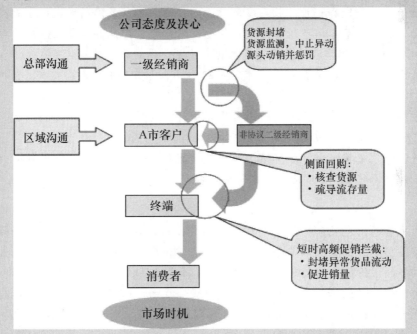

异动货品流通管道，可视为正常流通管道的旁支，如果能在源头进行封堵，在输出通道拦截，同时对市场上的异动货品流存货量回购疏导，应能有效斩断异动流通旁支，减少后遗症。要做到这三点，必须按一定流程进行，M 公司计划的做法如下所述。

首先，要求 M 公司总部配合，对一级经销商流向及限量记录进行核查，找出可能的货源，同时要求 A 市客户通过侧面回购异动货品(正面回购难度大)，获取确切异动货品流通及批发价格的证据，通过首尾配合，确定源头。然后，制订有针对性的措施，M 公司总部对异常出货的商业单位进行限量及惩罚，阻断源头，并加强内部控管，区域则支持 A 市客户进行短时高频的促销对异动货品输出进行拦截，同时要求其加大侧面回购力度，疏导异动货品的市场流存量。最终将异动货品流通旁支斩断。

执行

在方案执行过程中，遇到两大难题，通过沟通协商，最终获得解决，具体表现在两点上。

难题一：M公司对A市出现窜货情况的重视度高不高？能否配合进行核查工作？能否支持A市客户的回购行为和促销动作？

获得公司的支持，这个方案就成功大半。为此，M公司与总部进行了及时、充分的沟通，晓以利害，从而获得公司的大力支持，很好地配合核查一级经销商流向，对违规客户进行限供、断供、扣返利等惩罚，有效阻断了货源，同时加大了内部管理力度，严惩因管理疏漏而导致货物外窜的区域负责人，尤其在获得确切货源信息和低价证据后，更加肯定了方案的可行性。

难题二：A市客户利益受损，信心受打击，情绪波动大，能否配合侧面回购？能否配合进行促销？

A市客户是窜货最直接的受害者，因此，如何安抚该分销商，使其重拾信心，从而配合治窜方案进行，是关键的一步。长期以来融洽的厂商关系，是沟通的良好基石。通过对本方案的解释，该客户基本认可治窜方案，但要额外掏腰包回购异动货品，仍心存疑虑。对此，M公司承诺，该客户回购货品量计入其考核量，由此产生的销售可享受折扣支持。因市场供货价已经低于正常供货价，A市客户回购成本略低于正常采购成本，在折扣支持下该客户同意回购，同时也愿意配合短期高频促销。

治窜方案选择在旺季到来的前一个月开始执行，在解决了上述难题的同时，随着工作的逐步展开，在市场需求回暖、销售张力加大的情况下，A市的异动货品流通逐渐消失，价格企稳并回升至正常水平，A市客户也重夺市场份额，并有提升，经营信心大增，同时未造成当地经销商冲突。综观全局，整体方案执行用时约2个月。

后记

市场因窜货而出现混乱局面，并不可怕，M公司一方面要迅速找到关键的问题点，确定解决方案，另一方面要及时与公司、客户沟通，获得谅解和支持，从而，在最经济的原则下，以最小的代价换取最大回报，同时也要选择方案的执行时机，借势而为则事半功倍。有人也许会问，为了治窜，厂商双方都要付出额外费用，这不合理，但是混乱局面已经产生，后果严重，只有厂商合作，共同承担，共同维护市场，先治标，再治本才是正道。

(资料来源：第一营销网 http://www.cmmo.cn.)

讨论：
1. 窜货是否是完全有害无益的？
2. 企业治理窜货的策略有哪些？

参 考 文 献

[1] [美]菲利普·科特勒,凯文·莱恩·凯勒. 营销管理精要版[M]. 6 版. 王永贵,等,译. 北京：清华大学出版社, 2017.

[2] 吴建安, 钟育赣. 市场营销学[M]. 北京：清华大学出版社, 2015.

[3] 陈守则, 王竞梅, 戴秀英. 市场营销学[M]. 北京：机械工业出版社, 2007.

[4] 吴泗宗. 市场营销学[M]. 北京：清华大学出版社, 2012.

[5] [美]菲利普·科特勒,[印度尼西亚]何麻温·卡塔加雅,伊方·塞蒂亚万. 营销革命 3.0[M]. 毕崇毅,译. 北京：机械工业出版社, 2011.

[6] 熊国钺. 市场营销学[M]. 北京：清华大学出版社, 2017.

[7] [美]菲利普·科特勒,凯文·莱恩·凯勒. 营销管理[M]. 15 版. 何佳讯,等,译. 上海：格致出版社, 上海人民出版社, 2016.

[8] [英]欧德罗伊德. 市场营销环境[M]. 2 辑. 杨琳,译. 北京：经济管理出版社, 2011.

[9] 郭国庆, 钱明辉. 市场营销学通论[M]. 7 版. 北京：中国人民大学出版社, 2017.

[10] 赵晓飞. 营销决策与企业营销环境的适配研究[J]. 市场研究. 2007.

[11] [美]霍金斯, 马瑟斯博. 消费者行为学[M]. 11 版. 符国群,等,译. 北京：机械工业出版社, 2011.

[12] 冉陆荣, 李宝库. 消费者行为学[M]. 北京：北京理工大学出版社, 2016.

[13] 陈荣. 消费者行为学[M]. 北京：清华大学出版社, 2015.

[14] 张永. 网络消费行为特征与营销对策[J]. 重庆科技学院学报(社会科学版), 2015.

[15] 蒋萍. 市场调查[M]. 2 版. 上海：格致出版社, 2013.

[16] 马连福, 张慧敏. 现代市场调查与预测[M]. 4 版. 北京：首都经济贸易大学出版社, 2012.

[17] 简明. 市场调查方法与技术[M]. 2 版. 北京：中国人民大学出版社, 2009.

[18] 陈启杰. 市场调研与预测[M]. 上海：上海财经大学出版社, 2004.

[19] 张德斌等. 市场调查与预测 80 黄金法则与实务[M]. 北京：中国经济出版社, 2006.

[20] 屈云波, 张少辉. 市场取舍的方法与案例[M]. 北京：企业管理出版社, 2010.

[21] 应斌. 中国老年市场细分研究[M]. 北京：中国财经出版社, 2007.

[22] [美]罗伯特·史蒂芬·卡普兰. 哈佛商学院最受欢迎的领导课[M]. 蔡慧仔,译. 北京：中信出版社, 2013.

[23] [美]特劳特. 重新定位：定位之父捷克特劳特封笔之作[M]. 北京：机械工业出版社, 2011.

[24] 李飞. 定位案例[M]. 北京：经济科学出版社, 2008.

[25] [美]克洛斯·菲奈尔. 客户满意的真相——成为市场竞争中的胜利者[M]. 上海：上海社会科学出版社, 2013.

[26] 黄蕾. 产品市场竞争、公司治理与企业技术创新[M]. 北京：经济科学出版社, 2011.

[27] 张永冀. 产品市场竞争与战略转移定价——理论及中国市场证据[M]. 北京：北京理工大学出版社, 2013.

[28] 邱猛. 如何制定市场竞争策略/职业经理人十万个怎么办[M]. 北京：北京大学出版社, 2005.

[29] 彭瑶, 周玉泉. 国际市场营销竞争战略[M]. 北京：中国轻工业出版社, 2007.

[30] [美]菲利普·科特勒,加里·阿姆斯特朗. 市场营销原理[M]. 原文影印 7 版. 北京：清华大学出版社，1997.

[31] [美]莱曼. 产品管理[M]. 4 版. 北京：北京大学出版社，2006.

[32] [美]史蒂夫·乔布斯口述. 乔治·比姆. 乔布斯产品圣经[M]. 南京：江苏文艺出版社，2012.

[33] 周辉. 产品研发管理——构筑世界一流的产品研发管理体系[M]. 北京：电子工业出版社，2012.

[34] 薛云建. 市场营销学[M]. 北京：人民邮电出版社，2013.

[35] 中国营销传播网知识与案例库，http://lib.emkt.com.cn/basic/theory/tactic/production/.

[36] 万厚粉，汤定娜. 市场营销教程[M]. 1 版. 北京：高等教育出版社，2006.

[37] 吴振球，倪叠玖. 企业定价[M]. 2 版. 武汉：武汉大学出版社，2010.

[38] 祝继高. 定价权博弈：中国企业的路在何方？[M]. 北京：中国人民大学出版社，2012.01.

[39] 中国营销传播网价格知识与文库：http://lib.emkt.com.cn/basic/theory/tactic/price/.

[40] [美]菲利普·科特勒,加里·阿姆斯特朗. 市场营销原理[M]. 原文影印 11 版. 北京：清华大学出版社，2007.

[41] [美]山姆·沃尔顿，[美]约翰·休伊. 促销的本质：沃尔玛创始人山姆·沃尔顿自传[M]. 杨蓓，译. 南京：江苏文艺出版社，2012.

[42] 祝文欣. 零售业 100 个创意促销方案[M]. 北京：中国发展出版社，2008.

[43] 徐德麟. 卖到缺货的促销宝典[M]. 北京：中国法制出版社，2012.

[44] 中国营销传播网价格知识与文库：http://lib.emkt.com.cn/basic/theory/tactic/price/.

[45] 王方华，奚俊芳. 营销渠道[M]. 上海：上海交通大学出版社，2005.

[46] [美]罗伯特·罗森布罗姆. 营销渠道管理[M]. 原书第 6 版. 李乃和，等，译. 北京：机械工业出版社，2004.

[47] [美]Philip Kotler Gary Armstrong. 市场营销管理[M]. 9 版. 赵萍，王霞，等，译. 北京：清华大学出版社，2003.

[48] 郑锐洪. 分销渠道原理与实务[M]. 北京：水利水电出版社，2011.

[49] 胡介埙. 分销渠道管理[M]. 2 版. 大连：东北财经大学出版社有限责任公司，2012.

[50] 周荣. 私营公司销售管理与控制精要[M]. 北京：中国时代经济出版社，2011.

[51] 郭国庆. 市场营销学通论[M]. 3 版. 北京：中国人民大学出版社，2007.

[52] 张科平. 营销策划[M]. 北京：清华大学出版社，2007.

[53] 屈云波. 营销方法[M]. 北京：企业管理出版社，2005.

[54] 赵红梅. 中小企业内部控制精细化设计全案[M]. 北京：人民邮电出版社，2012.